북한 문화의 이해

임 채 욱 지음

◎ 자료원

임채욱(林采郁)

서울대학교 문리과대학 사회학과 졸업. 서울대학교 신문대학원 신문학과 졸업. 동양방송 프로듀서. 통일부 남북대화사무국 정책연구관, 정책연구과장. 안기부 정보학교(현 국가정보대학원) 교수, 안보학과장. 한국정신문화연구원 전문위원. 극동문제연구소 연구위원. 북방문제연구소 연구위원 겸 부소장(현재). 국가정보대학원·통일교육원·한국외대 등 출강. 한국교육개발원 도덕교과서 집필위원. 민주평화통일자문회의 자문위원 역임. 저서로, 북한문화론(북한연구소, 1978. 공저), 북한체제연구(고려원, 1987. 공저), 서울문화 평양문화(신원문화사, 1989), 북한학개론(문우사, 1990. 공저), 북한의 상징(공보처, 1995), 통일문화와 북한문화의 가치성(문화방송 통일문제연구소, 1998), 서울문화 평양문화 통일문화(조선일보사, 2001), 북한 상징문화의 세계(화산문화, 2002), 북한주민의 일상생활과 대중문화(오름, 2003. 공저)

* E-Mail : hyodang38@hanmail.net

북한 문화의 이해

2004년 5월 15일 1판 1쇄 인쇄
2004년 5월 20일 1판 1쇄 발행

지은이 임 채 욱
펴낸이 김 송 희
펴낸곳 자 료 원

주소 / 405-224 인천광역시 남동구 구월4동 1286의 12호
전화 / (032) 463-8338 / (032) 462-9131
팩스 / (032) 463-8339
홈페이지 / www.jaryoweon.co.kr
이메일 / jrw92@jaryoweon.co.kr
출판등록 1992. 11. 18. 제42호

ⓒ 2004, 임채욱

ISBN 89-85714-70-8   93330

※ 책값은 뒷표지에 기록되어 있습니다.

□ 책머리에

　대구 하계유니버시아드 대회에 참가했던 일부 북한 선수단과 응원
단이 자기들 지도자의 사진이 비에 맞고 있으며 너무 낮은 곳에 걸려
있다고 울고불고 하는 모습을 보여줬다. 이 모습에서 남쪽의 많은 사
람들은 남북한 문화의 차이를 보았다고 한다.

　맞는 말이라고 수긍하면서 저자는 문득 조선조 초의 문신 맹사성
(孟思誠 1360~1438)의 시조를 떠올렸다. 그는 강호사시가(江湖四時歌)
에서 봄 여름 가을 겨울 4계절을 읊으면서 "이 몸이 한가하옴도(봄),
이 몸이 서늘하옴도(여름), 이 몸이 소일하옴도(가을), 이 몸이 춥지
아니 하옴도(겨울) 역군은(亦君恩)이샷다"라고 했다. 보기에 따라서는
야유를 받을 정도로 맹목적 충성의 전형을 보여준다. 그러나 당시는
왕조시대였고 군주에 대한 충성심이 제일의적 가치로 되던 시기였다.
맹사성은 나라의 큰일 때마다 그에게 자문을 구할 정도로 능력 있고
인품이 높았던 신하였기에 이 시조의 내용을 희화적으로 볼 수는 없
다. 그러나 북한 사람들은 맹사성보다 더한 신민문화(臣民文化)를 보
여줬다.

　북한 문화를 보면 동어반복과 훈고학(訓詁學)의 세계를 보는 듯하
지만 그렇다고 북한의 문화적 수준을 폄하하는 것도 조심스러운 일이
다. 젊은이의 걸음걸이조차 어떻게 걸어야 하는가를 가르치면서 문화
성을 강조하고, 사회주의 사회의 문화인답게 옷 입는 법도 상세히 가

르치는 곳이 북한이다. 이것을 못 보면 평생 후회한다는 집단체조와
예술공연 작품 <아리랑>을 공연하기도 했고, 옥류금 같은 국악기를
만들어 내고 보석화 기법을 개발했으며 독특한 무용표기법을 고안해
서 시선을 끌기도 했다. 비문화적이라고 사투리 사용도 억제하고 조선
왕조실록을 단기간에 번역해 내기도 했다. 그리고 북한 전역의 식물은
6,700종이라고 발표하여 식물학 분류 수준도 인정시키고 고또 분지로
(小藤 文次郎)라는 일본 지리학자가 부친 한반도의 산맥 이름을 우리
식으로 고치기도 했다. 나아가서 지도자 김정일은 400여 편의 책과 논
문을 쓰고 고등중학 시절에 이미 2,000권의 책을 읽었다고 하므로 주
민들도 하루 8시간 학습을 하고 정례화 된 강연회·독보회·자습회에
참가하는 것이 당연시 되어온 '학습의 땅'이기도 하다. 무엇보다 '온
나라의 예술화'라는 구호 밑에 주민 누구나가 글을 짓고 노래 부르고,
춤추며, 그림을 그리고 악기를 다룰 수 있게 되었다고 자랑하는 곳이
다. 이러한 곳이라 주민의 문화향수도 높고 이 모두가 긍정적으로만
평가되는 것은 아니지만 문화수준에서는 남한보다 앞서가는 문화분야
도 있을 것이다.

분단 후 남한이 미국 문화의 세례를 받을 때 북한은 "소련을 따라
배우자"를 모토로 삼고 소련의 사고와 행동양식을 준거로 삼았다. 그
러던 북한은 주체성과 민족성을 내세워 남한의 문화 풍토를 비판하면
서 문화적 정통성 확보에 남한보다 한 발 먼저 다가갔다고 기세를 올
리고 있다. 과연 그런가? 이 책은 이러한 물음에 답하는 글을 포함하
여 문화 분야의 이러저러한 관심사들을 모은 것으로 『극동문제(극동
문제연구소 발행)』에 연재(2001. 4~2003. 9)되었던 것이다. 연재시기
의 차이 때문에 중복과 논리적 일관성 문제가 엿보이기도 하지만 다
음 기회에 수정·보완을 약속드리면서 감히 상재(上梓)하게 되었다.

남북한 분단은 당초 군사적 분단(지리분단)으로부터 시작되어 정치

적 분단(이념분단)을 거쳐 문화적 분단(민족분단)으로 이어져 오고 있
다. 이 과정에서 남북한 거리를 아주 멀게 한 심리적 분단으로까지 이
어지게 하고 있다. 눈여겨 들여다보면 남에서는 북의 산천을 그리워하
는 노래를 부르는데 북에서는 남의 산천, 사람을 그리워하는 노래가
없다. 이런 것이 심리적 거리를 멀게 하는 것이다. 그런가 하면, 아직
도 대남 허위선전을 해서 감정의 상호주의를 무시하고 있다. 남북 관
계에서 감정의 상호주의는 절대로 필요하다. 상대방에 대한 정확한 인
식이 중요하고 이를 자기 쪽 주민에게 잘 가르쳐야 한다. 과거 남쪽에
서도 북쪽을 잘못 가르친 것이 적지 않았겠지만 북한은 지금도 그렇
게 하고 있다.

　이러한 행태는 남북한의 심리적 동질성을 멀어지게 한다. 북한은
대남 관계에서 통일을 내세워 윤리·논리·심리적 공세를 지금도 치열
하게 전개하고 있지만 이를 민족의 화해라는 이름으로 감싸주기만 해
서는 진정한 민족공조가 되지는 않을 것이다. 오직 민족문화라는 넓은
보자기에 주워 담을 수밖에 없을 텐데 이때도 심리나 감정의 상호주
의가 규율되어야 순조로울 것이다. 어떻든 남북한이 함께 만들어야 하
는 민족문화이기에 그 한쪽 축인 북한문화에 대한 이해가 절실히 요
청되는 소이가 여기에 있다. 끝으로 이 글을 한 권의 책으로 엮어준
도서출판 자료원에 감사를 드린다.

2004년 4월 15일
용인 산내들에서　임채욱

북한 문화의 이해

첫째 마당

말과 글의 기풍

문풍의 모습

I. 들어가는 말

"동무, 강성대국 건설을 위해 수령결사옹위정신을 발휘합시다."

"경애하는 장군님을 령도자로 높이 우러러 모신 크나큰 민족적 긍지를 더욱 더 간직하도록 합시다."

"만 사람의 심장을 격동시키는 력사적 사변이야요"

북한에서는 이와 같은 일상대화도 흔히 들을 수 있다. 주고받는 표현이 마치 구호를 읊어대는 것 같다. 부부간에 일상적인 대화를 하다가도 아내의 사상적 해이를 나무랄 때 "동무!" 하면서 다그치는 남편도 있다.[1] 일상대화에서도 혁명성과 전투성이 강조된다.

50년 이상의 남북 격절(隔絶)은 말과 글을 쓰는데도 어조(語調)와 표현의 차이를 많이 보게 한다. 본래 남북한에 다른 사투리가 있었다지만 말하는 차이, 글 쓰는 방식의 차이 같은 것은 어디에서 오는 것

---

[1] 한 소설(정창윤, 먼길, 문예출판사, 1983)에서는 남편이 아내에게 '동무'라 하니까 집안에서까지 동무라고 하느냐면서 화를 내고 항의하는 장면도 있기는 하다.

일까? 바로 문풍의 영향 때문이기도 하다.

II. 문풍이란

문풍(文風)은 남쪽 사전에서는 학문을 숭상하는 풍습, 또는 문장의
풍류라고 되어 있지만 북한에서는 "사회적으로 인식되는 표현의 종합
적인 체계 또는 그러한 말과 글의 풍격"(조선말대사전)으로 정의된다.
또 "말을 하고 글을 쓰는 기풍 또는 그에 기초하여 이루어진 말과 글
의 풍격"(조선대백과사전)이기도 하다. 말과 글을 쓰는 기풍은 "말을
하고 글을 쓰는 과정에서 나타나는 사상관점과 립장, 태도 그리고 방
법과 작풍의 종합적인 표현"이고 말과 글의 풍격은 이미 쓰여진 말과
글의 모습을 특징짓는 개념이다.2) 그래서 문풍에는 어휘, 말과 글의
구성과 짜임, 문체론적 수법 이용 등 언어사용 방법에 관한 모든 문제
들이 문풍의 구성요소로서 포괄된다. 다시 말해서 문체론이나 문법론
과도 다르고 어휘론 현상과도 구별되는 언어사용의 기풍을 북한에서
는 문풍이라고 표현하고 있다.

문풍은 1960년대부터 어학자 김수경이 언급했다. 김수경(金壽卿)3)
은 '조선어'를 '조선혁명' 수행의 무기로 보고 혁명수행에 필요한 내용
을 전달하는 언어의 통신적 기능을 중시하는 관점을 강조했다. 그리고
언어를 각기 구체적 정황에 맞게 적응시키는 규범화 된 언어로 발전
시킬 것을 강조하였다.4) 이렇게 하여 새로운 문풍이 생겨난 것이다.

북한에서 문풍은 언어생활의 정수를 이룬다고 한다. 그것은 '인민대
중'의 비위와 정서에 맞는 어휘와 문장, 그리고 표현의 본보기를 제시

---

2) 《조선대백과사전》 9, 백과사전출판사, 1999. 6, p 457.
3) 경성대학 재직시 월북한 군산출신 국어학자.
4) 《조선어학》 1963년 제3호.

해주기 때문이다.

문풍을 세우는데는 혁명적이고 인민적이며 전투적인 문풍을 원칙으로 하고 있다. 혁명적이라는 것은 당성과 노동계급성이 잘 표현된 것을 말하고 인민적이라는 것은 인민대중이 알기 쉽게 통속적으로 표현된 것을 말한다. 혁명적이고 인민적이라는 것은 문풍의 특성이기도 하다.

문풍이 인민적이기 위해서는 우선 우리나라 말을 써야 한다는 것이다. 반면에 우리말도 혁명적이고 인민적인 문풍을 본보기로 하여 발전한다고 한다. 문풍이 잘 나타난 것이 문화어라고 하는 평양말이다. 즉, 이 평양말은 김일성이 만든 혁명적이고 인민적인 문풍의 뿌리에 기초하여 이루어졌다는 것이다.

모범적인 문풍을 확립하는 것은 자신을 언어의 명수로 준비하여 좋은 글을 써내게 되므로 문풍이 확립되면 훌륭한 글을 써내는 비결을 얻은 것이나 마찬가지라고 한다.

이러한 문풍의 모범은 당의 문풍이고 김정일 문풍, 김일성의 문풍이다. 그래서 북한에서는 지금 김일성 문풍따라 배우기 운동에 이어 김정일 문풍따라 배우기 운동이 벌어지고 있다. 그 많은 운동 중에 문풍따라 배우기 운동도 한몫 거들고 있다. 김일성 문풍따라 배우기 운동은 김일성 말의 내용뿐 아니라 억양, 음색 등의 형식까지도 배우게 하는 것이다.

"하나의 가락에 천만의 가락을 맞추고 하나의 선율에 천만의 선율을 맞추는 통일단결"의 사회, 그리고 "당이 생각하는 대로 생각하며 행동하는 대로 행동하는" 것이 요구되는 사회이지만 말하고 글쓰는 것까지 수령을 닮아라 하고 있는 것이다.

III. 수령의 문풍, 지도자의 문풍

북한주민은 현재 "수령의 혁명적 문풍을 그대로 닮아 가는 가장 높은 단계의 혁명적인 언어생활"을 한다고 한다. 이렇게 닮을 수 있는 것은 김일성, 김정일의 문풍이 통속성과 인민성을 가진 것이기 때문이다.

먼저 혁명적 문풍의 전형이라고 하는 김일성의 문풍은 어떤 것인가? 김일성의 문풍은 김일성이 몸소 쓴 언어에서 나온다. 김일성은 어휘를 써도 현대의 요구, 당성, 노동계급성의 요구에 맞게 쓰고 우리 어휘를 민족적 특성에 맞게 살려서 통속적으로 사용했다고 말한다. 문장을 쓸 때도 인민의 요구에 맞게 쉽게 쓰면서 높은 표현성의 요구에도 맞게 썼다는 것이다.

김일성 문풍을 나타내는 어휘, 문장, 표현수법의 예들을 보면 다음과 같다.5)

김일성이 쓴 어휘에서 당성과 노동계급성이 나타나는 것은 물론 사회 정치용어에 많다. 주체, 당세포, 전군간부화, 전인민무장화, 피바다, 혁명적 대풍모, 주력부대, 평양속도, 강선속도 등등 정치용어도 수없이 새로 만들어 쓰고 명언도 많이 만들었다.

"사람이 모든 것의 주인이며 모든 것을 결정한다는 것이 주체사상의 기초입니다", "세상에서 가장 귀중한 것은 사람이며 가장 힘있는 존재도 사람입니다"와 같은 것이 김일성이 지은 명언이다.

"국방건설만 하고 경제건설은 하지 않는 것은 마치 아이들이 바지를 벗고 장도를 차는 격", "자본주의 사상 잔재도 틈만 있으면 머리를 쳐든다"와 같은 명언도 지었다. 또 수많은 표어나 구호도 지었다.

"강냉이는 밭곡식의 왕이다", "철과 기계는 공업의 왕이다", "물은

---

5) 《위대한 수령 김일성 동지의 혁명적 문풍》, 사회과학출판사, 1976. 12.

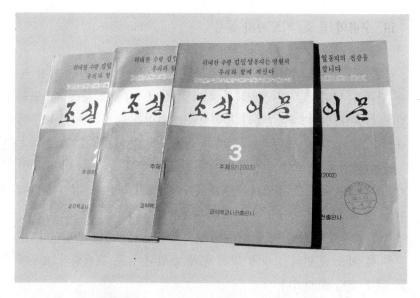

▲ 1956년 2월 창간된 어학 및 문학분야 이론잡지 -《조선어문》의 표지 모습. 이 잡지는 문학예술분야 학자들과 언어학 분야 전문가들이 주 독자층을 이루고 있다.

쌀이고 곧 사회주의입니다", "석탄은 공업의 식량이다"를 잘 된 표어·구호로서 내걸고 있다.

"기술혁명을 물질적 토대를 강화하기 위한 과업으로만 일면적으로 보아서는 안 되며 반드시 정치적인 과업으로 보아야 합니다"와 같은 말은 의미를 과학적으로 새롭게 정식화하여 쓴 표현이라고 한다.

김일성은 우리말 어휘를 그 민족적 특성을 살려 통속적으로 썼다. 실례를 들면 《우유 → 소젖, 묘목 → 나무목, 양잠 → 누에치기, 역우 → 부림소》 따위로 말이다.

이 밖에도 김일성의 문풍을 말해 주는 것에는 그가 잘 썼던 격언과 속담에서도 찾아볼 수 있다.

일테면, "하늘소 거꾸로 타고 가는 격", "거친 나무에 잎사귀 두 세

개 흔들리는 듯", "양복 입고 맨발로 걷는 격", "부자집 자식 물말이 남기듯", "국물이 문제가 아니라 건더기가 문제", "……소경이 셋이 모이면 못 보는 편지를 뜯어본다는 말도 있습니다. 이것은 집체적 지혜가 사업에서 얼마나 큰 힘을 가져다 주는가를 말하는 것입니다" 등이다.

김일성은 반의어나 동의어를 써서 높은 표현성을 가진 말이나 글을 선보였다고 한다. 그 반의어에는 "오늘 국제무대에서는 사회주의와 제국주의, 혁명력량과 반혁명력량 세력간에 치렬한 투쟁이 벌어지고 있습니다"라든가 "자본주의의 멸망과 사회주의의 승리가 필연적인 것과 같이 수정주의의 멸망과 맑스레닌주의의 승리는 필연적인 것입니다"가 있다.

동의어에는 "민주주의의 원쑤, 우리 민족의 원쑤들은 무엇보다도 로동자, 농민, 근로인테리 등 우리 근로 인민이 사분오렬되어 서로 싸우고 서로 물어뜯는 것을 원합니다"에서 '서로 싸우고'와 '서로 물어뜯는 것' 같은 예가 있다.

김일성은 비교나 정도, 상태를 나타내는 어휘도 잘 사용했다. "세상에서 가장 귀중한 것은 사람이며 가장 힘있는 존재도 사람입니다"에서 '가장'처럼 더욱, '결코', '오직', '철저히', '단호히', '확고히', '적극', '도저히', '끊임없이'를 잘 쓴다.

김일성이 몸소 쓴 문장들에는 문장구조가 간편한 것이라든가 입말투들을 적극 살려 쓴 것, 명료성과 전투성이 나타난 것들도 문풍의 예로 된다.

"간단히 말하여 사상혁명은 사람들의 머리 속에 있는 녹을 벗기는 투쟁이며 기술혁명은 기계들에 있는 녹을 벗기는 투쟁이며 문화혁명은 사람들의 생활과 살림집, 공장과 마을에 있는 때를 벗기는 투쟁입니다."6)는 알기 쉬운 문장구조의 실례이다.

"주체를 세운다는 것은 한 마디로 말하여 자기 나라 혁명과 건설에 대한 주인다운 태도를 가진다는 것입니다", "갈라진 조국을 통일하기 위한 투쟁에서 북반부의 공산주의자들과 남조선의 민족주의자들은 얼마든지 단결할 수 있고 합작할 수 있습니다"는 명료한 문장의 한 실례들이다.

또 "우리는 전쟁을 바라지 않지만 결코 전쟁을 두려워하지는 않습니다. 우리 인민과 인민군대는 미 제국주의자들의 보복에는 보복으로, 전면전쟁에는 전면전쟁으로 대답할 것입니다"는 전투성이 발양된 문장의 한 실례들이다.

김일성은 표현수법도 비유법, 대비법, 되풀이법, 수사적 질문법, 문답법을 적절히 사용하고 있다고 소개한다. 비유법에는 다음과 같은 것이 있다.

"공장지배인은 군대의 지휘관과 마찬가지입니다. 지휘관이 자기가 싸움을 잘 할 모르면 군인들을 지휘하여 싸움마당에 나갈 수 없습니다"

"조직부는 사람으로 말하면 심장과 같습니다. 심장은 끊임없이 움직이면서 온 몸에 피를 보내주는 기능을 수행합니다"

대비법에는 "장은 행세하라는 장이 아니라 일하라는 장입니다", "당원들은 구호나 외치고 말로만 조국을 건설하라고 부르짖을 것이 아니라 실지 사업에서, 경제건설에서 모범이 되고 선구자로 되어야 합니다"가 있다. 되풀이법에는 "빨찌산들에게는 사람들의 각오밖에는 아무런 통제수단도 없었습니다. 그들에게는 감옥도 없고 류치장도 없었습니다. 그러므로 여기에는 해설과 교양사업이 가지는 의의가 비할 바 없이 컸습니다. 밥 먹을 때에도 교양이요, 행군할 때도 교양이요, 전투할 때도 교양이었습니다"가 있다.

---

6) 《김일성 저작선집》 6권 p. 421.

수사적 질문법에는 이런 것이 있다.

"혁명사업이란 곧 사회를 개조하는 사업인데 이것이 어떻게 쉬운 일이겠습니까?"

"열렬한 애국자가 아닌 작가가 어찌 애국주의적 작품을 창작할 수 있으며 인민을 사랑하지 않는 예술가가 어찌 인민을 위한 예술을 창작할 수 있겠습니까?"

"우리는 끝까지 혁명을 계속하려고 합니다. 우리가 나라의 절반 땅을 빼앗기고 어떻게 가만히 있을 수 있겠습니까? 남반부를 해방하는 것은 우리 당 앞에 나서고 있는 가장 중요한 혁명과업입니다"

끝으로 문답법에는 "우리 당 사상사업에서 주체는 무엇입니까? 우리는 무엇을 하고 있습니까? 우리는 어떤 다른 나라의 혁명도 아닌 바로 조선의 혁명을 하고 있는 것입니다.", "세상에서 모든 것을 누가 창조합니까? 세상을 개변하는 것도 혁명을 하는 것도 로동하는 사람들이요, 최신기술을 만들어 내는 것도 로동자들입니다. 로동자와 농민의 손을 거치지 않고 창조되는 것이 있습니까? 없습니다." 같이 물음과 답을 동시에 하는 것들이 소개되고 있다.

김일성의 문풍은 그의 '노작'과 '교시'들에 나타나는데 그 뿌리는 '항일혁명투쟁기'에 김일성이 쓴 보고문·연설문·선언문·논문 등과 예술작품, 삐라·격문·구호에 있다는 것이다. 따라서 문풍의 본보기가 이때 창조되었다는 것이다.

"모든 일군들은 수령님의 인민적인 문풍을 적극 따라 배워 글을 알기 쉽게 통속적으로 써야 하겠습니다"라고 했지만(김정일) 김일성이 가고 김정일시대가 되자 김정일의 문풍이 혁명적 문풍의 전형이 되고 있다.7)

김정일 문풍은 김일성 주체사상을 구현하려는 사상이론 활동과 문필

---

7) 물론 김일성 생전에도 "친애하는 김정일 동지의 문풍은 우리시대 혁명적 문풍의 전형"(준박사 김종선, 《문화어학습》 1986년 제4호)이라는 글이 있다.

과정에서 배운 것으로 이제는 북한 혁명적 문풍의 전형이 된다.

김정일 문풍은 세 가지 특징을 가진다. 혁명적이고 인민적이며 전투적인 문풍이다. 이는 김일성의 그것과 다른 것이 아니다. 동어반복이지만 예증되는 표현들이 다르다.

혁명적인 문풍은 무엇보다 수령에 대한 충실성을 완전하게 표현하고 있다. "친근하면서도 정중한 존칭 수식사와 수령님과 관련한 가장 권위 있고 존엄 있는 표현들을 수많이 창조하여 널리 쓰고 있다" 존칭 수식사에는 '로동계급의 가장 위대한 수령', '인민의 자애로운 어버이' 등이 있다. '절대성', '무조건성', '주체의 혁명위업', '온 사회의 주체사상화', '주체의 혈통', '주체형의 공산주의 혁명가' 같은 정치술어들이나 '~시', '~께서', '탄생하다', '계시다' 등 높이는 말마디들은 충실성의 기본요구를 나타내는 표현들이다.

인민적인 문풍은 인민대중이 누구나 다 알기 쉬운 어휘를 쓰거나 통속적인 표현을 하는 것이다. 김정일은 '곁가지' '북데기' '흐름세' '아글타글' 등을 잘 쓰고 속담이나 성구(成句)도 적절히 사용하여 통속성을 나타내고 있다.

"사람은 자주성을 가진 존재, 자주적인 사회적 존재입니다."
"사람은 창조성을 가진 존재, 창조적인 사회적 존재입니다."
"사람은 의식성을 가진 존재, 의식적인 사회적 존재입니다."

이 세 문장은 주체사상이 밝힌 사람의 본질적인 특성인 자주성, 창조성, 의식성을 알기 쉽게 담았다는 것이다.

이러한 언어구사를 "인민을 하늘처럼 여긴다"는 이민위천(以民爲天) 정신에 따른 것이라고 한다. 김정일은 강습제강이나 학습제강, 신문, 잡지를 비롯한 모든 글을 철저히 대중화하고 통속화하라고 말하고 있다.

전투적인 문풍은 전투적이고 세련된 표현을 효과적으로 쓰고 있다.

'속도전', '사상전', '전격전', '속도전의 불바람', '사사의 무기', '강철의 의지', '혁명의 나팔수', '과학의 상상봉', "화력을 집중하다", "종파의 오물을 청산한다", "혁명의 북소리 높이 울리다", "된바람을 일으키다", "사상도 기술도 문화도 주체의 요구대로!" 같은 어휘나 표현은 전투적이다.

또 다음의 표현도 전투적인 느낌을 준다고 한다. "참으로 우리당은 주체사상을 지도적 지침으로 하여 건설되고 활동하는 당, 전당에 유일사상체계가 튼튼히 서고 주체사상에 기초하여 철석같이 통일단결된 당, 인민대중과 혈연적인 련계를 맺고 그들의 역할을 높여 주체혁명위업의 완성을 위하여 투쟁하는 당, 영광스러운 주체형의 혁명적 당이다."

이 문장에서 "……건설되고 활동하는 당", "……통일단결된 당", "……투쟁하는 당"이 이음토 없이 한 문장으로 이어짐으로써 강조점이 생기고 탄력과 기백이 돋구어지게 되어 참신하고 전투적인 느낌을 준다고 본다.

비유나 대비수법도 참신하고 전투적인 말의 본보기가 되는데 비유수법 한 가지를 보자.

"우리는 항일혁명투사들이 위대한 김일성 동지를 높이 받들어 모신 것처럼 모든 당원들과 근로자들, 후대들이 대를 이어 경애하는 수령 김일성 동지를 높이 받들어 모시며 당과 수령이 가리키는 길이라면 산악과 진펄이라도 오직 그 길로만 가는 절대적인 충성심을 간직하도록 하여야 한다."

김정일 문풍은 김정일 명언에서도 보인다.

"사회주의는 지키면 승리이고 버리면 죽음이다."

"오늘을 위한 오늘에 살지 말고 래일을 위한 오늘에 살자."

"사업에서는 친구가 많고 생활에서는 친구가 적어야 한다."

"세도에는 아첨이 따르지만 믿음과 사랑에는 마음이 따른다."

"인민을 얻는 자는 보약이 차례지지만 인민을 등진 자는 독약이 차례진다."

"수령이 없는 혁명의 승리를 생각하는 것은 태양이 없는 꽃을 바라는 것과 마찬가지이다."

"현명한 수령의 령도를 받지 못하는 대중은 뇌수가 없는 육체와 같다."

"총대에서 당도, 국가도 나온다."

김정일은 노동계급적이고 혁명적인 어휘들을 수없이 만들어 내서 그의 문풍을 만들어 갔는데 이것이 혁명적 문풍의 전형이 되는 것은 김일성에게 충실하려는 인민의 염원과 시대적 지향을 반영했기 때문이라는 것이다.

Ⅳ. 문풍의 한 모습

문풍이 가장 잘 나타나는 것이 평양말이라고 주장한다. 평양말은 "인민적이며 혁명적인 문풍을 본보기로 하여 민족어의 고유한 특성과 우수성이 집대성되고 현대적으로 세련된 조선어의 전형"이라는 것이다. 이 전형인 평양말로 된 교과서에서 "……원쑤들에 대하여 말할 때는 지주놈의 상통, 미제놈이 뒈졌다는 식으로 말해야 합니다."라고 가르치고 있다. 적이나 원수에게는 보통말로 하지 않고 증오에 찬 말로 하도록 가르치고 있는 것이다. 그래서 욕설적인 표현이 유난히 많은 것도 북한 사람들이 말하는 문풍의 한 모습이다. '말하다'라는 동사도 원수가 하는 말이라면 "지껄이다, 줴치다, 씨벌이다, 뇌깔이다, 넉두리를 하다, 입방아를 찧는다, 나발을 분다, 주둥아리를 나풀거린다"로 표

현해도 된다고 한다. 얼굴은 낯짝, 상판대기기고 입은 주둥아리, 아가
리이고 배는 배때기이다. 이런 표현을 그들은 "적을 때리는데 알맞는
맵짜고 예리한 표현"이라 한다.[8]

원수로 하는 미국에 대한 표현은 단죄의 표현을 강조한다. "동무들!
미제를 때리는 글은 증오에 찬 말로 꾸며져야 합니다.", "미제 승냥이
놈들에게 무참히 희생된 무고한 신천사람들의 피값을 천백배로 받아
내리라! 미제 승냥이"정도는 예사로운 표현이다. "미제의 각을 떠자.",
"돌로 대가리를 까부시다"가 일상적으로 쓰인다. 유명한 시인 백인준
의 시에는 미국을 두고 세기의 강도단, 죽어 가는 아메리카, 병든 아
메리카, 나체의 왕국, 께끈한 새끼, 인간부스레기, 미국짐승들, 월가의
양키, 에이즈의 왕국, 돈벌레, 인간추물들 등의 어휘로 묘사하고 있
다.[9]

이러한 것의 원천은 김일성 문풍이다. "혁명적 원칙성과 비타협성을
철저히 견지하시는 위대한 수령님께서는 제국주의자들과 그 앞잡이,
지주와 매판자본가들, 민족반역자들과 혁명의 배신자들에 대해서는 불
타는 증오와 저주, 멸시와 경멸로 일관된 서술방식, 그에 알맞는 단어
들과 표현들을 쓰시였다."[10]는 것이다.

V. 맺는 말

북한에서 김일성, 김정일의 문풍을 따라 배우는 것은 혁명가의 의
무이고 기본요구이다. 또한 모든 주민들도 수령과 지도자의 문풍대로
말하고 글을 쓰는 기풍을 세울 것이 요구되고 있다. 수령과 지도자의

---

8) 김갑준, 〈적을 때리는데 알맞은 맵짜고 예리한 표현을 놓고〉, 《문화어학습》 1986년 제1호
9) 윤희남, 〈원쑤를 단죄하는 글은 증오에 찬 말로 꾸며져야 한다〉, 《조선어문》 2000.
10) 《위대한 수령 김일성동지의 혁명적 문풍》, p 34.

문풍은 명언, 격언, 속담을 효과 있게 쓰고 비유, 대비, 되풀이, 수사적 질문, 문답식 등의 표현수법을 효과 있게 써서 혁명과 건설의 무기로서의 역할을 하고 있다. 또 고유한 우리말을 기본으로 하여 누구나 알기 쉽게 표현하고 내용을 실감 있게 나타내는 세련된 모습을 보인다. 그래서 혁명적이고 인민적인 문풍의 전형이 되고 있다고 한다. 그래서 이를 따라 배우는 북한주민은 김일성 · 김정일 문풍을 '받아 안은' 행복을 지닌다고까지 말한다.

문풍은 고유어를 바탕으로 할 때 힘이 발휘된다는 주장처럼 결국 민족어의 발전을 보장을 하는 것을 포함하여 혁명과 건설을 잘하도록 하는데 목적을 둔 것이다.

문체와 문장표현

I. 들어가는 말

6·15 공동선언 2주년 기념행사(민족통일대축전)에 참가한 남북한 인사들이 공동호소문을 발표하였다.[1] '7천만 겨레에게 보내는 호소문'이라고 한 이 글에서는 6·15 공동선언을 조국통일의 이정표로 규정하고 이 선언대로 이행하는 길에 통일조국의 미래가 약속되어 있다고 명시하고 있다.[2] 그런데 이 호소문을 보면 사용 어휘나 문장표현에서 북측이 주도하여 쓴 글이라는 느낌을 받게 된다.[3] 우선 서두의 표현

---

[1] 기념행사는 금강산 일원에서 열렸고, 남쪽에서는 민족화해협력범국민협의회, 7대종단 대표, 통일연대 관계자들이 참가하였으며, 북쪽에서는 민족화해협의회(위원장 : 김영대)소속 인사들이 참가하였다.

[2] 『연합통신』 1318호, 2002. 6. 20.

[3] 호소문의 몇 구절들은 다음과 같다.

"역사적인 6·15 공동선언 발표 2돌을 맞는 이 시각 북과 남 해외의 각계 각층 대표들은 세계의 명산 금강산에서 민족통일대축전을 성대히 개최하고 뜨거운 통일열망과 애국의지를 담아 7천만 온 겨레에게 이 호소문을 보낸다."

"온 삼천리 강토가 한없는 격정과 환희로 들끓든 북남 수뇌분들의 역사적인 평양상봉의 그날

"……뜨거운 통일열망과 애국의지를 담아 7천만 온 겨레에게 이 호소문을 보낸다."고 한 표현은 북한의 다음 글과 흡사하다.

"오늘 우리는 당신들이 겪고 있는 전례 없는 고통과 재난에 대하여 가슴 아프게 생각하면서 남조선 농민들의 비참한 처지를 어느 한 때도 잊어 본적이 없는 공화국 북반부 전체 농업근로자들의 뜨거운 혈육의 정을 담아 당신들에게 이 호소문을 보낸다."4)

다음으로 어휘 사용에서 '평양 상봉', '주체 91' 같은 용어라든가 '받아안은', '떨쳐나가야 한다', '나서리라고 확신한다' 같은 표현은 낯설지는 않지만 남쪽에서 항용 쓰는 것은 아니란 것을 짐작 가능하다.5) 낯

로부터 2년이 지났다. 새 세기 자주평화통일의 이정표인 6·15 공동선언을 받아 안은 우리 겨레가 우리 민족끼리라는 대명제로 뜻과 마음을 합치고 발걸음을 같이 하며 걸어온 통일애국의 길은 더없이 자랑스럽고 긍지로운 것이다. 수많은 북과 남의 동포형제들이 연이어 서울과 평양을 오가며 백두산과 한라산, 금강산에서 서로서로 얼싸안고 혈육의 정을 나눈 것은 하나 된 우리 민족의 위대성을 펼쳐 보인 애국적 장거이다."

"우리는 이제 통일애국의 열정과 의지로 우리가 걸어온 자주평화통일의 길을 더 힘차게 떨쳐 나가야 한다."

"진정으로 나라를 사랑하고 민족을 위하여 통일을 바라는 사람이라면 모두 다 6·15 공동선언을 열렬히 지지하고 귀중히 여기며 철저히 관철하기 위한 위업에 힘과 지혜, 열정과 노력을 다 바쳐나가야 한다."

"민족통일대축전에 참가한 북남 해외의 동포들은 온 겨레가 우리의 이 애국적인 호소에 적극 호응하여 6.15공동선언을 실현하기 위한 거족적 통일운동에 힘차게 나서리라고 확신한다."

"6·15 공동선언 발표 2돌 기념 민족통일대축전 참가자 일동. 주체 91 2002년 6월 15일 금강산."

4) 이 문장은 《조선어문체론 연구》(박용순, 과학,백과사전출판사, 1978. 6)에서 호소문 문체로 예거(p. 196)된 것이다.

5) '받아안은', '확신한다', '위대성', '귀중히' 같은 표현이 보이는데 '받아안은'같은 단어는 남쪽에서 늘 쓰는 것으로 알지만 1970년대 이전에는 결코 잘 쓰던 표현이 아니다. '확신한다'는 "확신하여 마지않는 바이다"로 쓰는 편이었다. "……해 주시면 감사하겠습니다" 또는 "……해 주시기 바랍니다"같은 표현도 북한에선 "……해 줄 것으로 기대한다" 또는 "……해 줄 것이라고 믿는다."라고 표현한다.

설지 않다는 것은 1970년대 초이래 남북한 접촉으로 인해 문화변용 현상(Acculturation)이 어느 정도 남·북한 간에 진행되었기 때문이라 할 수 있다.6)

　앞의 공동보도문이 북측 주도로 작성되었을 것이라는 짐작은 그 문체와 문장표현 때문이다. 물론 앞의 호소문은 문체적으로 볼 때 완전히 북한의 것이라고 할 수는 없다. 북한의 문체는 대체로 강건체에다가 화려체의 모습을 지니는데 이 호소문은 상대적으로 약간 건조한 편이다. 공동작성이므로 어느 한 쪽만의 표현은 한계가 있을 수밖에 없다. 그러나 북측 주도로 작성된 것이라는 흔적은 글에서 나타난다.

II. 문체와 문장 만들기

　문체는 어떤 글을 독특한 모습으로 드러내게 한다. "문체는 그 사람이다."라는 말도 이래서 나온 것이다. 문체는 개인이나 집단에 따라 표현의 양상이 달라진다. 문체는 넓게 잡으면 글의 체재, 문장의 양식에 관한 모든 것이기도 하다. 문장과 문체는 다르지만 불가분리적이다. 문장이 있어야 문체를 담을 수 있다.

　북한에서는 문체를 사회정치문체, 공식사무문체, 과학기술문체, 신문문체, 문학문체, 생활문체 등 크게 6가지로 나누고 세분하여 28개로

　그밖에도 이 호소문에 있는 '위대성', '귀중히'같은 표현은 남쪽에서는 대체로 '위대함', '귀중하게'로 표현하는 편이었다. '귀중히 여기며' 같은 표현은 북한 김일성헌법 제81조에 "공민은 조직과 집단을 귀중히 여기며……."와도 같다.

6) 문화변용은 대체로 "두개의 독자적인 문화체계가 만날 때 일어나는 변화"(R. L. Bee), "두 문화들 사이에서 유사성이 증대되는 변동과정"(A. L. Kroeber)등으로 정의된다. 하나의 사례로 월드컵 기간에 우리 대표선수들을 '태극전사'로 부른 것도 남북한 접촉에 의한 문화변용현상으로 볼 수 있다. 1970년대까지만 해도 '태극용사'였지 태극전사라 부르지는 않았다. 남북한 문화변용현상에 대해서는 졸고 『남북한 접촉과 문화변용』(임채욱, 한국문화정책개발원, 1995)을 참조할 것.

분류하고 있다.7)

사회정치문체는 사회정치생활과 관계되는 분야의 문체이다. 이 가운데서 비교적 자주 접하게 되는 보고문체 두 가지를 보기로 한다.8)

"성 중앙기관들과 련합기업소들에서 생산과 함께 재정관리를 잘 하여 더 많은 돈을 벌어들이며 번 수입금 가운데서 국가에 바칠 몫을 먼저 바친 다음 나머지 자금을 가지고 계획에 따라 쓰는 질서를 엄격히 지키며 도·시·군들에서는 당의 지방예산제 방침을 철저히 관철하여 모든 시·군들의 한 해 예산수입을 2천만 원 내지 3천만 원 이상 보장함으로써 국가에 대한 더 많은 자금을 들여놓아야 하겠습니다."9)

위의 보고문에서는 '벌어들이며', '들여놓아야' 등 한자어 표현이 아닌 우리말 표현을 하려는 모습을 볼 수 있다.

보고문체에는 다음과 같이 문장단락이 긴 글도 있다.

"재일동포들의 귀국실현 4돌을 경축하는 이 뜻 깊은 자리에서 일찍이 영생불멸의 주체사상을 창시하시고 이 땅우에 인민대중 중심의 사회주의 조국을 세워주시였으며 주체적인 해외교포 운동의 앞길을 밝혀주시고 재일동포들의 귀국의 념원을 풀어주시어 해외교포 운동의 세계사적 공적을 이룩하신 인류의 태양이시고 혁명의 영원한 수령이

---

7) 문체분류의 예 (박용순, 《조선어문체론 연구》, 과학,백과사전출판사, 1978. 6. p. 22)

①사회정치문체~당 정책 해설논문, 회상실기, 보고문, 맹세문, 웅변, 호소문.

②공식사무~법률, 외교, 군사(규정, 명령), 사무문건.

③과학기술~논문, 교과서, 생산기술, 학술토론보고.

④신문~보도, 사·론설, 정론, 교양기사, 기행문.

⑤문학~소설, 시, 영화문학, 희곡, 수필·수기.

⑥생활~편지, 감상문, 일기.

8) 북한에서는 보고문과 연설문이 다르다. 보고는 해당 회의 전반에 관한 문제를 알리는 것이 목적이고, 연설은 어느 한 부분에 대한 것을 말하는 것이 기본으로 되어 있다.(《문화어학습》, 1982년 제4호, p. 63)

9) 최고인민회의 제10기 4차 회의, 문일봉 재정상의 보고, 2001. 4. 5.

▲ 언어생활부문의 대중잡지 -《문화어학습》표지 모습. 이 잡지는 1958년 2월 과학원출판
사에서 《말과 글》이라는 제호로 발행했으나 1965년 중단되었다. 그러다 1968년 6월부
터 연 4회 계간지 형태로 발행되고 있다.

시며 우리 민족의 자애로운 어버이신 위대한 수령 김일성동지께 가장
숭고한 경의와 최대의 영광을 드리며 주체혁명위업을 빛나게 계승하
시어 우리식 사회주의를 승승장구의 한길로 이끌어 주시며 주체적 해
외교포 운동을 현명하게 령도하고 계시는 우리당과 인민의 위대한 령
도자 김정일 동지께 삼가 최대의 영예와 가장 뜨거운 감사를 드립니
다."10) 김일성, 김정일에 대한 수식어 때문에 길어진 것이지만 전반적
으로 한 문장이 길다.

  공식사무문체 중에서 헌법의 표현을 보기로 한다.

  북한 헌법(1998. 9 개정 김일성헌법)을 보면 "최고인민회의 상임위

10) 최고인민회의 상임위 부위원장 양형섭, 재일동포 귀국실현 40주년 기념 중앙보고대회 보고
문, 1999. 12. 15.

원회 위원장은 국가를 대표하며 다른 나라 사신의 신임장, 소환장을
접수한다."(제 111조)라고 되어 있다. 여기에서 사신(使臣)이란 말은
그야말로 봉건왕조시대에나 쓰이던 말이 아니던가. 사신이 아니라 사
절(使節)로 써야 옳다.11) 헌법의 문장을 보면 종전보다 간소화된 것도
보인다. 사회주의헌법에서 "조선민주주의인민공화국 국방위원회는 조
선민주주의인민공화국 주권의 최고 군사지도기관이다"(제111조)던 것
을 김일성헌법에서는 "국방위원회는 국가주권의 최고 군사지도기관이
며 전반적 국방관리기관이다"(제100조)라고 표현, '조선민주주의인민공
화국'을 삭제하였다.12) 말의 경제성을 찾은 사례라 할 만하다.13) 그간
북한의 표현은 "조선민주주의인민공화국 적십자회는 조선민주주의인
민공화국 인민의……" 하는 식이었다.

　한편 헌법 표현에서 우리말을 찾아 쓰고 있는 모습도 보인다. "하급
인민위원회의 그릇된 결정, 지시를 폐지하며 하급 인민회의의 그릇된
결정의 집행을 정지시킨다."(김일성헌법 제141조 11항)에서 '그릇된'이
라는 표현은 눈길을 끈다. "행정단위와 행정구역을 내오거나 고친다."
(제110조 18항) 같은 것도 쉽게 표현하려고 한 것이다. 이런 표현들은

---

11) 이 표현은 개정 전 사회주의헌법(1992. 4. 9. 개정)에는 107조 제7항에서 주석의 임무와 권
한의 하나로 "다른 나라 사신의 신임장, 소환장을 접수한다"로 되어 있다. 이보다 앞선 사회주
의헌법(1972. 12. 제정)에서는 제97조에 "조선민주주의인민공화국 주석은 다른 나라 사신의 신임
장, 소환장을 접수한다."로 되어 있다. 또한 1972년 이전의 헌법에서도 사신으로 나온다. 최고인
민회의 제7차~9차 회의에서 수정·보충된 헌법 제49조 10항은 '외국사신의 신임장 및 해임장
접수'로 되어 있다. 이를 보면 헌법제정 당시부터 사신이라고 표기해 온 것으로 보인다.
　이는 평양 용성구역에 어은동(御恩洞)이 있고 3,000명 수용의 목욕탕 어은원(御恩院)이 개업한
것과 함께 왕조시대 표현도 버리지 않고 있는 면을 보여주고 있어 주목된다.
12) 김일성헌법 전의 사회주의 헌법(1992. 4. 개정)에서는 제111조에서 116조까지의 조항(제6장
국가기구 제3절 조선민주주의인민공화국 국방위원회)은 모두 "조선민주주의인민공화국 국방위
원회는……"로 표현되어 있다. 김일성헌법에서는 1개 조항(제103조)을 빼고는 시작을 "국방위원
회는……"로 표현하고 있다.
13) 말의 경제성이랄까 생략 사례는 성진제강을 성강으로 부른다던가, 나진선봉시를 나선시로
고친 것도 해당될 것으로 보인다.

1972년 사회주의헌법 채택 때부터 나타난 표현들이다.14)

외교문체에는 조약 각서 외에 성명이나 관계자 담화, 회견문 등이 있는데 최근 서해교전과 관련한 회견문에는 세계축구선수권대회를 언급하는 부분이 있다.

"우리 인민군 해군은 남조선해군 함선들과 어선들이 최근에 거의 매일과 같이 우리 영해 깊이 침범해 왔지만 북남 사이의 군사적 긴장상태를 완화하려는 염원으로부터 그리고 세계축구선수권대회가 열리고 있는 사정을 고려하여 여러모로 자제력을 발휘해왔다. ……남조선군 당국자들이 이번에 이와 같은 엄중한 군사적 도발을 감행한 것은 세계축구선수권대회가 열리고 있는 때에 충격적인 사건을 조작하고 그 책임을 우리에게 전가시킴으로써 남조선 인민들 속에서 세차게 일어나고 있는 북남 화해와 통일열기에 찬물을 끼얹고 우리의 국제적 권위를 훼손시키려는데 그 목적이 있다."

신문문체인 사설, 논설은 기본적으로 강건체이지만 북한의 경우 독자의 감정에 호소하는 글이 되고 있다. 사설 문장이 보도성과 정론성 외에도 전투성과 선동성을 강조된 결과 격문 같이 되었다.

"오늘은 미제가 우리 공화국을 반대하는 침략전쟁을 일으킨 때로부터 52년이 되는 날이다. 우리 인민은 갓 창건된 우리 공화국을 요람기에 없애버리려고 침략의 불을 질러 우리 인민들에게 헤아릴 수 없는 재난을 들씌우고 우리 조국에 참혹한 피해를 입힌 침략자, 살인자인 철천치 원쑤 미제에 대한 끓어오르는 분노와 증오로 가슴 끓이고 있다. ……불은 불로 다스리고 우리의 존엄과 자주권을 침해하는 자들에

14) 북한헌법이 제정 당시와 크게 바뀐 것이 1972년 12월의 사회주의헌법부터인데, 이때 종전 제1조 "우리나라는 조선민주주의인민공화국이다."를 바로 "조선민주주의인민공화국은……."으로 변경되며 문장표현도 구식 투가 많이 사라진다. 가령 1972년 이전 헌법에는 "상급인민회의는 하급인민회의 및 인민위원회의 결정, 지시를 폐지 또는 변경할 수 있다."(제77조)로 표현되어 있다. 또 최고인민회의 권한 규정에서 "도, 시, 군, 리(읍, 노동자구) 구역의 신설 및 변경"(제37조8항)으로 되어 있다.

게 무자비한 타격을 가하는 것은 우리 군대와 우리 인민의 혁명적 기질이며 고유한 대응방식이다. 우리 인민은 철천지원쑤 미제와 결산할 것이 너무도 많다. 전체 인민군 장병들과 인민들은 높은 혁명적 경각성을 가지고 적들의 일거일동을 예리하게 주시하여야 하며 만일 원쑤들이 덤벼든다면 사생결단의 각오를 가지고 싸워 침략자들을 일격에 짓부시고 조국통일의 력사적 숙원을 성취하여야 한다."15)

이 사설에서는 '철천지 원쑤 미제'를 수식하는 말이 길어져서 문장이 길어진 것을 알 수 있다. 사설에 핵심 어휘를 반복 사용함으로써 전투성을 강화한 내용도 있다.

가령, 1999년 김정일 57회 생일기념 노동신문 사설은 제목이 "위대한 혼연일체의 위력으로 강성대국 건설의 새 시대를 열어 나가자."인데 이 글에서는 '혼연일체'가 43회 나오는데 매 문단마다 나타난다. 이 글이 7,000자가 넘는 짧지 않은 글이란 것을 감안하더라도 많이 나타나는 것이다.

"이 혼연일체는 전체 인민의 신념에 의하여 다져지고 깨끗한 양심으로 승화되어 백절불굴의 의지로 고수되는 불패의 혼연일체이다. 우리가 비가 오나 눈이 오나 혼연일체를 눈동자와 같이 고수해 나가야 한다."

"우리 혁명의 수령과 전사의 혼연일체로 개척되고 혼연일체의 위력으로 전진하여 온 혁명이다. 우리의 혼연일체의 깃발에는……." 이 사설은 동어반복으로 주장의 효과를 높이려 한 것이다.

생활문체는 생활어를 주로 쓰기 때문에 알기 쉽고, 정서적 색채를 나타내며 친절성으로 일관된다는 특성을 가진다고 본다.16)

다음은 알기 쉬운 글로 쓴 편지문체의 사례이다.

"동무들이 몹시 그립습니다. 밀가루 몇 말을 두고 떠나온 후 한 달

---

15) 미제의 침략과 전쟁책동을 단호히 짓부시자, 《노동신문》 사설, 2002. 6. 25.
16) 윤인환, "생활문체와 생활어의 표현적 효과", 《문화어학습》 1991년 제4호.

이 지나도록 관심을 돌려드리지 못하여 미안합니다. ……저는 다른 일
이 있어서 가지 못하니 이 통신원 동무와 함께 모두 이곳으로 옮겨와
야 하겠습니다. ……."

널리 쓰이는 일상적인 말로써 혁명적 동지애를 느끼게 했다는 것이
다.

그밖에도 생활문체에는 평범한 생활어로써 정서감을 주는 감상문도
있고 친밀성을 띤 문체의 일기가 있다.

Ⅲ. 특이 문장 표현 몇 가지

논리적 문장에서는 글의 서두를 김일성이나 김정일의 '교시'를 인용
하면서 시작하는 경우가 많다. 그러다가 보니 이런 표현도 나온다.

《위대한 령도자 김정일동지께서는 다음과 같이 지적하시였다. "정
방산은 예로부터 유명한 곳입니다."》

결국 하나마나 한 소리이다. 그러나 북한에서는 '교시' 인용을 글 쓰
기의 한 방법으로 언급하고 있다.17) '론리문에서의 글머리 구성법'을
설명하면서 "첫째로, 위대한 수령 김일성동지의 교시를 정중히 모시고
그로부터 글머리를 떼는 방법이 있다. 이것은 론리문들에서 중요하게
쓰이는 방법이다."라고 하고 있다.18) 이 방법도 하나는 '교시'를 직접

---

17) 인용이 글쓰기의 한 방법일 뿐 아니라 반드시 인용해야 하는 강제성도 있다. '유일사상체계
확립 10대 원칙'(1974. 4. 14) 4항 7에는 "보고 토론 강연을 하거나 출판물에 실릴 글을 쓸 때에
는 언제나 수령님의 교시를 정중히 인용하고 그에 기초하여 내용을 전개하며 그와 어긋나게 말
하거나 글을 쓰는 일이 없어야 한다."고 명시되어 있다.

　이러한 강제적 인용을 인용학이라 하고 이 원천은 스탈린체제에서 스탈린의 말을 반드시 인
용해야 하는 원칙에서 왔다고 한다.(신일철, 「북한주체철학연구」, 나남, 1993, p. 191)

'모시는 방법'이고 다른 하나는 '수령님의 교시사상' 또는 '수령님의 혁
명활동과 그 위대한 로정'으로부터 시작하는 방법이 있다고 말한다.

문장 표현에서 물론 통치자에 대한 존칭수식어를 잘 붙여야 하는
것이 알려졌듯이 문장의 술부 부분에서도 존칭 토씨를 잘 붙여야 한
다. 가령 "사령관 동지께서는 마음을 다시 진정하시고 아이들을 내려
놓으신 다음 더운물을 따르시여 수건을 적시였다."라는 문장에서 '적
시였다'는 '적시시였다'가 되어야 옳은 답이다.19)

언어의 반복적 표현 중에는 '수령'과 관련되어서 나오는 것이 있다.
한 책의 목차인데 "위대한 수령 김일성동지께서 친히 쓰신 표현수법"
이라는 제목 밑의 소제목은 아래와 같다.20)

1) 위대한 수령 김일성동지께서 친히 쓰신 비유법.
2) 위대한 수령 김일성동지께서 친히 쓰신 대비법.
3) 위대한 수령 김일성동지께서 친히 쓰신 되풀이법.
4) 위대한 수령 김일성동지께서 친히 쓰신 수사적 질문법.
5) 위대한 수령 김일성동지께서 친히 쓰신 문답법.

이밖에도 이 책에서는 제목마다 빠짐없이 '위대한 수령 김일성동지'
가 들어간다. 과학기술문체로 쓴 백과사전 글은 전반적으로 난삽한 편
이지만 어휘사용에는 우리말을 찾아 쓴 글도 있다.

"로동에 의한 분배 몫의 체계적이며 고르로운 증가……"21)

---

18) 박용순, 《조선어문체론 연구》, 과학, 백과사전출판사, 1978. 6, p. 195.
19) 계시다, 주무시다, 잡수시다에서는 구태여 '시'를 부칠 것 없다고 한다. (리기만, "문장의 론
리적 맞물림과 성분적 맞물림", 《사회과학원 학보》, 사회과학출판사, 2001. 1. p. 43)
20) 《위대한 수령 김일성동지의 혁명적 문풍》, 사회과학출판사, 1976. 12.
21) 《조선대백과사전》, 18권, p. 280.

북한 문장에서는 대체로 설명적으로 풀어서 쓰는 것을 많이 보게
된다. 어떤 작품에 대해서 간단히 '좋은 작품'이라고 하는 대신 "……
자기들의 체험에 기초하여 실생활을 생동하게 진실하게 그려낸 작품
들을 많이 창작해 내게 되므로……"22)처럼 표현한다. '집필원고'라면
될 것도 '집필된 원고'라고 표현한다.

특히 수식어를 많이 사용하는 경향을 보인다. 그냥 "성과가 있다."
는 표현은 거의 없고 언제나 "특출한 성과가 있었다."처럼 형용사를
부치거나 "종자론에는 모든 사업에서 실리를 철저히 보장할 수 있게
하는 가장 효율적인 방도가 담겨져 있다."처럼 부사, 형용사가 반드시
들어 있다.

북한의 언어표현 중에는 특이하게 적(的)자 사용이 눈에 띤다. 동원
계획이 아니라 '동원적 계획'이고23) '민족적인 성격적 특질'24)이라고
적자를 연이어 쓰는 것도 있다. '처적'으로 해결한다는 표현은 부처단
위 처적(處的)을 말하는 것이다. "주체사실주의는 공중에서 떨어진 것
이 아니라 선행한 사회주의적 사실주의가 이룩한 창작적 성과와 경험
을 포섭하고 있으며……25)에서 '창작적 성과'는 창작성과라 해도 무
방하다." 적(的)자 쓴 제목에 "고전 소설이 녀성형상에 구현된 민족적
인 성격적 특질"26)도 있다. 이것도 따지고 보면 문장표현의 한 모습
이다.27)

'의'가 겹치는 표현이 많다. "강한 논리성은 우리 당 문헌의 문풍의

22) 《주체사상에 근거한 문예리론》, p. 325.
23) "……각기 자기기관의 기능과 특성에 맞는 동원적인 계획을 세워야 합니다."(김정일, "다부
작 예술영화 '민족과 운명'의 창작성과에 토대하여 문학예술 건설에서 새로운 전환을 일으키자",
1992. 5. 23)
24) "고전소설이 녀성형상에 구현된 민족적인 성격적 특질"(『조선어문』, 2000. 제 2호)
25) 《김일성종합대학학보》, 1993년 제2호, p. 3.
26) 《조선어문》, 2000년 제2호.
27) 적(的) 자는 남한에도 남용되는 편이다. '인적쇄신', '인적개편'도 있고 '교육인적자원부'도 있
다. 『동아일보』, 2001. 6. 18. A7면 참조.

중요특징"(문화어학습 1983년 4제호) 같은 제목도 보인다.

"……이것만이 우리 겨레가 살고 우리 민족이 사는 길이다."28)라는 표현도 보이고 다음과 같이 어렵게 표현한 문장도 눈에 띤다.

"새로 창작방법이 창작실천에서 구현되는 것과 그것을 정식화하여 선포하는 것은 별개의 문제이다."29)

문장에서 표현의 과장성은 쉽게 찾을 수 있는 일이다.

"인민군대의 타격력에는 한계가 없으며 그것을 피할 자리는 이 행성 우에 없다"30)

"……수령형상은 아직도 인류문학이 지녀보지 못한 새로운 형상세계이다."31)

"일찍이 세계 사회계는 종자론을 창시하신 위대한 김정일동지의 업적을 두고 인간에게 불을 처음으로 가져다 주었다는 신화적인 프로메테우스와도 대비할 수 없으리만큼 불멸할 공헌이라고 높이 칭송한 바 있다."32)

Ⅳ. 맺는 말

김일성은 해방 직후부터 말과 글쓰기에 관심을 많이 기울였다. 그것은 선전선동 때문이었다. 효과적인 선전선동을 위하여 문장을 짧게 쓰고, 알기 쉽게 쓰는 것이 혁명적인 기풍을 세우는 일이라고 까지 말해 왔다. 그렇지만 북한의 문장을 보면 한 문장 자체는 짧아도 글 전체는 길고 난삽한 것이 많다는 것을 확인할 수 있다. 글을 풀어서 쓰

---

28) 10대 강령 해설.
29) 《주체문학론》, p. 57.
30) 1999. 4. 25 건군절 기념 《로동신문》 사설.
31) 《조선문학》, 1997. 4월호 머리글.
32) "종자론을 튼튼히 틀어쥐고 나가자", 《로동신문》, 2001. 3. 6.

는 경우와 화려한 수식어가 많아서 길어지는 경우도 본다. 동일 어휘
의 반복 사용이나 중언부언을 많이 하여 장황한 글이 되어도 논리적
이라고 믿고 목적 의식적으로 압축을 거부하는 것으로도 비쳐진다. 그
래서 표현은 강건체이고 화려체인데 장단은 만연체인 경우가 많다.

　또한 논리적이어야 하는 사설문체도 문학작품처럼 주정토로가 된
형상적 문체가 되는 경우가 많다. 논리적 문장이나 서정적 문장이나
할 것 없이 '교시'나 '가르침'으로 말문을 다시 풀어나가야 하는 것이
문풍으로 자리잡고 있는 한 문체의 화려함이나 강건함이 무슨 의미가
있을까?

한자 사용과 정책

I. 들어가는 말

탈북자들이 남한에서 겪는 어려운 일 중에는 외래어나 외국어를 잘 못 알아들어서 생기는 것도 있고 한자를 잘 모르는 데서 일어나는 문제도 없지 않다.

가장 흔한 것이 자기 이름을 한자로 쓰지 못하여 받는 눈총이다. (물론 자기 성과 관계된 본관을 모르는 경우도 많을 것이다.) 한자를 잘 모르니까 자연히 한자 어휘를 이해 못해서 일어나는 일도 있다. 다음은 북한에서 러시아말을 가르쳤던 교수 출신이 겪은 몇 가지 사례이다.[1]

자부(子婦)를 잡부(雜夫)로 알아들은 사례.

전화를 받은 사람에게 누구냐고 물으니까 "저는 목사님 자부입니다"

---

[1] 정종남, 「북한 주민이 알아야 할 남한어휘 3300개」, 종로서적, 2000. 10.
  저자는 1932년 생으로 평양사범대학(현재 김형직사범대학), 모스크바대학을 졸업했고, 모교에서 러시아어를 가르쳤으며 러시아 국립사범대학 교환교수로도 있었다.

해서 목사에게 집에 잡부까지 두고 사느냐고 물었더니 자부를 잘 못 알아들었다면서 자부는 아들 자(子) 자에 며느리 부(婦) 자를 써서 며느리를 뜻하는 것이라는 대답이 돌아왔다고 소개하고 있다.

고희연에 참석했더니 "하객 여러분은 피로연에 꼭 참석하셨다 돌아가 주십시오" 하길래 하객(下客)은 간부가 아닌 일반 손님을 말하는 것으로 생각했고, 피로연은 "피로를 풀라는 뜻에서 연회를 한다는 말이구나" 하고 생각했다는 것이다. 피로연은 아래층 한식당에서 한다기에 더운 철이라서 더운 음식이 아닌 찬 음식을 대접한다는 것으로 알아들었다는 것이다. 또 방명록에 존함을 써라는데 북한에서는 수령의 이름만 존함이라 하는데 싫어서 "얼떨떨했다"라든가, 방명록(芳名錄)의 한자를 모르니까 방문한 손님들이 글을 써서 남기는 책, 방명록(訪名錄)으로 알았다는 등의 사례도 있다.

그래서 이러한 경험을 염두에 두고 북한주민이 알아야 할 남한 어휘를 3,300개 골라서 소개를 하고도 있다. 고유어와 외래어도 있지만 한자말에서 온 어휘가 2,300개 정도로 단연 많다. 한자말 어휘에는 서로 다른 말을 쓰기 때문에 이해가 어려운 것도 있지만 한자를 몰라서 이해가 어려운 것도 있다. 여군(여자군인), 출간(출판), 내무반(병실)이 전자라면 거금, 구애, 내신, 납북, 냉소, 신토불이 등은 한자를 모르기 때문에 이해가 잘 안 되는 경우에 속한다. 앞의 탈북 교수는 남한 신문에서 한자 1,450자를 골라봤더니 그 중 39%인 560자가 북한 교육한자에 없는 것이었다고 했다.[2]

북한에서 식자층에 속했던 사람도 한자를 모르다 보니 한자어휘에 익숙할 수가 없는 것이다. 북한의 한자 문제를 짚어보기로 한다.

---

2) 정종남, 「남북한 한자어 어떻게 다른가」, 국립국어연구원, 1999. 5. p. 17.

II. 북한 한자정책의 변천

북한 문헌에 따르면 북한에서 한자 폐지는 1946년 말부터 1947년 초에 단행되었다. 그리고 1949년에는 전반적으로 종결된다. 이 기간에 문예작품, 교과서, 신문, 잡지에서 한자사용을 억제시키고, 꼭 필요하여 쓰더라도 괄호 안에 한자를 넣는 병기형식을 취하도록 사회적 통제와 사상교양사업을 병행, 강화하였다.3) 이에 따라 《로동신문》은 1947년 중반부터 제3면을 한글로 인쇄했고 1949년 1월부터는 제1면과 2면도 한글로 인쇄되었다. 《민주조선》도 같은 해 7월 7일자부터 한글로 인쇄가 되었다. 그러나 한동안 민족 고전물이나 일부 전문기술도서, 한자교육을 필요로 하는 특수한 부문의 책은 예외로 되었다. 그리고 이 한자 폐지정책은 지금까지 일관되고 있다. 다만 출판물에서 한자는 폐지하되 그 뒤 한자는 가르치도록 정책을 수정하고 있다. 그러니까 출판물에서 한자는 없더라도 한자교육은 하고 있는 것이다. 한자를 없앤다고 하여 한자교육까지 하지 않다가 다시 시작한 것은 6·25 전쟁이 끝난 후인 1954년부터인 것으로 보인다.4) 이 때 중등학교에서 800~1,000자를 가르쳤다.

북한에서 한자 문제를 제일 먼저 거론한 것은 역시 김일성에 의해서다. 1945년 10월 23일 '북조선 공산당 중앙조직위원회 책임일군들과 한 담화'에서 이렇게 말한 것이다.

"우리 당의 출판물은 로동자, 농민을 비롯한 근로 인민대중을 위한 것입니다. 그러므로 우리 당의 출판물은 한자를 섞지 말고 인민들이 알아볼 수 있는 국문활자로 인쇄하여야 합니다. 이번에 출판한 문헌만 보더라도 한자를 많이 섞었기 때문에 한자를 모르는 사람들은 그것을

---

3) 김인호, "우리 당이 실시한 한자 폐지는 그 거대한 생활력을 힘있게 나타내였다", 《언어학론문집》, 사회과학출판사, 1975. 5.
4) 한자교육의 시작 시기에 대해서는 1959년 8월, 1953년, 1963년, 1968년 등 여러 설이 있다.

읽지 못할 것입니다."5)

그러나 이보다 바로 며칠 전 이미 한문 투 글을 쓰지 말 것을 언급하고 있는 것이다.

"당보는 창간호부터 내용 있게 질적으로 편집하여야 합니다. ……만일 당보에 당의 의도가 정확히 반영되지 않거나 어려운 한문 투가 많고 쓸데없이 긴 글만 싣는다면 당보가 자기의 조직선전자적 역할을 원만히 수행할 수 없을 것입니다. 당보의 글은 짧으면서도 내용이 있고 인민대중이 다 알아볼 수 있도록 우리말로 쉽게 써야 하겠습니다."6)

이 두 가지 언급은 당의 출판물을 대상으로 한 것이지만 이러한 방향이 북한지역 전체 정책으로 굳어져 갔다고 볼 수 있겠다. 그러나 한자교육의 필요성은 곧 깨닫게 되어 1960년대가 되면 출판물에 한자나 한자어의 사용은 억제를 하지만 한자교육에 대해서는 명시적으로 강조하게 된다. 김일성의 말이다.

"한자는 하나의 다른 나라 글로서 일정한 시기까지만 써야 합니다. ……그런데 지금 남조선사람들이 우리 글자와 함께 한자를 계속 쓰고 있는 이상 우리가 한자를 완전히 버릴 수는 없습니다. 만일 우리가 지금 한자를 완전히 버리게 되면 우리는 남조선에서 나오는 신문도 잡지도 읽을 수 없게 될 것입니다. 그러니 일정한 기간 우리는 한자를 배워야 하며 그것을 써야 합니다. 물론 그렇다고 하여 우리 신문에 한자를 쓰자는 것은 아닙니다. 우리의 모든 출판물은 우리 글로 써야 합니다."7)

이때 김일성은 한자 문제에 대해 단호하였다. "한자를 계속 써야 하

5) 《김일성전집》 2권, 조선로동당출판사, 1992. 4. p. 172.
6) 김일성, "당보를 창간할 데 대하여", 북조선공산당중앙조직위원회 선전부 일군들과 한 담화 (1945. 10. 17.)
7) 김일성, "조선어를 발전시키기 위한 몇 가지 문제", 언어학자들과 한 담화, 1964. 1. 3 《김일성전집》 32권, 조선노동당출판사, 2000. 7.

겠습니까, 쓰지 말아야 하겠습니까? 한자를 쓸 필요는 없습니다. 한자를 만들어 낸 중국사람 자신도 배우기 힘들고 쓰기 불편하여 앞으로는 버리자고 하는데 무엇 때문에 우리가 그것을 쓰겠습니까?"

그래서 한자를 다른 나라 글자로서 일정한 시기까지만 써야 한다고 말한다. 그 일정한 시기가 언제인지는 다음에 이어지는 말로 암시가 된다. "한자문제는 반드시 우리나라의 통일문제와 관련시켜 생각하여야 합니다. 우리나라의 통일이 언제 될는지 누구도 찍어서 말할 수는 없으나 어쨌든 미국 놈이 망하고 우리나라가 통일될 것은 틀림없습니다."

김일성은 언어학자들 앞에서 이 말을 하고 난 뒤 곧 이어서 앞의 말이 한자 권장으로 오인될까 우려했는지 이렇게 말한다.

"우리는 앞으로 한자어의 사용을 제한하려고 합니다. 지금처럼 한자어를 계속 만들어 쓰는 것을 그냥 내버려둘 수 없습니다. 그래서 어학자들에게 꼭 써야 할 한자가 얼마가 되는가 하는 것을 조사해 볼 데 대한 과업을 주었습니다. 꼭 써야 할 한자어를 규정해 놓고 그 이상 한자어를 만들어 쓰지 않도록 하여야 합니다."[8] 김일성은 한자 문제에 대해 1966년 언어학자들 앞에서 다시 한번 못을 박았다.

"우리는 한자말을 될수록 쓰지 않도록 하면서도 학생들에게 필요한 한자는 대주고 그것을 쓰는 법을 가르쳐야 합니다. 남조선출판물과 지난날의 문헌들에 한자가 적지 않게 있는 것만큼 사람들이 그것을 읽을 수 있게 하려면 한자를 어느 정도 가르쳐 주어야 합니다. 우리가 학생들에게 한자를 가르쳐 준다고 하여 어떤 형식으로든지 교과서에 한자를 넣어서는 안 됩니다."[9]

---

8) 김일성, "올해 사업방향에 대하여", '조선로동당' 중앙위원회 부장 전원회의에서 한 연설, 1964. 1. 16, 《김일성전집》 32권, '조선로동당출판사' 2000. 7. p. 451.
9) 김일성, "조선어의 민족적 특성을 옳게 살려나갈 데 대하여", 언어학자들과 한 담화, 1966. 5. 14. 《김일성저작집》 제20권.

이 말에서 나타나는 정책방향은 한자말을 억제하면서 한자를 교과서에 넣어서는 절대 안 된다는 것이다. 그러나 필요한 한자는 배우게 해야 한다는 것이다. 한자를 배워야 하는 이유가 두 가지이다. 하나는 남조선에서 쓰기 때문이고 또 하나는 지난날의 문헌을 읽어야 하는 것 때문이다.

그래서 1960년대에는 중등학교까지 2,000자, 대학까지는 3,000자를 목표로 가르쳤다.

한자교육에 대해서는 1980년대 들어와서도 김일성의 언급이 있는데 한자를 가르쳐야 하는 이유가 더 확실히 드러난다.

"다음으로 한문교육10)을 강화하여야 하겠습니다. 남조선사람들이 한문을 쓰고 있는 조건에서 그들이 출판하는 신문이나 책을 보자고 하여도 한문을 알아야 하며 조국을 통일하기 위하여서도 한문을 알아야 합니다. 지금 남조선사람들이 보내오는 편지를 보아도 한자가 많습니다. ……지금 형편에서 남북래왕이 실현되어 남조선사람들이 공화국 북반부에 들어오면 그들은 우리 글을 다 볼 수 있지만 우리의 일부 일군들은 남조선에 나가서 한문을 몰라서 남조선 출판물을 제대로 보지 못할 수 있습니다."11)

한자를 아는 것이 조국통일을 위해서라는 거창한 명분까지 내걸었는데 앞의 말대로라면 대남 전술적인 면을 의식한 것이 된다. 물론 이웃나라들에서 한자를 쓰고 있다는 대외관계도 의식하고 있다.

"학생들에게 한문을 가르쳐 주는 것은 우리 주변나라 들에서 한자를 쓰는 것과 관련하여서도 중요한 문제로 나섭니다. ……일본말을 몰라도 한문을 알면 일본출판물들을 보고 대략적인 내용을 알 수 있습니다. 내 생각에는 앞으로도 일정한 기간은 한문교육을 하여야 할 것

---

10) 그간 한자교육이라 하던 것을 여기에서는 한문교육이라 말하고 있다. 의미상 특별한 차이는 없을 것으로 보인다.
11) 김일성, "교육부문책임일군협의회에서 한 연설"(1980. 4. 9.)『김일성저작집』 제35권.

부록 2

북한 고등중학교용 한문 교과서에 나오는 한자와 한자 단어

漢字와   漢字말

〔ㄱ〕

價(人)	값	가	單價, 代價, 物價
加(力)	더할	가	加減, 加盟, 加算
可(口)	옳을	가	可決, 可能, 可觀
家(宀)	집	가	家事, 家庭, 國家
歌(欠)	노래	가	歌劇, 歌舞, 歌手
暇(日)	겨를	가	休暇, 餘暇
街(行)	거리	가	街路樹, 街頭, 市街
刻(刀)	새길	각	時刻, 深刻, 正刻
各(口)	각각	각	各級, 各種, 各處
覺(見)	깨달을	각	覺書, 發覺, 知覺
角(角)	뿔	각	角度, 頭角, 直角

◀ 북한은 학생들의 한자교육에 대해 "남조선출판물에서 많이 쓰이는 한자 1,000자 정도만 똑똑히 가르쳐도 남조선에서 내는 신문이나 책은 다 읽을 수 있다"는 김일성의 지시에 따라 고등중학교에서 1,500자, 대학교에서 1500자 정도를 추려서 도합 3,000자를 고등중학생과 대학생들에게 가르치고 있다.

같습니다."[12]

이 때 김일성은 고등중학교 학생들에 '남조선' 출판물에서 많이 쓰이는 한자 1,000자 정도만 똑똑히 가르쳐주어도 '남조선'에서 내는 신문이나 책을 다 읽을 수 있을 것이라고 자신 있게 말하고 있다. 그래서 현재 북한에서는 고등중학교에서 1,500자 정도, 대학에서 1,500자 정도로 해서 3,000자를 가르치는 것을 목표로 하고 있다.

---

12) 위와 같은 연설.

▶ 북한의 고등중학교 한문 교과서에 나오는 한자와 한자 단어 모습. 북한 고등중학생들은 재학시절 1500자 정도의 한자를 배우지만 남쪽으로 넘어온 젊은이들은 대부분 자기 이름자는 물론 남쪽 출판물에 나오는 쉬운 한자들도 못 읽는 것으로 알려지고 있다.

이상에서 보듯이 북한에서 한자 사용은 초기 한자를 완전히 내버릴 듯이 하던 것에서부터는 약간 후퇴하였다. 정책의 선회라기보다 수정이라 할 것이다.

한자에 대한 김정일의 견해는 어떤가? 한자 자체에 대한 견해라기보다 한자말에 대한 견해가 보인다.

"우리 인민에게 고유한 말과 글이 있는데 무엇 때문에 리해하기 힘들고 까다로운 한자말이나 외래어를 쓰겠습니까. 까다로운 한자말이나

외래어를 쓰는 것은 리조봉건통치시기나 일제의 식민통치시기 사대주
의자들이 남겨놓은 후과입니다. 지난날 사대주의자들은 한문을 숭상하
여 <진서>라고 하면서 우리 글을 천시하였습니다. 사대주의자들은 고
유한 우리말을 쓰면 비천한 것으로 여겼고 한자말을 써야 고상하고
유식한 것처럼 생각하면서 한자말을 마구 끌어들였습니다. 일제는 일
본말을 국어라고 하면서 우리말과 글을 쓰지 못하게 하였습니다. 낡은
사회가 남겨놓은 이러한 후과가 오늘까지 남아 있는 것은 수치입니다.
우리말과 .글을 쓰는데서 나타나는 사대주의적 요소를 하루빨리 없애
기 위하여서도 언어생활에서 주체를 철저히 세워야 합니다."13)

김정일이 이 말을 한 1961년이면 대학 1학년으로 스무 살이 되었을
것인데14) 무슨 자격으로 학생들과 담화를 한 것인지 궁금증을 자아낸
다.15)

또 이런 말도 하고 있다.

"수령님께서는 우리말 발전방향과 관련하여 같은 뜻의 단어로서 고
유어와 한자어가 있을 때에는 될 수 있는 대로 고유어를 쓰며 일정한
한자어를 쓰되 우리말로 이미 굳어진 것만 쓰고 그 범위를 제한하며
새로운 한자어를 만들어 낼 것이 아니라 우리나라의 고유한 말을 기
본으로 하여 우리말을 더 풍부히 하고 발전시켜야 한다고 가르쳐 주
시였습니다."16)

13) 김정일, "언어생활에서 주체를 세울 데 대하여", 김일성종합대학 학생들과 한 담화(1961. 5. 25.)
14) 1942년생인 김정일은 19세인 1960년 9월 김일성종합대학에 입학하여 1964년 3월 경제학부 정치경제학과를 졸업하였다.
15) 담화라고 하지만 사적인 담화가 아니라 수업 중의 주제발표일 것으로 추정된다. 김정일 경우 이러한 활동도 공식화된다. 김정일은 만 5세 때 어머니와 영화촬영소를 간 일이 있는데 이것도 공식적인 활동으로 기록되었다. 문학예술부문 '사업영도 일지'를 보면 1947년 3월 9일 "위대한 령도자 김정일동지께서 불요불굴의 공산주의 혁명투사 김정숙동지와 함께 국립영화촬영소 터전을 돌아보시였다."라고 되어 있다.
16) 김정일, "조선어의 주체적 발전의 길을 밝혀준 강령적 지침", 김일성종합대학 학생들과 한

이 담화는 바로 3일 전 김일성이 언어학자들과 한 담화내용을 다시 강조하는 내용이다.

Ⅲ. 한자사용 모습 몇 가지

앞에서 언급한 한자정책대로 한자가 필요한 교과서 외에 일반 출판물에는 한자가 거의 없다. 그러나 필요시 병기를 하고 있다. 다음은 그 몇 가지 사례들이다.

"순진무구(無垢)하게 자라야 할 어린이들이 거리에서, 도시에서, 농촌에서 과중한 육체적 부담을 짊어지고……."17) 이 기사는 『경남일보』 1962년 5월 6일자 기사를 인용한 것인데 한자는 경남일보 기사에 나온 그대로이다.

"청년공산주의자들은 수령님의 위대성에 매혹되여 처음에는 수령님을 캄캄한 밤하늘에 밝은 빛을 뿌려주는 별에 비겨 한별 동지로, 그 후에는 그처럼 위대하신 민족의 령도자를 새별에만 비길 수 없어 조선의 밝은 태양이라는 높은 뜻을 담아 김일성(金日成) 동지로 우러러 모셨다. 그리고 자신들은 태양의 궤도를 따르는 행성으로 간주하였다."18)

비슷한 글이 또 보인다.

"혁명투쟁에 나서실 때 수령님의 존함은 <한별>, 한 일(一) 자에 별 성(星) 자로 된 김일성(金一星) 동지이시였다. ……그 후 수령님의 존함은 다시 태양, 날 일(日) 자에 이룰 성(成) 자를 쓰는 김일성(金日成) 동지로 칭하게 되었다. 태양은 별이다. 자체의 광원을 가진 가장

담화(1964. 1. 6.)

17) 《로동신문》 1962. 6. 1. 4면.

18) 김정혁, "순결하게 계승되는 혁명적 동지애", 《천리마》, 2000. 1.

빛나는 항성인 것이다."19)

이 경우는 김일성이라는 이름의 뜻을 좀더 명확히 알리려는 의도에서 한자 표기를 한 것으로 보인다.20)

또 하나의 사례.

"김정일 비서의 비범한 지도사상을 보여주는 책으로 말하면 한우충동(汗牛充棟)이라고 할 만큼 많아 그런 책을 쓰는 것이 옥상가옥(屋上加屋)의 느낌이 없지 않다."21)

1990년 9월 한 재일동포가 쓴 책의 서문인데 북한주민이 이렇게 한자성구를 쓰기는 어렵다.

물론 북한에서 한자로 표기를 않을 뿐이지 4자성구도 많고22), 또한 정치적으로 필요하여 새로 만들어 낸 한자말 어휘도 많다. 김정일이 만들었다는 어휘들에는 이러한 것들이 소개되고 있다.23) 우선 속도전, 전격전, 사상전과 같이 '전' 자가 붙는 어휘가 있다.24) '절대화'를 만들면서 신조화, 신격화, 예술화, '집단체조화'가 만들어 졌고 '교육혁명'을 비롯해서 '가극혁명', '연극혁명', '출판혁명'을 만들었다. 또 '선'과 관계되는 말들도 만들었는데 '주선', '부선', '감정선', '인정선', '갈등선', '사건선', '지하조직선', '이야기선' 등이 그것이다. 그밖에 '피바다식 가극', '영화문법', '절가', '예술화방침' 등도 있다.25)

---

19) "별정문", 《천리마》 (2000) 2호, p. 11.
20) 김성주에서 김일성으로 개명한 것은 이른바 카륜회의(1930. 6. 30~7. 2)에서인데 북한 문헌에 따르면 이 회의에서 주체사상노선이 선포되고 주체사상이 창시되었다고 한다. 카륜은 길림성 장춘현에 있었다.
21) 한재만, 《김정일, 인간·사랑·령도》, 평양출판사, 1994.
22) 네 글자로 된 사자성구에는 일행천리(一行千里), 승천입지(昇天入地), 간고분투(艱苦奮鬪) 같은 것들이 있다.
23) 최창현, "위대한 령도자 김정일 동지께서 새롭게 창조하여 쓰신 어휘와 표현들", 《문화어학습》, 1997년 제3호.
24) '전'이 붙어 이루어진 단어들은 과거에는 군사적 술어였으나 김정일이 만든 어휘는 "전쟁의 뜻이 아니라 주로 사람들의 사상관점과 사고방식, 사업태도와 활동방식에서 근본적인 전환을 일으키기 위한 투쟁이라는 뜻으로써 개념상 서로 다른 것"이라고 한다. 최창현, 같은 글.

북한에서 한자 사용 현황을 잘 나타내고 있는 일들 중의 하나가 한자 어휘에 대한 해석을 하고 있는 것이다. 가령 김일성의 회고록인 《세기와 더불어》26)에 나오는 어휘를 해석하고 있다. 이 책에 한자는 없지만 한자 어휘는 많아서 해석이 필요한 것으로 보인다. 국지전, 공복거사, 주안상, 초년병, 하사품, 기강 등등에 대해 해석을 하였다.27)

Ⅳ. 한자 교육과 사전 편찬

한자 교육 과정에 나타난 한자 수준을 가늠해 본다. 우선 틀리기 쉬운 한자말 소개를 하는데 모욕과 목욕, 위업과 위협, 근무와 군무를 내세웠고 섞갈리기 쉬운 단어로 관개와 관계, 선거와 선고, 자료와 재료, 차용과 채용 등을 들고 있다.

학생의 글에서 '막연한 친구', '전 과목에 전통하기 위하여', '로력을 하고 있다'를 발견하고 막역, 정통, 노력으로 써야 한다고 고쳐주고 있다. 틀리기 쉬운 비슷한 예로써 역전앞, 독불장군이 없다, 이신작칙의 모범으로, 처가집, 동해바다, 국화꽃, 살아생전에 등을 들었다.28) 한자를 잘 가르쳐야 우리말을 올바로 쓰게 된다고 본다. 특이하게 발음되는 한자 어휘들도 소개하고 있다. 알현의 현, 귀감의 귀, '균렬'의 균, 구성, 구미 등 지명은 구라고 읽는 것을 언급하고 있다. 맹세, 인사불

---

25) 김정일이 만들었다는 어휘 중에는 '참사랑', '진짜속', '설마병', '별의별영화', '민요맛' '망탕짓', '왕드살' 등 고유어 말 뿌리로 만든 것도 있다.

26) 이 회고록은 조선노동당출판사에서 1992년 4월에 제 1권이 나온 후 1995년 2월까지 제6권이 출간되었으며 김일성 사망 후에는 계승본이라 하여 형식을 달리하여(예컨대 높임말 사용) 2권이 출간되었다.

27) "위대한 수령 김일성동지의 회고록 《세기와 더불어》 (6)의 어휘표현 해석", 《문화어학습》, 1995년 제4호.

28) 박정화, "한문교수를 통하여 우리말 지식을", 《문화어학습》, 1995년 제4호.

성, 폭소, 인력거, 경편렬차 등도 마찬가지로 발음이 특이하게 되는 것
으로 본다.29)

한자에서 온 단어를 가르칠 때 그 뜻을 먼저 풀어주지 않고 각 한
자의 뜻을 먼저 대준 다음에 이에 기초하여 단어 뜻을 풀이해주도록
하고 있다. '호의호식'을 가르칠 때 '호'는 '좋다'는 뜻을 가진 한자인데
'잘'이란 뜻도 있다는 것, '의'는 옷이라는 뜻을 가진 한자이나 '입다'의
뜻도 있다는 것, '식'은 '밥'이라는 뜻을 가진 한자인데 '음식' 또는 '먹
는다'는 뜻도 있다는 것을 먼저 가르쳐야 한다. 다음에 이 한자들의
뜻을 연결하여 '좋은 옷에 좋은 음식'이라고 풀 수도 있고 '잘 입고 잘
먹는다'는 뜻으로 풀 수도 있다는 것을 가르치도록 강조한다.30) 또 단
어의 바뀐 뜻을 찾아 뜻풀이를 해주는 것도 중요하다고 본다. 가령
'광복'을 단순히 '빛을 회복하다'로 해서는 그 뜻이 완전히 전달되지
않는다. 이때의 빛은 단순한 빛이 아니라 '빼앗겼던 나라'라는 형상적
뜻을 가지는 것으로 설명해야 '광복'의 참뜻을 이해시킬 수 있다고 말
한다.

어원을 따지면서 단어의 뜻을 풀어줄 수도 있음을 강조한다. 가령
칠성판은 '일곱 개의 별로 된 널판'이라 해서는 그 뜻을 알 수 없지만
우리 선조들이 죽은 사람의 시체 밑에 까는 널판에 북두칠성을 형상
하여 일곱 개 구멍을 뚫었다는 사실을 덧붙여서 그것은 널판자가 아
니라 '죽음' 또는 '죽음이 차례질 수 있는 위험한 곳'으로 풀이해 주어
야 한다고 강조한다.

한자 교육을 위한 도구로서 필요한 사전편찬에 대해 보기로 한다.
북한에서 한자사전은 1963년 9월에 《새옥편》이 편찬되고 1980년대
말에 《한자말사전》이 발간되었다. 《새옥편》은 과학원 고전연구소

---

29) 서용국, "특이하게 발음되는 한자어휘들", 《문화어학습》, 1995년 제3호.
30) 길경종, "한문교수를 통하여 단어의 뜻을 정확히 가르치려면", 《문화어학습》, 1986년 제1
호.

에서 편찬한 것으로 '우리의 고문헌을 연구하기 위한 한자의 전문지
식'의 필요성 때문에 편찬한 것으로 밝히고 있다. 결코 현실적으로 필
요한 한자 공부를 위한 것이라고는 하지 않고 있다. 실제로 이 옥편에
서는 고문헌에 나오는 차자(借字) 등 특별한 어휘를 싣고 있는 등 고
전연구에 필요하도록 편찬되어 있다. 그러나 한자의 형(形)·음(音)·
의(義)를 풀이한 자전의 체제를 따르므로 옥편으로 이름한 것이다.[31]

《한자말사전》은 사회과학원 언어학 연구소편찬, 교육도서출판사
발행으로 되어 있다. 수록 어휘는 94,000개의 한자말에 파생어 2만여
개를 합쳐 115,000개를 올린 것이다. 여기에 올린 한자말들은 일상생
활에서 쓸 것을 전제로 한 것이 아니고 과거와 현재 쓰인 말의 뜻을
이해하도록 하는 것에만 목적을 국한하였다고 밝히고 있다.[32]

사전편찬에서 주목되는 것은 실제 적용되는 것은 아니나 한자나 한
자단어를 찾는 방법에서 '방향선'과 '준위법'이라는 새로운 배열방법을
선보이고 있는 것이다.[33]

방향선은 한자를 이루는 구조물의 최소 구성요소이다. 이 최소 구
성요소는 수직방향선, 수평방향선, 좌측방향선, 우측방향선 등 4개의
방향선으로 수만 자에 이르는 한자는 예외 없이 이 4개의 방향직선에
의해 조립된다는 것이다. 이에 따라 방향선 단위로 숫자를 대응시켜서
숫자를 보면 방향선의 내용을 알 수 있다.

준위법 역시 한자를 숫자로 대응시키는 것으로 한 마디로 한자를
주소화하는 방법이다. 가령 '23345-3337'을 보고 이 한자가 옥편의 어
느 주소에 있는지를 알 수 있다. 한자를 찾는 이 새로운 방법이 실제
적으로 여러 면에서 이용가치가 있다고 말한다. 컴퓨터의 의한 '자기

---

31) 심경호, "북한의 한자·한문교육", 「북한의 말과 글」, 을유문화사, 1990. 12.
32) 최완호, "한자말사전에 대하여", 《문화어학습》, 1988년 제1호.
33) 림녕길·림녕화, "방향선과 준위법에 기초한 한자 및 한자단어 어휘의 새로운 배렬방법에
대하여", 《문화어학습》, 1995년 제4호.

원판자전'을 만들 때나 외국인이 한자를 찾을 때, 중조, 중영, 중일, 중
러, 중독 등의 사전들과 일독, 일영, 일아랍 등의 한자사전을 배울 때
유용하다는 것이다.

그러나 이에 대해 중국의 왕운오(王雲五 1887~1979)가 만든 사각호
마검자법(四角號碼檢字法)34)과 비슷한 발상에서 출발한 것으로 실용
성이 의문시된다는 견해도 있다. 사각호마법도 숫자화시키는 것이 어
렵거니와 일일이 숫자를 찾는 것도 쉽지 않으므로 사용이 저조하다고
한다. 어떻든 방향선과 준위법에 대해서는 앞으로 가치성이 계속 검토
되어야 할 것이다.

V. 맺는 말

북한은 1999년 3월 한국에서 한자 병기방침을 결정하자 맹렬한 비
난을 퍼부었다. "을사오적보다 더한 매국노", "민족성 말살책동"이라는
표현을 써가며 비난을 했다.35) 그러나 북한은 한자사용을 억제하고
새로운 한자어를 제한하려고 하는 것을 정책으로 추진해 오고 있으나
현실적으로는 새로운 한자어를 만들어 쓰지 않을 수 없다. 무엇보다
선조 들의 문화유산을 이해하는 일과 남한의 출판물을 알아야 한다는
필요에서 한자교육은 하지 않을 수 없는 것이다. 실제로 3,000자를 가

---

34) 사각호마법은 한자검색법으로 자전의 검자법을 개혁했다는 평가도 있다.. 이를 개발한 왕운
오(왕윈우)는 광동성 향산(香山) 출신으로 1920년대 상무인서관(商務印書館) 편집장을 지내고
그 뒤 고시원 부원장, 행정원 부원장 등을 역임했다. 왕운오대사전(王雲五大辭典)을 비롯한 저서
가 있다.

35) 언어학 연구소 대변인 성명발표, 유열(조선언어학연구소 후보원사)같은 학자의 항의편지 발
송 등이 1999년 8월까지 이어졌으며 그 뒤로도 기회 있을 때마다 비난을 멈추지 않고 있다. 북
한은 한국정부가 한자병기 필요성으로 한자문화권의 교류촉진을 거론한 것에 대해서는 외면하
고, 일본의 요구에 따라 결정한 것으로 왜곡하고 있다.

르친다는 것은 한국에서보다 많이 배우는 것이 된다. 그런데도 앞의 탈북 교수의 경우처럼, 또 대부분의 탈북자가 한자를 잘 모른다는 것은 출판물에서 한자를 쓰지 않은 데 원인이 있는 것이다. 가르치기는 하는데 쓸 수 있는 여건은 만들어 주지 않고 있는 것이다.

북한에서 김일성 말대로 진실로 일정한 시기까지만 한자를 가르치고 말 것인지 아니면 한자의 실용성에 입각하여 한자 사용 억제정책을 폐기할지는 현재로서는 미지수일 수밖에 없다.

둘째 마당

고전과 백과사전 간행

조선왕조실록 번역사업

I. 들어가는 말

북한에서 조선왕조실록 400책이 번역되어 완간된 것은 1991년 12월이다. 이는 한국에서 1993년에 총 413책으로 번역, 완간한 것보다 앞선다.(색인 34권은 1995년 완간). 사업착수로 첫 번역본이 나온 것은 한국 쪽이 앞서지만 끝마친 것은 북한이 먼저이다. 물론 단순 비교가 어려울 만큼 사업주체, 사업내용(번역대상, 번역범위, 번역원칙, 체재)이 달랐다. 한국에서는 두 민간기관이 사업주체였고 북한은 국가연구기관(리조실록 번역실, 사회과학원 민족고전연구실)이 사업주체였다. 무엇보다 번역대상 원본이 다르다. 한국은 태백산 사고 본, 북한은 적상산 사고 본(赤裳山 史庫本) 본이었다.

이 적상산 사고 본은 6·25 때 서울에서 반출된 것이다. 광복 당시 서울에는 실록 3질이 있었고 그 중에 장서각 소장 실록이 6·25 때 없어졌다. 그 한 질이 북한으로 간 것이다. "오늘 우리가 가지고 있는 《리조실록》은 '조국해방전쟁' 시기에 남조선에서 가져온 것이다"[1]

북한은 한동안 그들의 《이조실록》이 '임진조국전쟁' 때 전주에서 묘향산 불영대로 이전, 보관한 것이라고 해오다가 왕조실록 번역사업이 순조롭게 진행되면서 자기들의 실록이 서울에서 가져온 것이라고 밝히고 있다. 자신감의 반영이다.

II. 북한에 의한 실록 반출

실록의 북한 반출에 대해서는 앞의 백과사전 명시에 앞서 북한에서 실록 번역사업을 주관했던 홍기문(洪起文)의 증언으로도 밝혀졌다. 그는 《리조실록》을 1950년 7월에 북으로 가져왔으며 1958년 9월에는 전시회를 열었다고 말했다.[2] 또 번역사업에 관여한 민족고전연구소 소장 김화영 준박사도 서울에서 '구출'해 왔다고 증언하고 있다.[3] 그 실록이 적상산 사고본인지의 검토에 앞서 북한측이 말하는 반출 전말부터 보자.

준박사 박동진이 쓴 글[4]에 따르면 6·25 발발 후 김일성은 교육부문의 권위 있는 역사학자들을 최고사령부로 소집하고 "……리조실록을 구출하기 위하여 동무들을 서울로 파견하려고 합니다"라고 입을 뗀 뒤 "……민족의 귀중한 재보를 우리 공산주의자들이 구원하지 않고 누가 구원하겠습니까. 어떤 일이 있어도 꼭 구출하여 와야 하겠습니다"라고 강조했다. 이어 전선사령관 앞으로 명령서를 내고 서울 주둔 부대지휘관에게 이조실록 구출호위보장을 지시하였다. 최고사령부 명령서는 '력사학자들의 편의를 최대로 보장'해 주라는 내용이었다. 이들이 서울에 도착했을 때 "리조실록은 흙먼지 속에서 나뒹굴고 있었

1) 《조선대백과사전》 8권, 백과사전출판사, 1999. p. 226.
2) 《력사과학》, 1978년 제 86호.
3) "리조실록에 대하여", 《천리마》, 1986년 6월호.
4) 박동진, "리조실록이 빛을 보기까지", 《빛나는 민족문화유산》, 조국사, 1987. 8.

다"고 한다. '리승만도당'이 헌 휴지처럼 내 던지고 도망간 것을 "한 책 한 책 주어 모으고 먼지를 털어 군용자동차에 정성껏 담아 실었 다"는 것이다.

이렇게 가져온 실록을 안전한 장소를 마련할 때까지 시 주변 어느 농촌에 보관하려한다니까 김일성은 "리조실록이 주인들의 손에 들어 온 이상 잘 관리 보관하여야 한다"면서 최고사령부에 안전하게 보관 토록 지시를 내렸다.

이상이 실록 한 질이 북한으로 반출된 전말인데 이 실록이 적상산 본이라는 언급이나 서울 어느 곳에서 가져왔다는 언급은 없다. 그러나 이 실록이 적상산 본 실록임은 실록의·간행과 이동 및 보관상황을 보 면 대번에 알 수 있다.

Ⅲ. 조선왕조실록 간행과 보관

조선왕조실록은 임진왜란 이전에 4질이 네 곳의 사고(史庫)5)에 보 관되어 있다가 임란 때 전주 것만 구출되고 다른 세 곳 실록은 모두 소실되었다. 전주사고 보관 실록은 1592년 6월 왜군이 금산에 침입했 다는 소식을 듣고 태인(泰仁) 사람 안의(安義), 손홍록(孫弘祿) 등이 정읍 내장산 용굴암(龍窟庵), 비래암(飛來庵)으로 실록을 옮겨 보관 한 뒤 이듬해 7월 아산에서 관가에 이관함으로써 인멸을 피할 수 있 었다. 이것을 원본으로 하여 1603년부터 1606년 사이에 신간본 3질과 교정본 1질을 간행하여 다시 춘추관(한양), 태백산(봉화), 묘향산(영 변), 오대산(평창)에 비치하는 한편 원본은 마니산(강화)에 보관하게 된다. 마니산 실록 원본은 전주에서 구출된 뒤 아산, 해주, 강화, 안주

---

5) 한양 · 충주 · 성주 · 전주.

를 거쳐 묘향산(보현사 대장전), 영변까지 갔다가 실록 재간행 시에는 마니산에 옮겨와 있었다. 이 뒤 이 원본실록은 병자호란을 거치면서 정족산(강화)에 보관되다가 총독부를 거쳐 경성대학, 서울대학교에 보관되어 현재에 이른다. 한양 춘추관 본은 1624년 이괄(李适)의 난 때 소실되고 태백산 본은 총독부를 거쳐 마니산 본처럼 현재 서울대 규장각에 보관되다가 1985년 정부기록보존소에 이관되었다.

묘향산 본은 후금(後金)의 침략에 대비하여 1633년 무주 적상산 신축 사고로 옮겨왔다가 경술국치 후 창경궁 안에 있던 장서각(현재는 한국정신문화연구원 소재)에 보관되어 있었는데 이것이 적상산 본이다.

국사학자 신석호(申奭鎬)는 6 · 25 때 실록 1질을 부산으로 이전했고 부산에서 화재로 소실되었다고 언급한 바 있으나 이는 사실과 다르다. 마지막으로 오대산(교정본)사고 본은 일제 하에 동경대학으로 옮겼다가 관동대지진(1923) 때 대부분이 소실되었다. 실록 재간행 이후의 이동상황을 도식화하면 다음과 같다.

실록 재간행 이후 이동상황도

1603년~	1606년~	1624년~	1633년~	1678년~	1910년이후~	1923년~	1930년~	1945년~	1950년이후
춘추관(신간)	소실								
마니산(원본) →			정족산 →	총독부 →			경성대학 →		서울대 (규장각)
태백산(신간) →				총독부 →			경성대학 →		서울대
묘향산(신간) →		적상산 →		장서각 →					북한
오대산(교정) →				동경대학 → 소실					

Ⅳ. 번역사업 추진

북한에서는 조선왕조실록을 《리조실록》으로 부른다.[6] 《리조실록》에 대한 평가는 남쪽과 다름이 없다. 민족고전연구소장으로 실록 번역에 참여한 김화영의 글을 보자.[7]

《리조실록》은 우리나라의 대표적 민족고전일 뿐 아니라 세계적으로도 자랑할 만한 귀중한 민족문화이다. 1302년부터 1910년까지 519년 간, 날짜로 계산하면 180,000여 일이 되는 기간의 기록으로 양적으로도 1,763권에 900여 책이라는 방대한 분량이다. 우리말로 번역하면 원고지로 860,000여 매이다.

이 실록이 가진 특징의 하나는 자료의 신빙성이다. 사관들의 기록인 사초를 기본으로 하여 각 관청기록, 개인기록까지 대조 확인, 종합해서 연일 순으로 편찬하였으므로 내용이 정확하고 구체적이며 생동적이다. 가령 1518년 6월 22일 서울에서 있었던 지진에 대한 언급만 해도 상세하다. 이 책에는 15세기 중엽에 있었던 함경도 농민전쟁, 19세기초 평안도 농민전쟁, 대성산성을 근거지로 한 평양지방 인민들의 투쟁, 림꺽정과 홍길동 무장대의 투쟁 등이 잘 실려 있다. 따라서 다른 이웃나라들에도 실록이 있지만 포괄연대라든가 책의 분량, 내용의 구체성이 《리조실록》에 미치지 못한다.

이러한 가치를 통찰한 김일성이 '조국해방전쟁' 시기 서울이 해방되자 친히 학자들을 파견하여 전쟁의 불길 속에 영영 존재를 마칠 위기에 처한 《리조실록》을 구출해 주었다. 그 뒤 김일성은 "번역집단을 친히 무어주시고 십여 차례의 교시를 주시며 《리조실록》의 성격과 문체적 특

---

6) 이조실록이란 이름은 일제 시 경성제국대학에서 태백산 본을 축소하여 영인할 때 부친 이름과 같다. 한편 조선왕조실록은 국사편찬위원회에서 1955년부터 1958년까지 태백산 본을 축소, 영인하여 출판했을 때 부친 이름이다.
7) "리조실록에 대하여", 《천리마》, 1986. 6.

성, 번역에서 지켜야 할 원칙 등 번역사업의 방향과 방도를 밝혀 주시였다"는 것이다. 그밖에 물질적 조건을 보장해준 것은 물론이다.

김정일도 이 사업에 관심을 가지고 가르침도 주고 필요한 조건들을 친히 풀어주었다는 것이다. 특히 번역과 교열을 한 학자들의 이름을 밝히도록 배려했다. 실제로 보면 제1책부터 11책까지는 리조실록번역연구실이라는 이름으로 번역, 교열자가 밝혀져 있지 않았고, 12책~100책까지는 교열자 홍기문만 명시되어 있는데 반해 101책부터 400책까지는 번역자·교열자 이름, 학위, 직위가 모두 밝혀져 있다.

북한문헌에 따르면 실록 번역이 결정된 것은 1958년이다. 1958년 9월 하순 과학전람회가 열리면서 민족고전관에 《리조실록》이 전시되었는데 이를 본 김일성이 복각(영인출판)과 번역을 지시한 것이다. 전문가를 위해서는 복각을 하고 일반대중을 위해서는 번역을 하라고 했다. 그러나 반대의견도 있었다. "종파분자들은 번역사업이 무의미하다고 반대"했다는 것이다.8)

그리고 구체적으로 번역작업을 하면서 부딪힌 문제로서 기계적으로 다 번역하느냐, 현대적 미감에 맞게 하느냐 하는 것이다. 그것은 "이 책이 유교사상에 물 젖은 량반 사대부들이 집필 편찬한 것으로 하여 봉건군주인 왕을 우상화하고 봉건제도를 절대화하고 동시에 모든 력사적 사실을 왕을 중심으로 평가하고 있으며 인민대중의 역할과 그들의 투쟁에 관한 자료들은 심히 왜곡하여 반영하고 있었다. 또한 큰 나라를 덮어놓고 숭배하고 따르는 사대주의적 표현과 사실들이 많았다"고 보기 때문이다.

그래서 기계적으로 번역하지 말고 불필요한 부분은 빼야 한다는 의견도 만만치 않았고 또 그대로 번역하기보다 현대적 미감에 맞게 번역할 것을 주장하기도 했다. 이때 김일성의 답은 원문대로 번역하라는

---

8) 박동진, 앞의 책.

▲ 6·25 때 서울에서 반출한 장서각 본으로 번역한 것으로 알려지고 있는 《리조실록》
번역본 1·2·3권 표지 모습.

것이었다. 그 결과 번역원칙은 역사주의적 태도를 견지하면서 원문 그
대로 번역하고 '사람들이 보고 알 수 있도록 쉬운 말로 번역'하는 것
이었다.9)

　그 결과 북한번역본은 순 우리말로 번역하면서 한자를 병기하지 않
고 주석까지 원문에 풀어쓰고 있다. 용어에서 과거, 판서같이 다른 말
로 풀어쓰기 어려운 것은 그대로 두지만 군적은 군사등록대장, 홍패
(紅牌)는 붉은 색깔의 합격증, 경차관(京差官)은 임금이 파견한 관리
로 표현하고 있다. 번역 예문을 대비해 보면 한국에서 번역한 예문은
"진무소(鎭撫所)로 하여금 명부를 대조 점고(點告)하여 성기(省記)를
계문하게 하고……"라고 한 것을 북에서는 "진무소에서 이름을 대조

9) 《리조실록》 제1책, 일러두기.

▲ 북한이 원문 그대로 정확하게 번역하였다고 전 세계에 자랑하고 있는 《리조실록》 제400 권의 표지 모습. 총 400책으로 출간된 리조실록 번역사업은 1975년 10월에 제1권이 출간 되었고, 1991년 말에 마지막 책인 제400권이 출간되었다.

하여 검열하게 할 것이며 그것을 간단한 문건으로 만들어 임금에게 보고할 것입니다."로 되어 있다.[10)

이러한 것은 한문을 모르는 사람이 읽기에는 편리하겠지만 인명, 지명, 관직명에도 한자를 병기하지 않아 원문대조를 하지 않고는 쉽게 이해 안 되는 면도 있다. 또 북한 번역본에는 색인이 없어서 전문연구자에게는 불편하다.

번역 범위도 남쪽과 다르다. 한국은 번역 범위를 태백산 사고본의 태조로부터 철종까지 기사를 대상으로 했고 북한은 적상산 본의 태조~철종 외에 이왕직도서관본의 고종실록(1863. 12~1907), 순종실록

(1907. 7~1910. 8)도 포함하였다. 한국에서 고종, 순종 부분을 뺀 것은 그것들이 일제 치하에 편찬된 것이기 때문에 왜곡이 심하다는 판단에 서였다. 따라서 번역 범위가 한국에서는 25대 472년 간의 기록 1,706권 848책이었고 북한은 27대 519년 간의 기록 1,763권을 900책을 번역 범위로 하였다.11)

1958년에 번역사업을 벌일 것을 결정했더라도 실제로 착수된 것은 1970년 10월부터이고 번역작업은 1981년 말(일설에는 1982년 4월)까지 이어졌다. 그리고 제1책이 출간된 것은 1975년 10월이고 1991년 말까지 400책이 간행되는데 1975년과 1976년 두 해 동안에 11책이 간행된 것을 보면 노력의 집중화와 준비의 철저성을 읽을 수 있다.

첫 출간을 앞두고 1974년 10월 당중앙위 정치위원회에서 김일성은 진행과정을 보고 받고 "리조실록 번역사업이 간단한 일이 아닙니다. 리조실록을 지금 번역하지 않고 그대로 두면 앞으로 우리 사람들이 볼 수 없게 됩니다. 그리하여 결국 소용없는 것이 되고 맙니다. 지금 번역해 두어야 앞으로 우리 사람들이 그것을 볼 수 있고 참고할 수 있습니다."라면서 다시 한번 번역사업의 타당성을 강조하고 학자들을 격려하였다.

이 말을 보면 번역 가능한 인력의 감소를 우려하고 서둘렀던 것이 아닌가 생각된다. 번역 인력의 경우 초기에는 홍기문을 비롯한 월북한 학자들이 주축이 되었을 것이나 그 인원은 소수였을 것이다. 그러나 후기에는 대학에서 양성된 번역 인력들이 투입된 것으로 보인다.

《리조실록》 번역, 편찬자 명단을 보면 총책임 홍기문(원사, 박사, 교수), 번역자 강영선 외 59명, 교열자 김사억 등 22명, 심사자 김형천 등 6명, 교정자 김정선 외 24명, 편집자 14명, 편성 및 발행자 10명, 총 138명의 이름이 올라 있다.

---

11) 조선왕조실록은 1,893권 888책이므로 번역범위의 자세한 것은 서지학적 검토가 필요하다.

▲ 북한이 조선왕조실록 900책을 완역했다고 자랑하고 있는 《리조실록》 제1권 내부 모습.
문단이 처음 시작되는 첫줄을 두 자 폭씩 들여 쓰는 모습이 이채롭다..

V. 맺는 말

국사편찬위원회는 2003년 3월 조선왕조실록의 모든 한문 원문을 전산화하고 표점(문장부호를 다는 것)작업을 완료했다고 발표했다. 1995년부터 시작해서 만 8년 만에 끝난 것이라 한다. 이로써 1993년 실록의 한글번역사업과 1995년 한글 번역본의 전산화 완료에 이어 실록 전산화 사업이 모두 끝난 것이다.

「조선왕조실록」은 1997년 유네스코에 의해 세계기록문화유산으로 지정되었다. 임진왜란 뒤 어려운 형편 속에서도 재 간행을 하고 사고를 지어 보관한 선조들의 정성이 빛을 발하는 것이다. 당시 보관을 잘하려고 수호사찰을 정하고 지키는 승군(僧軍)까지 두었던 것이다. 전

등사(정족산), 각화사(태백산), 안국사(적상산), 월정사(오대산)는 그 수호사찰이었다.

이러한 실록이 동족상잔의 전쟁에서 또 한번 인멸의 위기에 처하게 되고 이동된다. 북한에서는 남쪽의 실록이 "미제가 점령한 남조선에서 천시당하고 조국해방전쟁의 불길 속에서 내동댕이쳐져서 언제 이 세상에서 없어질지 모르는 비참한 운명에 처해 있었다"[12]면서 북쪽으로의 반출을 정당화한다. "수백 년 동안 버림받아 오던 리조실록은 비로소 자기의 진정한 주인을 만나게 되었으며 찬란한 구원의 해발을 맞이하게 되었다"[13]고까지 말하는데 '이 세상에서 언제 없어질지 모르는 비참한 운명'에 처하게 된 원인제공자는 누구인가?

전쟁 중에 나라와 나라 사이에 물건을 빼앗아 가는 것을 약탈이라 하지만 북한이 실록을 북으로 가져간 것은 약탈이라고 할 수는 없을 것이다. 동일 조상의 문화유산을 가져간 것이라 할 때 반출이라 해도 무방할 것이다. 그러나 서울에서 반출해 간 실록을 두고 김일성이 말한 것처럼 주인 손에 들어온 것이라고 한다면 남쪽 학자들은 실록이 소용없는 사람들인가?

일설에 의하면 이 반출을 가장 주장한 것은 경제사학자 백남운(白南雲)이였다지만 어디 백남운뿐이겠는가? 실록의 존재와 가치를 아는 모든 북한학자들이 탐내었을 것이니 실록확보가 북한학자들로서는 여간 반가운 일이 아닐 수 없었을 것이다. 빼앗아갔던, 반출해 갔던 간에 어떻든 이를 번역해 낸 것은 민족문화사의 큰 기여로 된다.

남북한 각기의 번역에는 장점과 결함들이 있을 것이다. 앞으로 남북한이 힘을 합쳐 장점은 살리고 결함은 고치는 일을 함께 할 때까지 그것들은 계속 고쳐져야 할 것이다.

---

12) 박동진, 앞의 책.
13) 박동진, 앞의 글.

고전 발굴과 국역

I. 들어가는 말

2002년 5월 「고려성원록」이란 책이 발견되어서 관련 학계에서는 큰 의미를 부여하고 있다. 그것은 이 책에 기록된 고려 귀족가문의 자료가 당시 시대상을 파악하는데 귀중하기 때문이다. 더욱이 이 책은 북한에서 국보로 지정된 「고려성원록」과 동일 판본 여부가 주목되기 때문이다. 북한에서 국보로 지정되었다는 책은 1992년 5월에 발굴되었다. 김일성 개성방문 시 왕명찬이라는 노인이 가보로 내려온 족보를 바치겠다면서 내놓았다. 그런데 이 족보 책은 군데군데 불에 탄 흔적이 있는지라 그 이유를 묻는 김일성에게 노인은 자기 아들이 불태워 없애려는 바람에 일부가 훼손된 것이라 답했다. 그의 아들은 족보 책이 시대 역행적이라고 없애려 하고 아버지는 왕씨 가문의 귀중한 책이라고 지키려 했던 것을 간파할 수 있다. 이 족보 책은 2001년 국보로 지정, 현재 조선역사박물관에 소장되어 있는데 1798년에 간행된 「고려성원록」으로 알려지고 있다.[1]

고전적(古典籍)은 남북한에서 이처럼 지금도 발굴되고 있으며 그것
의 수집과 보존 관리가 중요한 일로 되고 있다. 뿐만 아니라 그것의
번역도 중요한 과제가 되고 있다. '민족고전'이라 하는 북한의 고전 발
굴과 번역사업에 대해 살펴보기로 한다.

II. 고전적 발굴 수집과 보존관리

북한에서 고서와 고기록 문헌을 포함한 고전문헌에 대한 최초의 추
진사업은 1947년 2월 북조선임시인민위원회 상무위원회에서 개인이나
기관, 단체들이 가지고 있는 역사자료들을 수집한 것이었다. 이어
1948년 7월에는 김일성이 인민위원회 위원장 자격으로 북조선인민위
원회 교육국 부국장에게 역사·지리·문학을 비롯한 여러 부문의 귀
중한 도서와 자료들을 수집하는 사업을 광범위하게 벌이도록 지시하
였다. 수집방법으로는 그것을 사들이기도 하고, 해설을 잘해서 희사
받는 방법도 있다고 했다. 이때 북한에서는 도서기증운동이 전 군중적
으로 벌어졌다.

그런 한편 광복 직후 조선역사박물관과 중앙도서관을 설립하고 각
도에도 역사박물관과 도서관이 연이어 설립되었으며 김일성대학에도
도서관이 문을 열었다. 초기에는 역사박물관에서도 고전 발굴수집과
보존업무도 함께 맡았다. 이리하여 중앙도서관의 경우 6·25 전까지
고전이 수천 권에 이르렀는데, 1954년에는 전쟁 전보다 1만여 권이 더
늘어났고 1963년에는 고전 도서가 수십만 부에 이르러 고전열람실을
따로 설치하게 되었다. 1982년 4월 인민대학습당이 개관되어서 고전서
고를 별도로 설치하였다.

---

1) 「고려성원록」 첫째 권 표지는 「개성왕씨족보」로 되어 있다.

이러한 발굴·수집사업을 법적으로 뒷받침하기 위하여 1949년 8월 2일에는 내각결정 110호로 물질문화유물에 관한 규정을 공포하였다.2) 여기에는 민족고전을 문화유물의 중요 구성부분으로 규정하고 그 수집 발굴, 보존관리에 따른 제반 문제들을 법적으로 뒷받침하여 발굴 수집과 보존관리를 국가적 사업으로 전환시켰다. 이 같은 전반적인 규정에는 1991년 12월 24일 정무원 결정 제71호로 된 '역사유적과 유물 보존에 관한 규정', 1994년 4월 7일 최고인민회의 제9기 제7차 회의에서 채택된 '조선민주주의인민공화국 문화유물보호법' 등이 있다. 이에 따라 불법하게 해외에 유출된 역사유물의 소유권을 인정치 않고 반환받을 권리가 법적으로 확보되었다고 주장한다.

1956년 3월에는 고전을 발굴 수집하고 연구, 정리하여 출판하는 고전편찬위원회를 과학원에 두도록 했다. 이는 발굴 수집된 고전들에 대한 보존관리에 해당된다. 1965년 7월에는 '김일성종합대학사업을 강화할 데 대하여'(내각결정 제 35호)를 채택하여 고전들의 복사와 필사업무를 잘 할 수 있도록 하였다. 그리하여 고전들의 부수를 많이 늘렸다. 1966년 각 도서관에 소장된 고전자료를 분류, 체계화하여 '도서연합목록'을 펴낸 것도 보존관리의 큰일 중의 하나였다. 그러나 보존관리 면에서 북한이 가장 큰 성과로 내세우는 것은 6·25 전쟁기간 중에 이루어진 「조선왕조실록」 확보와 1983년 묘향산에 「팔만대장경」을 보존하기 위한 '보존고'를 세운 일이다.

「조선왕조실록」 확보는 6·25 전쟁이 발발한 뒤 한 달도 안 되던 때 서울에서 적상산 사고본(赤裳山史庫本)을 반출한 것을 말하는데 북한에서는 불타서 없어질 운명에 처한 실록을 구출해 왔다고 말한다.3) 서울에서 가져온 실록은 인민군 최고사령부에 안전하게 보관하다가 1958년에는 전시회를 열어 일반에게 공개하였다.

---

2) 이보다 앞서 1946년 4월 보물, 고적, 명승천연기념물 보존령이 공포되었다.
3) 「조선왕조실록」 반출에 대해서는 《빛나는 문화유산》 (조국사, 1987)을 참고할 것.

「팔만대장경」보존고는 1981년 4월 귀중한 유물인 대장경을 잘 보관하라는 김일성의 지시로 형식이 독특하고 내부시설은 현대적으로 꾸며진 영구 보존고를 만들었다고 한다. 이러한 모든 발굴 수집이나 보존관리는 전적으로 김일성의 영도로 이루어졌다고 말한다.4)

북한에서는 고전을 발굴 수집하고 보존 관리하는 것만 해도 후대들에게 민족발전 역사와 문화전통을 잘 알고 민족적 긍지와 자부심을 끊임없이 높여 나가며 조국의 영예와 민족의 존엄을 계속 빛내나갈 수 있다고 평가한다. 또 우리나라의 유구하고 찬란한 민족발전 역사를 주체적으로 연구, 정립하는 것을 비롯하여 과학연구사업을 끊임없이 심화시켜 나가는 데서 중요하다고 보며, 또한 고전유산은 민족적 형식에 사회주의적 내용을 담은 새로운 민족문화를 건설하는데 중요한 실물 자료로 평가한다.5)

Ⅲ. 고전해제와 한글 번역

고전은 사전적으로 보면 "과학, 예술, 문학에 있어서 력사적으로 특출하고 모범적이며 진보적인 활동가의 작품"이다.6) 여기에서 '진보적인' 것은 계급적으로 노동자·농민층의 이익에 부합되는 사상을 말한다고 보겠는데 이러한 관점에서 보면 대부분의 고전은 계급적 한계를

---

4) 고전발굴수집과 보존관리에 대한 김일성의 강조는 다음과 같다.
"여러 가지 기록문헌, 서적 그밖에 다른 유물과 같은 귀중한 우리의 유산이 널려있고 잃어져 우리의 연구사업에 적지 않은 지장을 주고 있습니다. 우리 민족의 문화유산을 계승하며 우리 시대의 새로운 과학을 건설하기 위하여 이 자료들을 전 국가적 범위에서 수집정리하며 그것을 연구자들이 널리 자유롭게 리용할 수 있도록 대책들을 세워야 하겠습니다."(《김일성저작집》, 7권 p. 202).
5) 최동언, "경애하는 수령 김일성동지께서 민족고전 발굴수집과 보존관리사업에서 이룩하신 불멸의 업적", 《사회과학원학보》, 2001년 제2호, 사회과학원출판사.
6) 《조선말사전》, 과학원출판사, 1962년.

드러내는 것이 된다.

"민족고전은 옛날에 씌여진 책들인 것으로 하여 시대적 및 계급적 제한성을 가지고 있다. 그러므로 민족고전은 언제나 오늘의 시점에서 혁명의 요구와 민족적 리익을 척도로 하여 비판적으로 보고 분석 평가하여야 합니다"7)

이러한 관점에서 보니까 「농가집성」 같은 책에 대해서도 농업생산을 증대시켜 농민들에 대한 지배층의 착취를 목적으로 편찬되었다는 비판을 잊지 않는다.8)

1963년 과학원 고전연구소가 고전을 해제하려고 한 대상 문헌목록은 995종이었다.9) 범위는 천문·수학·농업·기술·의약·지리·역사·정법·군사·어학·문예·철학·서지 등의 부문이며, 이 가운데서 약 800종을 대상으로 한 해제가 이루어져서 《조선고전해제》라는 이름으로 1·2권이 1965년에 출간되었다.10) 거의가 1910년 이전 것이나 예외로 이후 것이 포함된 것도 있다. 그런데 「삼국사기」·「삼국유사」·「고려사」 등 알려진 책은 해제 대상에서 제외되었다.11)

《조선고전해제》 머리말에서 우리에게는 과거로부터 책목록 작성 전통이 있다며 「해동금석총목」·「규장총목(奎章總目)」·「누판고

---

7) 《조선대백과사전》 제10권, 백과사전출판사, p. 69.
8) 이 책은 조선중기의 문신 신속(申洬)이 편찬한 농서로 1655년(효종 6년)에 간행되었다. 「농사직설(農事直說)」·「금양잡록(衿陽雜錄)」·「사시찬요초(四時纂要抄)」 세 농서와 부록으로 「구황촬요(救荒撮要)」가 덧붙어 있는 합편이다. 우리 나라 풍토에 맞는 농사법과 고유의 농사기술이 수록된 농업지침서이다. 북한에서는 농업과학원이 번역하여 1957년 과학원출판사에서 간행하였다.
9) "조선고전해제"(《력사과학》 (1963. 6))를 참고로 이 995종 중 '가'항에 해당하는 153종을 「한국민족문화대백과사전」(한국정신문화연구원 간행)의 색인과 대조를 해 본 결과 16종이 색인에 없는 것이었다. 이는 책 명칭의 차이거나 중요성에 따라 백과사전에서 색인조차 없는 것일 가능성이 높다. 남한에 없거나 알려지지 않은 책일 가능성은 아주 낮을 것이라고 보여진다.
10) 사회과학원 고전연구소 문헌연구실 편찬, 하문도·황병헌 편집, 사회과학원 출판사 발행으로 되어 있다.
11) 제외된 책은 번역이 된 책이거나 알려진 책이라서 제외된 것으로 보인다.

(鏤板考)」·「증보문헌비고」등을 예거하였다.12) 그리고 조국이 양단
된 조건에서 국내에 있는 것들도 입수하기 곤란한 사정이 있다라고
말하고 있어 남쪽에만 있는 것은 해제가 어려웠다는 것을 밝히고 있
다. 《조선고전해제》는 4개 분책으로 출판되었는데, 1분책은 자연과
학 부문, 2·3·4분책은 사회과학부문을 실었다. 지리부문은 자연지리
와 인문지리가 구별되어야 하나 편의상 자연과학부문에 넣었다고 한
다.

해제내용은 표제와 본문으로 나뉘는데 표제에는 책명, 저자 명, 장
정형태, 판본형태, 책 수, 권수를 나타내고, 본문은 대체로 서론, 본론,
결론, 판본사항 등의 순서로 서술하고 있다. 책명은 원이름을 밝히고
통칭, 약칭, 별칭을 아래에 나타내었으며, 판본은 인본, 사본, 탑본으로
구분하였다. 그리고 저자 명은 본명을 밝혔다.

본문의 서론에서는 그 책이 어떤 문제에 대해 썼는가를 규정하고
저자, 저작 목적과 경위 및 완성연대를 밝히고 있다. 본문과 결론에서
는 그 책의 구성체제, 중요내용 및 계승가치 등을 서술했다. 내용이
방대한 것은 요약해서 중점적으로 서술하였다.

판본사항에서는 그 책의 전사(轉寫) 과정, 출판 경위, 출판 차례, 판
본 종류 등을 밝히고 있다. 해제서목 가운데는 현존하지 않은 것도 있
는데 가령 「백제신집방(百濟新集方)」 같은 책은 일본 의학서에 소개
되어 있는 것이다.

내용 서술상의 오류 같은 것은 가늠하기 어렵지만 참고로 남쪽의
해당내용과 비교했을 때 큰 차이가 없었다.13) 그리고 《조선고전해

---

12) 「해동금석총목」은 「대동금석서(大東金石書)」라고도 하는데 조선 형종 때 금석문의 탑본
(搨本)을 연대순으로 엮은 첩(帖)으로 목록이 붙어 있다. 「규장총목」은 정조 때 만들어 진 규
장각의 장서목록으로 해제가 붙어있다. 「누판고」는 조선 정조 때 서유구(徐有榘) 등이 편찬한
당시 현존하던 책판의 목록이다.
13) 고전해제 중 「구급간이방」, 「산경표」를 남쪽의 「한국민족문화대백과사전」 내용과 비교
해 보았을 때 대동소이하였다.

제》에서는 수록된 책에 대해 다른 책에서 보다 비판적 설명이 없는
편이다. 가령 「목민심서」를 보면 《조선대백과사전》에서는 "……봉
건통치질서를 강화하며 지방관리들에게 보다 교묘한 봉건적 통치방법
을 소유하도록 하기 위하여 이 책을 썼다."라고 했으나 《조선고전해
제》에는 심한 비판적 서술이 보이지 않는다.

고전해제를 한 책으로는 《조선서지학개관》이 있다. 1955년 10월
국립중앙도서관 서지학 연구부에서 집필(안문구·우세영)하여 1956년
국립출판사에서 발간한 총 319면의 종서로 된 책이다.[14] 제1장에서
서지학에 관한 언급을 하고 제2장에서 우리나라 고서출판과 그 특징
을 논하고 있는데 인쇄술 발달과정과 제책 형태 등에 상당부분을 할
애하고 있다. 제3장에서는 고전을 주제별로 나누어 해제를 하였다.

개별적으로 해제되어서 출판된 것 중에는 「팔만대장경」의 해제가
대표적이다. 1988년 사회과학원 민족고전연구소 명의로 해제한 25권을
발간하였다가 1991년 4월부터 1992년 11월 사이에 15권으로 재판을
하였다. 재판본 서문을 보면 초판은 부수가 한정되어서 수요에 충족하
지 못해서 다시 출판한다고 하고 있다. 「팔만대장경」에 대해서는 서
문에서 불교 교리와 그 해석 문헌들, 불교 전파에서 이름난 중들의 전
기를 비롯하여 불교를 절대화하는 내용으로 일관되어 있으나 우리 선
조들의 높은 출판 인쇄기술을 보여주는 것으로서 우리 민족의 귀중한
문화유산의 하나로 평가하고 있다. 『팔만대장경』에 대한 김일성의 평
가도 긍정적이다.[15]

고전의 국역은 1960년대 중반까지 「삼국사기」·「삼국유사」·
「고려사」·「동국병감」·「농가집성」·「반계수록」·「목민심서

---

14) 양태진, "북한의 고전국역실태", 『민족문화』 제8집, 민족문화추진회, 1982. 12, p. 28.
15) "「팔만대장경」과 목판활자는 우리나라 인쇄기술의 발전면모를 보여주는 귀중한 국보입니
다. 물론 『팔만대장경』은 불교를 설교하기 위한 책입니다. 그러나 선조들이 벌써 수 백년 전
에 목판활자를 8만 여 매나 만들어 수 천 권에 달하는 방대한 대장경을 훌륭히 출판하였다는
그 자체가 우리나라와 민족의 큰 자랑입니다."(《김일성전집》, 10권, p. 264)

」·「화성성역의궤」 등이 한글로 번역되었다.16) 이 중 가장 먼저 된 것은 1955년 국립출판사에서 간행된 「동국병감(東國兵鑑)」이다. 역사학자 김석형(金錫亨)이 번역한 것으로 학술적 가치가 높다.17) 북한의 평가도 전쟁에 관한 책으로서는 가장 오래된 책으로서 「고려사」나 다른 책에서 찾아볼 수 없는 자료들이 실려 있다고 평가한다.

「삼국사기」와 「삼국유사」 번역도 1950년대에 시작되었다. 「삼국사기」는 1958년 6월과 1959년 8월 과학원 고전연구실 번역편찬으로 상·하 두 권으로 간행되었는데 원문이 수록되어 있다. 이 번역 책에서 「삼국사기」를 해제하면서 편찬자 김부식이 고구려와 백제의 사료가 거의 인멸된 조건에서 중국 기록들을 이용한 것이라든가 왕을 거서간(居西干), 차차웅(次次雄), 이사금(尼師今) 등의 신라 방언으로 쓴 것을 긍정적으로 평가하기도 하고 있으나 적지 않은 결함도 있다고 지적하고 있다. 같은 사건을 평가하면서도 일정한 기준이 없다던가 같은 사건의 연대, 지역, 인물의 상호착오가 보이는 등의 결함뿐 아니라 근본적으로 신라를 정통으로 본다던가, 지배계급의 통치이념에 부합되게 서술하여 인민의 생활모습을 알기 어렵게 했다는 것이다.

「삼국유사」는 1960년 1월에 이상호 번역으로 과학원출판사에서 간행되었다. 저자의 해제에서 이 책은 고조선을 통일된 단일민족국가의 최고 기원으로 규정한 것, 삼국사기처럼 유교적 도식주의에서 벗어난 것이 사료적 가치를 높이고 있다는 평가를 한다. 그러나 신라 중심의 '유사', 불교 중심의 '유사'라는 평을 받을 정도로 편향된 기술을 하

---

16) 「조선고전해제》 (사회과학원 출판사, 1965. 10) 머리말에 이미 번역되었다고 언급하고 있다.

17) 이 책 번역과 관련해서는 김석형의 직접 언급과 《빛나는 문화유산》 (박동진, 조국사, 1987. 8)에 그 경위가 실려 있다. 이 자료들에 따르면 1952년 4월 김석형을 만난 김일성은 애국주의 정신의 고양을 위해 「이조병제사」를 집필할 것을 과업으로 주었으며 그 해 8월 이것의 완성 후 「동국병감」이라는 유명한 병서가 있다면서 이를 번역해 보라고 책이름까지 적어 주었다고 한다.

고 있는 것이 결함이라고 지적하고 있다.

「고려사」 번역은 1962년부터 1966년 사이에 이루어 졌으며 사회과학원 고전연구실 편찬으로 11권으로 발간되었다. 번역자들은 박시형·홍희유·이만규·손영종·황철산 등 알려진 학자들이다.[18] 「고려사」에 대해서는 고려가 외적을 영웅적으로 물리친 역사를 가졌지만 편찬자(김종서·정인지)들의 사대주의성이 편찬에 반영되었다고 평가하고 있다.

「반계수록」은 조선 영조 46년(1770년)의 목판본을 저본으로 하여 1960년 과학원출판사에서 원문 포함 4권으로 발간되었다. 「반계수록」에 대해서는 당시 양반계층들이 당파싸움에만 급급하던 시기에 이 같은 진보적 개혁안을 제시한 것을 높이 평가할 만하다고 하면서도 개혁안의 본질이 양반지배층의 입장에서 봉건제도 하의 부분적인 개혁을 실시, 왕조체제를 유지 강화하는데 이바지한 제한성을 드러냈다고 평가한다.[19]

「목민심서」는 1962년에 3권으로 번역, 출판되었는데 지은이 정약용을 애국자, 탁월한 실학자로 평하면서 이 책에 대해서는 인민을 다스리는 복안이라는 뜻으로 받아들이고 있다.[20]

「신증동국여지승람」은 조선 중종 25년(1530년)에 나온 것을 저본으로 하여 번역, 1962년에 출간되었다. 이 책에 대해서는 지리지 편찬성과를 총괄정리 했다고 평가하면서도 편찬의도가 봉건국가의 인민들에 대한 수탈원천확보, 국방강화, 봉건적 문화 보급에 있다는 비판을 하고 있다. 즉, 지리적 내용과 관계없는 불필요한 내용, 봉건유교사상, 사대주의사상, 미신적 견해를 반영한 내용을 담고 있다는 것이다.

---

18) 그밖에 정홍교·최태룡·이의섭·서건호·안광보·최시학·허재후·김교식·한영길 등이 참여하였다.
19) 양태진, 앞의 책.
20) 《조선대백과사전》에서는 "……지방관리들에게 보다 교묘한 봉건적 통치방법을 소유하도록 하기 위하여 이 책을 썼다."라고 심한 비판을 하고 있다.

「택리지」는 1964년 과학원출판사에서 국판 230면으로 출간되었다. 「택리지」에 대해서는 ①자료 나열식이던 종래의 지리서와는 달리 내용과 형식에서 지리학적 이론체계를 가졌고 ②이론을 언급한 후 자료로서 이를 논증하는 새로운 연구방법을 제시하였으며, ③근대 인문지리의 선구가 된다고 높게 평가하였다. 한편 결함으로서는 역사사실에 대한 약간의 왜곡과 풍수지리학 견해에 기초한 분석이 잘못되었다고 지적하고 있다.

「동의보감」은 1962년 의학출판사에서 번역, 출판되었는데 1982년 과학, 백과사전출판사에서 원문과 주해를 단 번역서를 다시 출판하였다. 이 책에 대해서는 과학적 내용과 함께 '고려치료'에서의 실용성이나 문화사적 가치가 있다고 평가한다. 그러나 당시 시대적 제한성과 저자인 허준(許浚)의 계급적 제한성 때문에 비과학적이고 미신적인 이론과 치료법들도 들어 있으므로 비판적으로 참고해야 한다고 본다.21)

끝으로 인멸의 위기에서 구출했다고 말하는 「조선왕조실록」은 《리조실록》이라는 이름으로 1975년 10월부터 1991년 말까지 400책을 완간하였다.22) 번역이 결정된 것은 1958년이다. 번역작업은 원문 그대로 번역하되 쉬운 말로 번역하였다. 그래서 주석을 원문에 풀어쓰고 있다. 이 책에 대한 평가의 일단은 다음과 같다.

"이 책이 유교사상에 물 젖은 량반 사대부들이 집필 편찬한 것으로 하여 봉건군주인 왕을 우상화하고 봉건제도를 절대화하고 동시에 모든 력사적 사실을 왕을 중심으로 평가하고 있으며 인민대중의 역할과 그들의 투쟁에 관한 자료들은 심히 왜곡하여 반영하고 있었다. 또한 큰 나라를 덮어놓고 숭배하고 따르는 사대주의적 표현과 사실들이 많았다."

---

21) 《조선대백과사전》, 6권, 백과사전출판사, 1998. 8.
22) 번역작업의 자세한 것은 앞의 절 "조선왕조실록 번역사업"을 참고.

Ⅳ. 맺는 말

북한의 고전 발굴 수집은 광복 직후부터 시작되었고 해제 및 번역
은 1950년대부터 시작되었다. 특히 번역에 있어서는 1960년대 중반까
지 중요한 고전들은 거의 국역되었다.[23] 이 국역에는 월북·납북학자
들의 참여가 컸다. 홍기문·김석형·박시형·이만규·채희국·손영종
등이 있는데, 이들 중 홍기문은 《리조실록》 번역 같은 방대한 일을
지휘하면서 자기를 내세우지 않고 김일성을 내세워 국가사업을 추진
한 것이다. 그래서 자기도 살고 월북한 다른 많은 학자들도 정치 무풍
지대에서 능력을 발휘하게 했다고 할 수 있다. 이들이 '남조선'에서는
할 수 없는 일을 한 것이 모두 김일성의 '육친적 배려' 때문이라고 찬
사를 하는 것도 보신책의 일환이라 할 수 있겠다. 어떻든 이들에 의해
양성된 새 학자군이 오늘의 북한 고전국역의 주역이 되고 있는 것이
다. 여기에는 고전의 중요성을 인식한 통치자의 안목도 한몫 한 것이
라 평가할 수 있다.

고전의 한글번역사업은 남북한이 서로 가르쳐 주고 배우기로 하는
가장 좋은 대상이 될 것이다.

---

23) 1965년까지 주요한 것만 해도 57종이 한글로 번역되었다. 양태진, 앞의 책.

백과사전 편찬

Ⅰ. 들어가는 말

북한에서 《조선대백과사전》 전 30권이 간행되었다. 백과사전출판사에서 제1권이 발간된 것이 1995년 10월 5일이고 제30권이 2001년 12월 30일자로 나왔으니 첫권이 나온 지 7년 만에 완간된 셈이다. 1988년 편찬위원회가 구성되어 본격적인 편찬작업이 이루어졌으며 출판사는 백과사전출판사, 인쇄처는 평양종합인쇄공장이다.

이번에 간행된 《조선대백과사전》은 권당 국배판 650~680 페이지 분량으로, 중항목을 위주로 하면서 소항목과 대항목을 배합하여 10만여 개 항목을 수록하였다. 항목 배열은 북한식 한글 자모순에 따랐으며 제30권 마지막 권은 총 색인이다.

편찬내용은 북한 사항을 주로 하면서 일부 남한사항과 세계 각국 사항을 망라하였으며 역사·문화·자연·풍속·지리·전설·인물·최신 과학기술 자료를 수록하였다.

삽화와 사진자료는 2만5천 점을 수록하였다. 편찬내용은 고등중학교 졸업 정도 지식을 가지면 이해할 수 있도록 했으며 편찬 참여자는 1,500여 명이라고 밝히고 있다. 현재 이 30권을 조선콤퓨터센타와 '합작'해서 전자출판물(CD)로도 제작하려고 추진 중이다.

《조선대백과사전》이 완간될 무렵 한국정신문화연구원에서는 「한국민족문화대백과사전」을 CD-ROM으로 발간하였다. 당초 30권 분량의 책으로 발간하려다가 시대적인 추세에 맞추어 독자들이 보다 쉽게 구입하고 사용할 수 있게 고려했다는 것이다.[1] 「한국민족문화대백과사전」이 우리 민족문화를 총집대성 하는 것을 목적으로 한 것에 비해 《조선대백과사전》이 우리 사항뿐 아니라 세계 각국 사항을 동시에 대상으로 삼았다는 면에서 단순 비교 검토는 무의미 할 것이나 향후 사전편찬의 경험이라든가 내용상의 참고는 의미가 있을 것이다.

II. 기 간행 백과사전

북한 백과사전편찬 역사는 1964년 4월에서 시작된다. 당시 김일성은 백과사전 발간을 강조하면서 발간목적에 대해서 이렇게 말했다.

"우리가 백과사전을 내려는 것은 근로자들에게 정치, 경제, 과학, 문화, 군사의 모든 방면에 걸치는 상식을 많이 알려주어 그들의 정치실무수준을 더욱 높여줌으로써 그들로 하여금 혁명투쟁과 건설사업에

---

1) CD Rom 백과사전은 1991년에 간행된 초판본을 개정, 증보한 것으로써 7만 항목에 원고지 45만 매다. 그밖에 사진 4만여 종, 지도·도면 3,500종, 오디오 자료 200종, 비디오 자료 500종이 수록되었다.

　초판본은 본책 국배판 25권, 부록 2권으로, 65,000항목에 원고지 42만 매, 도판 4만 종의 규모였다. 1980년부터 1991년 12월까지 12년이 소요되었으며, 1995년 12월 1900여 항목을 수록한 보유편 1권이 간행되었다.

　한편 남한에서는 1958년 학원사의 「대백과사전」 6권이 최초이고, 이후 1983년 「동아원색세계대백과사전」 30권에 이르기까지 몇 종류가 있다.

더 잘 이바지하도록 하려는데 중요한 목적이 있습니다. ……교과서에 있는 지식은 우리가 알아야 할 지식의 몇 만 분의 하나밖에 되지 않습니다. 백과사전 같은 것이 있어서 그것을 가지고 늘 자체로 교과서에 없는 지식을 끊임없이 보충할 수 있습니다."2)

이 말에 따라 북한에서 백과사전으로 가장 먼저 편찬된 것은 《백과전서》 상·중·하 3권이었다. 약 2만 개 항목을 수록하여 1971년과 1972년 사이에 백과사전출판사에서 발간하였다. 사전 이름이 《백과전서》로 된 것은 김일성의 뜻이었다. "부문별 사전과 함께 상·중·하로 된 백과전서를 만들어야 하겠습니다. 이런 책의 이름은 《소백과사전》이라고 하지 말고 《백과전서》라고 하는 것이 좋겠습니다."3)

또 김일성은 백과전서 편찬방향에 대해서 말하면서4) 백과사전은 부문별 사전과 백과전서를 만든 다음에 거기에 기초하여 편찬하여야 한다고 강조하였다.

"부문별 사전과 백과전서를 만든 다음에 거기에 기초하여 백과사전을 편찬하는데 달라붙어야 합니다."

이 말에 따라 《정치사전》·《경제사전》·《문예사전》 등 부문별 사전들이 간행되었다. 이 《백과전서》는 그 뒤 1982년과 1984년 사이에 3만 개 항목을 수록한 6권짜리 《백과전서》로 다시 편찬, 발간되는데 출판사는 백과사전출판사에서 이름이 바뀐 과학, 백과사전출판사이다.5)

---

2) 김일성, "백과사전과 지도의 편찬방향에 대하여", 1964. 4. 22, 《김일성저작집》 18권 p. 276.
3) 위와 같은 책, p. 284.
4) "백과전서는 우리나라의 것을 기본으로 하면서 동물, 식물, 물리, 화학, 기계, 기상과 같은 여러 가지 부문에 대한 일반적이고 대략적인 지식을 포괄하여 만들어야 합니다. 백과전서에는 또한 우리나라 역사 특히 혁명전통, 문화와 풍속, 지리, 철학을 비롯하여 필요한 지식을 다 넣어야 합니다……. 우리는 백과전서를 잘 만들어 우리 일군들이 이 책만 가지면 웬만한 것은 알 수 있게 하여야 합니다."
5) 《백과전서》는 제1권이 1982년 10월 10일자이고 제6권이 1984년 4월 25일자이다. 《백과전서》를 낸 이 출판사는 1964년 4월 22일 내각 백과사전편찬국 출판처로 창설되었다가 1968년

다음으로 나온 사전이 1974년 4월 22일자로 첫권이 발간된 《백과사전》(백과사전출판사)이다. 이후 1981년까지 수록항목 10만 개의 전 30권짜리로 완간되었다. 완간 직후 《백과사전》에 대해서 인민상이 수여되었다.

이렇게 보면 북한에서 백과사전 발간은 1970년대에 《백과전서(3권)》와 《백과사전(30권)》 발간, 1980년대 《백과전서(6권)》, 그리고 1990년대 《조선대백과사전》 발간으로 이어져 오는 것이다.6)

Ⅲ. 항목 및 내용서술

수록항목 10만은 아주 많은 편이다.7) '기본올림말'(주항목)과 '분올림말'(파생항목) 모두를 합한 것인지 '기본올림말'만 말하는 것인지는 불명이다. '기본올림말'이 '조선민주주의인민공화국 창건기념 경축행사'라면 '분올림말'은 '조선민주주의인민공화국 창건 20돌기념', '조선민주주의인민공화국 창건 30돌기념' 같은 것들이다. 제19권에는 '40돌기념', '50돌기념' 같은 파생항목까지 모두 항목화되어 있다. 또 항목이 많아진 까닭은 '조선민주주의인민공화국 국방위원회', '조선민주주의인민공화국 내각', '조선민주주의인민공화국 내각비상회의'같이 파생항목을 모두 선정하기 때문이다. 항목선정 기준이 넓어서 항목화가 많이 된

백과사전출판사로 되었다. 1976년 9월 16일 사회과학출판사, 과학출판사, 의학출판사와 통합되어 과학, 백과사전출판사로 이름을 바꾸었다. 1987년 7월 과학백과사전종합출판사로 이름을 다시 바꾸고 산하에 백과사전출판사를 비롯한 다른 부문 출판사들을 두고 있다.

6) 《조선대백과사전》이 편찬준비작업이 시작된 지난 1964년부터 계산하면 38년 만에 마무리된 것이라고 한 보도(조선중앙방송 2002. 2. 14)대로라면 기 간행된 《백과사전》 30권은 인민상이 수여되었지만 만족할 만한 사전으로는 평가되지 않은 것 같다.

7) 북한 방송에서는 이 사전을 소개하는 가운데 하루에 수록항목 10여 개씩 찾아본다고 하면 근 30년이 걸려야 모든 항목들을 다 읽어볼 수 있다고 했다.(조선중앙방송 02. 2. 14, 연합뉴스 02. 2. 21)

것도 사실이다. 가령 '고기그물'이라는 항목 같은 것은 세분화되었다. 이러한 파생항목이 종전『백과사전』에서는 '고기그물마르기', '고기물 들이기'까지 있었다.8) 방송대담도 항목이고 방송극 외에 기록방송극·경방송극·방송토막극·방송사극도 모두 파생항목으로 잡혀 있다. 수령·당·대중의 통일체도 항목화되어 있고 수령·당·대중의 일심단결도 항목화되어 있다. 개념보다 김정일 문헌이 큰 항목으로 되어 있기도 하다. 가령 주체사상보다 '주체사상에 대하여'가 더 크게 항목화되었다.

지나치게 전문적인 항목도 포함되었다. 가령 '실변수 함수', '실변수 함수론' 같은 것은 수학전문사전에 수록될 항목일 것 같다.9)

또 중점을 둔 항목 선정도 있다. 대남 관계, 6·25 당시 전투관계 항목은 비중을 두었을 수 있다. 가령 '천안해방전투' 항목은 1950년 7월 7일과 8일 사이에 천안에 돌입했다는 것으로 한국측 전쟁 공간사(公刊史)에서는 보이지 않는 전투다.

대남 관계 사건 항목은 약간의 의미라도 보이면 무조건 선정한 것으로 보인다. 《백과사전》에 들어 있던 '가자 북으로, 오라 남으로, 만나자 판문점에서!' 같은 항목은 빠졌지만10) '남조선 수재민들에 대한 동포애적 조치', '실미도 군인폭동', '남조선 적화공작단사건', '광주 인민봉기' 같은 사건유형은 반드시 선정되었다.11)

---

8) 《백과전서》 항목 중에는 '고래고기볶음'같이 평범해 보이는 항목도 있다. 그 정의는 "고래 고기의 살에 양념을 두고 센 불에 볶은 료리"이다.(2권, p. 698)
9) 실변수함수는 실수를 실수로 넘기는 함수로 정의되어 있다. 「한국민족문화대백과사전」에는 항목뿐 아니라 색인도 없다.
10) 《백과사전》에는 하나의 구호에 불과한 이 말을 항목화하였으나 이 사전에서는 색인화도 하지 않았다. 이것이 구호라는 것은 《백과사전》의 다음과 같은 이 항목의 정의가 말해준다. "혁명의 위대한 수령 김일성동지께서 제시하신 조국의 자주적 평화통일방침을 높이 받들고 남조선 청년학생들과 인민들이 1961년 5월 조국통일을 촉진시키기 위하여 <남북학생회담>을 요구하여 들고 나온 구호".
11) 광주민주화운동은 《백과전서》에도 항목화되어 있다. 참고로 '남조선수재민들에 대한 동포

'미라이학살사건'[12]은 외국관계 항목 중에서 강조의 뜻으로 선정된 것으로 보인다.

지명항목은 남한항목도 제대로 다 넣은 것으로 보인다. 북한항목에 비해 분량은 적지만 행정지명은 빠짐 없다. 종전 《백과전서》나 《백과사전》에 수록되었더라도 변경되었으면 이를 그대로 따랐다. 《백과전서》에 있던 월성군 항목이 빠졌다던가, 경주시를 새로 넣은 것이다. 남한관계 항목은 김일성의 강조사항이다.

"우리는 언제나 모든 일에서 공화국 남반부를 떼놓고 생각할 수 없습니다. 인민들에게 우리나라에 대한 지식을 가르치는 데서도 공화국 남반부를 떼 놓아서는 안되며 력사, 지리, 문화를 비롯한 모든 분야에 걸쳐 전조선적인 것을 다 알도록 하여야 합니다. 그르므로 백과사전에는 공화국 북반부에 대한 것만 넣을 것이 아니라 남반부에 대한 것도 다 넣어야 하겠습니다. ……지도에는 남반부의 자료들도 다 넣어야 합니다. 남조선에서 변동된 행정구역은 변동된 대로하고 면에 대한 것도 넣어야 합니다."[13]

면에 대한 것은 면제 폐지와 관련해서 남조선 면에 대한 것을 인정하여 넣느냐 하는 문제인 것이다. 이와 관련하여 보면 행정지명 항목에서 시·도 외에 북한의 경우 군, 리 단위까지 항목화하고 남한은 군과 읍·면을 항목화하였다.[14]

애적 조치'와 '실미도군인폭동'의 정의를 보면 다음과 같다.

"1984년 공화국 북반부에서 남조선 수재민들에게 지성 어린 구호물자를 보내준 력사적 조치"

"주체 60(1971) 8월 인천지구에 있던 괴뢰군 사병들이 미제와 남조선괴뢰도당의 발광적인 새 전쟁도발책동과 야만적인 파쑈폭압을 반대하여 일으킨 집단적인 무장폭동"

12) 1968. 3 미군이 월남 미라이 촌에서 집단적으로 학살한 만행사건으로 정의를 내리고 있다.

13) 김일성, 앞의 책.

14) 북한 행정지명 군(郡)에서 읍을 항목화하지 않았지만 남한 군의 읍은 항목화 한 것이 특이하다. 그러나 예를 들어 북한의 고풍군(자강도, 옛 초산군 일부), 운전군(평북, 옛 정주군 일부) 항목에서 고풍읍이나 운전읍은 항목으로 되지 않았더라도 고풍군(문덕리·방성리 등), 운전군(청정리) 안의 리 단위는 모두 항목화되고 있다. 남한 행정 지명은 군과 읍, 면을 항목화하였다.

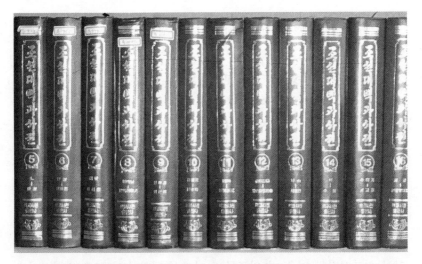

▲ 북한의 백과사전출판사에서 지난 1995년 10월 제1권이 발간된 이후 7년 만인 2001년
12월에 마지막 권이 완간된 《조선대백과사전》 전 30권의 모습.

행정지명 항목에서 행정구역 명칭 그대로가 아니라 서울시, 평양시,
부산시로 편의적으로 항목화하였다.

인물항목은 5,200명의 인물이 수록되어 있다는데 우리나라 인물은
1,500여 명이고 생존자도 선정대상이 되었다. 선정기준은 명시되지 않
았지만 대남 관계에서 일정한 역할을 크게 평가하는 것 같다. 가령 한
시영(1936. 1. 1~)의 경우 김일성종합대학 졸업 후 중앙통신 기자로
있으면서 해마다 수십 건의 논설, 논평을 통해 남조선 '인민'들을 선동
했다는 업적 외에는 없다. 아마도 인민기자가 되고 국기훈장 등을 받
았다는 것 때문에 선정기준이 된 것으로 보인다.

김일성, 김정일은 제1권 첫머리에 수록하였다.15) 인물항목에 이전의

_____

즉, 무주군·울진군·울릉군 항목 외에 무주읍·울진읍·울릉읍·지도읍(신안군)·미력면(보성
군)·안좌면(신안군)·온정면(울진군)이 항목화되었다.
15) 일러두기를 통해 이 사전에 "위대한 수령 김일성동지" 항목과 "위대한 령도자 김정일동지"

▲ "종합백과사전을 만들기 전에 부문별 사전을 먼저 만들자"는 김일성의 제안에 따라
1970년 북한의 사회과학출판사에서 발간한 《역사사전》과 《정치사전》의 표지 모습.

《백과전서》에서는 항목화되지 않았던 박정희가 수록되었다.16)

공장이나 광산, 군사시설을 포함한 군사사항 등의 항목은 선정되지
않은 것이 많을 것이다.17) 김일성은 공장이나 군사문제를 유의하라고
강조하였다.18)

항목을 1권 첫머리에 올렸다는 것을 명시하고 있는데 김일성 14면 반, 김정일 12면을 서술하였
다. 이는 《백과사전》의 '김일성동지 략전' 381면이나 《백과전서》에서 '위대한 수령 김일성동
지' 20면에 비하면 짧아진 것이다.

16) 박정희 항목은 서술분량이 5매 정도다. 참고로 「한국민족문화대백과사전」에 수록한 김일
성 항목을 보면 17매이다.

17) 성진제강소, 남포제련종합기업소, 10월 5일자동화기구공장 등은 선정되었지만 항목화되지
않은 것도 많을 것이다.

18) "백과사전을 만들기 위하여 지방지를 쓰는 것은 나쁘지 않습니다. 그런데 공장들을 어떻게
하겠는가 하는 것이 문제입니다. 공장들에 대해 쓰지 않으면 지방지의 가치가 없습니다. 그렇다
고 하여 큰 공장들에 대하여 잘못 써넣으면 군사비밀 문제가 나설 수 있습니다. 그러므로 공장
이름을 그 고장 이름을 붙이지 말고 산이나 강이나 영웅들의 이름을 붙이는 것이 좋겠습니다.

그리고 지방지를 쓰더라도 력사와 자연 같은 것을 쓰고 군사문제는 쓰지 말아야 합니다. 군사

항목 서술내용은 남한관계 항목을 중심으로 보기로 한다.

우선 서술분량의 불균형이 확연히 드러난다. 서울시와 평양시를 볼 때 서울시는 평양시의 9분의 1 수준이다. 서술내용에서 서울시에 대한 정의는 "서부조선의 중부에 있는 시"이다. 이어 "서울은 미제 침략자들과 남조선괴뢰도당의 파쇼통치기구가 집중되어 있는 소굴로서 남조선의 정치, 경제, 문화, 군사의 중심지로, 미제의 식민지통치의 아성으로 되어 있다. 또한 서울은 매국배족을 일삼는 국내 반동들의 집결처로 경찰, 정보, 테로정치의 소굴로 되어 있으며 수백만 인민들의 인간생지옥으로 되어 있다."로 서술되고 있다. 평양시에 대해서 '조선민주주의인민공화국의 수도'로 정의하면서 온갖 화려한 수식어로 묘사하는 데 비하면 의도적 폄하이다.

서울시 문화에 대한 설명은 단 몇 행이다. "서울에는 연세대학, 고려대학, 서울대학을 비롯한 대학들과 도서관, 박물관, 미술관, 극장, 체육관, 경기장 등이 있다."

다음으로 알려진 곳에 대한 설명은 전통시대 명소인 경복궁, 덕수궁, 경회루, 승가사, 서울성균관 등만을 몇 줄 언급하고 있다.

서울에 대해서는 또 평양시 주민들의 물질문화생활을 서술하는 도중에 "유해가스가 허용기준량의 3~4배, 지어 10배 이상에 달하며 1㎢에 떨어지는 먼지량이 39.9t에 달하는 남조선 서울과는 실로 대조적이다"라고 하여 그 의도성을 드러내게 한다.

행정지명이라도 서울시가 아닌 다른 지역, 예컨대 경주시, 경산시, 고흥군에 대해서는 종전 비난조의 서술이 사라졌음을 확인할 수 있다.

《백과사전》은 경주시에 대해 "8·15 후 남조선을 강점한 미제와 괴뢰도당은 반인민적 통치를 강화할 목적으로 1955년 8월에 경주군에

___

문제는 우리나라가 통일되기 전에는 내지 말아야 하므로 백과사전에서도 군사분과를 두지 않는 것이 좋습니다. 물론 <리순신 장군> 같은 올림말은 군사문제를 써도 오늘날의 전략전술과 관계되는 군사문제가 아니므로 력사분과에서 서술하면 될 것입니다."(김일성, 앞의 책)

서 경주읍과 외동면, 천북면의 황성리, 동천리, 룡강리와 내남면 탑리를 떼내어 경주시를 내오면서 이 군의 이름을 월성군으로 고쳤다 ……"19)

《백과전서》는 "8·15 후 미제와 괴뢰도당은 반인민적 통치를 강화할 목적으로 1955년 8월에 경주군에서 경주읍과 내동면, 천북면의 일부, 내남면의 탑리를 떼내어 경주시를 내오면서 경주군을 월성군으로 고쳤다."라고 서술했던 것이다.

같은 내용이 《조선대백과사전》에서는 다음과 같이 서술되었다.

"1955년에는 경주군 내동면, 천북면 황성, 룡강, 동촌리, 내남면 탑리들과 합쳐서 시로 되었다."

종전에는 객관적으로 서술하면 될 부분에서도 군이 '반인민적 통치를 강화할 목적으로'라는 표현이 들어갔다. 경산군 항목에서도 비슷한 서술경향을 보인다.

"미제와 괴뢰도당이 새 전쟁준비에 피눈이 되여 날뛰면서 만든 서울 — 부산 사이 군용 '고속도로'는 대구에서 이 군을 거쳐 영천에 이른다."20)

"경부선 철길과 큰길이 서부지역에 남북방향으로 놓여져 있으며 철길에는 경산역이 있다."21)

"중부지역을 동서방향으로 대구선 철길, 경부도로와 큰 길이 지나며 남서부지역을 남북방향으로 경부선 철길과 큰 길이 지난다."22) '고속도로'라는 언급이 빠졌지만 쓸데없는 표현은 없다.

다음 고흥군에 대해서 보자.

"목화생산은 도적으로 큰 비중을 차지하였으나 미제의 '잉여' 원면

---

19) 2권 pp. 446~447.
20) 《백과사전》 경산군 항목.
21) 《조선대백과사전》 경산시 항목.
22) 《조선대백과사전》 경산군 항목.

이 시장을 독차지하면서부터 대폭 줄어들었다.", "량곡은 대부분 괴뢰도당의 소위 '정부관리곡', '군량미'로 략탈당하고 지주와 부농들에 의하여 일부가 시장에서 매매된다."[23]

무슨 꼬투리를 잡으려고 하는 것 같은데 《조선대백과사전》에는 그런 서술이 없다.

고흥군 항목을 《백과사전》과 《조선대백과사전》을 비교하면 《백과사전》은 서술내용이 길고 비난을 위한 서술이라고 보일 정도로 불필요한 내용이 있다.

"고흥에서 벌교를 거쳐 내륙으로 통하는 도로가 반도부의 중앙을 남북으로 뻗어 있다. 이 길은 내륙과 련결되는 유일한 <1급도로>라고 하나 전혀 보수를 하지 않아 몹시 험하다."

"충양면 시산리 무학도 등지에서는 감자로 두 달을 살고 나머지는 미역, 가사리 등 바다풀을 뜯어먹고 1년을 지내야 한다. 미제와 괴뢰도당의 착취와 략탈, 억압이 강화될수록 이 군 인민들의 반미 반괴뢰 감정은 높아지고 있으며 반파쑈민주화 투쟁은 더욱 치렬해가고 있다. 군내 인민들은 혁명의 위대한 수령 김일성 동지에 대한 끝없는 흠모와 존경을 가지고 그이께서 령도하시는 공화국북반부의 사회주의제도를 동경하면서……."

지명항목에서 북한지역과 남한지역의 불균형은 자연 지명에서도 나타난다. 백두산과 한라산, 압록강과 한강을 보면 분량 면에서 차이가 너무 많이 난다.

백두산은 한라산(항목명은 한라산임)의 15배 이상이고 압록강과 한강은 그래도 차이가 작은 편이어서 3배 가량이다. 한강 서술에서 눈에 띄는 내용은 다음과 같은 내용이다.

"공화국 남반부지역의 류역에서는 미제와 남조선괴뢰도당의 반인민

23)《백과사전》 고흥군 항목.

적 통치 밑에서 치산치수가 되여 있지 않아 한강은 해마다 큰물피해를 주는 재난의 강으로 되였으며 강물은 심히 오염되여 물고기들이 멸종상태에 이르고 있다."

백과사전 내용검토는 개념·용어지명·인물·제도·단체·사건·문헌·작품·유물·용품 등 항목 유형별로 모두를 대상으로 해야 하지만 이 글에서는 몇 가지 사항만을 살펴보았다.

IV. 편찬상의 특징

《조선대백과사전》은 1988년 편찬위원회가 구성되어 본격적인 편찬작업이 시작되어 제1권 발간 후 13권 2000년 1월, 제17권, 제19권이 2000년 10월, 제20권이 2000년 11월에 간행되었으나 제18권은 이것들보다 늦어서 2001년 12월 25일에 발간되었다. 이는 제18권 전체가 하나의 항목 〈조선민주주의 인민공화국〉 이기 때문에 편찬상의 애로가 있었던 것으로 짐작된다.[24]

편찬원칙은 주체성, 당성, 계급성에서 찾고 있다.[25] 주체성은 백과사전을 '조선혁명' 위주로 써먹을 수 있는 내용을 담아야 하기 때문에 요구되는 것으로 자체의 혁명과 건설에서 나온 자료들을 많이 담는 것이다. 다음으로 당성과 계급성은 당과 노동계급의 이익을 가장 중시하여 이를 지키는 것을 말한다.

이러한 편찬원칙을 따르다 보니 남한 관계 항목은 항목명에서부터 곤란을 당하게 된다. 그래서 '한국'을 피하려고 '남조선 일본〈협정〉'

24) 「한국민족문화대백과사전」의 '대한민국' 항목은 원고지 562매로 밝혀진다. 이 사전에는 '한국'이라는 항목이 별도로 있지만 이 역시 '대한민국' 원고 매수보다 조금 더 많은 편이다.
25) "……우리 혁명의 요구에 맞는 좋은 백과사전을 편찬하려면 무엇보다도 먼저 주체성의 원칙을 지키는 것이 중요합니다……. 백과사전을 편찬하는 데서는 주체성의 원칙을 지키는 것과 함께 당성, 계급성의 원칙을 지키는 것이 중요합니다."(《김일성 저작집》, 18권, pp. 279~282)

항목이 등장한다. 그러나 '한국민족민주전선'은 그대로이다. 이 단체 자체가 남한에 있는 것으로 되어 있기 때문이다.

한편 항목명에서 북남이란 표현도 있지만26) 남북을 쓴 경우도 많다. 남북조절위원회, 남북조선정당사회단체 등의 지도자 협의회, 남북조선총선거, 남북련방제안 등도 보인다. 김일성은 "언제나 모든 일에서 공화국 남반부를 떼놓고 생각할 수 없다"라고 했지만 남한관계 항목은 '남조선괴뢰정권'의 경우 6매 정도에 불과하다.27)

항목명에서 오류도 보인다. '가재미식혜'는 식혜가 아니라 식해가 맞다. 식혜는 엿기름으로 삭힌 음료로 식혜(食醯)이고 식해는 생선으로 발효시킨 반찬 식해(食醢)이다.

또 종교관련 항목은 일반적인 설명뿐 북한 관련 사항은 일체 서술된 것이 없다. 항목에서 작품이나 문헌은 반드시 표시를 한 것도 특이한 면이다.

항목명에 편의상의 생략이 없는 것도 특색이다. 가령 '주석명령'을 항목화 할 때도 '조선민주주의인민공화국 주석명령' 하듯이 공식명칭을 붙인다. 이 점은 서술시에도 마찬가지다.

내용서술에서 그전 사전보다는 우상화적 표현이라는 면에서는 진일보하였다. '가재미식혜' 항목의 예를 들어본다.

"우리 인민들의 식생활에 대하여 언제나 심려하고 계시는 어버이수령 김일성동지께서는 가재미식혜를 함경남도 특산이라고 하시면서 각종 식혜를 맛있게 많이 만들어 공급하라고 가르치시였다."28)

"가재미식혜는 함경남도의 특산물로써 그 맛이 달콤하고 상쾌하며 오래동안 보관하면서 먹을 수 있는 밥반찬이다."29)

---

26) 북남경제회담, 북남고위급 정치군사회담 등이 있다.
27) 「한국민족문화대백과사전」에서 북한정권을 포함한 '북한' 항목은 원고지 554매이다.
28) 《백과사전》.
29) 《조선대백과사전》.

정의 서술에서 한국의 백과사전과 다른 점은 전통시대 인물도 현대 직업명으로 표현했다는 것이다. 박제상은 5세기초 신라의 외교가, 강명길은 의학자로 명시하고 있다.[30] 연도표시를 잘 하지 않은 점도 서술상의 특징이라면 특징이다.

조판상의 특징으로는 단락이 거의 없다는 것이다. 다만 김일성, 김정일 이름이 나오는 경우에는 단락을 주기 때문에 그들 이름이 없는 어떤 면은 3단 조판에 단락이 하나도 없었다.[31]

종전 『백과사전』에서는 항목, 공항목, 용어색인을 매권 앞에 넣었지만 이번 사전에서는 30권 마지막 권에 한꺼번에 처리하였다.

V. 맺는 말

2002년 5월 29일 평양 인민문화궁전에서는 조선대백과사전 발행 총화회의가 열렸다. 사전출판에 기여한 책임주필 등 3명에 국가표창을 하고 기자 9명에게 학위·학직을 수여했다. 그리고 조선콤퓨터센터와 합작으로 전자출판물(C D)로 제작할 것도 밝혔다.

사전검토에는 형식에서 체재·장정·지질·인쇄를, 내용에서 항목·원고내용·도판자료 등등이 대상이 된다. 남북한의 대백과사전을 이러한 관점에 입각하여 비교 검토하는 작업을 한다면 상호 가치보완의 내용을 배울 수도 있을 것이다.

《조선대백과사전》 30권을 별견(瞥見)한 결과 한 가지만은 분명하다. 북한 백과사전에서는 객관적인 사실 표현 외에도 대남 비난적인 표현도 서슴치 않았다는 것이다. 사전은 객관적인 사실 위주로 주관적인 표현이 허용되지 않는다는 뜻에서 사전 편찬에는 주관 포기 자세

---

30) 「한국민족문화대백과사전」에서는 각기 신라의 충신, 조선 후기의 의관으로 되어 있다.
31) 18권 p. 414, p. 418.

부터 가다듬어야 한다고 하는 것이다. 그러나 이러한 관점은 남한에서 통용되고 지켜질 뿐 북한에서는 노골적인 대남 비난 표현도 당연한 것으로 받아들이고 있는 것이다. 이점에서 남북한 백과사전의 상호교환은 뜻이 있을 것이다.

《조선대백과사전》은 먼저 발간되었던 《백과사전》에 비해서는 항목이나 서술에서 진일보한 것은 틀림없다.[32] 사전편찬에는 진선진미(盡善盡美)가 있을 수 없다. 남북한은 백과사전 교환이나 편찬경험 교환을 통해 민족동질성을 확인하고 서로가 배울 수 있는 계기 마련에 힘쓰도록 하면 좋을 것이다.

---

32) 이 사전 편찬에 김정일은 20여 회에 걸쳐 '가르침'을 주었다고 한다.

셋째 마당

보도와 출판

정론 기사의 성격과 문체

I. 들어가는 말

북한 언론 기사에는 정론(政論)이라는 글 종류가 있다. 정론은 사설이나 논설과는 또 다른 신문·방송·잡지기사의 하나인데 이른바 2월의 명절이라는 김정일 출생과 관련하여 노동신문에는 2월 한 달 동안 4편의 정론이 실렸다. 이 정론들은 모두 '2월의 명절'을 축하하기 위한 것으로서 김정일 '찬양' 일색이다. 4편의 정론 제목과 눈에 띄는 몇몇 구절을 보기로 한다.

 ▷ '추억 깊은 봄우뢰'(송미란, 02. 2. 2, 2면), '장군의 력사 영원히
   흐른다'(전성호·송효삼, 02. 2. 9, 2면), '축복을 받으시라'(송미
   란, 02. 2. 16, 8면), '백두산장군의 기백'(송효삼, 02. 2. 28, 2면)

 ▷ "그이는 눈물 젖은 두만강의 노래를 행복 넘치는 두만강의 노래
   로 바꾸어 주시고 눈물의 아리랑을 강성부흥아리랑의 노래로

바꾸어 주시며 강성대국의 우렁찬 교향곡을 이 대지에 꽃 피워 가시는 행복의 은인이시다."

▷ "새 세기 조선의 봄 우뢰여, 정일봉 마루에 축하의 포성을 요란히 울리라. 김일성 민족의 앞날을 장엄하게 축복하라"

▷"우리 민족은 연약하고 설음에 찬 무궁화민족으로부터 강대하고 존엄 높은 백두산 민족에로의 력사적인 운명전환을 맞이하였다."

▷ "만약 우리 혁명을 어떤 양복쟁이 정치가가 이끌었다면 한 줌도 못되는 억만장자들의 향락의 불빛아래 수천만 인민이 노예로 되고 이 땅은 또다시 수난의 피바다로 되었을 것이다."

▷ "강성대국은 장군의 것이다. 보통의 정치가는 기껏해야 문명국을 세우자고 하지만 장군은 대국을 일떠세운다."

▷ "위대한 장군님께서 력사의 방향타를 억세게 틀어쥐셨기에 인류사는 그만큼 전진하였고 지구우에는 그만큼 신선한 공기가 차넘쳤으며 세상은 그만큼 활기를 띠였다."

▷ "2월 16일이 아니라면 우리의 8. 15가 어떻게 그리도 환희로우며 우리의 전승의 날이 어떻게 그리도 자랑스러운 것이랴.

▷ "김일성민족의 력사의 기원이 4월 15일로부터 시작되였고 김일성조선의 영원한 행복의 기원이 2월 16일로부터 시작되였다."

▷ "물어보자. 지구상 그 어디에 쪽잠으로 날을 잇고 쉐기밥으로 끼니를 에우며 1년 365일 현지지도의 길우에서 혁명령도의 년대기를 엮는 그런 지도자가 있는가."

▷ "우리 장군님의 사명은 대륙적인 무게를 담고 있으며 우리 장군님의 포부는 우주적인 폭을 안고 있다. 사회주의 수호와 세계의 자주화를 위한 력사적 의무가 바로 우리 장군님의 두 어깨우에 지워 져 있다."

▷"백두산 해돋이를 받들어 올린 백두산조선은 생동하는 청춘의 나라이며 '자유의 여신상'아래 전쟁의 폭음이 울리는 악의 제국은 늙고 병들고 괴벽해진 산 송장이다. 인류의 정의와 조선의 미래가 우리의 위대한 김정일장군님만을 우러르고 있다."

이 정론들에서는 정일봉에 서린 2월의 봄을 노래하면서 김정일 출생을 기리는 내용, 김정일의 비범성과 업적에 초점을 맞춘 내용, 김정일의 세계적 사명과 이를 달성하려는 투지와 열정을 상찬하는 내용들이 보이는데 한 마디로 말하여 김정일이 세계를 움직이는 인물로 묘사되고 있다. 이를 위하여 내용에서는 과장과 선동성을 보이고, 표현에서는 생략과 문맥에서의 비약, 그리고 다양한 문체(비유, 감탄, 반복, 화려한 수식, 대구·대조, 권유) 들이 동원되고 있다.

북한에서 정론은 어떤 종류의 글이며 그 문체는 어떤 것인지를 보기로 한다.

II. 연혁과 성격

정론은 '항일혁명' 출판물에서 비롯되었지만 김정일이 신문혁명[1]을 이끌면서 본격적으로 발전한 것이라고 말한다.[2] 이 시기는 1960년을 전후한 시기로 청산리정신, 청산리방법이 나오던 1958년부터 1960년 사이가 된다. 1960년이 되면 5개년 계획을 앞당겨 완수하고 새로운 경제계획을 수행할 준비를 갖추게 되는 시기로서 북한의 사회주의 건설에서 큰 변화가 일어났다는 때다. 이러한 시대상황을 반영하여 보도에서도 시대적 요구에 맞는 독특한 언어표현방식을 갖춘 정론이 등장하였다고 본다. '파문을 일으키며 사람들의 심장을 틀어잡았던' 정론들이 이 때 많이 등장하였기 때문에 1960년대를 정론이 꽃핀 시기라 하고 있다. 1960년대에 개화기를 이루었다면 1970년대를 거쳐 1980년대 초에 와서는 우리식 정론의 전성기가 되었다고 본다.

1960년대에 쓰인 정론 중의 몇몇 표현들은 이렇다.

▷ "조선인민의 태양인 당, 강력하고 세련된 이 당이 있음으로 하여, 당과 인민의 불패의 통일단결이 있음으로 하여 우리의 력사는 오직 승리에로, 우리의 생활은 오직 창조의 한 길로 줄달음쳤다."

▷ "당의 뜻, 당의 호소는 수천수만 사람들의 심장을 삽시에 틀어잡았다. 나라의 형편이 그러하다면, 당의 요구가 그러하다면 무엇인들 못 해낼것인가! 용해공도 압연공도 축로공도 떨쳐나섰다."

---

1) 김정일 지시로 노동신문에서 사설혁명으로부터 시작하여 신문혁명을 일으킨 것을 다른 출판 보도기관이 따라 하도록 한 조치로 조선기자동맹 중앙위원회 전원회의 확대회의(1974. 5. 7)에서 모든 출판 보도 부문에서 신문혁명·보도혁명·출판혁명을 일으키도록 한 것을 말한다. 김정일은 이 시기 사회주의대강령 실현과 관계되는 사설을 집중적으로 집필 게재하도록 하면서 집필 방향까지 구체적으로 언급했다.
2) 《조선대백과사전》 17권, 백과사전출판사, 2000. 1.

▷ "비개인 뒤면 우쩍 우쩍 소리를 내며 자라나는 것은 참대싹에
한한 일이 아니다. 조선에는 기계도, 집도, 인재도 모두가 우후
죽순의 기세다."

이 내용들은 그전의 정론과 다른 문체특성으로 인해 사람들의 심장
을 틀어잡았다고 평가하고 있다.3)

다음에는 1980년대 중반, 잘된 정론이라고 예거한 정론 '애국자'(노
동신문 1986. 1. 4)의 한 구절이다.

▷ "자기의 심장을 조국에 바치기 전에는 조국을 어머니라 부르지
말라고 어느 한 시인이 노래한 것처럼 애국자의 이름은 조국에
대한 헌신 속에서만 존재할 수 있으며 그 속에서만 빛을 뿌리
고 영생한다."

▷ "우리 시대 애국자들에게서 일관하게 찾아볼 수 있는 것은 자기
자신이 모든 것의 주인이라는 자각, 공장의 주인도 농장의 주인
도 도시와 마을의 주인도 다름 아닌 자기자신이라는 높은 자각
이다."

이 글에 대해서는 원리적으로 썼기 때문에 독자들이 그 근본 이치
를 스스로 깨닫도록 알기 쉽게 깨우쳐 주었다고 평가하고 있다.4)

이번에는 1990년대 후반 방송 정론5) 한 편을 보자. 이 정론은 김
일성 사망 5주기에 맞춰 낸 것이다.

---

3) 김범주, "정론문체의 특성에 대하여", 《언어학론문집》 6, 과학.백과사전출판사, 1985. 4, p.
288.
4) 봉필윤, "글을 원리적으로 쓰자", 《문화어학습》, 1986. 2.
5) 조선중앙방송, 1999. 7. 9.

▷ "수령의 위업을 계승 완성해 나가는 영도자의 최고의 충효는 선대수령을 생전의 모습 그대로 영원히 높이 모시는데서 발휘되어야 한다. 하나 국제공산주의운동 역사를 거슬러 보면 얼마나 가슴 아픈 일들이 벌어졌는가. 후대들이 수령의 묘지 하나 똑바로 지키지 못하여 마르크스의 묘지가 이국에서 관광대상으로 되고 있으며 또 오늘은 레닌의 시신이 위험에 처하여 있다."

▷ "수령님을 위해서라면 하늘의 별도 끌어내리고 산도 통채로 떠오실 결심과 의지를 안으시고 어버이 수령님께서 사업하시던 금수산 의사당을 수령영생의 기념궁전으로 정중히, 최상의 경지에서 꾸리기 위해 우리 장군님께서 바치신 충효의 마음은 얼마나 숭고한 것인가."

▷ "위대한 장군님께서는 지난 5년간에도 낮에 밤을 이어 인민행렬차를 타시고 끊임없는 현지지도의 길을 밟으시며 위대한 수령님의 생전의 염원이신 강성대국을 이 땅 우에 일떠세우시려고 얼마나 크나큰 로고와 심려를 바쳐오셨던가."

정론은 사회 정치적 문제를 제기하고 그것의 본질을 밝히려는 글로써 사설·논설에서 갈라져 나왔다.6) 정론은 사설·논설과 마찬가지로 사회 정치적 중요 문제를 대상으로 하되 정론이 사설·논설과 다른 것은 해당 내용에 대하여 정치적 규정을 하고 이를 해명하는 과정에서 필자의 견해와 입장이 많이 들어간다는 것이다. 즉, 강렬한 주정토로가 가능하다는 것이다.7) 이 주정 토로 때문에 표현에 있어서도

---

6) 북한 언론기사는 보도, 사설·논설, 정론, 긍정교양기사, 기행기사로 분류된다. 박용순, 《조선어 문체론 연구》, 과학, 백과사전출판사, 1978. 6, p. 22.
7) 주정토로라는 것은 "필자의 주장이 열정과 감정정서를 타고 강하게 뿜어지는 것"을 말한다.

논리적이기보다 정서적인 것으로 보인다.

한 편의 정론이 사설이나 논설과 마찬가지로 당과 수령, 그리고 인민이 쌓아온 업적을 찬양하고 인민들을 당면한 혁명과업에 동원하는 데 기여하려는 목적으로 쓰여졌더라도 필자의 주장이 강렬하게 표현되어 있어서 그 내용은 더 호소적이고 선동적으로 된다. 따라서 어떤 면에서는 사설이나 논설보다 더 강한 선전·선동성을 보인다.

그러나 정론에 논리성이 없는 것은 아니다. 정론 집필에는 기본논리조직이 있다. 대체로 정론에서는 논점들과 사실적 자료들, 그에 대한 정치적 분석 일반화와 주정 토로 등 내용 전개의 모든 수단들이 논리적으로 꽉 물려 있을 때만 자기 역할을 할 수 있다는 것이다.8)

정론은 다른 기사나 논설에 비해 내용 전개의 폭이 넓고 다양한 측면을 가진다. 일반기사는 해당 사실이나 사건을 분석하여 일반화시키면 되고 논설은 주로 해당문제의 이론적 해명에 집중하면 되지만 정론은 이론적 해명만으로는 내용을 전개할 수 없다고 한다. 정론에서는 논리를 평면으로 하나 하나 구체적으로 전개하면 문제의 정치적 본질과 현실적 의의를 해명할 수 없기 때문에 논리를 입체적으로 세울 것이 강조된다. 또한 논리를 평면적으로 전개하게 되면 정론이 말하려는 주장을 힘있게 강조하고 호소할 수도 없다고 본다. 그래서 정론 집필시 논리를 세우는데 있어서는 논점들을 역사적 흐름을 따라 순차로 맞물리게 서술하는 방법, 이론적 해명의 순차로 문제점을 설정하여 구

그래서 김정일은 정론의 글이 사람들의 심장을 울린다고 한다.

"정론은 당대사회에서 초미의 사회 정치적 문제를 제기하고 그것을 예리한 정치적 분석과 일반화, 강한 주정토로로 시대정신의 높이에서 심오히 밝히는 선동성과 호소성이 강한 글입니다. 정론은 문제 제기의 예리성과 기동성, 그에 대한 높은 정치적 일반화와 감성적이며 격동적인 언어표현, 호소성과 선동성으로 하여 사람들의 심장을 울립니다. 정론은 특색 있고 힘있는 기사 종류의 하나입니다."《조선대백과사전》17권(백과사전종합출판사, 2000. 10), p. 330.

8) 《기사집필수업》, 김일성종합대학출판사, 1984, 김영주·이범수, 「현대북한언론의 이해」, 한울, 1999, p. 515.

성하는 방법들이 사용된다.9)

실제 논리적으로 서술할 때는 역사적 현실을 정치 이론적으로 일반 화하는 방법, 문제의 본질과 의의를 정치 이론적으로 풀이하며 특징짓 는 방법 등이 쓰인다.

정론은 논리적 서술뿐 아니라 형상적 서술도 필요하다. 형상적 서 술은 내용에 대한 표상을 주어서 인상을 남기게 하기 위해 생동감 있 게 서술하는 것을 말한다. 형상적 서술을 하기 위해서는 생활적인 어 휘와 비유를 쓰기도 하고 전형적인 사실과 특징적인 사실을 대비하는 가운데 생동감을 주기도 한다.

논리적 서술과 형상적 서술은 정론의 필수적 서술형식이지만 이 두 가지가 유기적으로 결합하는 것이 중요하다고 본다. 어느 한 쪽만 강 조되거나 두 가지를 기계적으로만 연결해서는 정론 내용이 잘 표현될 수 없다고 본다.

정론 서술에서 또 중요한 것은 문장이 시적 문체로 되는 것이다. 격조 높은 시적 문체로 문맥이 줄기차고 전투적 기백이 넘쳐야 하는 것이다. 다음은 시적 문체라고 예시된 구절중의 하나이다.

▷ "천만의 심장이 하나로 고동치게 하고 천만의 대오를 하나의 기 치 밑에 불러 세우는 혁명동지의 한없는 사랑! 그것이 없이는 결심품고 나선 혁명의 길에서 살 수도 싸울 수도 없고, 정치적 생명을 빛내일 수도 없는 혁명적 동지애!"

이상에서 살펴보았듯이 정론은 결국 논리적 서술과 형상적 서술이 결합되고 시적 문체가 나타나는 기사로 규정된다. 결론적으로 말해서 정론은 설정한 문제의 정치적 본질과 현실적 의의를 밝히고 호소하는

9) 김영주 · 이범수, 앞의 책, pp. 515~520.

▲ 김정일의 생일과 관련하여 "추억 깊은 봄우뢰"라는 제목으로 발표된 송미란의 정론이
실린 2002년 2월 2일자 노동신문 2면 지면 모습.

데 있어 논리조직과 함께 혁명적 열정의 토로를 중시한다. 정론은 "시
대의 절박한 문제를 제기하고 정치적으로 예리하게, 철학적으로 깊이
있게 분석, 일반화하며 혁명적 열정을 뜨겁게 토로하며 넓은 범위의

사실적 자료들을 소재로 인입"[10]하는 기사인 것이다.

Ⅲ. 문체의 특성

정론은 기본적으로 정치적 내용의 글이지만 사설·논설과 다르다는 것은 필자의 견해와 입장이 강렬하게 표명되는 문체적 특성 때문이다. 정론이 사설·논설에서 분리되어 나온 것도 주정 토로가 가능할 수 있는 자체의 고유한 문체 때문이다.[11] 정론 문체의 특성은 첫째 정론성, 둘째 전투성과 호소성, 셋째 정서성과 생동성이다.[12] 정론성은 '표현의 철학적 심오성과 시대적 민감성'이라고 한다. 철학적 심오성은 먼저 시대정신을 반영하는 어휘와 표현수법으로 쓰여지고 있다.

▷ "일편단심. 이 짧은 한마디 말속에 하나의 리념, 하나의 목적과 지향을 위하여 깨끗이 살려는 참된 인간의 정신세계가 비껴있다. ……순간을 살아도 당과 수령을 위하여 살고 한생을 가도 그 길에서 한 목숨 바치는 것을 무상의 영광으로, 더 없는 행복으로 여기는 우리의 일편단심. (정론 "일편단심")

다음 깊이 있는 분석적 묘사의 수법으로 쓰여지고 있다.

▷ "세상만물의 존재가치의 기준은 사람들 인민대중에 대한 복무이다. 태양이 은혜롭고 위대함도 그것이 만물에 빛과 열을 주며 바로 그것으로 하여 사람들을 위해 복무하기 때문이다.

---

10) 김영주·이범수, 앞의 책, p. 515.
11) 김범주, 앞의 글, 《언어학 론문집》 6, 과학, 백과자선출판사, 1985. 4, p. 286.
12) 김범주, 앞의 글, 《언어학론문집》 6, pp. 288~295.

실로 인간에 대한 사랑과 복무를 떠나서는 그 어떤 가치와 업적에 대해서도 론할 수 없는 것이다."("참된 언론인으로 살자")

또 형상적 수법으로도 쓰여진다.

▷ "하늘의 높이로도 잴 수 없고 대지의 넓이로도 다 담을 수 없는 그 사랑. 그것은 억년토록 하늘의 공간에 빛을 주고 땅우에 따사로운 손길 보내주는 영원한 태양의 품이여라."("은혜로운 강산에 넘치는 인민의 념원")

다음으로 시대적 민감성을 나타낸 문체를 보자.

▷ "건강한 유기체에는 순결한 피줄이 있듯이 진정한 단결에는 깨끗한 혈통이 있다. 우리의 영원한 단결의 혈통은 주체사상이며 당과 수령에게 자기의 모든 운명을 의탁하고 충성다하는 혁명적 신념과 의리이다. 항일혁명투사들이 지녔던 열렬한 충성심, 사상으로 뜻을 같이하고 신념과 의리로 뭉친 그 진실한 혈통을 대를 이어 계승하며 우리 당과 인민의 위대한 단결을 영원히 고수하고 빛내여 나가자는 것, 바로 이것이 오늘 우리 인민의 한결같은 결의이다."("불패의 단결")

정론문체의 두번째 특성인 전투성과 호소성에 대한 예문을 보자. 우선 부정적인 색채가 진한 단어와 표현을 쓴다.

▷ "도죠가 들이민 대병력은 깊은 밀림속의 얼음귀신이 되고 우메즈가 펴놓은 토벌망은 류과송과 홍기하의 무데기 송장이 되고

말았다."("위대한 혁명력사여 길이 빛나라")

활동하지 못하는 동물이나 사물현상을 사람이나 동물의 행동에 견주어 표현하는 수법을 쓴다.

▷ "당의 전투적 구호를 받아안고 수송전선이 번개를 일으키며 질풍같이 내달리고 기본건설이 우뚝우뚝 키돋음하며 농업전선에 봄이 약동한다."

또 운율적 표현이나 반복수법도 전투성과 호소성을 높인다.

▷ "어버이 수령님의 기쁨을 위하여 우리 이 땅에 태여났다. 어버이 수령님의 안녕을 위하여 우리 혁명을 하며 건설을 한다. ……그런데 어찌하여 아, 어이하여 위대한 수령님께 단하루, 탄생일의 휴식마저 드리지 못했는가. 일년 삼백예순닷새 중에 탄생일 하루만이라도……"("인민위해 바치시는 위대한 탄생일")

정론문체의 세번째 특성인 정서성과 생동성에 대한 예문을 보자.

▷ "그이의 품은 혁명의 품, 조국의 품, 어머니 품이였다. 위대한 수령님의 품은 혁명가가 안겨서 얼굴을 묻고 울수 있고 상처입은 마음을 풀어헤칠 수 있으며 마치 어머니의 자장가에 취한 아이처럼 천만시름 다 잊고 잠들 수 있는 품이였다."("동지애")

▷ "네가 사는 나라 이름이 무엇인가고 묻는 외국사람의 물음에 주탁아소의 4살 난 어린이는 야무지게 대답하였다.

― 아버지 김일성 원수님.

세계 강자를 물리치고 탁구 녀왕이 된 시각 당신은 무엇을 생
각하는가?라는 질문에 박영순 선수는 눈물을 머금고 대답하였
다.
― 나를 키워주신 어버이 수령님의 품을 생각한다고.

프랑스에 팔려간 한 남조선 소녀는 우리 일군들의 가슴에 얼
굴을 묻으며 간절하게 애원하였다.
― 나도 아버지 김일성원수님의 품에 안기고 싶어요.

지난날 나라를 잃은 민족의 설음을 한가슴에 안고 현해탄을
건너갔던 한 재일동포상공인은 감격의 눈물을 흘리며 말하였
다.
― 나의 조국은 어버이 수령님의 품입니다.
어버이수령님의 품은 곧 조국입니다.

정녕 세월이 흐를수록 우리 인민의 마음속에는 조국이란 개념
이 어버이 수령님의 품으로 길이 새겨지고 있다."
("조국은 어버이수령님의 품")

위의 두 예문 중 앞의 것은 비유법을 쓴 것이고 뒤의 것은 인용법
을 쓴 것이다.
그밖에도 정서성과 생동성 있는 표현을 하기 위하여서는 생략, 완
곡, 압축 등의 표현이 이용될 수 있다.

Ⅳ. 맺는 말

▷ "그이의 모습은 이 세계에 백두산 해돋이마냥 눈부시게도 빛발 친다."

▷ "2월의 봄을 사랑하며 정일봉의 봄우뢰와 더불어 주체혁명의 명 맥을 꿋꿋이 이어가는 조선혁명가들의 추억의 진정한 세계, 정 서 깊은 추억의 심도는 2월의 봄의 밑뿌리를 똑바로 아는데 있 다."

김정일 생일을 축하하는 정론의 한 구절들이다. 내용의 과장과 표 현의 화려한 수식이 돋보인다.13)

김정일 이야기로 시작하여 끝나는 2월 한 달 동안 《로동신문》에 게재된 정론 4편의14) 문체는 비유, 과장, 완곡, 상징, 수식, 반복, 생략, 감탄, 대구·대조, 권유 등 문체 전반이 모두 망라되어 있다. 어떤 경 우 완전히 시적인 문체와 형식도 보였다. 말하자면 정론시인 것이 다.15) 무엇보다 정론은 그들 말대로 '혁명적 열정'의 글이다. 물론 정 론에도 문학적인 정론뿐 아니라 과학적인 정론도 있다.16) 그러나 필 자의 의견이 개입되는 한 논리는 과학적이더라도 표현에 있어서는 대 중적이고17) 열정적이 될 것이다. 왜 이런 형식의 글이 필요했을까?

---

13) 두번째 구절은 앞 뒤 문맥을 보지 않으면 이해되기 어려울 표현이다. "2월의 봄의 밑뿌리를 ……." 같은 표현도 북한 문장에서는 예사롭게 보인다.
14) 정론 외에 2월에 게재된 사설 12편은 대부분이 김정일 관련 사설이었고, 그밖에 김정일 칭 송 서사시, 장시, 수필, 현지방문기사, 김정일의 군부대 방문기사에 이르기까지 김정일 '찬양' 일 색이었다.
15) 정론시는 정론적인 내용을 읊은 서정시를 말한다.
16) 과학적인 정론은 문제를 제기하고 그것을 증명하고 설명하는 방법으로 서술하고, 문학적인 정론은 형상을 창조하면서 이 형상을 통하여 정치 논설적인 문제를 해명하고 보여준다고 설명 하고 있다. 평양사범대학어문학부 편, 《학생문장독본》, 아동도서출판사, 1965, p. 113.

한 마디로 기백 있는 글을 통해 선전, 선동성을 보다 더 확보하려는데 있었던 것이다. 기백 있는 글은 전투성과 호소성이 강한 글이기 때문이다.18) 아직도 혁명의 과녁이 바뀌지 않았고 '영도자 김정일 장군' 중심으로 '혼연일체의 위력'으로 강성대국을 세우려면 정론과 같은 힘찬 글이 앞으로도 여전히 소용될 것이라는 것은 틀림없다.

---

17) 김일성은 언어표현에서 알기 쉬운 말이나 글을 쓰는 이른바 대중성을 가장 강조한다. 따라서 정론의 표현에서도 대중성은 무엇보다 우선된다고 볼 수 있다.

18) "기백 있는 글이란 사람들의 가슴을 혁명적 정열이 솟구치도록 쾅쾅 울려주고 투쟁에로 와와 내밀어주는 맛이 있는 글, 다시 말하면 전투성과 호소성이 강한 글을 말한다. 그러므로 전투성과 호소성은 기백 있는 글의 기본적 특성으로 된다." 최원집, "기백 있는 글을 쓰기 위한 몇 가지 언어적 방도", 《문화어학습》, 1978년, 제3호, p. 35.

대남 관계 기사의 표현형태

I. 들어가는 말

2001년 4월 중순 국회 국방위원회에서는 국방부가 발행하는 국방일보에 북한 '혁명가극' '피바다'를 소개하는 기사가 게재(3월 22일 9면)되었다고 하여 논란을 벌인 일이 있었다.[1] 게재내용은 "혁명가극 '피바다' 1,500회 공연"이라는 제목에 "김주석 창작 지도한 혁명연극, 주체사상 구현 완벽한 명작"이라는 부제목을 단 기사였다(인용부호는 필자가 붙임). 기사는 "북한은 '피바다'를 항일혁명 투쟁시기 김주석이 창작·지도한 혁명연극이라고 주장하고 있다"면서 "주체사상을 구현한 사상적 내용의 철학적 심오성과 폭넓은 생활 반영으로 혁명적 대작의 참다운 품격을 완벽하게 갖춘 명작으로 평가하고 있다"는 내용이었다.

이를 두고 야당의원들은 "국방일보가 조총련이 발행하는 《적기》나 북한의 《로동신문》보다 더 '피바다'를 선전하고 있다"면서 따졌

---

1) 『조선일보』, 2001. 4. 19.

고 국방일보 측은 "예술작품을 통해서도 김일성 부자 찬양에 치중하고 있는 북한의 실상을 알리고 이를 통해 올바른 대북관을 정립하고자 하는 취지에서 연합뉴스의 보도 내용을 게재한 것이나, 부제에 북측 주장임을 표시하는 인용부호가 빠졌다"고 해명했다.

이 해명대로라면 국방일보의 기사 게재 취지는 잘못된 것이 아니다. 그러나 부제에 인용부호를 부치지 않은 것은 분명 신문 제작상의 중대실수이다. 인용부호 없이 읽으면 '피바다'는 김일성이 창작 지도한 '혁명연극'으로 규정되고 만다. 이 경우 그것이 사실이더라도 북한의 주장일 뿐 우리가 검증한 사실은 아니다. 그렇기 때문에 인용부호를 붙이거나 간접화법으로 "김주석 창작 지도했다는……." 표현을 써야 한다.

그런데 북한에 관한 사실을 언급하면서 인용부호가 없어서 오해를 살만한 글이 어디 한 두 군데인가. 다음에 그런 사례 몇 가지를 소개한 뒤 북한의 인용부호 사용과 대남 관계 욕설적 표현을 보기로 한다.

II. 인용부호 없는 남한의 북한 관계 기사

다음 글은 한국의 한 연구서에 실린 글이다.

"최근 들어 이러한 측면과 함께 상부상조와 관련되는 예로는 군민일치의 미풍양속 계승을 들 수 있다. 북한은 군민일치의 미풍이 김정일을 결사옹위하고 충효일심으로 받들어 나가려는 인민과 군대의 무한한 충성심에 기초하여 발현된다고 본다."[2]

---

2) 오기성, 「남북한 문화통합론」, 교육과학사, 1999. 11. p. 207.

이 글에서는 군민일치의 미풍에 인용부호가 없다. 따라서 이 글대로라면 북한의 '군민일치'는 미풍이라는 것을 시인하는 논리가 된다. 설사 '군민일치'는 한국에서도 분명 미풍임에 틀림없고 이 글이 학술적 성격이라 하더라도 인용부호가 없어서는 안 될 것이다.

서울에서 문을 연 평양옥류관 서울점3)은 선전문에서 "옥류관은 평양냉면의 본가로 1960년대 김일성 교시로 만들어 졌다"고 하면서 '김일성 교시'에 인용부호도 없이 썼다. 영업하는 곳은 그렇다고 치고 한국의 활자매체에서 "1211고지는 6·25 전쟁 때의 격전지로 북한에서 '전쟁영웅'으로 선전되는 이수복의 무용담이 얽힌 곳이다."라는 문장은 얼마나 많은가. '얽힌 곳'이 아니라 '얽혔다고 하는 곳'으로 간접표현이 되어야 옳을 것이 아닌가?

"김일성과 관계된 문구는 높이 110m, 너비 150m의 바위에 새겨져 있는데……김일성이라는 존함 한자의 높이는 20m, 너비는 16m, 횡너비는 3m나 된다는 것이다"4)

이 글에서 '존함'이 인용부호 없이 게재되었을 때 김일성이란 이름은 존경스러운 이름이 되는 것 아닌가?

"김일성의 영웅적 면모를 부각하고……"5)라면 김일성의 '영웅적 면모'가 사실적 표현으로 된다. 흔히들 김일성 초상화라고도 말하는데 초상화가 아니라 정확히 말하면 김일성 사진이다. 북쪽 표현대로 쓰고 싶다면 인용부호를 붙여서 '김일성 초상화'라고 쓰는 것이 옳다.

---

3) 옥류관 서울점에 대해 북한은 서울분점 계약을 한 일이 없다면서 "포용정책 선전을 위한 사기와 협잡의 산물"이라고 비난하였다.
4) 『중앙일보』 1989. 1. 11.
5) 『통일한국』, 1990. 10. p. 50.

"북한의 6·25 문학도 전장에서 시작된다. 이른바 '조국해방전쟁'을 승리에로 고무추동하기 위해 생산된 이 종군문학의 목록에는……"6)를 보면 '조국해방전쟁'은 인용부호로 표시하더니 '고무추동'에는 인용부호가 없다. 남쪽에서도 일상적으로 쓰이는 용어로 알았던가?

인용부호를 쓰더라도 표현에 따라 뜻이 다르게 되는 것은 물론이다. "김일성의 항일투쟁시기에 창시하였다는……." 문장과 "김일성이 항일투쟁시기에 창시하였다는……." 문장은 다르다. 앞의 문장은 김일성의 항일투쟁을 사실화시켜 줄 수 있다.

또 방송에서는 '이른바'라는 표현 없이 "……남조선 인민들이…….", "김일성의 위대성을……." 하는 표현을 흔히 듣는다. "국민 ……모두가 떨쳐 일어나……"7) 같은 표현도 있다.

앞의 '떨쳐 일어나'처럼 북한식 표현을 무심코 또는 의도적으로 쓰는 것은 수없이 많다. 그것이야 언어상의 남북 문화변용(Cultural Acculturation) 현상이라고 할 수 있을 수도 있지만8) 북한방송에서 한국의 보도내용을 인용하면서 이런 식 보도를 한다는 것은 있을 수 없다.

무엇보다 무심코 쓴말이 김일성을 미화시킬 수도 있는 것이다. 민족의 장래를 위하여 남북이 화해한다는 것과 북한통치자를 미화시키는 일과는 아무런 관계가 없다. 북한에 가서 '주석궁'을 다녀온 사람 중에는 "참배할 때 보니까 김일성 시신이 산 모습처럼 모셔져 있었다"고 하는 표현도 한다. '참배'나 '모시다'도 적절한 표현은 못 된다. 김일성 시신은 북한 '인민'들의 '경배' 속에 오직 안치되어 있을 뿐이다.

---

6) 『한겨레신문』 1990. 6. 19. 9면, 6·25 40년 기사.
7) 1997. 4. 1 KBS 9시 뉴스 3당 총재회담 결과에 대한 청와대 대변인 발언.
8) 남북한 문화변용 현상에 대해서는 「남북한 접촉과 문화변용」(임채욱, 한국문화정책개발원, 1995)를 참조.

북한이 대남 관계 보도나 기사에서 인용부호를 어떻게 쓰는가를 보기로 한다.[9]

Ⅲ. 대남 관계 기사에서의 인용부호 사용

"《한국 민족주의론》에서 남조선 어용학자들은 《세계자본주의 체계가 한국민중에게》 《민족형성을 위한 자기변혁》을 《제1차과제》로 부과하였는데 조선사람은 《1876년의 개항 즉 세계자본주의체계에 편입된 이후 한국의 식민지화가 사실상 결정된 1905년까지》의 그 시기에 《주관적으로 또는 객관적으로 민족국가를 수립하려는 운동 또는 민족으로의 결집, 형성을 이룩하려는 운동》을 벌렸다고 하였다."[10]

"남조선 어용학자들은 조선인민이 《세계자본주의 편입된 이후 〈한〉국의 식민지화가 사실상 결정된 1905년》의 그 시기에 《민족에로의 결집, 형성》에로 나아갔다고 떠벌림으로써……."[11]

이 두 문장에서 한국의 한(韓)을 노출시키지 않으려고 한 표기모습을 볼 수 있다. 이러한 경우는 북한 사회과학원 역사연구소가 편찬한 역사책 《조선전사》에서도 나타난다. 이 책에서 대한제국에 대한 언급이 없는 것은 물론[12] 대한민국 임시정부에 대해서도 '상해림시정부'

---

9) 북한에서는 인용부호를 인용표라 하며 부호도 ≪ ≫가 쓰인다.

10) 최희열, 민족형성에 대한 남조선어용학자들의 견해의 반동성, 《철학연구》, 1990년. 제1호, 사회과학출판사, p. 40.

11) 위와 같은 글, p. 42.

12) 《조선전사》 13권(1980. 8)에서 1895년부터 1910년까지의 역사를 기술하면서 대한제국이라는 항목이나 사실기술을 하지 않았다. 한에 대해서는 한일의정서를 기술하면서(14권, p. 84) "제

로만 표현하고 있다. '대한'을 피해가려는 의도라고 밖에 볼 수 없다.
상해임시정부에 대한 설명에도 비판조 일색의 인용부호 투성이다.

"실로 <상해림시정부>안의 사대매국노들이 한 일이란 이른바 <정
부>를 차려놓고 애국동포들로부터 <운동자금>이나 걷어들여 탕진하
며 강대국들에 대한 <청원운동>이나 하고 서로 물고 뜯고 하는 파벌
싸움이나 일삼아 온데 지나지 않았다."13)

또 다른 글을 보자.

"남조선 괴뢰들은 우리나라의 첫국가를 '단군조선'이라고 하면서 '단
군조선'은 '기자조선'으로, 고려조는 '리조'로 각각 법통적으로 계승되
었는데 오늘의 '대한민국'은 이러한 '정권'을 법통으로 계승한 정권이
라고 떠들어대고 있다."14)

"그들이 조작한 '홍익인간 사상'은 '모든 사람들에게 골고루 이익이
돌아가도록 하는 사상'을 의미한다고 하여 그것은 '민본주의' '민주주
의'와 통한다고 까지 말하고 있다"15)

이 글에서는 그들이 인정하지 않는 개념을 인용부호로 표시하고 있
다.
'대한제국'과 '대한민국'과의 관계, 민족분렬국가 '통일신라', '홍익인

1조 한국(조선-인용자)과 일본 두 나라 사이에……대한제국정부(리조정부-인용자)는 대일본제국
정부를 굳게 믿고……"식으로 설명하고 있다.
13) 《조선전사》 15권 p. 224.
14) 최길산, 《민족사적 정통성론》의 허황성, 《조선사회민주당》 1986년 제3호, 조선사회민주
당출판사, p. 79.
15) 위와 같은 글, p. 82.

간사상'에 대하여, '화랑도 정신'에 대하여 등도 《민족사적 정통성론 비판》(평양출판사, 1990. 3)이라는 책에서 나타난 표현들이다.16)

어떻든 비판조의 글에서는 인용부호가 많다. '새로운 사고방식', '사상적 기초', '세계관적 기초', '행정명령식', '전체주의'정치 등도 있고(전하철, '새로운 사고방식'과 그 반동성, 《철학연구》(2001년 제1호) 또 다음과 같은 모습으로도 드러난다.

"이러한 조건 하에서 일본제국주의자들은 부득불 '조심성 있게' 행동하지 않을 수 없었다."17)

물론 강조의 뜻으로 인용부호를 부치는 경우도 있다. '상원사람', '력포사람', '덕천사람'(《조선전사》) 같은 것이 그것이다.

1970년대 북한방송에서는 "우리는 미국과 평화협정체결을 해야지 그 어떤 사람들과 평화협정을 맺을 수 없다"는 표현도 있었는데 '그 어떤 사람들'이란 것은 대한민국이란 표현을 피해가려는 것으로 보아야 한다.

Ⅳ. 대남 관계 기사의 욕설적 표현

북한의 대남 관계 기사는 너무 속되고 욕설적이다.

"쑥대밭에서 쑥대가 나오기 마련이라고 식민지 파쇼체제의 바통을

---

16) 예거된 것 중에서도 '3.1독립정신에 대하여'는 인용부호가 없다. 민족대표 33인은 독립정신이 아니라 민족자치정신을 가진 사람들이라고 비난하지만 3.1독립정신 자체는 남한이나 북한이나 공유할 수 있는 것이라고 보기 때문에 인용부호를 달지 않았을 것이다.
17) 《조선전사》 13권, p. 366.

▲ 북한 언론의 대남 관계 기사는 "미친개는 때려잡는 것이 상책", "살인악당들은 찢어 죽여도
시원치 않을 것 같다"라는 거친 표현도 그침없이 하면서 원한에 사무쳐 있는 것이 특징이
다. 사진은 남쪽에서 발간된 『한계레신문』을 읽고 있는 생전의 김일성과 김정일 모습.

이어받은 남조선 현집권자 역시 선행 독재자들과 다를 바 없는 친미
사대매국노, 전쟁광신자, 반북대결분자입니다. (중략) 미친개는 제때
때려잡아야 합니다. 나라와 민족을 등지고 외세의 옷자락에 매달려 살
길을 찾는 극악한 사대매국노, 전쟁미치광이인 현집권자가 동족에게
더 큰 화를 입히기 전에 타도해버려야 합니다"18)

▲ 북한 대중잡지 -《남조선문제》에 실린 남조선 관계 기사의 한 부분. 북한은 '조약', '협정', '협약' 같은 용어도 따옴표(겹괄호)를 하면서 조심스럽게 사용하고, '남조선괴뢰'니 '미제'니 하는 호칭은 옛 모습 그대로 사용하고 있는데 비해 남쪽은 북한 통치자들의 저주와 욕설이 섞인 비상식적 언설조차 인용부호도 없이 함부로 쓰는 모습이 대조적이다.

"상업학교에서 배운 것이 주산이며 정계에 들어서서는 서방식 자유민주주의의 신봉자가 되고 집권한 오늘은 오래전에 남이 제창하던 시장경제의 간판을 자신의 정치철학이라고 내들고 있는 남조선 당국자이다"19)

---

18) 평방 1998. 6. 14. 논평, "그놈이 그놈이다"
19) 《노동신문》, 1999. 6. 4. 논평원 글.

북한의 대남 비난 중에는 "미친개는 때려잡는 것이 상책", "살인악
당들은 찢어 죽여도 시원치 않을 것 같다", "대통령이 아니라 그 할애
비라도 열백번 더 감옥에 들어가고 능지처참을 당해야 마땅하다"고
늘어놓는 것도 있다. 6 · 15 공동선언 발표 이후에는 최고통치자에 대
한 비난조의 언급은 사라졌지만 장관급에 대해서는 사안에 따라 여전
히 욕설에 가까운 표현이 많다. 심지어 당 창건 55돌 행사에 한국 정
당 사회단체와 개별인사를 초청한 것에 대해 일부에서 통일전선전략
의 일환이라면서 반대태도를 보이자 "민족 앞에 후환을 남기지 말아
야 한다."라고 비난했다.[20] 북한의 당 행사 불참이 무슨 후환을 남길
일인가?

대남 비난 가운데서 그래도 속담을 곁들인 표현들은 듣기가 좀 수
월하다. "처마 끝의 붉은 댕기보고 불이야 하는 격이다.", "논에서 숭
늉 얻어 마신다.", "생선은 대가리부터 썩는다.", "소가 웃다가 꾸러미
가 터질 가관이 아닐 수 없다.", "설렁탕 집의 소 대가리는 물론이고
보신탕 집의 개 대가리까지 웃을 노릇이 아닐 수 없다.", "까마귀 하
루아침에 아홉 가지 소리를 한다고", "햇빛을 철망으로 가리워보려는
수작", "자루 속에 든 송곳은 감출 수 없듯이", "낯가죽이 곰 발바닥
같다.", "미꾸라지 국 먹고 용트림한다.", "5, 6월 개구리처럼 전쟁을
합창하고 있다.", "물은 골수로 흐르고 죄는 지은 데로 간다고……."

V. 맺는 말

한국에서 북한 관계 글을 쓰면서 인용부호를 붙이지 않아서 오해를
일으킬 수 있는 사례들을 보았다. 심지어 북한식 용어를 그대로 쓰는

---

20) 《평양방송》, 2000. 10. 5.

일도 있는 것이다.21) 그러나 북한에서는 대남 관계 글에서 인용부호
를 철저히 붙이고 있음을 보았다. 그리고 대남 욕설적 표현들에서 북
한의 선동매체의 속성을 읽었다.

북한에서는 '유일사상확립 10대 원칙'(1974. 4. 14)을 통하여 "보고, 토
론 강연을 하거나 출판물에 글을 쓸 때는 언제나 수령님의 교시를 정
중히 인용하고 그에 기초하여 내용을 전개하며 그와 어긋나게 말하거
나 글을 쓰는 일이 없어야 한다"(제4항 7)라고 하고 있다. 이 때문에 북
한에서는 말을 하거나 글을 쓸 때 조심할 일이 많다. 이밖에도 기사문
에서 쓰지 말아야 할 표현이 주지되어 있는데 김일성·김정일의 '위대
성'에 손상이 되는 표현, 김일성·김정일 특각의 위치를 나타내는 표현,
북한의 낙후성을 드러내는 표현과 더불어 한국의 지명을 나타내는 표
현, 한국에서만 사용되는 표현 등이 있다. 그래서 대남 관계 기사에서
는 인용부호가 많아지는 것이다. 경우에 따라 일본 관계 기사에도 그런
것이 보인다. 1972년 북한 역사학자 김석형·주영헌 등 4인이 일본 다
까마스 고분회의에 참가하고 돌아온 기사에서 "김석형은 당 중앙위 정
치위원회에 참가 얼마 전 어느 나라를 방문하고 돌아온 결과를 보고했
다"는 표현을 하고 있다.

이를 본다면 우리도 대북 관계 글에서는 어떤 사실을 설명하면서
가능한 한 평가적인 언급을 하도록 해야 할 것이다. 또한 북한의 주장
논리를 전달할 때는 인용부호를 넣어야 할 것이다.

예시를 하자면 다음과 같다.

……1980년 말에 '10대 전망목표'가 달성되면 천이 남아 돌아간다고
선전하고 있다.

'대안의 사업체계'는 김일성이 1961년 12월 대안전기공장 현지에서

---

21) 일본은 북한 용어를 자기들 식으로 고쳐 쓴다. 교시는 어록이라 고쳐 쓰고 비서는 서기라
쓰고 있다.

지도 창조하였다는 경제관리형태로서 '청산리정신', '청산리방법'을 공
업관리분야에서 '전면적으로 구현'한 것이며 그것을 가일층 '심화 발전
시킨 것'으로서……

'청산리정신'과 '청산리방법'은 김일성이 1960년 2월 평안남도 강서
군 청산리 현지 지도 시 '창조'했다는 것으로서 당 및 경제기관들의
사업방법을 '근본적으로 개선하기 위한 근본방향과 방도'로서 아랫사
람에게 관료주의적으로 지배만 하는 것이 아니라 밑에 내려가 도와주
며 걸린 문제를 풀어주는 방법을 말한다.

김일성의 '항일혁명활동'을 체득하여 그의 '위대성'을 앵무새처럼 암
송해야만 한다.

이상에서 보았듯이 북한의 대남 관계 표현에서 조심성이 있다면 한
국의 북한 관련 표현들에서는 그런 것이 보이지 않는다. 어떤 글에서
"천리마 등 선전잡지에……."라고 하면서 내용적으로는 북한의 동의학
이 어떻고, 황남이 어떻다느니 표현하고 있다. 차라리 선전잡지라는
표현을 하지 말고 '동의학'이나 '황남'에 인용부호를 쳐주는 것이 더
정확한 글이 될 것이다. 조심성 있게 글을 쓴다고 굳이 선전잡지라고
한 것인가. 레드 콤플렉스적 현상일 뿐 북한 사항을 정확히 전달하는
데는 아무런 도움이 되지 않는다.

한편 인용부호는 적게 쓸수록 좋다는 견해도 있다. "최근에 와서 북
한이 '고립주의'가 스스로에게 득이 되지 않는다는 것을 깨닫기 시작
한 것 같다……중요한 것은 통합의 모멘텀을 유지하기 위해 '최소한의
공통분모'를 찾는 것이다."라는 문장에서 작은 인용부호(' ')는 사실
불필요한 것이다.

물론 정확한 인용부호 사용 못지 않게 다음 문장에서 보듯이 정확
한 표현이 더 중요하기도 하다.

"북한은 6·25 동란 당시 약탈해 간 이조실록을 국보로 지정하고……" 이 글의 경우 '약탈'이 옳은 표현인지, '반출'이 더 옳은 표현인지를 가려서 쓰는 정확성이 필요하다.

출판물 편집 · 교열

I. 들어가는 말

북한의 출판물에서 오자(誤字)는 죽음이라고 알려져 있다. 사실상 오자나 탈자가 거의 없고 철자법, 띄어쓰기도 정확하다. 심지어 '남조선' 관계 표현에는 인용부호도 빠짐없이 정확하게 들어간다. 마찬가지로 내용상의 오류도 없을 듯하다. 그러나 오자, 탈자가 전혀 없는 것도 아니고, 내용상의 오류도 더러 찾아 볼 수 있다. 다음에 몇 가지 사례를 매거(枚擧)해 본다.

《력사과학》 1999년 제2호 58면을 보면 천만리라는 이름이 나온다.

"우리 글자를 <언문>이라고 부른 기록은 창제 두 달 후의 기록인 「세종실록」 권 103 26년(1444년) 2월 병신조에 《언문으로 <운회>를 번역하였다》고 씌였고 같은 책 같은 달의 기록으로 오른 천만리를 비롯한 훈민정음 창제 반대론자 상소문에도 여러 곳에 씌였다."[1]

---

1) 철자법, 띄어쓰기 모두 북한식 그대로임.

이 글은 부교수 학사 김인호가 쓴 것인데 여기에서 천만리는 최만리의 오식인지, 필자가 잘못 쓴 것인지 파악하기가 쉽지 않다. 왜냐하면 천만리라는 사람이 실재하기 때문이다. 천만리(千萬里)는 임진왜란 때 명나라에서 이여송과 함께 와서 전공을 세우고 귀화한 명나라 장수이다. 그의 생몰 연대를 보면 1543년(중종 38년)에 태어나서 몰년은 미상이지만 1600년(선조33)까지 조선에 살았던 것으로 알려져 있다.2) 이 시기는 세종이 한글을 창제하여 반포하고, 이를 반대하는 신하들이 상소를 올린 때와는 근 150년의 차이가 있다. 고로 위의 글에서 말하는 천만리는 최만리(崔萬理 ?~1445)가 맞다.3)

"아버지는 자기 때문에 시집 못가는 딸을 위해 죽으려고까지 하며 딸은 앞 못 보는 아버지의 눈을 띄워볼가 하여 임당수 푸른물에 몸을 던진다."4)는 글에서 임당수는 인당수가 맞다.

《천리마》잡지 1996년 1월호 43면 "……우리의 경애하는 장군님께서는 빛과 열을 합친 뜨거운 열정과 사랑, 인류사의 모든 기적을 안겨주시는 인류의 위대한 태양이시다."에서 '안겨주시는' 부분 '는'이 옆으로 누워버렸다.

《력사과학》1987년 제4호 "단군신화의 근사한 원형" 기사에서 "「응제시주」에 소개된 <고기>으로……"가 보이는데 <고기>로가 맞을 것이다.

"이러한 파생이 2만여 개를 포함시키면……"(《문화어학습》1988년 제1호, p. 61)에서 '파생이'는 '파생어'의 오자일 것이다.

"……배움에 대한 우리 인민의 높은 일의와 탐구심을 잘 보여준다."5)에서 '일의'는 열의가 잘못 된 것인지 지질 탓으로 잘못 인쇄된 것

2) 「한국민족문화대백과사전」 21권, 한국정신문화연구원, 1991. 5, p. 815.
3) 최만리도 훈민정음이 완성될 때까지는 세종의 뜻을 잘 받들어 반대한 일이 없었지만 세종이 한자음을 개혁하려고 하는 것을 반대하여 상소를 올리게 된 것이 반대론자로 몰리게 된 것이라고 한다. 「민족문화대백과사전」 22권, 최만리 항.
4) 전국봉, "사람과 의리", 《천리마》, 1986년 5월호, p. 20.

◀ 북한의 대표적 대
중교양잡지인《천리마
》지의 표지 모습.
1959년 창간된 4×6
배판 크기의 월간지이
며   노동자·농민·지
식인·청소년 등 광범
위한 독자층을 지니고
있다.

인지 모를 일이다.

《언어학논문집》 제7집(과학, 백과사전출판사, 1987. 1)을 보면 《해
방 후 우리나라 행정지명의 주체적 발전》이라는 논문이 있는데 3. 단
어조성의 측면에서 본 해방 후 행정지명의 변화발전(pp. 217~227)항
에서 소제목을 보면 (1) (2) (4)로 되어 있어 (3)이 빠졌음을 발견할
수 있다.

---

5) 리재순, 《심리학개론》, 과학백과사전출판사, 1988. 1. p. 329.

> 〖례〗의 정린지의 뒤줄에서 《정음
> 성삼문이 쓴 《직해동자습》의 머
> 약간자》라 하였으며 《월인석
> 도 《정음》이라고 하였다.
> 《언문》이라고 부른 기록은 창제
> 《세종실록》 권103 26년(1444년)
> 문으로 〈운회〉를 번역하였다〉고
> 〖〗은 달의 기록으로 오른 천만리
> 음 창제반대론자 상소문에도 여
> 〖〗로을 통하여 다음과 같은 사실

▲ 북한의 출판물은 "오자와 낙자는 물론 내용상의 오류도 거의 찾아볼 수 없을 만큼 교정 교열이 철저하다"는 정평을 받아왔으나 결국 사람이 만들어야 하는 출판물의 속성상 오류가 전혀 없을 수는 없는 것 같다. 북한에서 발행된 《력사과학》 1999년 제2호 58면을 보면 '최만리'를 '천만리'로 식자한 채 바로 잡지 못한 오류를 보이고 있다.

대중잡지인 《천리마》 1997년 5월호를 보면 목차에서 페이지 35를 55로 인쇄한 것이 눈에 띈다. 가요 《김일성 원수님은 우리의 최고사령관》에 깃든 이야기……본사기자 방철림(55)은 (35)가 잘못 인쇄되었다.

태양의 자욱

김 동 호

아무리 발전하고 인류력사가 먼먼 세기
간다 해도 그 어떤 영웅호걸이나 위인도 대
없는 자욱이 오늘 지구우에서 시대를 떠밀
다. 그것이 바로 태양의 자욱이다.
 연도〉, 〈태양의 빛발〉이라는 말은 있어
의 자욱〉이라는 말은 없지 않는가.
 자욱〉, 〈빛나는 자욱〉, 〈불멸의 자욱〉
어는 있어도 〈태양의 자욱〉이라는 어휘
 사전에서도 찾아볼수 없는 내 심장의

6월 10일 위대한 령도자 김정일장군님
단계에 이른 금강산발전소에 찾아오시였
 발전소 건설은 이미 정화의 그날 전선현
길에 오르셨던 어버이수령님께서 포연이
 철령을 넘으시면서 원대한 구상을 무
 이였다.
 령님의 이 원대한 구상을 깊이 헤아리
 장군님께서는 강력한 건설력량을 무
 전설을 착공하게 하시였다.
 산발전소 건설에 대한 장편소설을 쓰
 줄기가 격랑처럼 굽이쳐간 이곳 현지
 전까지 군인건설자들과 침식을 같이하
 고도 벅찬 나날을 보냈다.

 길수 있도록 이끌어주시였다.
 경애하는 최고사령관 김정일장군님의 빛나는 자
 욱이 어리는 그 시각부터 발전소건설공사는 번개
 같은 속도로 내달렸다. 군인건설자들은 그이께서
 안겨주신 담력과 지혜를 안고 신심과 락관에 넘쳐
 전투를 진행했다.
 금강산발전소 건설은 경애하는 장군님의 빛나는
 령도가 있어 끝내 승리의 붉은 테프를 끊을수 있
 었다.
 정녕 경애하는 장군님의 현명한 령도의 자욱이
 어려있는 모든곳에서는 인류가 경탄하는 기적과
 변혁들이 일어나고있다.
 경애하는 장군님께서 남기시는 자욱자욱은 새
 월이 흘러 몇백만년 고패처흐른다 해도 그 누구도
 대신할수 없는 영원불멸의 자욱이다.
 하늘의 태양은 우리에게 빛과 열을 주지만 우리
 의 경애하는 장군님께서는 빛과 열을 합친 뜨거운
 열정과 사랑, 인류사의 모든 기적을 안겨주 〔川〕
 인류의 위대한 태양이시다.
 하늘의 태양이 주는 빛과 열을 그 어떤 형성이
 나 천체가 대신할수 없듯이 인류의 태양이신
 경애하는 장군님께서 남기시는 자욱은 그 누구도
 그리고 세상 그 무엇에도 비길수도 대신할수도
 없다.

▲ 북한 작가 김동호의 수필 〈태양의 자욱〉이란 작품이 발표된 북한 대중잡지 《천리마》
1996년 10월호 43면 2단 기사 중 우측 18번째 줄 마지막 자 - 즉, '안겨주시는'에서 '는'
자가 바로 서지 못하고 옆으로 누워 있는 모습을 보이고 있는데 출판물의 이런 오류는
편집기자의 교정 실수를 증언하고 있는 것이다.

목차의 경우 《천리마》 1993년 4월호에는 129페이지와 130페이지에
있는 〈섬잣나무〉, 〈백두산의 진달래나무〉, 〈검은 땅거부기〉라는
박스 기사가 빠졌다. 작은 기사라서 목차에 밝히지 않았는지 모르지만
어쨌든 빠진 것은 틀림없다.

《조선예술》 1996년 제2호 "위대한 령도자 김정일 동지께서 문학
예술부문 사업을 령도하신 주요일지"(10회)는 11회가 맞다.

《조선영화》 1997년 제1호 "영화예술발전을 힘있게 추동하는 불후
의 저서 주체문학론" 필자가 목차에는 한현수이고 본문에는 한형수이
다.

또 남한노래를 비난하는 기사에서 "그 사람 이름도 있었건만"이라
는데 '잊었건만'이 맞는 것이다.

남한 지명 관계에서도 오류가 보인다.

"그의 고향은 원래 전라남도 옥구군이였다."6)는 전라북도를 잘못
썼고 안동군 예안면을 설명하면서 "동부는 영양군 청가면, 북부는
……"라고 했는데 청가면이 아니라 청기면이 옳다. 또 충남 아산군 선
장면 설명에서 "충청남도 안산군 서부에 있는 면."이라 해서 안산군은
오식이다.

이밖에도 찾으면 얼마든지 더 찾을 수 있을 것이다.7) 사람이 하는

---

6) 《천리마》 1996. 3. p. 54.
7) 틀린 글자는 아니지만 필자 표현이 아쉬운 부분도 있다. "1982년 프랑스 학자 샴뿔리옹에 의
하여 로제타석의 글자들이 해득됨으로써……."(《천리마》 일자미상의 기사)에서는 해득이 해독
으로 표현되었으면 더 좋았을 것이라는 생각이다.

남쪽사전에서 없는 성구도 쓰고 있다. "전고미문의 몽상 3년은 한나라, 한민족이 피눈물바다
를 딛고 어떻게 억척같이 일떠서는가를 세상에 보여준 기적적인 력사였다"(「성스러운 3년」,
《로동신문》, 1997. 7. 23면)에서 전고미문은 前古未聞으로, 우리가 흔히 쓰는 前代未聞을 쓰지
않고 이렇게 썼다. 틀린 것은 아니겠지만 낯설어 보인다. 그밖에 몽상은 몽상(蒙喪)으로 어려운
성구를 썼다.

또 "우리 작가들은 붉은 기 사상으로 철저히 무장한 원형, 실재한 충신의 생활을 전형화한 우수
한 작품들을 왕성하게 창작하기 위한 데 창작의 주되는 예봉을 돌려야 한다"(◊ 선문학》 1997

일에 100퍼센트 완벽할 수야 없는 것이다. 다만 워낙 엄격한 교열, 교
정절차를 거치니까 최소화되는 것이다. 그러나 한국의 무성의한 오자
투성이 출판물에 비하면 절대적으로 양호한 편이다.8) 한국에서는 문
장표현이 틀린 것조차 부지기수다.9)

  오자, 탈자 없는 북한의 책 만들기와 관련하여 출판물의 편집, 교열
과정을 보기로 한다.

Ⅱ. 출판물 편집·교열과정

  북한에서 출판물이라고 하면 신문·잡지·도서·교과서·선전선동

년 3월호 머리글) 같은 데서 '위한데'는 '위할데'의 오식이 아닐까 싶기도 하다.

  제본상 실수도 보인다. 《김정일 선집》 13권(1998. 1)에서 277면과 278면의 위 부분이 1.5㎝
정도 절단된 책이 발견되기도 했다. 종이가 찢어졌거나 내용이 잘려나가지는 않았지만 실수는
실수다.

  "……후세에 오면서 건국시조를 내세우기 위해 조상계보를 늘쿠는 경향성을 보이고 있다는
것을 말해준다."(강인숙, 단군신화의 근사한 원형, 《력사과학》, 1987년 제4호, p. 44)에서 '늘쿠
는'은 틀린 것은 아니지만 틀린 표현을 보는 것 같다.

8) 한 논문집에 수록된 제목은 「哲學的 事由와 歷史認識」(경찰대학 논문집 19집, 1999. 12)
이다. 사유(思惟)를 잘못 쓴 것이다. 「南北基本合意書 性格과 移行方法」(「북한학보」 24집
1999. 10)같이 이행(履行)이 잘못된 것도 있고 「韓半島 周邊國家의 大韓半島 政策」(위와 같은
책)도 있다. 심지어는 책표지가 틀려서 『敎有文化社 』(李起龍, 創學社, 1983. 8)로 출판된 것도
있었다.

9) 「알만한 사람들이 잘못 쓰고 있는 우리말 1,234가지」(권오운, 문학수첩, 2000. 6)에서는 이
름 있는 문인 50명이 잘 못 쓴 글들을 지적하고 있는데 한마디로 프로 작가들이 틀린 문장을
너무 많이 쓴다는 것이다.(『조선일보』, 2000. 7. 3)

  문장에서 잘못 쓴 사례를 든다면 많다. 어느 신문 사설에는 북한의 다락밭을 다랑밭으로 표기
했고, 북한 관계 통신기사에서는 "이들 영화는 안중근의 항일투쟁으로 얼룩진 그의 일대기를 그
렸다"(「서울과 평양사이」, 2000. 3. 23)고 했는데 피로 얼룩진 태극기의 엄숙성을 연상하다 보
니 항일투쟁도 얼룩진 것이 된 것 같다. 어떤 책 목차를 보면 "북한주민 생활에 나타난 전통문
화적 연구"(「통일문화연구」, 민족통일원, 1994)인데, 연구 앞에 분명 무엇인가 있어야 의미가
통하고 올바른 문장이 된다.

자료·역서·선전화·지도 등의 인쇄물을 말한다. 그러나 넓게는 등사물·타자물·복사물도 포함하고 있다.10)

출판은 출판대상 원고에 대한 사회적 심의와 합평회로부터 시작된다. 사회적 심의는 해당 원고 관계 전문가와 관계자를 망라하여 벌이는 심의로, 정치 사상적 성격에 치중하여 검토하는 것이고 합평회는 실제 내용을 둔 검토이다. 북한에서는 어떤 사안과 관련하여 반드시 정치적 검토와 실무적 검토를 거치게 되는데 이때 정치적 검토 의견이 우선함은 물론이다. 이 과정에서 원고의 정치 사상성과 과학성, 그리고 정확성을 기하게 된다.

정치적 검토는 편집과 교열과정에서도 반영된다. 출판 예정 출판물이 발행목적에 맞는가, 당의 선전물로서 사명과 임무를 다할 수 있는가하는 것을 검토한 후 부족한 부분을 수정, 보완하게 된다. 이 때 당성·인민성·노동계급성 여부가 검토기준이 된다. 그 다음에 해당 원고가 과학 이론 수준이 보장되고 있는가, 독자 수준에 맞게 쓰여졌는가를 검토하게 된다. 이 때는 과학성·진실성이 보장되도록 한다.

편집은 편집계획, 원고의뢰, 집필원고의 검토 완성 과정을 거치는데, 편집상의 레이 아웃(lay out)은 출판물편성이라 한다.11)

출판의 마지막 공정으로 교정이 있게 되는데 교정은 원고대조, 철자법, 띄어쓰기, 자간 사이 등 실무적 검토를 우선하지만 이 단계에서도 필자와 의논하여 정치사상성, 과학성, 문화성을 확보하도록 한다. 이렇게 완성된 원고는 당국의 검열을 거치게 되는 것이다.12)

---

10) 출판물에 통신, 방송 등 보도물이 첨가되면 출판 보도물이라 한다. 《조선대백과사전》 21권, 백과사전출판사, 2001. 2, p. 246.

11) 출판물 편성에는 일반편성과 지면편성이 있다. 일반편성은 주로 도서 편성 때 적용되는 것으로 판형, 장정, 활자체와 크기, 장·절 구성, 소제목 위치, 사진 크기와 위치 등을 결정한다.

지면편성에는 원고와 도판자료들의 정치사상적 내용과 의의, 시기성, 비중, 교육 교양적 목적 등을 고려하여 원고배치를 결정한다.

12) 검열은 단순히 틀린 부분을 고치는 소극적인 차원이 아니라 관계자들이 당의 방침을 철저

편집자나 교열자·교정자 할 것 없이 부여된 임무를 잘 하기 위해서 김일성의 혁명사상, 주체사상과 출판보도 정책으로 무장하여 사소한 출판사고도 미연에 방지하도록 하고 있다.

북한 출판물에서 교열과 교정의 완벽성을 보이게 되는 것은 무엇보다 북한주민이면 모두가 지켜야 하는 당의 '유일사상확립 10대 원칙' 때문이기도 하다. '유일사상체계확립 10대 원칙'은 북한 주민의 행동준칙으로 1974년 4월 14일 발표되어 '김정일 4·14노작' 또는 '4·14말씀'이라고도 한다. 이 원칙 4조 7항을 보면 "보고, 토론, 강연을 하거나 출판물에 실릴 글을 쓸 때에는 언제나 수령님의 교시를 정중히 인용하고 그에 기초하여 내용을 전개하며 그와 어긋나게 말하거나 글을 쓰는 일이 없어야 한다"라고 되어 있다. 정중히 인용하라고 했으니 틀리게 인용할 수가 없다. 철자법, 토씨 하나도 틀리면 안 되는 것이다.13) 여기에서부터 철저한 교열, 교정의 원칙이 나온 것이다. 그리고 '수령' 혁명사상의 구현인 당의 출판보도정책으로 무장했으니 그야말로 오자는 죽음이 될 수 있는 것이다.14)

편집, 교열과정에서 해당내용의 과학성, 문화성뿐 아니라 정치사상성을 중시하기 때문에 글 쓰는 사람도 정치사상성을 의식하게 된다. 그래서 글을 정책화하여 쓸 것이 강조되고 있고 글 쓰는 사람들도 이에 따른다.

"글을 정책화하여 써야 한다는 것은 글의 내용을 위대한 수령님의 혁명사상과 당의 방침으로 일관시키며 모든 글이 우리 당 정책에 기초하여 내용을 전개하고 해설하며 그 관철에 이바지하는 글, 다시 말하여 온 사회의 주체사상화의 요구에 맞게 쓴 정치적인 글로 되게 한

히 실천하도록 하는 방법으로서도 작용한다. 따라서 출판물 내용의 부실성도 검열의 대상이 된다. 검열기관은 내각 출판총국이며, 검열기관에 가기 전에 자체 검열을 거친다.
13) 김일성, 김정일 관계 원고는 교정도 3인 이상의 손을 거치게 된다.
14) 당국의 검열시 총비서에게 올리는 '1호본'은 오·탈자나 틀린 부분이 있으면 재인쇄하지만 일반본은 정오표로 대신하고 재인쇄하지 않는 경우도 있다.

다는 것을 말한다."15)

또 글을 원리적으로 쓸 것도 강조되고 있다. 글을 원리적으로 써야 "……독자들이 글을 읽으면서 머리를 끄덕이며 〈그렇지, 그 말이 옳아.〉" 한다는 것이다.16) 원리적으로 쓰려면 우선 제기하는 사상과 문제의 개념과 본질을 똑똑히 밝혀주어야 하고 또한 제기된 문제에 대한 분석과 일반화를 원리에 맞게 기초하여 잘하여야 한다. 다음으로 생동한 자료의 뒷받침을 받아야 하고 서술과 언어표현을 세련시키는 것도 중요하다고 강조한다.

Ⅲ. 편집상의 목차 꾸미기

앞에서 목차상의 누락된 사례를 보았거니와 북한 도서잡지에서의 목차 꾸미기에도 일정한 특성이 보인다. 잡지에 한정하여 그 모습을 살펴본다.

우선 가장 대중적인 종합잡지라고 할 수 있는 《천리마》는 목차에서 필자 이름만 명기하는 것이 아니라 신분상의 직책이나 칭호를 밝히고 있어 눈길을 끈다. 가령 인민체육인 김일, 인민기자, 작가 오영환, 항일혁명투사 리을설, 항일혁명투사 리종산처럼 직책이나 신분상의 칭호를 밝히고 있다.

그런가 하면 박사, 부교수 김병룡, 조선인민군 차수 전재선처럼 신분형 호칭을 쓰는 경우도 있다. 같은 잡지에서 황해북도 당위원회 책임비서 최문선은 직책이나 다른 호칭 없이 이름 세 자만 밝혔다.

조선문학예술총동맹 기관지인 《조선예술》도 《천리마》처럼 학사, 박사 또는 인민예술가 등 신분상의 호칭을 밝히고 있다.

---

15) 서호국, "글을 정책화하여 써야 한다", 《문화어학습》, 1982년, 제2호.
16) 봉필윤, "글을 원리적으로 쓰자", 《문화어 학습》, 1986년, 제2호.

《천리마》,《조선예술》처럼 목차에서부터 직책과 신분을 밝히는 것은 전문 연구잡지에서 역시 많이 보인다. 《철학연구》(과학백과사전출판사), 《조선어문》(과학백과사전출판사), 《조선고고연구》(사회과학출판사), 《력사과학》(사회과학출판사), 《경제연구》(과학백과사전종합출판사),《사회과학원학보》(사회과학출판사) 등에는 교수, 박사 등 학직이나 학위를 밝히고 있다.

그러나 전문 연구잡지라도 자연과학이나 응용과학 분야에는 이름 세 자만 명기하고 있다. 과학기술출판사에서 나오는 《수학》·《물리》·《지질 및 지리과학》·《화학과 화학공학》·《조선의학》·《기계공학》·《전자공학》·《과학원통보》 등은 목차나 본문에도 학위, 학직의 명시가 없다. 그러나 농업종합출판사에서 나오는 《기상과 수문》은 본문에는 학위, 학직을 밝히지 않아도 목차에는 밝히고 있다.

김일성종합대학출판사에서 나오는 《김일성종합대학학보》도 인문사회과학분야는 박사·학사·교수·부교수를 명시하는데 자연과학 분야는 그렇지 않다.

학위나 학직을 목차나 본문에서 똑 같이 밝히는 것도 있지만 목차에만 밝히고 본문에는 밝히지 않는 경우도 있다.

목차나 본문이나 간에 이름만 명기한 것은 《근로자》·《남조선문제》·《문화어학습》·《조선문학》·《청년문학》·《아동문학》·《조선녀성》 등이 있다. 그런데《청년문학》 2001년 8월호 목차에는 비전향장기수 김동기라고 의도적으로 명기한 것도 보인다.

또 고고학 연구지인 《조선고고연구》 목차는 박사, 부교수 장우진, 부교수, 학사 석광준, 학사 류병홍, 또는 이름 석 자만 명기하고 있는데 가끔씩은 건설건재대학 학사 한용건이니 김일성종합대학 장서금 등 소속학교를 밝힌 것도 있다. 특히 김일성대학은 김일성종합대학 학사 류정길처럼 꼭 밝히고 있어 눈길을 끈다.

이상에서 보듯이 북한 잡지의 목차 꾸미기에서 어떤 법칙성을 찾을 수는 없지만 목차에서 이름 세 자만이 아닌 신분상의 호칭을 명기한 다는 것은 특색일 수 있다.[17]

학술잡지 목차 《력사과학》 1999 제2호에서 캠페인 성 글이 위쪽에 있고 학술논문 제목은 작은 글씨로 밑에 소개된 것도 눈에 띠는 경우 이다.

Ⅳ. 맺는 말

북한에서 출판물은 사상적 무기이다.[18] 공산주의 선전 선동 중에서 선전을 담당하는 출판물의 보급이 중요하기 때문에 배포도 매우 중시 한다. 당연히 이에 대한 통치자의 언급이 있게 된다. "출판물이 대중 속에서 옳게 리용되자면 그 배포를 잘하여야 합니다."(김정일)[19]라는 강조가 없을 수 없다.

간행된 출판물 중에서 신문이나 잡지는 중앙의 중앙출판보급사가 도(道) 출판물 관리처나 군(구역) 출판물보급소를 통해 배포하면, 각 지역에 있는 출판물 보급원이 구독자에게 배포하게 된다. 도서나 비정 기 간행물들은 중앙출판보급사가 각 지역 책방에 직접 보내 자유판매 방식으로 독자들이 바로 사볼 수도 있다.

하나의 출판물은 원고내용과 편집기술, 교열·교정, 인쇄, 제본에 이 르기까지 질적인 요소의 수준을 나타낸다. 뿐만 아니라 출판 종류, 발

---

17) 김정일 글이 목차보다 앞에 실려 있는 경우도 있는데 이런 것도 북한만의 특색이라면 특색 이다.
18) 김일성은 "혁명조직은 출판물과 같은 그러한 예리하고도 전투적인 사상적 무기를 가져야 대중을 승리에로 이끌 수 있다."라고 했다.
19) 《김정일선집》 제7권, p. 30.

행 부수, 배포 등 양적인 요소도 출판능력을 나타내는 것이다. 질적 수준과 양적 능력을 모두 아울러서 출판문화라고 할 때 북한의 출판문화는 불균형을 보인다. 교열이나 교정에는 아주 수준 높은 모습을 보인다면[20] 인쇄나 제본은 상대적으로 그렇지 못한 것이다.

---

20) 내각 출판총국의 검열과정에서 개선이 아니라 개악이 되는 경우도 상정가능 하다.

넷째 마당

문예의 현주소

주체의 문예관과 주체사실주의

I. 들어가는 말

북한에서 주체사실주의가 등장한지도 11년이 된다. 주체사실주의는 북한에서 '유일하게 정당한 창작방법'[1]이다. 잘 알려졌다시피 김정일은 1992년 7월 《주체문학론》을 펴낸다. 이 책에서 북한문학을 주체문학이라고 규정하면서 당이 내놓은 주체의 문학이론을 고수하여야만 사회주의 민족문학의 순결성과 혁명성을 지켜나갈 수 있다고 했다. 여기에서 주체문학이론은 '새로운 이론'으로 자리매김 되고 주체사실주의는 김일성이 현대의 옳은 창작방법이라던[2] 사회주의적 사실주의를 밀어내고 그 자리를 차지하였다.

주지하다시피 사회주의적 사실주의는 스탈린에 의해 정식화되었다는 공산주의 일반의 창작방법으로 북한에서도 해방 후부터 사회주의

---

1) 리수립, "수령형상문학을 끊임없는 개화발전에로 이끄는 불멸의 사상리론", 《조선문학》 1993. 7, p. 25.
2) "훌륭한 문학예술작품의 특징은 시대의 요구와 인민의 지향에 맞는 창작방법인 사회주의적 사실주의에 의해서만 창조될 수 있습니다." 《김일성저작선집》 3권, p. 129.

적 민족문화의 창작방법이라고 내세워오던 것이다. 그러던 것이 새로운 주체사실주의가 등장하면서 1990년대부터가 아니라 마치 해방 이후부터 바로 주체사실주의 창작방법대로 작품활동을 해온 것처럼 소급하고 있다. 문패는 분명히 바꿔 달았는데도 사람은 그전부터 살던 사람이라고 하는 격이다. 김정일이 "우리 문학예술의 창작방법문제를 잘못 다루면 우리나라에서도 마치 사회주의적 사실주의를 반대하는 것과 같은 인상을 줄 수 있다"[3]는 우려를 표명하는 것을 보면 이는 김일성이 정식화한 사회주의적 사실주의를 내용상 훼손하지 않으면서 문패는 바꿔 달겠다는 것이 된다. 왜 그래야만 하는가? 바꿔 단 문패에 따라 작품세계도 달라졌는가? 주체의 문예관을 살펴본 뒤 주체사실주의 내용을 검토해 보기로 한다.

II. 주체의 문예관

문예관은 문학예술을 어떤 견해와 관점을 가지고 어떤 입장에서 보고 대하는가 하는 것을 말한다. 그래서 문예관은 문학예술의 본성에 대한 견해와 관점을 줄뿐 아니라 미의 본질에 대한 견해와 관점을 준다.

주체의 문예관은 주체사상에 기초하는 문예관이다. 김정일의 말로 살펴보자. "주체의 문예관은 한 마디로 말하여 사람을 중심에 놓고 문학예술을 대하는 관점과 립장이다. 주체의 문예관은 주체사상을 기초로 하고 있다."[4] 주체사상을 사상이론적 기초로 하고 있기 때문에 선행한 문예관과는 전적으로 다른 문예관이라고 말한다.[5] 여기에서 선

---

3) 김정일, 《주체문학론》, 조선로동당출판사, 1992. 7, p. 91.
4) 김정일, 같은 책, p. 5.
5) 한형수, "영화예술발전을 힘있게 추동하는 불후의 저서 《주체문학론》" 《조선문학》, 1997,

▲ 문학에 관한 김정일의 이론서로 알려지고 있는 《주체문학론》의 표지 모습. 1992년 단
행본으로 완성되었으며, 종전 '사회주의적 사실주의 문예관' 대신 '주체의 문예관'을 전개
하고 있다. 우측의 《건축예술론》 역시 김정일의 저서로 알려지고 있다.

행한 문예관은 사회주의적 사실주의적 문예관이다. 김정일 책에 따라
주체의 문예관을 설명해 본다.6)

주체의 문예관은 몇 가지 특징을 보인다. 우선 사람을 가장 진실하
게 그리며 인민대중을 세계와 자기 운명의 주인으로 내세운다. 주체의
문예관은 인민대중의 지향과 요구를 체현하고 있고 노동계급적 성격
을 체현하고 있다. 인민대중의 지향과 요구를 체현해야 하는 것은 이
자주시대가 민족해방, 계급해방, 인간해방을 이룩하고 세계적 범위에
서 인민대중의 자주성을 실현해야 하는 시대이기 때문이다. 다음 노동

1월호.
6) 주체의 문예관이나 주체사실주의에 대한 북한의 해석은 문학이론서, 문학관계논문은 물론 백
과사전에 이르기까지 김정일 언급의 훈고학적(訓詁學的) 해석을 벗어나지 않는다.

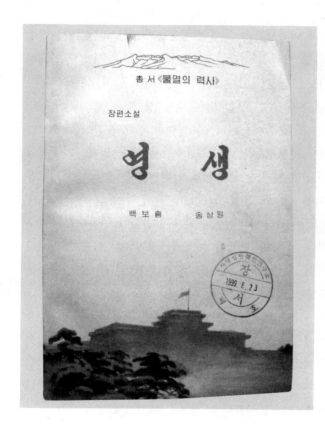

총 서《불멸의 력사》

장편소설

영 생

백보흠   송상원

◀ 생전의 김일성이 죽기 전 "마지막 해를 어떻게 보냈으며, 김정일의 도덕적 의지 속에서 그것이 어떻게 영생하고 있는 가?"를 보여주는 작품으로 알려지고 있는 장편소설집 영생의 표지 모습.

계급적 성격을 체현해야 하는 것은 부르주아 문예관으로 인한 혁명의식과 계급의식을 마비시키는 반동적 작용을 막기 위한 것이다.

　주체의 문예관은 다음으로 문학예술에서 민족적 특성을 구현할 것을 요구한다. 각 민족에는 다른 민족에는 없거나 있어도 독특하게 구별되는 민족성이 있게 되는데 생활양식과 언어, 관습, 세태풍속에서 집중적으로 나타난다. 이런 민족성에 따른 고유한 미감과 정서가 민족특성에 맞는 미관을 형성하게 된다고 본다. 문예작품의 가치는 그 나

라 사람의 민족성과 민족생활을 옳게 반영했는가, 형상하는 데서 민족
적 맛이 있는가 하는 것과 관련되어 있다. 종자가 좋고 사회적 문제성
이 있는 작품이라도 고유한 민족적 특성이 보이지 않고 사람의 구미
에 맞지 않게 표현되어 있으면 쓸모가 없다는 것이다.

　주체의 문예관은 또 문학예술의 본성에 대한 견해와 관점을 주체의
인간학에서 찾는다. 주체의 인간학은 자주성에 대한 문제, 자주적인
인간에 대한 문제를 내세우고 주체형의 인간전형을 창조하는 새로운
형의 문학이다. 이런 전형에 맞는 인간은 '주체형의 공산주의적 인간'
이다. '주체형의 공산주의적 인간'은 주체의 인간학이 만들어 낸 자주
성을 가진 인간이다. 이처럼 주체의 문예관에서는 자주성을 무엇보다
중시한다. 삶의 목적, 보람 있는 삶, 거기에 이르는 길 등 모든 인간문
제의 해답이 자주성에 있는 것으로 답해진다.

　주체의 문예관에서는 또한 아름다운 것에 대한 견해와 관점도 주요
하게 다룬다. 문학예술작품 치고 아름다운 것에 대해 이야기하지 않는
것이란 없지만 주체의 문예관의 견지에서 아름다운 것이란 자주적인
인간의 생활과 투쟁이다. 사회적 존재인 인간에 있어 자주성을 위해
살며 투쟁하는 생활보다 더 아름다운 것은 없다고 본다.

　이를 볼 때 주체의 문예관 특징은 ①자주시대 인민대중의 지향과
요구, 노동계급의 성격을 체현하고 있으며 ②문학예술에서 민족적 특
성을 구현할 것을 강조하고 있다. ③또 우리시대의 참다운 문학을 주
체의 인간학으로 보고 자주성에 대한 문제를 가장 뜻 있는 인간문제
로 작품화시킨다. ④그리고 자주적인 인간의 생활과 투쟁을 가장 아름
다운 것으로 본다.

　주체의 문예관을 세우기 위해서는 ①주체적 문예사상으로 무장하고
②주체적 문예이론으로 무장하며 ③주체적 문예활동방법에 맞게 창작
해야 한다고 강조하고 있다. 주체적 문예사상에는 주체사상의 요구가

들어 있으므로 작가나 예술인들이 이것으로 무장만 하면 작품의 사상
성과 예술성도 조화롭게 결합시킬 수 있다. 주체적 문예이론에서는 원
칙 문제뿐 아니라 작품의 종자와 주제, 인물의 성격창조와 생활묘사
등 구체적인 창작방법까지 밝혀져 있다. 주체적 문예활동방법에 맞는
다는 것은 창작을 하거나 창작지도를 할 때 모든 문제를 주체적 입장
에서 우리 식으로 풀어나가는 것을 말한다.

III. 주체사실주의의 발생배경과 특징

북한 문학예술이 의거하고 있는 창작방법은 '우리식의 사회주의적
사실주의 창작방법, 주체사실주의 창작방법'이다. 주체사실주의는 사회
주의적 사실주의에다가 '우리식'이 붙은 사실주의이다. 말하자면 주체
사상과 사회주의적 사실주의의 결합이다. 김정일은 이 주체사실주의가
선행한 사회주의적 사실주의와 구별되는 새로운 창작방법이라고 한다.
주체사실주의는 사회주의적 사실주의의 단순한 발전이 아니라 형성의
사회역사적 경위나 철학적 기초, 미학적 원칙에서 볼 때 근본적으로
구별되는 새로운 창작방법이라는 것이다. 말하자면 선행한 사회주의적
사실주의와 질적으로 구별되는 독창적인 것이라는 것인데 사회주의적
사실주의와 주체사실주의는 다르다는 것인가, 구별만 된다는 것인가?
질적으로 구별되는 독창적인 것이면 다른 것이 아닌가?
　그러나 주체사실주의는 종래의 사회주의 사실주의를 계승한 것인데
단순히 계승한 것이 아니라 시대의 요구에 맞게 더욱 발전시켰기 때
문에 근본적으로 다른 성격과 체모를 갖춘 새로운 사실주의라고만 말
한다.7) 근본적으로 다른 성격이고 체모라면 당연히 별개의 사실주의

---

7) 김정일, 같은 책, p. 96.

가 된다.

1) 발생 배경

주체사실주의는 '항일혁명투쟁' 시기에 발생되어 형성되었다고 한다. 이때가 주체적 문학예술이 창작되던 시기였기 때문이다. 주체적 문학예술은 주체사상의 원리가 문학예술에 구현된 것이고 주체사상은 일찍이 1930년대에 그 맹아가 보였다는 주장대로라면 틀린 말은 아니다. 그러나 왜 1990년대초 주체사실주의라고 말하기 전까지는 사회주의적 사실주의라고 말했는가? 우리식의 사회주의적 사실주의도 뒤에 붙인 것이다.

사실주의 역사는 비판적 사실주의, 사회주의적 사실주의로 진행된다. 이 사회주의적 사실주의가 북한에서 우리식 사회주의 사실주의, 주체사실주의로 바뀌는 것이다. 근대사회의 산물로 나온 비판적 사실주의는 현실의 모순과 부패상을 폭로 비판하는데는 이바지했으나 낡은 착취사회 제도를 없애고 계급적 해방을 실현하는 문제가 중요하게 된 시기에는 제한성을 가지게 되었다. 그래서 이 시대적 요구에 맞는 창작방법으로 사회주의적 사실주의가 출현하였다.[8]

사회주의적 사실주의는 유물변증법적 견지에서 현실을 분석평가하고 사회악의 근원이 착취사회제도 자체에 있다는 것을 과학적으로 밝히고 대중이 계급적 해방투쟁을 하도록 하는데 이바지하는 문학예술을 창작하게 했다.[9]

그런데 인민대중이 역사무대의 주인으로 되고 자기 운명을 자주적으로, 창조적으로 개척해 나가는 새로운 역사시대인 주체시대가 되어 이 주체시대가 요구하는 새로운 문학예술 창작방법이 출현하게 되었다. 이것이 주체사실주의이다.

8) 은종섭, "주체사실주의의 발생과 특징", 《김일성종합대학 학보》 212호, 1993. 2, p. 2.
9) 은종섭, 같은 글.

사회주의적 사실주의가 유물변증법적 세계관을 철학적 기초로 하고 있다면 주체사실주의는 주체의 세계관을 철학적 기초로 하고 있다. 주체의 세계관은 사람이 이 세상의 주인이고 세계는 사람에 의해 지배된다는 것을 기본으로 하는 세계관이다. 세계가 물질로 이루어져 있다는 세계관이 사람 위주로 하는 세계관으로 바뀐 것이다. 그런데도 주체사실주의가 "공중에서 떨어진 것이 아니라 선행한 사회주의적 사실주의가 이룩한 창작적 성과와 경험을 포섭하고 있으며 따라서 그와 일정한 공통성을 가지고 있다."10)면서 연관성을 내세운다.

그러면서도 주체사실주의는 사회주의적 사실주의와 본질적으로 구별되는 새로운 특징을 가진 독창적인 창작방법이란 것도 강조한다. 주체사실주의의 특징을 보자.

2) 특징

먼저 김정일 《주체문학론》에서 보이는 언급이다. "사람, 인민대중을 중심으로 하여 세계와 현실, 사회와 력사를 보고 자주성을 기본척도로 하여 전형화와 진실성의 원칙을 고수하는 여기에 주체사실주의의 본질적 특징이 있다."

주체사실주의의 특징 첫째는 사람을 중심으로 하는 창작방법이라는 것이다. 세계와 현실을 사람을 중심으로 하여 보고 그린다는 것은 사람을 세계의 주인으로 보며 세계의 변화 발전 과정을 사람의 주동적이며 창조적인 활동의 견지에서 보고 그린다는 것을 말한다. 사람을 그리는 것은 사회주의적 사실주의나 비판적 사실주의에서도 있었지만 사회주의적 사실주의에서는 사람이 차지하는 역할에 맞게 형상하지 못했고 비판적 사실주의에서도 모순된 사회관계 속에서 사람을 주로 수난자의 측면에서 그렸지만 그 모순이 빚어지는 현실을 근원적으로

---

10) 은종섭, 같은 글, p. 3.

헤쳐 보이지 못했다고 지적한다. 그러나 주체사실주의에서는 사람이 모든 것의 주인이며 모든 것을 결정한다는 철학적 원리에 기초하여 사람의 지위와 역할을 예술적으로 그리되 자주적이고 창조적인 인간을 그렸다고 한다. 작품의 소재와 내용구성도 이에 따라 선택한다. 주체사실주의가 첫걸음을 시작한 1920년대 후반에 이러한 자주적 인간의 전형을 그린 작품이 등장하는데 그런 것의 하나가 <성황당>이다. 이 작품에는 자기 운명의 주인은 자기 자신이라는 것을 자각한 자주적 인간의 전형이 나타난다는 것이다.[11]

두번째 특징은 인민대중을 중심으로 사회와 역사를 보고 그리는 창작방법이다. 주체사실주의는 인민대중의 자주적 요구와 창조적 능력에 따라 자연이 개조되고 사회가 발전하고 인류역사가 전진한다는 진리를 형상하는 것이다. 다른 사회주의적 사실주의도 인민대중을 형상의 중심에 세우고 역사발전에서의 역할을 그렸지만 주체사실주의에서는 인민대중을 역사의 주체로, 자기 운명의 주인으로 그렸다는 것이다. 연극 <리순신장군>에서 이순신 장군이 해전에서 승리한 것을 그렸을 때 이순신 장군 개인에 의해 승리가 이루어진 것으로 되어 있는데, 이순신장군이 큰공을 세운 것은 사실이지만 인민대중이 그를 따라 싸우지 않았다면 그가 해전에서 승리하지 못한 것으로 그려야 했다고 지적된다.[12] 이처럼 역사창조와 사회발전에서 영웅호걸에 의해서가 아니라 인민대중이 역사를 발전시킨다는 것을 그려야 한다는 것이 주체사실주의 특징이다.

또 <안중근 이등박문을 쏘다> 같은 작품도 역사의 주체는 인민대

---

11) <성황당>은 김일성이 대본을 쓴 연극작품으로 미신에 빠졌던 한 여인의 각성과정에 대한 내용과 이와 대조적으로 귀신을 믿을 것이 아니라 자기운명의 주인은 자기자신이라는 것을 확신하는 청년을 그리고 있다.
12) 김정일, 같은 책, p. 103, 여기에서의 <리순신장군>은 국립연극극장 무대에 올린 연극작품이다.

중이며 사회변혁도 인민대중을 떠나서는 있을 수 없다는 것을 보여준
다고 한다. 나라와 민족의 독립은 몇몇 사람의 투쟁이 아닌 인민대중
의 단합된 힘에 의거해야 이룰 수 있다는 진리를 밝히고 있다고 설명
한다.13) 안중근 등 거사 인물들의 애국심은 인정되지만 인민대중의
도움이 없어 독립쟁취에까지는 이르지 못했다는 것을 말하는 것이다.

세번째 특징은 생활을 전형화하여 진실하게 그리는 창작방법이라는
것이다. 인간과 생활을 전형화하여 진실하게 그리는 것은 비단 주체사
실주의뿐 아니라 사실주의 문학예술의 기본이다. 하지만 사회주의적
사실주의의 경우 사람은 사회적 관계의 총체이며 인간의 의식은 물질
세계의 반영이라는 유물변증법적 관점에 기초함으로써 인간과 그 활
동을 기본적으로 물질, 경제적 요인에 의해 규제되는 측면에서 전형화
했다. 그러나 주체사실주의에서는 인간을 자주성을 생명으로 하는 사
회적 존재로, 또 인간의 생활을 자주성을 위한 창조적 활동으로 보고
그린다. 자주성을 기본으로 하여 사람과 그 활동을 전형화하는 것이
다. 따라서 나라와 민족의 자주권을 위해 몸바치는 사람은 출신에 관
계없이 전형적 인간으로 그려질 수 있다. 비록 부유한 집 출신이더라
도 자주성을 척도로 그려낸 것이면 전형화에 맞는 것이 된다.

Ⅳ. 사회주의적 사실주의와 주체사실주의 비교

사회주의적 사실주의도 비판적 사실주의를 비판하고 등장한 것으로,
북한에서도 사회주의적 사실주의 출현은 '인류의 진보적 문학예술 발
전에서 획기적 의의를 가지는 역사적 사변'으로 평가하던 것이고 김일
성이 내린 정식화가 전혀 새로운 과학적 해명이라고까지 했다.14) 이

---

13) 은종섭, 같은 글, p. 6.
14) 「북한의 문예이론」 (주체사상에 기초한 문예리론), 인동, 1989. 2, p. 128.

사회주의적 사실주의와 주체사실주의 비교

【 표 1-1 】

구분	사회주의적 사실주의	주체사실주의
등장배경	·사회주의혁명 단계에서 자본주의를 파괴하고 새 사회를 건설하려는 노동계급의 요구를 반영하여 등장.	·인민대중이 역사의 주인으로 자기 운명을 자주적, 창조적으로 개척해 나가는 자주시대의 요구를 반영하여 등장.
세계관	유물변증법적 세계관.	주체의 철학적 세계관.
인간관	·사람을 사회적 관계의 총체로 묘사. ·사람이 세계에서 차지하는 지위와 역할을 전면에 내세우지 못했음.	·사람을 자주성·창조성·의식성을 가진 사회적 존재로 묘사. ·사람이 세계의 지배자, 개조자로 파악.
성격형상 전형화	·인민대중을 사회역사 발전의 주체로, 자기운명의 주인으로 형상화하지 못했음. ·전형화와 진실성의 원칙을 높은 수준에서 실현.	·전형화와 진실성의 원칙을 가장 훌륭하게 해결.
형식과 내용	·민족적 형식에 사회주의적 내용을 담는데 제한성.	·민족적 형식에 담을 사회주의적 내용은 주체사상을 구현한 혁명적 내용.

것이 주체사실주의에 자리를 비켜준 것처럼 된다. 주체사실주의와 사회주의적 사실주의를 비교하면 표 1-1과 같다.15)

---

15) 이 비교는 "주체사실주의의 본질적 특성"(박철호, 《조선어문》, 1994, 제4호)를 중심으로 작성하였다.

김정일은 그의 《주체문학론》에서 김일성이 민족적 형식에 사회주의적 내용을 담는 것이 사회주의적 사실주의라는 정의를 내렸다고 밝혔다. 그것은 종래의 명제와 전혀 다른 것이라고 했다. 그리고 이 정식화는 사실에 있어서 주체사실주의에 대한 정식화라고 말했다. 말하자면 김일성이 사회주의적 내용이란 말을 했을 때 이미 이 말은 '주체사상을 구현한 혁명적 내용'을 염두에 둔 것이라고 말한다.16) 이는 주체사실주의 연원의 소급이다. 그런데도 주체사실주의가 사회주의적 사실주의와 아무런 연관이 없다는 것에는 부정적이다. 계급적 이념과 사실주의적 형상방법에 대한 것은 공통적이라고 본다. 둘 다 부르주아 문예이론, 자연주의, 예술지상주의 같은 문예조류들을 반대하면서 발생했고 다같이 사실주의적 원칙에서 현실을 반영하며 진실성을 중시한다고 한다.

앞의 발생배경에서 보았듯이 주체사실주의 사상이론적 근거는 이미 항일혁명의 첫 시기에 마련되었지만 해방 후 복고적이고 자본주의적 요소, 사대주의적이고 교조주의적 경향 때문에 1970년대에 이르러서야 사회주의적 사실주의와 확연히 구별되는 주체문학 체모를 갖추게 되었다고 한다. 오래 전에 이 주체사실주의 창작방법을 새롭게 규정하고 정식화해야 했는데 늦어졌다는 것이다.17) 하기야 주체문학이 의거하는 지도사상과 이론, 방법이 주체사상이라고 하고 주체사상의 연원을 1930년대로까지 올려 잡고 있으니까 논리적으로 틀리지 않다. 그러나 그보다는 선대 수령의 문예업적에 훼손을 주는 인상을 피하려는 의도일 수 있다.

그럼 사회주의적 사실주의에 입각한 작품과 주체사실주의에 따른 작품에서 차이가 있는가? 창작방법에서 둘 다 노동계급을 비롯한 근로인민대중의 생활과 투쟁을 그려서 그들을 혁명과 건설에로 고무 충

---

16) 김정일, 같은 책, p. 108.
17) 김정일, 같은 책, pp. 96~97.

동하는 면에서는 둘 다 같은 계열에 속한다고 볼 수 있다. 그러나 시대적 요구와 세계관적 기초에서는 근본적으로 다르다.18)

물론 1992년 《주체문학론》 발표 이후의 작품도 그 이전의 작품과 특별히 달라진 것이 없고 이보다 앞서 1970년대 주체사실주의 작품이 생산되기 시작했다고 하지만 그것도 그 이전의 작품과 뚜렷한 차이가 없다는 것이 남한 평론가들의 견해이다.

사회주의적 사실주의도 한때 "민족적 바탕에 의거하여 현실을 혁명적 발전과정에서 진실하게 반영하며 사회주의적 내용과 민족적 형식의 옳은 결합을 실현하는 혁명적인 창작방법"으로 평가받았지만 이제는 다른 이름이 그 자리를 차지한 것이 된다.

그러나 무엇보다 민족적 형식에 사회주의적 내용을 담는 것이라는 공통성에서 볼 때 주체사실주의도 사회주의적 사실주의와 같은 선상에 있는 것이다. 물론 민족적 형식보다 주체사상에 따른 자주성이 내용 면에서 좀 더 강조되는 차이는 분명히 인정된다.

V. 주체사실주의에서의 내용과 형식

주체사실주의에서도 사회주의적 내용을 민족적 형식에 담게 된다. 여기에서 사회주의적 내용은 주체사상에 따른 혁명적 내용을 말하는데 사회주의적 사실주의에서 말하는 사회주의적 내용과는 다른 것인가?

김정일은 김일성이 사회주의적 사실주의를 정식화하면서 사회주의적 내용을 민족적 형식에 담는 것이라고 했다고 언급했다. 1970년대 초 일본 정치이론 잡지 『세까이』지 편집국장에게 김일성은 북한 예

---

18) 김정일, 같은 책, p. 93.

술인들이 사회주의적 사실주의요 하고 말은 많이 하지만 실제로는 그 내용을 모르고 있다면서 자기가 사회주의적 사실주의라고 하면 "민족적 형식에 사회주의적 내용을 담는 것을 말한다"는 정의를 주었다는 것이다.19)

그런데 이 정의는 그때까지 북한의 작가나 문예이론가들이 알고 있던 종래의 명제와 전혀 다른 것이었다고 말한다. 그것이 가능한 일인가? 스탈린이 사회주의적 내용에 민족적 형식을 결합시키는 것이라고 한 것을 민족적 형식을 그릇으로 보고 사회주의적 내용을 담는다는 표현을 한 것에 불과한 것을 두고 독창적이고 전혀 새로운 명제를 주었다고 말하는 것이다. 이 '담는다'는 표현이 독창적이라는 것인가? 민족적 형식에 사회주의적 내용을 담는다는 것이 사회주의적 사실주의라는 정식화는 사실상 주체사실주의에 대한 정식화라는 것이다. 이렇게 본 김정일의 말은 김일성의 입장을 살리려는 것에서 나온 것에 불과하다.

주체사실주의에서 내용은 당연히 주체사상에 따른 것이 된다. 주체사상에서는 인간생활의 본성으로 내세우는 자주성을 가장 중시한다. 자주성에 대한 문제는 자주적인 인간, 자주성을 지향하는 인간의 전형을 통하여 실현된다. 자주적 인간의 성격을 창조하는데서 중요한 것은 그가 지닌 자주적 사상의식을 깊이 있게 그리는 것이다. 자주적인 인간의 사상의식과 정신 도덕적 풍모를 가장 원만히 체현하고 있는 사람은 주체형의 공산주의자이다. 문학예술은 이런 주체형의 공산주의자들의 전형을 창조하기 위해 적극 노력해야 할 것을 강조하고 있다.

주체사실주의가 말하는 자주성 문제를 구체적 작품에서 비판적 사실주의, 사회주의적 사실주의, 주체적 사실주의적 관점으로 보면 다음과 같다. 즉, 이준 열사의 애국적 장거를 그렸다는 <혈분만국회>를

---

19) 김정일, 같은 책, p. 108.

보면 비판적 사실주의 견지에서 형상한다면 "일제의 조선강점과 그와
결탁한 국제반동세력의 책동을 폭로 비판하고 그에 대한 주인공의 치
솟는 민족적 울분과 항거의 정신을 표현하는데 그쳤을 것이며, 사회주
의적 사실주의의 견지에서 형상 한다면 그보다 한 걸음 더 나아가 리
준의 사상제약성과 투쟁방법의 소극성의 원인을 계급적 처지와 세계
관에서 찾으면서 민족의 자유와 독립은 로동계급이 령도하는 인민대
중의 조직적인 투쟁에 의해서만 쟁취할 수 있다는 사상을 표현하였을
것이다." 그러나 주체사실주의에 의거하여 창작한 <혈분만국회>는 외
세의존은 망국의 길이라는 사상적 내용을 작품의 중심에 제기하고 애
국적 장거를 자주성의 견지에서 깊이 있고 훌륭하게 형상하였다는 것
이다.

자주성은 작품에서 반드시 직접적인 주제가 되지 않아도 된다. 어
떤 주제일지라도 자주성에 관한 문제로 귀결될 수 있게 형상하면 되
는 것이다.

자주적인 사상과 정신도덕을 가장 체현한 사람은 주체형의 공산주
의자이다.

다음 형식에 대한 문제를 보자. 주체사실주의도 형식은 민족적 형
식을 취한다. 민족적 형식은 '자기 민족의 미감과 요구에 맞게 자기
민족이 좋아하는 형상수단과 수법, 형상기교'를 말한다. 문학예술은 본
래 민족적이다. 따라서 사실주의 문학이 아니라도 그 형식은 민족적
형식을 띠게 되는데 주체사실주의에서 표현수단이 민족적 형식을 띠
게 되는 것은 당연한 것으로 된다.

민족적 형식은 역사적으로 형성된 것이어서 상대적으로 공고성을
가진다고 본다. 따라서 거기에는 현대적 미감에 맞지 않는 진부한 것
도 남아 있게 되며 세계적으로 볼 때 아직 종래의 형식이 거의 그대
로 쓰이고 있다고 한다. 사회주의혁명 시기에도 현대적 미감에서 뒤떨

어진 민족적 형식이 답습되었는데 그것은 사대주의, 교조주의가 남아
있는 것 때문이다. 가극에서 아리아와 대화창 같은 19세기 연극형식이
사회주의문학예술에도 오래 동안 남아 있게 된 것도 그러한 사례의
하나이다. 그러나 민족적 형식 가운데서도 낡고 진부한 것은 버리고
진보적이고 인민적인 것은 현대적 미감에 맞게 발전시킨다는 원칙에
따라 우리 식의 새로운 민족적 형식을 만들어 냈다고 한다. 가극의 <
피바다>, 연극의 <성황당> 식이 창조되었고 음악에서 민족적 선율을
바탕으로 한 작곡과 우리식의 창법, 민족악기의 고유한 특성을 살린
연주법 등이 그것이다. 미술에서는 조선화를 바탕으로 하는 새로운 사
실주의적 화법이 개척되었고 무용에서는 전통적인 조선식 춤가락과
율동을 새롭게 발전시킨 우리식 무용형식을 만들어 냈다고 한다. 문학
에서는 외래어와 한자말을 없애고 고유한 우리말을 기본으로 한 생활
언어를 아름답게 다듬어 쓰고 있다는 것이다.

　그런데 민족적 형식문제는 혁명 후의 1920년대 소련처럼 100여 개
가 넘는 다민족 국가에서는 민족적 형식문제가 중요했겠지만 단일 민
족인 북한에 있어 반드시 민족적 형식의 강조가 필요한가 하는 의문
도 있을 수 있다. 민족적 형식의 존재 이유는 혁명과 건설은 아직 민
족국가 단위로 진행되고 있으며 지금 세계에는 국경이 있고 민족이
그대로 남아 있으며 각 나라 각 민족은 지리적 조건과 역사발전의 특
수성, 고유한 세태풍속과 문화전통을 가지고 있기 때문에 필요하다는
논리를 내세운다. 그러나 북한은 단일민족인데 왜 그것이 필요할까?
북한에서는 민족적인 것을 역사적으로 형성된 것, 현재가 아니라 전통
적인 것을 강조하는 의미로 사용하는 것이 된다. 이 결과로 사회주의
적 애국주의를 내용에서 강조하는 것보다 민족적인 것을 형식에서 강
조하는 것이 더 국수적으로 나타날 수도 있을 것이다.

Ⅵ. 맺는 말

사회주의적 사실주의는 우리나라에서도 1920년대 후반기에서 1930년대에 걸친 '카프' 문학을 비롯 프롤레타리아 문학에서 모습을 보였다.[20] 해방 후 북한에서 1970년대만 해도 사회주의적 사실주의에 의거, 창작한다고 했다. 그러던 것이 앞에 우리식을 붙여서 우리식 사회주의적 사실주의로 만든 다음 아예 주체사실주의라는 이름을 붙였다. 문패를 바꿔 단 것이다. 이제 북한 문학예술사는 주체사실주의 역사로 바뀌었다.

그런데 문패를 바꿔 단 이유를 설명하는 듯한 언급이 김정일의 변명으로 나와 있다. "우리는 벌써 오래 전에 우리 문학예술이 의거하고 있는 창장방법을 새롭게 규정하고 정식화하여야 하였을 것이다. 그러나 창작방법에 대한 새로운 정식화는 그 누가 주장한다고 하여 이루어지는 것은 아니다. 새로운 창작방법이 창작 실천에서 구현되는 것과 그것을 정식화하여 선포하는 것은 별개의 문제이다."[21]

새로운 창작방법은 시대적 요구로 되었다 해서 곧 나타나는 것이 아니라 그 철학적 기초가 되는 세계관과 문예사상이 마련되고 종전과 구별되는 미학적 원칙에 의거하는 작품들이 생산되는 과정에서 형성된다는 것이고 북한에서는 그런 작품이 1970년대에 이르러 나타났다는 것이다.[22]

주체사실주의는 '항일혁명투쟁' 시기에 주체사상에 의거하여 사상이론적 기초가 마련되고 그에 따른 작품들도 김일성이 창작한 '고전적

---

20) 사회주의적 사실주의에 기초한 작품으로 북한에서는 <낙동강>(조명희, 1927)·<일체 면회를 거절하라>(송영, 1930)·<고향>(이기영, 1933)·<황혼>(한설야, 1936)·<인간문제>(강경애, 1934) 등을 예거하고 작가로는 유완희(1903~?)·김창술(1906~?)·박세영(1902~1989)·박팔양(1905~1988) 등을 거명했다.
21) 김정일, 같은 책, p. 97.
22) 김정일, 같은 책, p. 99.

명작'이 본보기가 되었지만 정작 북한 작가들로부터는 만족할만한 주
체사실주의적 작품이 없었다는 것이다.23) 선행한 사회주의적 사실주
의를 우리식으로 새롭게 발전시킨 것이 우리식 사회주의적 사실주의
이다. 즉, 주체사실주의인 것이다. 그래서 '새로운'이라 것이라 하는데
'새로운' 것이 민족적 형식보다는 사회주의적 내용에 있다는 것이다.
그 내용이 사람 중심, 인민대중 중심의 창작방법이어서 인민대중의 자
주위업 수행에 이바지하는 사상적, 방법론적 무기로 된다고 주장한다.

　자주성을 척도로 하여 인간과 생활을 그림으로써 주체사실주의 창
작품이 사람들의 심금을 울리고 사상정서적 감화력을 가지게 되었다
지만 작품은 당 정책인 선군문학과 수령형상문학 주변을 맴도는 것만
양산되고 있음을 보게 된다.

---

23) 이러한 작품이 없어서 뒤늦게 주체사실주의라 했다는 것인데 이는 마치 북한당국이 어떤
사실의 오류를 시인하지는 않고 그렇게 된 것을 외부적 이유에서 찾는 형태와 흡사하다. 가령
추석을 뒤늦게 쇠게 하면서도 그 이유를 일제식민지의 정책 때문이라고 돌려대고, 단군을 늦게
찾게 된 것도 일부 학자들 탓으로 돌려대는 것과 같다. 인식의 부족이나 정책적으로 그렇게 못
했다는 시인은 절대로 없다.

종자론의 가치

I. 들어가는 말

북한에서는 지금 종자론(種子論)에 대한 논의가 한창이다. 2001년 신년 공동 사설(당보·군보·청년보)에서 "농업을 비롯한 모든 분야에서 우리당이 제시한 종자론을 철저히 구현하기 위한 된바람을 일으켜야 한다"라고 단 한 마디 언급된 데서 비롯되고 있다.

1월 25일 '종자론, 종자중시사상'에 관한 중앙연구토론회가 인민문화궁전에서 열리고 2월 9일을 전후하여 부문별 학술토론회가 열렸으며 3월 6일자 노동신문에는 "종자론을 튼튼히 틀어쥐고 나가자"라는 장문의 글이 실렸다. 북한에서 '불의 발견'과 비견된다고 자랑하는 종자론이 한동안 뜸한 듯하더니 다시금 강조되고 있는 것은 어떤 연유일까? 그리고 그것은 정말로 굉장한 이론인가?

II. 종자론 강조 논조

중앙연구토론회(1. 25)는 당 선전선동부장 정하철, 문화상 강능수, 노동신문 책임주필 최칠남, 사회과학원장 태형철 등 문화예술부문·출판보도부문 당·정 관계자들이 참석한 가운데 주창일(김일성대 부강좌장), 한중모(사회과학원 실장), 박정남(노동신문사 부장), 이승남(노동당 출판사 기자), 김건영(김일성정치대학 부강좌장) 등이 토론을 하였다.

토론내용은 종자론, 종자중시사상이 모든 부문에서 근본을 이루는 핵을 틀어쥐고 변혁의 길을 밝히는 사상이론이라는 것, 작품창작에서 종자를 바로잡고 속도전을 벌임으로써 문학예술 부문에서 짧은 기간에 일대 변혁이 일어났다는 것, 노동신문에서 시작된 사설혁명, 신문혁명이 출판보도 부문에서도 종자론을 번지게 했다는 것, 종자혁명방침은 농업생산에서도 획기적인 전환을 일으킬 보검이라는 것, 종자론, 종자중시사상은 강성대국 건설을 위한 방도이며, 우리식, 주체식 강성부흥을 이룩하기 위한 '담보'라는 것이었다.

부문별 학술토론회는 문학예술, 사회과학, 농업, 교육, 출판보도, 과학연구, 당 간부 양성 부문에서 열렸다. 토론내용들은 다같이 종자론, 종자중시사상이 21세기 강성대국 건설에서 힘있는 무기이며 혁명적이고 위대한 사상이라고 강조했다.[1] 문학예술부문 토론회에서는 김정일의 업적이 첫째로, 문학예술을 주체적인 인간학의 경지에 올리고 둘째로, 작품창작에서 사상성과 예술성을 최상의 경지에서 보장하였으며 셋째로, 창작에서 속도전을 벌일 수 있게 했다는 것을 꼽았다. 사회과학부문에서 토론자들은 종자론이 사회과학의 연구방법론의 새로운 경지를 개척하였다고 했으며, 농업부문에서는 종자혁명방침을 틀어쥐고 농업생산에서 근본적인 전환을 일으킬 것을 강조하고 교육부문에서 토론자들은 종자론에는 나라의 과학기술이 최단기간 내에 세계적

---

1) 《로동신문》, 2001. 2. 9. 4면.

높이에 이르게 하는 묘술과 방법론이 집대성되어 있다고 주장했다.

또 출판보도부문에서는 신문혁명, 보도혁명, 출판혁명은 종자론을 지침으로 시작되었으며 취재와 편집에서의 일대혁신은 곧 좋은 종자를 심는 과정이라고 강조하였다. 과학연구 부문에서는 훌륭한 종자가 과학자, 기술자들의 창조적 열정을 샘솟게 하는 원천이 된다고 지적하였다. 끝으로 당 간부 양성 부문에서는 종자론이 모든 사업에서 해결해야 할 근본적인 문제를 설정해 준다고 말했다.

《노동신문》의 글(3월 6일)은 종자론이 특정한 분야만이 아니라 혁명과 건설의 모든 분야에서 틀어쥐고 나가야 할 위력한 무기이므로 종자론을 구현하여 강성대국 건설을 다그칠 것을 강조하고 있다.

이 글에서는 종자론이 첫째 창조와 변혁을 위한 독창적인 이론 둘째 사회주의 건설의 위력한 무기 셋째 사람들을 창조의 영웅으로 키우는 지침이라고 규정하고 있다. 먼저 창조와 변혁을 위한 독창적인 이론이라는 주장을 보자.

종자는 김정일이 독창적으로 내놓은 것으로 모든 요소들을 유기적으로 통일시켜 풀어나갈 수 있는 핵, 기본 알맹이를 의미한다. 마치 농업생산에서 종자가 수확고와 질, 생산속도를 규정한다면 문학예술에서의 종자는 사상성과 예술성, 그 가치와 생명력을 담보하는 결정적 요인으로 되는 핵, 기본 알맹이와 같은 것이다. 이처럼 모든 분야에서 핵을 이루는 종자는 사업의 내용과 형식, 질과 속도 등 사업 전반에 결정적 작용을 한다.

따라서 종자론에는 "창조와 변혁을 주동적으로, 적극적으로 벌여나가는 주체의 원리가 구현되어 있고 언제나 높은 목표를 내세우고 끊임없이 전진하려는 인류의 이상이 깃들어 있으며 모든 분야에서 풍만한 열매를 거두게 하는 근본비결이 담겨져 있다"고 한다.

종자론은 특정분야만이 아니라 모든 분야에 해당되는 이론이다. 문학 예술 부분이나 출판 보도 부문에만 해당한다고 본 견해도 있지만 종자론에는 예술적 형상의 비결도 있고 농업생산을 가져오는 종자혁명의 방도도 있으며 대중을 혁명과업 수행으로 조직 동원하는 영도예술과 적과의 싸움에서 백전백승하는 군사적 지략도 있는 것이다.

다음으로 종자론은 사회주의 건설의 위력한 무기라는 주장을 보자. 우선 종자론에는 우리식의 창조방식이 맥박치고 있다고 한다. 김정일은 우리식의 영화혁명을 일으킬 것을 결심하고 작품에서 종자를 발견하는 것으로부터 시작하여 구체적으로 작품의 종자를 밝혀주었다. 종자론이 "무슨 일에서나 철두철미 우리나라의 실정과 우리 인민의 지향에 맞게 사색하고 탐구할 것을 요구한다"지만 종자론은 "조선혁명뿐 아니라 인류의 진보와 번영을 이룩하는 데서 보편성을 가진다"라고 못을 박고 있다.

종자론에는 속도를 낼 수 있는 과학적인 방법도 있다. 최단기간 내에 양적으로나 질적으로 최상의 성과를 낼 수 있게 하는 종자론과 속도전의 관계를 볼 수 있다.

"우리나라에서 종자론의 창시와 속도전의 탄생은 하나로 일치한다. 이것은 사업을 최대한으로 빨리 밀고 나가면서 그 질을 가장 높은 수준에서 보장하는 사회주의 건설의 기본전투 형식은 속도전이 종자론의 구현을 떠나서 생각할 수 없다는 것을 말하여 준다." 종자론에는 또 실리를 보장하는 효율적인 방도가 담겨져 있다. 실리 보장을 위하여 알곡대 알곡을 심고 메기양어를 하고 있는데 좋은 종자를 선택하는 데서 이득을 볼 수 있는 비결이 있다는 것이다.

끝으로 사람들을 창조의 영웅으로 키우는 지침이라고 전개하는 주장을 보자. 종자론은 사람 중심의 창조와 변혁의 이론이고 창조와 자주의 이론이다. 이에 따라 사람을 창조적인 존재로 키워 자연과 사회를 개조해 나가게 하는 가장 혁명적인 이론이다. 여기에는 남을 쳐다 보고 남의 것을 기계적으로 모방하는 교조주의는 허용되지 않는다. 따라서 주체형의 혁명가의 삶을 빛낼 수 있는 올바른 지침이 있다.

또한 종자를 틀어쥐면 대담하고 통이 크게 일판을 벌여나가기 마련이다. 그래서 종자론에서는 대담성과 세계적인 창조물이 나오게 된다. 영화 '민족과 운명'완성이나 감자농사에서의 전환, '대기념비적 창조물'을 세운 것도 종자론이 있기 때문이다.

III. 종자론의 구체적 내용과 평가

1973년 4월 김정일이 그의 《영화예술론》에서 "종자는 작품의 핵이다"라면서 종자론을 처음으로 언급했을 때[2] 그것은 새로운 용어일 뿐 종자가 주제인지 소재인지 종잡을 수 없었다. 종자와 주제, 소재, 그리고 사상의 상호관계도 모호했다. 그러나 종자는 작품의 주제, 소재, 사상을 통일시키는 것으로 이 세 가지가 유기적으로 조화되어야 작품이 잘 될 수 있다는 이론제시였다.

여기에서 북한 이론서에서 말하는 종자론을 들여다본다.[3] 우선 종자가 무엇인가에 대해서는 종자는 문학예술작품의 핵이고 형상의 원형이라고 대답한다.

모든 사물현상이 핵을 중심으로 하여 이루어지고 존재하듯이 문학예술작품에서는 종자를 핵으로 한다. 그 핵에는 사상적 알맹이가 있다. 이 사상적 알맹이를 설명하기 위해 칼 마르크스의 《자본론》을 예로 든다. 자본론에서 종자라고 할 사상적 알맹이는 잉여가치법칙인데 마르크스는 이 책을 쓰기 위해 모순으로 가득 찬 자본주의사회 경제제

---

2) 종자론이 나오기 전에 출판된 《문학예술사전》 (1972)에서 종자라는 개념이 언급되었다.

3) 김정웅, 《종자와 그 형상》, 문예출판사, 1988. 4. 이보다 앞서 같은 저자(부교수, 준박사 김정웅)의 《종자와 작품창작》 (사회과학출판사, 1987. 2)이 출간되었으나 내용은 동일하다.

도에 대한 연구분석을 하는 과정에서 잉여가치법칙을 발견했으며 이
를 핵으로 하여 자본주의 경제구조를 해부한 책을 쓸 수 있었다는 것
이다.4)

그런데 물질의 핵을 밝히는 것과는 달리 문예작품의 핵을 밝혀내는
문제는 복잡하고 어려운 것인데 이를 종자론이 해결했다는 주장이다.

종자는 형상의 원형이기도 하다. 형상은 작품의 속성과 특징을 표
현하는 것으로 형상이 잘 되었는가, 그 수준이 높은가에 따라 작품의
질을 결정한다. 종자가 작품에서 예술적 형상의 원형이 되는 것은 작
품의 존재방식과 생명력, 가치를 규정하기 때문이다. 즉, 종자가 아름
다운 꽃으로 피어나도록 잘 가꾸듯이 종자는 가공되어 형상의 꽃으로
피어나는 것이다. 그런데 이 형상의 원형이 종자라는 사실이 종자론에
서 처음 밝혀졌다는 주장이다.

다음으로 종자와 소재, 주제, 사상의 상호관계에 대한 대답을 보자.
종자는 주제나 사상 그 자체가 아니라 그것을 규정짓는 사상의 알맹
이다. 물론 소재도 종자가 아니다. 작품의 핵이 되고 바탕이 되는 것
은 소재가 아니라 종자뿐이다.

종자와 주제(테마)의 관계는 문예작품을 하나의 건물로 볼 때 종자
는 건물의 기초이고 주제는 건물의 기둥에 비길 수 있다. 따라서 "주
제는 종자에 의하여 규정되고 제약된다"고 한다.5) 작품의 구상단계에
서는 주제를 이렇게 저렇게 생각할 수 있지만 창작단계에서는 종자에
기초하여 주제를 세우는 것이 원칙이므로 이를 지켜야 한다. 가령 "나
는 농촌기술혁명에 관한 주제의 작품을 쓰겠다", "내가 쓰는 작품에서
는 남조선사회에서 인민들의 자유와 권리가 어떻게 무참히 짓밟히고
있는가 하는 문제가 기본주제가 될 것이다"라 하더라도 구체적으로

4) 이 예는 본래 김정일의 《영화예술론》에 언급되어 있다. 金正日, 《映畵藝術論》 朝鮮·平
壤, 外國文出版社 1989, p. 15.
5) 《영화예술론》 p. 18.

종자를 잡아야 작품이 쓰여진다는 것이다. 종자에 비해 주제는 추상적, 논리적 개념으로 표현된다. 그 관계를 몇 작품에서 보면 이렇다.6)

<꽃 파는 처녀>
주제 : 나라 잃고 수난 당한 민족의 운명에 관한 문제
종자 : 설음과 효성의 꽃바구니가 투쟁과 혁명의 꽃바구니가 된다.

<안중근 이등박문을 쏘다>
주제 : 조선의 망국사의 근본원인과 피의 교훈에 관한 문제.
종자 : 이등박문은 죽었어도 침략자는 남아 있다.

<혈분만국회>
주제 : 나라의 독립과 국권회복의 방도에 관한 문제.
종자 : 만국회의도 조선에 독립은 선사해 주지 않았다.

<한 자위단원의 운명>
주제 : 일제 식민지 통치 밑에서 조선인민이 나아갈 참된 길은 어디
에 있는가 하는 문제
종자 : 자위단에는 들어도 죽고 안 들어도 죽는다.

종자와 사상의 관계에서는 "예술의 내용에서 핵을 이루는 것은 감정이 아니라 사상이다"(김정일)라는 관점에서 종자는 작품에 사상을 형상적으로 구현할 수 있게 하는 적극적인 작용을 한다고 말한다.

이번에는 종자론이 수행하는 기능을 한번 살펴보자.

---

6) 이 종자들도 김정일이 잡은 것이다.

첫째 종자는 작품의 사상성과 예술성을 결합시키는 바탕이 된다. 둘째 종자는 작품의 철학적 깊이를 보장하는 요인이다. 셋째 종자는 창작가의 예술적 환상을 불러일으키는 원천이 된다. 넷째 종자는 창작가를 속도전에로 추동하는 요인이다.

종자가 어떻게 속도에 영향을 미치는가에 대해서는 "종자를 바로잡아야 창작에 나서는 사상 예술적 문제를 옳게 풀어 나갈 수 있으며 창작의 결과를 명백히 내다볼 수 있다. 작품의 결과에 대한 확신을 가지고 창작에 모든 것을 집중할 때 높은 속도가 나오게 되며 작품의 사상 예술적 질이 높아지게 된다"는 주장을 편다.[7]

종자의 이러한 본질과 성격 그리고 기능을 이론적으로 알게 된 바탕에서 구체적으로 종자를 잘 잡는 것은 다음과 같이 한다.

첫째 종자는 당 정책의 요구에 맞게 잡아야 한다. 제기되는 모든 문제들은 당 정책에 의거하는 작가만이 똑바로 가려 낼 수 있다는 것이다. 이때 "당 정책을 한갓 지식으로만 받아들이는 실무주의적 경향을 배격하고 당 정책을 자기의 신념으로, 창작의 지침으로 삼을 때에만 당의 요구에 맞는 작품의 사상적 알맹이를 잡아쥘 수 있다"(김정일, 영화예술론)는 것이다.

둘째 형상으로 구현할 수 있는 종자를 잡아야 한다. 종자를 골라잡을 때 정치 사상성뿐 아니라 예술적 형상도 중시해야 한다는 것이다.

셋째 새롭고 특색 있는 종자를 골라잡아야 한다. 이에 대해서는 이미 김정일의 답변이 있다. "새롭고 특색 있는 종자란 언제나 비반복적인 것이며 생활발전의 새로운 싹은 독특하게 체현하고 있는 것이다. 이러한 특색 있는 종자는 쉽게 발견되지 않는다. 그것은 바닷가의 수억만 모래알 가운데 있는 하나의 금싸래기처럼 희귀한 것이여서가 아니라 생활 속에 많으면서도 그 특색을 제때에 올바르게 가려내는 일

---

7) 김정일, 《영화예술론》.

이 쉽지않기 때문이다"8) 새로운 종자의 예로서는 간석지에서 일어나는 근로자들의 생활을 노래한 문예작품을 들고 있는데 이는 30만 정보 간석지 개간사업을 반영하고 있다는 설명이다.

지금까지 종자의 본질과 성격, 그리고 그 기능에 관한 검토를 했고 그것을 잘 잡는 방법까지 소개했는데 이에 대한 비판적인 관점을 언급해 보자.

종자론에서 말하는 종자에는 소재, 주제, 사상의 알맹이가 있다고 한다. 그러므로 문예작품 창작시에 종자를 먼저 찾아내고 그에 기초하여 주제, 소재, 사상을 전개해야 작품을 잘 만들 수 있다고 한다. 하지만 종자 없이도 작품생산을 해왔고 현재도 그것이 가능하다. 북한에서도 반드시 종자론에 입각하지 않고도 작품을 생산하는 실제 경우도 있는 것이다. 종자와 주제의 관계를 앞에서 보았지만 종자를 의식하지 않아도 작품생산은 얼마든지 가능하다. 종자는 주제를 좀 더 분석적으로 표현한 것으로 굳이 말하면 주제의 변종에 다름 아니고 주제에 소재를 덧씌워 놓은 것에 지나지 않는다. 다만 종자는 그들 주장대로 주제에 비해서는 구체적인 개념을 나타내기 때문에 작품 이해에는 유용하다. 그러나 구체적인 개념 자체가 좋은 작품을 약속하지 않거니와 작품생산에는 그렇게 유용하다고 볼 수는 없다.

문예작품이 투쟁의 무기라든가 사상적 교과서로 되지 않는 한 당정책이 구현된 종자가 필요하지는 않을 것이다. 종자는 형상의 원형이라 하는데 형상은 종자 없이는 형상화가 되기 어려운 것인가? 이 점도 검토해 볼 필요가 있다. 형상은 문예작품을 예술적이게 한다. 형상을 떠나서는 주제가 있고 소재가 있어도 그것은 미적인 대상이 될 수 없다. 그런데 이러한 형상에 사상을 나타내는 종자가 반드시 있어야 한다면 형상에서 예술적 표현은 상대적으로 약화될 수밖에 없게 될 것이다.

무엇보다 이 시점에서 새삼스레 웬 종자론인가 하는 것이다. 답은 이미 나와 있다. 대단한 종자론을 종자 삼아서 강성대국 건설에 힘을 얻자는 것이다. 종자론은 얼마나 대단한 것인가?

"불의 발견이 인류의 진보와 사회의 발전에 결정적 전환을 가져 온 것처럼 종자리론의 창시는 문학예술의 창조와 발전에서 새로운 전환을 마련한 혁명적 계기로 되었다"라 했다.9) 이 말도 미흡했던지 "일찍이 세계 사회계는 종자론을 창시하신 위대한 김정일동지의 업적을 두고 인간에게 불을 처음으로 가져다 주었다는 신화적인 프로메테우스와도 대비할 수 없으리만큼 불멸할 공헌이라고 높이 칭송한 바 있다."라고 한다.10) 앞의 표현대로라면 불의 발견에 비견된다고 말할 수 있겠는데 뒤의 표현대로라면 불의 발견을 능가하는 업적이 된다. 참으로 대단한 일이다.

이렇게 대단한 종자론을 문예분야에만 국한해서 사용하기는 아까운 것이다. 그래서 "지난 시기 일부 사람들 속에서는 마치도 종자론이 문학예술 부문이나 출판보도 부문에만 해당되는 것처럼 여기는 견해들이 있었다"는 말로써 확대의 발판을 마련하고 있다.11) 종자론이 현재까지는 문예분야, 출판 보도분야, 농업분야에서만 운위되고 있지만 2월의 학술토론회에서 보듯이 향후에는 전 분야로 확산시켜 통치이론의 한 축이 되도록 할 것이 예견되는 것이다.

종자론은 인류의 진보와 번영을 이룩하는 데서 보편성을 갖는다고 강조된다. 불의 발견에 비견될 정도로 획기적인 이론이고 보편성을 갖

---

9) 김정웅, 《종자와 그 형상》, 문예출판사 1988. 4, p. 7.   저자의 《종자와 작품창작》(사회과학출판사, 1987. 2)에서는 머리말(p. 5)에 나와 있다.

10) 《로동신문》, 2001. 3. 6.

11) 《로동신문》 2001. 3. 6. 종자론의 외면을 추궁하듯이 하는 이러한 방식은 북한에서 새로운 정책 전개 때 흔히 보이는 모습이다. 당의 오류를 인정하지 않고 해석상의 오류를 지적하는 방식이다.

는다면 왜 그것은 아직 세계적인 사상이론으로 떠받들어지고 있지 않
는가? 북한의 선전력의 부족인가?

아마도 인간의 창조적 이상으로 더 많이 더 빨리 더 좋게 창조하려
는 요구대로 종자론에는 속도를 빨리 하는 과학적인 방법론이 있는
것이 보편적이라는 것인 모양이다. 속도 문제에서 "속도를 빨리 하려
면 질을 보장할 수 없다는 낡은 판단에 종지부를 찍고 속도와 질을
다같이 보장할 수 있게 하는 것이 종자론이라고 주장하지만 종자론
자체에서 속도와 관계된 논리를 발견하기는 어렵다. 다만 "종자론을
틀어쥐면 속도의 질이 정비례되게 할 수 있다"고 하는데 종자가 구체
적이므로 작품 전개에서 교통정리가 잘 될 수 있다는 정도로만 이해
된다.

종자를 틀어쥘 때 좋은 종자를 잘 골라야 한다고 한다. 종자는 '교
시'와 당 정책노선에 충실한 것만이 값어치가 있는 것이므로 종자를
옳게 고르라고 강조하는 것은 교시와 당 정책에의 충실성만을 요청하
는 것이 된다.

IV. 맺는 말

종자론은 처음 문예작품에서 당성(주제), 혁명성(소재), 주체성(사상)
을 종자로 해야 한다는 것으로 출발했으나 이제는 "종자를 발견하고
창조하며 잘 가꾸게 함으로써 모든 분야에서 근본적인 변혁을 일으키
는 종자혁명 사상"12)으로 되고 있다. 이론의 창안자와 정책 추진자가
동일한 북한에서 종자론은 이제 문예이론의 범위를 벗어나서 온갖 분
야에 관여하는 정책으로 등장하고 있다.

---

12) 《노동신문》 2001. 3. 6.

앞의 《노동신문》 글은 "종자론이야 말로 혁신적인 안목으로 새로운 착상을 하며, 낡은 것을 짓부시고 새로운 것을 창조하게 하는 것"이라면서 종자론에 입각하여 21세기에 상응한 실력을 갖추도록 노력할 것을 촉구하고 있다. 좋은 종자는 하늘에서 저절로 떨어지는 것이 아니고 높은 실력 속에서 종자 발견과 창조, 꽃피우기의 비결이 있기 때문에 실력을 갖출 것을 강조하면서 새 세기에 상응한 실력을 갖추기 위하여 '피타는'(피나는) 노력을 기울일 것을 강조한다.

이를 두고 올해 초 김정일이 말했다는 이른바 '신사고'와도 일맥상통한다는 견해도 있다. '신사고'는 "모든 문제를 새로운 관점과 새로운 높이에서 보고 풀어 나가겠다"는 말을 규정한 것인데, 이 말이 실린 노동신문 1월 4일자를 보면 경제부문에서는 변화를 요구했지만 정치와 사상에서는 붉은기 고수, 영웅성 기대, 선군정치방식 유지 등등을 언급하고 있어 변화라기보다 종전 입장의 고수를 강조하는 쪽이 강하다. 다만 '신사고'에는 변화의 구체성이 드러나지 않아서 종자론으로 이를 상호 보완하려는 것으로 볼 수는 있을 것 같다. 이는 향후의 주목사항이다.

북한의 주장처럼 종자론의 '독창성'과 '진리성'에 대한 가치평가는 부정적이라 하겠다. 그럼에도 북한의 이론가들은 이를 복잡다단하게 끝없이 자랑하고 있는 것이다.

종자론에 대한 북한의 언급은 모두가 김정일 언설의 동어반복이고 훈고학(訓詁學)일 뿐이다. 이러한 종자론이지만 강성대국 건설을 다그치는데는 실천적 무기로 기능할 수 있을 것으로 기대하고 오늘도 '불의 발견'과 같은 수준의 이론이라고 외쳐지고 있다.

계몽기 가요 평가

I. 들어가는 말

"음악은 혁명가요가 쇠퇴하고 사랑을 주제로 한 트로트 풍 가요가 등장해 우리 노래인 <이별>, <낙화유수> 등이 애창되고 있다."

몇 년 전 어느 신문의 북한관련 보도내용이다. 위에서 <이별>은 어떤 노래를 말하는 지 모르지만 <낙화유수>는 '우리 노래'가 아니다. 우리 노래가 아니라기보다 우리만의 노래가 아니다. 이 노래는 1929년에 콜럼비아 레코드사에서 음반으로 나온 남북한 공유의 노래이다. 즉, 남북한이 공유할 수 있는 노래인 것이다.[1] 남북한이 공유할 수 있다는 것은 시간적으로 광복 이전, 공간적으로 전 한반도에 걸쳐 존재했던 모든 사상(事象)과 관계되는 것을 말한다.[2] 북한은 그간 공유가

---

1) 일명 <강남달>이라고도 하는 이 노래는 무성영화 <낙화유수>(1927)의 해설집이 음반으로 나올 때 삽입곡으로 발표(1929)된 것이다. 김서정(金曙汀)작사·작곡에 이정숙(李貞淑)이 불렀다.
2) 한반도의 모든 문화사항을 분석적으로 설명할 때, 시간적으로 광복 전, 공간적으로 전 한반도에 걸쳐 이루어진 사항은 남북공유사항, 시간적으로 광복 후, 공간적으로 북한지역에서 이루어진 사항은 북한사항, 남한지역에서 이루어진 사항은 남한사항이라 명명할 수 있다. 다만 광복

가능했던 많은 전통사항들을 그동안 폄하하고 외면했기 때문에 마치
도 그것이 북한과는 전혀 무관계한 것으로 인식될 수 있었던 것이다.

북한이 전통문화에 대해서 현재 ①계승시켜야 할 사항 ②보존은 해
도 장려는 하지 않을 사항 ③없애버려야 할 사항으로 정리하고 있지
만 1950년대 초부터 시작되어 1980년대 말까지는 전통문화가 폄하되
었다. 특히 1960년대 중반부터 한동안은 전통적 요소는 깡그리 없애버
려야 할 대상으로 인식될 정도로 파괴의 대상이기도 했다. 추석을
1988년에, 음력설을 1989년에 허용하고 단군을 1993년에 인정한 것이
이를 증좌한다.3) 따라서 남한에서 전통문화의 많은 부분을 북한과 무
관한 것으로 인식하는 것은 일반적인 것이다. 그런데 최근에 와서 북
한은 근대화 시기의 창가나 광복 전 유행가까지 선별적으로 좋게 평
가, 수용하기 시작했다.4) 이른바 '계몽기 가요'라고 하여 조선조 말의
창가와 동요를 비롯, 신민요, 가곡, 대중가요(유행가)를 범위에 포함하
면서 '민족음악예술의 귀중한 유산'으로 평가한다. <낙화유수> 같은
노래도 대중가요로 분류되며, 선조들이 남긴 문화유산으로 자리매김
되어 이제는 숨어서 부르는 노래가 아니다.

II. 창가 · 동요 · 가곡 · 신민요에 대한 관점

전 평안도 지역에서 이루어진 사항이라도 편의상 공유사항이라 할 수는 있다. 가령 광복 전 평
양지방을 중심으로 한 물산장려운동이 있었다면 이는 일제 하의 전 조선사람이 공유할 수 있는
사건이며, 홍경래 난을 충청도와 무관한 사건으로 볼 수 없는 이치와 같다.
3) 추석을 뒤늦게 부활시키면서 그동안 일본제국주의자들의 우리 민속 파괴 때문이었다는 구실
을 대고 있다.
4) 김일성이 "…… 류행가 가운데서도 퇴폐적이 아니고 조선민요의 형식을 계승하여 만든 좀
경쾌한 노래들은 계속 부를 수 있습니다."(《김일성저작집》 18권, p. 447)라고 한 것은 오래 되
지만 실제 정책화 된 것은 최근이다.

창가에 대해서는 계몽창가라 부르면서 근대적 발전을 추구하는 신문화운동에 따라 창작되었다고 본다. 계몽창가의 특성은 그 가사내용이 계몽적이고 곡이 우리나라의 첫 양악곡들이라는 것이다. 이들 음악들은 부르기 쉽고 호소적인 행진곡 풍에다 가사는 향학열을 고취하거나 청년들의 신체단련을 강조하는 계몽적 성격의 가사를 가지고 있다. <학도가>·<거북선>·<공부하세>·<문맹 퇴치가>·<조선 13도가>·<빛나는 조선> 등이 그것이다.[5]

이들 노래들은 당시 청년학생들에게 널리 보급되었고 애국적 감정을 북돋아주기도 했다. 그러나 계몽창가에 반영된 애국주의는 부르주아 민족주의적 테두리에서 벗어나지 못한 제한성을 갖는다는 지적을 한다.

그런데 <학도가> 등을 말하면서 이 창가가 일본의 <철도창가>와 곡이 같으며 그것이 나중에 김일성이 이끈 '항일빨치산'의 <반일혁명가>로 불렸다는 언급은 찾아볼 수 없다.[6] 이 당시 들어온 일본 곡이 창가를 거쳐 북한에서 주장하는 '항일빨치산' 노래나 지금의 북한쪽 노래가 된 것은 이밖에도 더 있다. <조선인민혁명군>·<결사전가>·<메데가>가 그렇다. <조선인민혁명군>은 김일성의 작곡으로 말하고 있으나[7] 일본 작곡가의 <일본해군>과 같은 곡이고 <결사전가>는 일본 대학의 야구응원가, 그리고 <메데가>는 일본 군가의 선율이다.[8]

---

5) <공부하세>는 본래 <권학가>이다. 창가를 언급하면서 창가의 효시가 1876년 새문안교회 교인들이 영국국가 곡에 맞춰 지은 <황제탄신 경축가>라는 사실 같은 것은 언급하지 않고 있다.

6) <철도창가>는 일본 작곡가(多梅稚)가 1900년에 작곡한 곡으로써, 근대기의 우리나라에서 <학도가>, <성경목록가>로 불리다가 <반일혁명가>와 <일어나라 무산대중>의 곡으로도 되었다.

7) 사회과학원 주체문학연구소, 『문학예술사전』, 1991.

8) <조선인민혁명군>은 일본 작곡가(小山作之助)가 1904년 1월에 작곡한 <일본해군>과 같은 곡이다. <결사전가>는 <적은 많은가>라는 일본 군가인데, 와세다 대학과 게이오 대학의 야구응원가로 널리 불려졌다. 이 곡 역시 앞의 작곡가 고야마가 작곡한 것이다. 북한에서는 이 곡이 <결사전가>뿐 아니라 <나가자 싸우자>·<아동가>·<통일전선가> 등의 혁명가요에서도 사용되었다.

<결사전가>를 포함한 혁명가요에 대해서는 김정일의 상찬도 보인다.9)

동요는 1920년대 말 1930년대초 홍난파·박태준·안기영·정순철 등 양심적인 음악가들에 의해 <고향의 봄>·<고향하늘>·<그리운 강남>·<조선의 꽃>·<짝자꿍>·<따오기> 같은 민족적이고 애국적인 동요가 많이 창작되었다고 본다.10)

동요는 전통시대로부터 전승된 전승동요가 있고 계몽기 이후 서양음악 형식에 의해 작곡된 창작동요가 있는데 여기에서 말하는 동요는 창작동요를 말하는 것이다. 창작동요는 1920년대초에 첫 동요가 나타난 이래11) 1930년대에 양적으로도 확대된 황금시대를 맞는다. 광복 후 남한에서는 민족항일기의 창작동요가 그대로 계승되었지만 북한에서는 거의 무시되다시피 되었다. 몇 년 전 북한 중앙통신은 동요인 <반달>과 <따오기> 등 수백 편의 계몽기 가요를 찾아냈다고 보도했다. 그런데 <반달>과 <따오기>를 새로 찾아냈다는 것은 그간 외면했던 것을 이제 부르기 시작했다는 것을 말한다. 1924년 첫 동요로 발표된 <반달>(윤극영 곡)이나 이듬해 1925년에 나온 <따오기>가 새삼 발굴 대상이 될 수는 없다. 이런 뜻에서 찾아냈다는 표현은 바른 표현이 아니다.

<메데가>는 일본 <메데의 노래>와 같은 곡인데 일본 <메데의 노래> 역시 1901년에 발표된 일본 군가 <아무르의 유혈>(栗林宇一 작곡)과 같은 곡이다. 북한에서는 <메데가> 외에도 <계급전가>·<일어나라 만국의 로동자>라는 혁명가요에 이 곡이 사용되었다.(『내외통신』 1122호, 1998. 8. 13 및 서울 싱어즈 소사이어티 세미나 자료, 한국가곡의 원류를 찾아서, 1998. 10.12)

9) "혁명가요들인 <유격대 행진곡>·<결사전가>·<혁명가>는 힘있고 용기를 주는 행진가요이다. 이 노래들은 부르면 억천만번 죽더라도 원쑤들과 싸워 기어이 승리하고야 말 억센 의지와 강한 힘이 솟구쳐 오른다."(《음악예술론》, 1992. 6, p. 118)

10) "민족음악예술의 귀중한 유산, 계몽기 가요", 《금수강산》 2001, 1호.

11) 우리나라 첫 창작동요는 1924년 윤극영 작사·작곡의 <반달>이다. 뒤이어 방정환의 <형제별>, 한정동의 <따오기>, 박태준의 <오빠생각> 등이 작곡되었다. <반달> 이전에는 어린이를 위한 노래도 창가형식으로 불렸다.

가곡은 북한에서 예술가요라 한다.12) 예술가요는 창가나 동요에 비해 음악형식이 예술적으로 세련된 것으로 본다. <봉선화>·<동무생각>·<작별>·<조선찬가>·<가려나> 등을 예술가요로 내세운다. 이때의 예술가요들은 "비교적 높은 예술적 형상력과 사색적인 정서, 고전미가 풍기는 선율의 무게 있고 절도 있는 품격 등으로 독특한 정서적 감흥을 불러일으켰다."라고 평가했다.

한편 1920년대 초에는 신민요 창작도 활발해졌다면서 <노들강변>·<그네 뛰는 처녀>·<조국산천가>·<꽃을 잡고>·<금강산타령>·<개나리고개>·<명승가>·<우리의 동해는 좋기도 하지>·<평북영변가>·<풍년고사리>·<뻐꾹새> 등을 예로 들고 있다.

북한에서 신민요는 민요풍의 서정가요를 말한다.13) 신민요는 1930년대부터 널리 불리기 시작하는데, 당시 일본제국주의자들이 퇴폐적이고 저속한 노래로 "우리 인민의 반일감정을 마비시키고 우리나라의 민족음악을 말살하려고 악랄하게 책동하였다."면서 이런 가운데서도 우리 음악 유산을 지키려는 양심적인 음악가들이 있어서 신민요가 나왔다고 본다.14)

신민요는 전통민요가 가진 연하고 부드러우며 친근한 음악형상들을 계승하면서도 지향적이고 낙천적인 요소들을 보다 많이 가졌다고 본다. 그래서 사람들에게 산 좋고 물 맑은 조국산천에 대한 열렬한 사랑을 안겨주었고, 민족의 넋을 북돋아주면서 낙관주의적 생활감정을 고취하는데 큰 역할을 했다고 평가한다. 특히 신민요는 이전의 전통민요들이 가진 지방적 테두리를 벗어나서 민족가요가 되었다고 평가한다. 신민요는 지금 북한에서 현대감각에 맞게 새롭게 형상되어 사랑을 받

---

12) 한국에서는 예술가곡이라고도 하며 우리나라 첫 가곡은 1919년에 발표된 <봉선화>이다.
13) 한국에서는 민요풍의 가락에 서양악기로 반주를 붙인 곡들을 신민요라 했으며, <노들강변>·<울산큰애기>·<능수버들>·<맹꽁이타령>·<대한팔경> 등을 대표적인 곡으로 꼽고 있다. 「한국민족문화대백과사전」 제6권, 한국정신문화연구원, p. 482.
14) 박영, "신민요", 《천리마》, 1984. 11.

고 있다는 주장이다.

Ⅲ. 대중가요에 대한 관점

북한에서도 대중가요는 '류행가'이다. 유행가는 광복 전의 유행가도 있고 광복 후의 유행가도 있다. "류행가는 광복 전 낡은 시대에만 있는 것이 아니다. 새 사회 건설을 위한 장엄한 투쟁 속에서 태여나 인민들 속에서 널리 불리워지는 노래들도 류행가라 말할 수 있다."15) 그러니까 <눈물 젖은 두만강>, <홍도야 울지 말아>나 '노동당시대' 청년들의 낭만을 노래했다는 <휘파람>도 다 유행가이다.16) 다만 광복 전 유행가, 광복 전 대중가요라 하여 북한에서 창작된 가요와 구별하고 있을 뿐이다.

광복 전 대중가요는 1920년대 중엽부터 1930년대 전반기까지 창작이 왕성했고 1937년까지 성행했다고 밝히고 대체로 두 가지 부류로 가르고 있는데 퇴폐적인 것과 퇴폐적이지 않은 것으로 분류하기도 하고17), 반동적인 것과 진보적인 것으로 분류한 관점도 있다.18) 또 이 두 관점을 종합한 것도 있다. 즉, 일제가 조선인의 반일감정을 마비시키고 조선인들을 타락시킬 목적으로 유행가의 명목 밑에 퍼트린 퇴폐적이며 반동적인 가요들과 망국노의 신세, 향토애, 고유한 정서가 담겨진 유행가가 있다는 것이다.19)

---

15) "류행가", 《로동신문》, 2001. 10. 21, 4면.
16) "하루 계획을 300%로 넘쳐 수행하는 보람찬 로동생활 속에서 청춘의 사랑도 아름답게 꽃피워 나가는 로동당 시대 청년들의 랑만을 노래한 <휘파람>과 같은 노래들과 위대한 선군시대를 반영하여 나온 수많은 명곡들이 있다. 인민들 속에서 널리 불리워지고 있는 이런 노래들은 새시대의 류행가라 말할수 있다."(앞의 신문)
17) 《조선대백과사전》 제8권, 백과사전출판사, 1999. 3. p. 96.
18) 우연오, "반일, 애국, 광복의 리념을 심어준 계몽기 류행가", 《조선예술》, 2002. 9.
19) "민족음악예술의 귀중한 유산 계몽기 가요", 《금수강산》, 2001, 1호.

▲ 조선노래대전집의 표지 모습. 조선중앙방송(2003. 1. 29)에 따르면 "북한의 문학예술
출판사는 계몽기 가요를 포함, 3,600곡의 가요, 4,000여 곡의 가극, 100여 곡의 민요 등
약 8,000여 곡을 수록한 음악백과사전서인 《조선노래대전집》을 발간했다"고 전했다.

가요를 퇴폐적인 것과 퇴폐적이지 않은 것으로 분류한 것은 《조선
대백과사전》으로 퇴폐적이어서 배격되어야 할 유행가로 <눈물 젖은
두만강>·<황성옛터>·<목포의 눈물>·<타향살이>·<홍도야 울지
말아>를 들고 있다. 퇴폐적이 아니라고 규정한 것은 <노들강변>·<
울산타령>·<조선팔경가>·<양양팔경가>·<능수버들>·<뻐꾹새>

▲ 북한의 문학예술출판사가 발행한 《조선노래대전집》에 수록되어 있는 <나그네설움>과
<눈물 젖은 두만강>의 가사와 악보.

등 주로 신민요에 해당하는 것들이다.

유행가를 진보적인 것과 반동적인 것으로 구분한 관점에서는 <눈
물 젖은 두만강>을 비롯 <황성옛터>·<목포의 눈물>·<진주라 천
리길>·<나그네 설움>·<락화류수>·<서귀포칠십리>·<타향살이>
등이 진보적인 가요로 분류되어 있다.[20] 이런 노래들이 비록 사상을
적극적으로 담지 못하고 은유적인 수법으로 표현하고 있으며, 곡조도
애수적이고 감상적이나 나라 잃은 울분을 토로하고 반일, 애국, 애향
의 감정을 고취하므로 사랑을 받았다고 평가하고 있다.

또 망국노의 신세를 향토애에 담아 노래함으로써 민족적인 감정이

_____

20) 반동적인 가요에 대해서는 예를 들지 않았다지만 다른 자료에서 보면 <장한몽> 같은 노래
를 퇴폐적인 것으로 분류하고 있다.(리동수, "광복전 대중가요와 민족문화유산", 《조선문학》,
2000. 8)

반영된 대표적 작품으로 꼽은 것은 <눈물 젖은 두만강>·<낙화유수>·<바다의 교향시>·<서귀포 70리>·<홍도야 울지 말아>·<황성 옛터>·<찔레꽃> 등이다.

위에서 보면 <눈물 젖은 두만강> 같은 노래는 분류상의 차이 때문에 《조선대백과사전》에서는 퇴폐적인 가요로 분류되기도 했지만 다른 분류에서는 진보적인 가요 또는 향토애와 고유한 정서가 담겨진 유행가로도 되고 있다.

이제 유행가를 진보적인 것과 반동적인 것으로 분류한 관점을 중심으로 개별 유행가에 대한 평가와 유행가 전반에 대한 견해를 보기로 한다. 진보적인 계몽기 유행가요가는 다시 몇 가지 유형으로 분류되고 있다. ①망국노가 된 민족적 울분과 설움을 통해 반일감정을 표현한 것, ②사랑·이별과 같은 감정을 통하여 조국사랑과 반일감정을 담은 것, ③고향을 그리워하는 향수를 노래 한 것, ④광복의 앞날을 확신하는 신념을 담은 낭만적인 것이 있는데 이는 모두 반일, 애국, 광복의 이념을 심어준 것이라고 평가한다.

①에 해당하는 것은 <황성옛터>·<서울노래>·<타향살이>·<나그네설음>·<집 없는 천사> 등이다. <황성옛터>에 대해서는 허물어지고 폐허로 된 고려의 옛 궁터를 통하여, 또한 왜놈들의 등쌀에 못이겨 고향 땅에서 더는 살수가 없어 떠돌이신세가 된 주인공의 심정을 통하여 나라 잃은 민족의 슬픔과 울분을 토해냈고 이 때문에 노래는 탄압을 받았다고 소개했다.

<황성옛터>에 대한 또 다른 언급을 보자. 고색 창연한 한밤의 옛 성터에 고요히 흐르는 처량한 달빛은 지난날의 서러운 회포를 더해만 준다. 이 땅에 태를 묻고 자란 그리운 산천을 뒤에 두고 피눈물 뿌리며 떠나가는 서정적 주인공의 괴롭고 쓸쓸한 체험세계를 깊이 있게 파헤치고 있다는 것이다.

<서울노래>는 3·1운동과 6·10만세사건, 그리고 광주학생사건으로 이어져 왔던 겨레의 숨소리가 일제에 총칼 앞에 쓰러진 것을 "무궁화 가지마다 꽃잎이 지고" "앞남산 봉화불이 꺼진 것"으로 비유하고 혁명기운과 광복이념을 "아시아의 바람아 서울의 잠을 깨라"는 시어로 은유적으로 노래했다고 소개한다.21) 이런 깊은 뜻 때문에 "비록 비탄조의 음선법으로 되어 있으나 사람들 속에서 널리 불리워지면서 민족의 넋을 지켜 가는데 긍정적 역할을 하였다."고 평가했다.

<타향살이>에 대해서는 타향살이 10여 년에 청춘만 늙고 서글픈 인생체험은 갈수록 고독만 싣고 오는데 가슴깊이 맺힌 정은 꿈결에도 그리운 고향이었고, 버들피리 꺾어 불던 옛날을 추억 깊이 더듬으며 다시 돌아 갈 기약 없는 그날을 그려보는 애절한 심정을 호소하고 있다라고 평가한다.

②에 해당하는 것에는 <목포의 눈물>·<홍도야 울지 마라>·<울며 헤어진 부산항>·<눈물 젖은 두만강>·<연락선은 떠난다> 등이다. 이들 노래의 사랑과 이별은 단순한 연정문제가 아니라 일제의 검열을 통과하기 위한 통로였을 뿐 거기에는 반일 애국의 감정이 강하게 깔려 있었다는 것이다. 가령 <눈물 젖은 두만강>은 남편 잃은 아내의 슬픔에 나라 없는 민족의 슬픔을 담았지만 이 노래 가사에 나오는 님은 남편에 대한 뜻만이 아니라 잃어버린 조국에 대한 뜻으로 받아들이며 이 노래를 불렀다고 평가한다. 이 노래에서의 님은 단순한 님이 아니라 잃어버린 조국을 뜻한 것이기도 했다. 떠나온 고향, 사랑하는 조국이 보고 싶다고 애타게 하소연한 이 노래는 일제의 가혹한 착취와 억압에 못 견뎌 남의 땅에 가 살면서 고향산천이 그리워 눈물 짓던 우리 '인민'들 속에서 널리 불려졌다고 평가한다.22)

21) 이 노래를 지은 조영출이 수기에서 "당시 아시아의 대륙에 파도쳐 오던 혁명의 풍운, 백두산에서 전하여 오던 전설 같은 이야기를 이 노래에서 '아시아의 바람'이라는 은유적인 표현으로밖에 담을 수밖에 없었다."라고 썼다면서 『통일신보』를 인용(1987. 3. 21)하고 있다.

<눈물 젖은 두만강>에 대한 또 다른 한 언급을 보면 "어데론가 떠나간 님을 그리며 눈물 젖은 두만강 가에서 추억에 목 메여 한숨짓는 서정적 주인공의 서글픈 인정체험이 사랑과 울분의 격조에 실려 펼쳐지고 있다."면서 민족적 울분을 기본 정서적 내용으로 하고 있다고 평가한다.

<목포의 눈물>이나 <울며 헤어진 부산항> 역시 "나라를 빼앗긴 식민지 인민이 겪는 설움은 작별의 슬픔과 함께 석별의 정 넘치는 부두가를 눈물로 적시는데, 언제 다시 돌아올지 기약할 수 없는 작별이기에 <목포의 눈물>에서는 설움이 "부두가에 날리는 옷자락 우에" 하염없이 쏟아지고, <울며 헤어진 부산항>에서는 "련락선 란간머리 달빛우에" 하염없이 쏟아진다는 것이다. 그러나 곧 "서로의 그리운 정을 송두리채 앗아가는 작별을 통탄하며 설움은 다시 울분으로 터져 오른다."라고 묘사한다.

<홍도야 울지 마라>에 대해서는 "돈과 사랑의 륜리에 대한 문제를 제기하고 그것을 순정의 등불을 지켜 갈 의지를 통하여 밝히려고 한 점에서 교훈을 준다."라고 평가한다.

③에 해당하는 노래는 <진주라 천리 길>·<서귀포 칠십리>·<잃어진 고향> 등이 있다. 이 노래들에는 타향살이를 하다가 고향에 돌아와서 느끼는 쓸쓸한 감정이 비껴 있지만 타락과 염세적인 데로가 아니라 숭엄한 데로 이끌어 준다고 한다.

<진주라 천리길>은 임진왜란 때 의기 논개가 왜장을 끌어안고 강물에 뛰어 들어 장렬하게 희생된 애국적 사연이 깃든 진주의 촉석루도 고향에 돌아온 주인공의 울적한 심사를 위로해 주지 못하는 데서 일제에 대한 반항감정을 불러일으키게 한다고 평가한다. <서귀포 칠십리>는 하루종일 자맥질하면서 해삼과 섭, 굴, 미역을 따는 해녀의

---

22) 《로동신문》 2001. 10. 21, 4면.

모습이 사라지지 않고 그들의 휘파람소리가 그치지 않아 더더욱 아름
다워 한 폭의 그림 같았던 제주도 서귀포 칠 십리 바닷가가 물새만
울어 예는 한적한 곳이 되었으니 과연 이것이 누구의 탓인가 하는 사
회적 문제성을 제기했다고 평가한다.[23]

　④에 해당하는 것은 <감격시대>·<낙화유수>·<바다의 교향시
>·<청춘일기> 등이다. 이 노래들은 애수적이고 쓸쓸한 노래가 주류
를 이루고 있던 시기인 1930년대 말과 1940년대초 희망과 신심을 주
는 낭만적인 노래들이 창작되었다는 것이다. 이는 항일혁명투쟁의 승
리에 대한 확신이 높아진 데 대한 음악적 발현이라고 평가한다.

　최초의 대중가요라는 <낙화유수>에 대해서는 "보내고 가는 것이
인생으로 화해버린 것이 당대의 현실"이었다고 전제를 하고 "사랑은
물결우에 꽃잎처럼 흩으져 흘러가고 포구의 물결우에 석별의 정이 오
가는 속에 인생도 그렇게 흘러간다는 것이 고달픈 인생길을 헤쳐 오
는 과정에 서정적 주인공이 생활을 통하여 얻어낸 격정을 봄소식을
전하려는 마음의 뜻으로 결속 짓고 있다는 점에서 새롭다."라고 평가
한다. 일제통치기 가요에는 비애적인 감정이 지배적이지만 그렇다고
염세적이고 비관적인 정서로만 젖은 것은 아니라는 것도 볼 수 있다.
<사랑에 속고 돈에 울고> 같은 노래를 두고도 "녀인의 가슴엔 절망
과 비관만이 아닌 래일에 대한 일종의 동경과 기대가 있다"라고 보면
서 "녀인은 래일의 꿈이 실현될 그날을 믿고 있기에 그날을 위해 몸
도 마음도 서슴없이 바칠 결심으로 충만되어 있으며 '검은 구름 개이
는 그날' 착취와 압박이 없는 새날이 다가오리라는 기대와 동경으로
가득 차 있다."라고 평가한다.

　광복 전 대중가요에도 님이 많이 나온다. 그 님에는 <눈물 젖은 두
만강>의 님처럼 단순한 님이 아닌 것도 있다. 그러니까 광복 전 대중

---

23) <서귀포 칠십리>에서 해녀들로 해서 아름다웠던 곳이 너무 한적한 곳이 된 것은 일제 침
략의 탓이라고 본 것은 과대해석이라 할 수 있다.

가요에 나타난 님은 '그리운 모든 것에 대한 상징의 의미'로 쓰여졌다
는 것이다.24) 님은 우선 작별한 정든 사람, 그리운 애인이다. <울며
헤진 부산항>·<강남달>·<비오는 해관>·<나그네 설음>·<눈물
젖은 두만강>·<칠석날> 등에 등장하는 님이 여기에 해당한다. <비
오는 해관>(1938)에는 사랑하는 님과의 작별을 강요하는 식민지 통치
현실에 대한 울분이 반영되어 있다고 본다.

> 비오는 포구에서 정든 님을 보낸다
> 비 줄기 눈물 속에 고동이 운다
> 잘 가소 잘 있소 인제 가면 언제 오나
> 아 바다 끝 구름 속에 등대가 싫다

　비 오는 포구에서 떠남을 재촉하는 고동소리, 배 떠날 길을 가리키
고 서 있는 등대는 작별을 강요하는 상징으로 저주스럽게 안겨온다는
것이다.
　<눈물 젖은 두만강>의 님은 떠나간 님과 돌아올 님이 증폭되어 있
다. 노래의 주인공은 남편을 잃은 여인이다. 항일 독립전에 나간 남편
의 체포소식에 천신만고 두만강을 건너 왔건만 남편은 총살당한 뒤였
다. 무너지는 가슴을 부여잡고 여관에 들어 참았던 슬픔을 터트린다.
이 아내의 님 그리는 슬픔은 님 잃은 한 여인만의 슬픔에 그치는 것
이 아니라 나라 잃은 민족의 처지로 이어진다.
　광복 전 대중가요에 나타난 님은 다음으로 따사로운 삶의 품, 정든
어머니의 품으로도 쓰였다. <집 없는 천사>에 나오는 님은 "하늘을
지붕삼고 떠도는 신세"인 어린 소년에게는 "뒤 골목 장담아래 무릎을
꿇고 쳐다보는 칠성별이 정든 님이요"로 나타난다. 이 때의 정든 님은

<hr>

24) 은종섭, "광복 전 대중가요에서 '님'의 정서적 의미", 《조선문학》, 2001. 12.

바로 그리운 어머니 품이라는 것이다.

님은 또 나라와 민족을 위해 싸운 애국적 인물을 가리켰다. <목포의 눈물>(1927)에서 1절의 님은 부두의 시악시를 떠나간 사람이지만 2절의 님은 300년 전 임진왜란 때 왜적을 쳐부순 애국적 인물에 대한 호칭으로 떠오른다고 본다.

> 삼백년 원한 품은 로적봉 밑에
> 님자취 완연하다 애달픈 심정
> 유달산 바람도 영산강을 안으니
> 님 그려 우는 마음 목포의 노래(2절)

이 노래 <목포의 눈물>은 1절에서 님을 잃은 목포의 슬픔을, 2절에서 님을 그리는 목포의 노래, 3절에서 님 앞에 절개를 다짐하는 목포의 사랑으로 승화되어 가는 주인공의 정서가 표현된 것이다. 이렇게 좋은 노래들이 그동안 북한에서 외면된 사실을 숨기지 않고 그 이유를 들이대고 있다. "진보적인 계몽기 류행가들 속에 비껴 있는 깊은 뜻을 옳게 리해하지 못한데로부터 광복 후 우리 당에 기여들었던 얼마우제(극좌익분자)들은 이 노래들을 혁명성이 없는 것으로 단정하고 부르지 못하게 하였으며 결국 1920년대부터 광복 전까지 우리나라 음악발전사에서는 공백이 생기게 되였다."[25]

지금까지의 살펴본 바에 따를 때 북한에서 대중가요는 분류상의 차이에 따라 달리 해석이 될 수도 있었다. 가령 <목포의 눈물>을 보면 관점에 따라 나라를 빼앗긴 식민지 '인민'이 겪는 설음을 작별의 부두가를 무대로 노래했다고 보기도 하고 사랑과 이별과 같은 감정을 통하여 반일애국을 노래했다고 보고도 있다. 그러나 기본적인 견해의

---

25) 우연오, 같은 글.

차이는 없는 것이나 마찬가지다. 이런 점에서 <타향살이>·<황성옛
터>·<목포의 눈물>·<울며 헤진 부산항>을 한데 묶어서 고향을 잃
은 '식민지인민'의 고독과 슬픔, 고향을 애타게 그리는 뜨거운 향토애
의 감정을 절절하게 노래했고26) 망국노의 신세를 향토애에 담아 노래
함으로써 민족적인 감정이 반영되었다고 평가하는 것도 이해 가능하
다.

Ⅳ. 맺는 말

수년 전 북한 중앙통신은 계몽기 가요를 발굴하고 연구하는 일을
활발하게 전개하고 있다고 보도했다. 발굴·고증작업에는 조선음악가
동맹과 평양음악무용대학 민족음악연구실이 참여하고 있는데 최근 성
과로는 신민요인 <영춘가>와 <조선타령>, 이들 가요가 알려짐으로써
"오래동안 미지수로 남았던 음악사의 공백이 메워지고 민족의 재보,
유산으로서의 가치를 찾게 되었다."라고 평했다. 그리고 계몽기 가요
를 모은 『계몽기 가요선곡집』도 발간했다고 한다.27)

더욱이 <눈물 젖은 두만강>의 사례에서 보듯이 퇴폐적인 노래에서
진보적인 노래로 평가가 바뀐 것이 시간적으로도 불과 몇 년밖에 차
이가 나지 않는다는 것은 인식의 변화가 급속하다는 것을 말해 준다.
<눈물 젖은 두만강>의 경우, 분류상의 문제라기보다 범위 설정상의
문제이다. 퇴폐적인 것은 배격하고 민요형식의 유행가는 비판적으로
계승한다는 것이 퇴폐적인 것의 범위를 너무 넓게 잡았던 것이다.

26) 리동수, "광복 전 대중가요와 민족문화유산", 《조선문학》, 2000. 8.
27) 이 《계몽기 가요선곡집》에는 작사·작곡자와 창작 연도, 그리고 곡조가 수록되어 있다고
한다. 한편 최근 보도(조선중앙방송, 2003. 1. 29)에 따르면 문학예술출판사는 계몽기 가요를 포
함, 3,600곡의 가요, 4,000여 곡의 가극, 100여 곡의 민요 등 약 8,000여 곡을 수록한 음악백과사
전서인 《조선노래대전집》을 발간했다.

이제는 김정일도 유행가에 대해 긍정적이다[28] 그는 광복 전 대중가요가 비록 혁명성은 없고 창작자들의 사상적 약점과 시대적 제한성이 있지만 거기에는 당대의 시대상을 보여주는 민족적 울분과 향토애 그리고 고유한 민족적 정서가 있다고 평가한다.[29]

이처럼 북한이 계몽기 가요, 그 가운데서도 종래 부정적이었던 유행가에 대해 일정한 평가를 하고 나선 것은 마치 김일성이 절에 있는 불상도 과거 봉건시대 낡은 것을 보여주는 교재로 필요하다고 본 것처럼 유행가 역시 그러한 교재로 사용 가능하다는 기대도 없지 않을 것이라고 볼 수 있다. 그럼에도 불구하고 계몽기 가요, 특히 광복 전 대중가요에 대한 접근은 남북동질성의 기반을 넓히는 것이 될 것이다.

---

28) "한 때 계몽기가요를 류행가라고 하면서 부르지 못하게 하였는데 류행가라는 것은 해당 시기 인민들 속에서 널리 불리워진 노래라는 말입니다. 사람들 속에서 널리 불리워지고 류행되면 류행가이지 류행가가 따로 있는 것은 아닙니다."(김정일)

29) "위대한 령도자 김정일 동지께서는 최근 류행가에 대한 관점을 바로 가질데 대하여 가르치시면서 류행가가 지난 시기 창작되었다고 하여 다 나쁜 것이 아니며 거기엔 인민들의 지향과 감정이 생활적으로 체현되어 있다고 하시면서 혁명적인 사상은 없어도 민족적 울분과 향토애, 고유한 민족적 정서가 있다고 일깨워 주시었다."(《조선문학》 2000. 8, p. 56)

문예의 주체성과 민족성

I. 들어가는 말

"우리가 추켜 든 선군정치는 결코 우리 공화국만을 위한 것이 아니다. 그것은 남조선까지 포괄하여 전 민족의 존엄과 안전, 리익을 지키는 애국애족의 정치이며 민족의 생존권과 자주권을 침해하는 외세에 무자비한 철추를 내리는 정의의 보검이다. 오늘 북과 남은 다같이 미국으로부터 엄중한 침해와 위협을 받고 있다. 남이 불편할 때 동족인 북이 편안할 수 없고 북이 불편할 때 동족인 남이 편안할 수 없다."

북한의 조국평화통일위원회 대변인이 2002년 10월 28일 핵 개발 파문 속에 발표한 담화 중 한 구절이다. 이 담화에서는 북한에 대한 미국의 압력에 남북이 민족공조로 맞서자는 주장과 호소가 담겨 있다. 민족공조의 근거는 민족의 생존권과 자주권을 지키기 위해서라는 명분을 내세웠다. 이 명분은 북한이 1990년대에 들어와서 강조하기 시작한 민족논리에 의해 뒷받침된다. 그것은 계급을 민족에 우선하던 마르크스 · 레닌주의 민족관을 버리고 민족이 있고서야 계급이 있으며 민족의 이익이 보장되어야 계급의 이익도 보장될 수 있다는 관점을 말한다.1) 이로부터 민족의 동질성이 계급의 대립보다 공고하다는 '주체의 민족관'이 등장하고 있다.2)

그러나 민족공조라는 명분에도 불구하고 이 주장에는 결국 주체성과 민족성을 바탕으로 한 통일전선전술이 깔려 있다는 것을 간파할 수 있다.

주체성과 민족성은 오늘날 북한이 내세우는 새로운 민족논리의 두 기둥이 되고 있다. 그것은 대남 관계에서는 민족대단결이란 명분으로 강조되고 있고 문화분야에서는 '우리것', '우리식'의 강조로 나타난다.

최근 북한 교육성은 전통문화와 전통풍속 등 우리 것에 대한 교육 강화를 선언하고 있다. 전통문화를 잘 알고 우리말 사용을 잘하기 위하여 전통문화 강습회를 여는 등 주체성과 민족성을 강화하는 교육을 펼치고 있는 것이다. 주체성과 민족성의 강조논리 내용과 그것이 문화예술 창조영역에서 작용하는 모습을 살펴보기로 한다.

II. 주체성과 민족성의 내용

---

1) "계급과 계층은 민족의 부분인 것만큼 어떤 계급과 계층도 민족공동의 리익을 떠나서는 자기의 리익을 실현할 수 없습니다. 민족이 있고서야 계급이 있을 수 있으며 민족의 리익이 보장되어야 계급의 리익도 보장될 수 있습니다."(김일성, "우리민족의 대단결을 이룩하자", 1991. 8. 1)
2) 박승덕, "주체적 견지에서 본 민족통일의 철학", 국제고려학회 주최 학술회의 발표논문, 1993. 8. 보다 구체적인 내용은 다음과 같은 요지로 언급되었다.
구 소련이나 동독 등 사회주의 국가의 민족정책은 마르크스·레닌주의 민족관에 따랐기 때문에 실패했다. 민족이 있고 나서 계급이 있을 수 있다. 그러므로 계급적 대립을 규정하는 요인보다는 민족동질성을 규정하는 요인이 훨씬 더 공고하기 때문에 남북한에서 노동계급과 자본가 계급이 대립되어 있어도 단일성과 동질성에 기초한다면 민족통일은 얼마든지 실현될 수 있다. (「남북학술교류발표논문집」, 통일원, 1994. 10, pp. 374~405)

◀ 북한 작가동맹위원회 기관지로 알려지고 있는 《조선문학》 표지 모습. 1946년 7월 《문화건설》이란 제호로 창간되었으나 1947년 9월 《조선문학》으로 변경되었다가 이듬해인 1948년 4월에 《문학예술》이란 제호로 변경되었다. 그러다 1953년 10월 다시 《조선문학》으로 제호가 바뀌어 현재까지 《조선문학》이란 제호로 발행되고 있다.

　　북한을 나타내는 말 중에서 '주체'라는 말 이상 가는 것도 찾기 힘들다. '주체'는 가히 북한을 상징하는 단어라고 할 만큼 일상 속에 자리잡고 있다. 주체사상, 주체적인 혁명노선, 주체혁명위업, 주체적인 국가건설사상이란 말이 헌법 서문에 등장하고, '주체의 나라', '주체조국'은 항시 접할 수 있는 말이다. 주체사상을 국가활동의 지도적 지침으로 삼기로 한 것(북한 헌법 제3조)이므로 당연한 일이기도 하다.

　　주체에서 파생된 주체성이 민족성과 한 묶음으로 되면서 주체성은

▶ 북한 예술분야 종합 잡지로 알려지고 있는 《조선예술》표지 모습.
1956년 9월 문학예술종합출판사에서 4×6 배판 크기로 창간되었다. 창간 초기에는 연극과 무용부문 종합잡지 형태로 발간되다 《조선미술》 《조선영화》 《조선음악》 등의 잡지를 통합해 발행하고 있다.

내용이 되고 민족성은 형식이 되는 형태로 결합되었다. 그러니까 주체성이라는 내용이 민족성이라는 형식에 담긴 것이 된다. 그동안에는 주체사상이 민족이나 민족주의와 무관하다는 주장과[3] 연관되어서 주체

---

3) 주체사상이 민족주의와 무관하다는 주장은 다음과 같은 것들이 있다.
　"주체사상과 자력갱생정신은 결코 민족주의가 아니다. 우리가 주체를 확립하고 자력갱생하는 것은 사회주의·공산주의를 보다 빨리, 보다 잘 전달하기 위해서이다."(김일성주석 담화문, p. 85)
　"우리가 주체사상을 내세우는 것은 민족주의로 나가자는 것이 아니다. 우리가 말하는 주체사상은 국제주의와 모순되지 않을 뿐더러 도리어 국제주의를 강화하기 위한 것이다."(김일성, 우리당의 인텔리정책에 대하여, 1968. 6. 14)

성도 민족 내지 민족성과는 무관한 것으로 이해되었고 이에 따라 다
소 공소한 주장으로 받아들여졌다. 그러나 주체성이 민족성이라는 집
(그릇)에 들어앉고는 의미의 내포와 외연이 더 살아나고 있다고 보겠
다. 이렇게 된 계기는 김정일의 논문 《혁명과 건설에서 주체성과 민
족성을 고수할 데 대하여》(1997. 6. 19)가 나온 데 있었다.4)

　김정일은 이 논문에서 주체성과 민족성을 견지하는 것이 '나라와
민족의 흥망을 결정하는 사활적 문제'라고 보고 있다. "주체성을 견지
한다는 것은 자기나라, 자기민족의 운명과 인민대중의 운명을 인민대
중자신이 주인이 되어 자주적으로, 창조적으로 개척해나간다는 것"이
고 민족성을 살린다는 것은 "자기 민족의 고유하고 우수한 특성을 보
존, 발전시키고 그것을 사회생활의 모든 분야에 구현해 나간다는 것"
으로 규정하고 있다.

　주체성 고수에는 자주적 입장과 창조적 입장이 필요하다.5) 자주적
입장은 독자성과 자력갱생의 측면으로 나타난다. 독자성은 주인다운
사상관점과 사고방식을 갖는 것을 말한다. 자력갱생은 자주적인 민족
의 고유한 생활방식이다. 독자성이 자주의 정신적, 정치적 지주라면
자력갱생은 물질경제적 지주이다. 다음 창조적 입장은 모든 민족이 창
조성의 발양으로 자기의 생존을 영위하고 발전해 오듯이 민족이 자기
의 운명을 자기의 실정에 맞게, 자기 민족의 힘에 의거하여 개척해 나
가는 입장을 말한다. 교조적이 아니라 창조적으로, 천편일률적인 방식
으로가 아니라 민족적 전통과 특성에 맞게 문제를 해결해 나가는 것

　"우리는 국제주의자이기 때문에 고립주의나 민족주의를 철저히 반대한다."(김일성저작선집, 4
권, p. 352)
4) 이 논문에 대해서는 "주체사상으로 무장하여 사회주의 체제를 고수하자"라는 주장을 담고
있다고 해서 현실인식이 부족하다라는 평가도 있었지만 그간 별개로 운위되던 주체성과 민족성
개념이 층위를 같이하여 논의되게 된 것에 대해서는 주목할 가치가 있다. 또한 최소한 민족관련
사상(事象)에서 주체성과 민족성이란 상징적 어휘를 확보했다고는 할 수 있다.
5) 조성박, 《김정일민족관》, 평양출판사, 1999. 2 pp. 123~150.

이 창조적인 것이다.

민족성 역시 민족의 운명과 관계되는 사활적인 문제로 된다. 민족성에는 정신과 넋, 심리가 특징적으로 들어 있고 민족적 정서와 감정, 민족적 기질, 생활양식과 언어, 관습, 세태풍속이 있다.6) 그래서 민족성에는 민족자주정신과 민족문화전통이 체현되어 있다.

김정일은 "역사적으로 형성된 민족성은 시대적, 계급적 제한성을 가질 수 있으나 민족성을 복고주의, 부로조아 민족주의의 온상으로 보는 것은 잘못이다."라고 했다.

민족성뿐 아니라 민족주의도 제한성은 있음을 인정했다. 여기에서 제한성이란 것은 민족형성을 당초 자본주의 발생과 결부시켰기 때문에 민족주의는 부르주아 계급의 민족주의이고, 자본주의 제도가 없어지면 민족 자체가 점차 없어지게 될 것이라고 본 것을 말한다. 당시로서는 그렇게 볼 수밖에 없었던 시대적, 계급적 제한성이 있었다고 '선행이론' 탓으로 돌리고 있다.7)

그러나 "민족주의의 제한성이 있다고 하여 그 진보적 측면을 무시하고 배척하면 민족적 단합을 이룩할 수 없다."고 말한다. 다분히 포섭적인 표현이다. 나아가서 "공산주의와 민족주의는 애국애족이라는 공통된 요구와 지향을 가지고 있다."면서 양자 사이에 '넘을 수 없는 심연'이 있는 것이 아니고 양자가 적대적인 개념도 아니라고 주장한

---

6) 조성박, 위의 책, p. 136.

7) 선행이론이 오류였다고 보지는 않고 당시로서는 그렇게 볼 수밖에 없었다는 변명을 한다. 김정일의 말을 보자. "매개 나라와 민족들의 혁명의 주체적 역량이 마련되지 못하고 자본주의 지배주의를 반대하는 투쟁에서 로동계급의 국제적 연대성을 강화하는 것이 기본문제로 나섰던 당대의 력사적 조건에서 선행리론은 사회주의 위업 수행에서 주체성과 민족성을 지키는 문제에 대하여 제기할수 없었다.

로동계급에게는 조국이 없다는 선행리론의 사상도 당시 사회주의 운동에서 절박한 의의를 가지는 로동계급의 국제적 단결과 연대성을 강화하고 로동운동과 사회주의운동 안에서 부르조아 민족주의를 불식시키는 기회주의를 극복하여야 할 요구를 반영하여 나온 것이라 볼 수 있다." (김정일, "혁명과 건설에서 주체성과 민족성을 고수할 데 대하여", 1997. 6. 19)

다.8) 그동안 타기했던 민족주의를 새로 찾은 것이다. 그런 한편 민족
국가에 대해서도 긍정적인 시각을 보인다.

"사람들은 오랜 력사적 기간 민족국가를 단위로 하여 살아왔으며
이 민족국가는 사람들의 운명개척의 기본단위로, 삶의 터전으로 되여
왔다. 사람들의 사상과 감정, 정서, 취미와 기초, 생활방식과 생활양식
도 민족국가를 단위로 하여 고유한 특성을 가지고 변화발전하여 오게
되였다."9) 김일성이 언어문제를 이야기하면서 공산주의가 될 때까지
는 민족단위로 살기 마련이란 말을 한 것과도 비슷하다.10) 민족과 민
족주의에 대한 긍정적 시각은 사회주의와 민족을 결합시키는데 이를
주체사상 때문에 가능하다고 본다.11)

종전 주체사상과 민족주의와의 관계를 부인하던 것에서 달라졌다.
민족주의에 대해 김일성은 "부르죠아 민족주의"라고 하면서 사회주의
적 애국주의를 강조했다. "민족주의는 인간들의 친선 관계를 파괴할
뿐만 아니라 우선 자기나라 자체의 민족적 이익과 근로대중의 계급적
이익에 배치된다. 부르죠아 민족주의와 배타주의는 프로레타리아 국제
주의 및 사회주의적 애국주의에 적대되며 대중 속에서 진정한 애국주
의의 건전한 발전을 방해한다."12) 김일성은 이처럼 사회주의적 애국

---

8) "제국주의자들과 반동들은 민족내부에 반목과 불화의 쐐기를 박으려고 공산주의와 민족주의 사이에 넘을 수 없는 심연이 있는 것처럼 떠벌리지만 공산주의와 민족주의는 애국애족이라는 공통된 요구와 지향을 가지고 있다."(김정일, 같은 글)
9) 리성철, "혁명과 건설에서 주체성을 견지하고 민족성을 살리는 것은 사회주의위업을 그 자주적 본성과 력사적, 현실적 조건에 맞게 수행해 나가기 위한 원칙적 요구", 《철학연구》, 1999, 제1호.
10) "온 세계가 다 공산주의로 되기까지는 사람들이 민족별로 갈라져 살기 마련이며 조선사람은 조선 땅에서 살게 될 것이므로 조선말을 계속 쓰게 될 것입니다."(김일성, "조선어의 민족적 특성을 옳게 살려나갈데 대하여", 언어학자들과 한 담화, 1966. 5. 14)
11) "주체사상에 의하여 비로소 사회주의와 민족이 하나의 운명으로 결합되게 되었으며 사회주의 건설의 승리적 전진과 더불어 나라와 민족이 끝없이 융성번영해 나갈 수 있는 담보가 마련되게 되었다."(김정일, 같은 글)
12) 《김일성저작선집》 제5권, p. 236.

주의를 강조하면서 계급의식과 민족의식을 결합시켰다. "사회주의적 애국주의는 사회주의 공산주의를 지향하는 노동계급과 근로인민의 애국주의이며 그것은 계급의식과 민족적 자주의식을 결합시키고 자기 계급과 제도에 대한 사랑을 자기 민족과 조국에 대한 사랑과 결합시킨다."[13]

주체사상은 사회주의적 애국주의가 공산주의 일반론이기에 그들 나름대로 민족을 단위로 하는 정치이념의 창출이 필요했고 그것이 주체사상으로 등장한 것이라 볼 수 있었던 것이다. 이것이 이제는 민족을 내세우는 사회주의 즉, 주체사회주의로 바뀌었고, 구체적으로 '조선민족제일주의'를 밑바탕에 깐 '우리식 사회주의'로 표현되고 있는 것이다. 우리식대로 살고 혁명해 나가자는 것이 주체성과 민족성을 고수하게 하는 담보로 본다.

III. 문화창조에서의 주체성과 민족성

김정일의 주체성과 민족성 고수 논문 발표 이후 문학분야에서만 해도 주체성과 민족성이 구현된 새 형의 민족문학이 나왔다고 한다. 우선 장편소설 <영생(백보흠·송상원)>, 장편소설 <력사의 대하(정기종)>는 주체성과 민족성이 고수된 주체소설문학의 성과작으로 거명되었다. 시로서는 서사시 <번영하라 김일성조국이여(김만영)>, <경례를 받으시라(신병강)>, 서정서사시 <전선길의 3일 이야기(황성하·박경심)>, <눈이 내린다(조선작가동맹중앙위원회)> 등이 있고 노래가사 <조국과 나(류동호)>, <구월산명승가(김정훈)>도 주체성과 민족성이 잘 구현된 작품이라 평가한다.

---

13) 《김일성저작선집》 제4권, p. 379.

앞의 <눈이 내린다>의 한 구절을 보자.

    혁명의 최고사령관
    절세의 애국자
    김정일장군님 계시여
    내나라 내조국은
    주체성의 강국
    민족성의 강국으로
    그 존엄 만방에 떨치리라

이 시에 대해 구절마다 김정일에 대한 충효심으로 가득한 '전인민적 감정'이 흘러 넘치고 있다면서 '주체연호'를 정한 1997년(주체 86년)의 여러 사실이야기들을 시적으로 일반화하고 했다고 한다.14)

영화에서는 다부작영화라는 <민족과 운명>이 꼽힌다. 이 영화 인물 편에서 최현덕과 차홍기가 반공과 '련공'의 갈림길에서 '련공'의 길이 애국애족의 길이고, 민족의 자주성을 실현하는 길임을 깨닫는다고 말하고 있다. 여기에서 최현덕은 최덕신이고 차홍기는 최홍희를 말한다.

차홍기의 경우 자기를 싸움꾼, 왈패로 보고 민청대표로 추천하는 것을 반대한 공산당원을 때리고 고향과 애인까지 버리고 남으로 도주하여 군인으로 반공일선에 서게 되고 박정희의 호의로 군단장까지 하게 된다. 그러나 그는 대결의식을 해소하고 '련공'으로 돌아서게 되는데 박정희가 직접 꾸민 모략사건을 통하여 반공대결의식이 반민족적, 반애국적인 진면목을 절감하게 된다는 것이다. 주인공의 이러한 성격발전은15) 민족자주의식, 참다운 민족관을 세워나가는 과정에서 주체

---

14) 방형찬, "문예창작에서 주체성과 민족성을 고수할데 대한 사상과 그 독창성", 《조선문학》 1998년 6월호 문예종합출판사.

성과 민족성을 잘 그려내고 있다는 것이다.

경음악에서는 일찍부터 주체성과 민족성이 구현되어 있었다고 말한다. 우리식 경음악이라고 하여 인민들 속에서 널리 알려진 노래 선율에 기초하여 통속적으로 편곡된 <해당화(왕재산경음악단)>·<노을비낀 바다가(왕재산경음악단)>·<조국의 지켜 영생하리라(영화 및 방송음악단)> 등이 모두 그 내용과 형식에서 주체성과 민족성을 지니고 있는 작품으로 지적되고 있다.16) 대중들이 쉽게 알아듣도록 통속적으로 편곡되었다고 해서 예술성이 없는 것은 아니라고 본다.

경음악에서 주체성은 인민적 절가형식에 민족악기와 서양악기, 전자악기를 적절히 배합한 것에서 볼 수 있다. 퉁소·피리·장새납·가야금의 음색을 살리면서 전자악기의 음향적 효과를 낸 왕재산경음악단의 작품들과 주관악기를 배합한 피바다가극단의 <내 조국은 어데가나 노래 넘치네>는 우리식으로 주체성을 잘 살린 작품으로 평가되었다.17)

민족성은 민족선율인 민요가락이나 덩더꿍장단 같은 것을 이용하여 민족적 색깔을 잘 살린 작품에서 나타난다. <얼룩소야 어서 가자(왕재산경음악단)>·<사랑의 봄빛(왕재산경음악단)> 등도 민족적 색깔을 살린 작품들이다.

무용에서는 민속무용조곡인 <평양성사람들>이 해당되는 작품이다. 임진왜란 때 평양성을 지켜 용감하게 싸운 평양성 사람들을 그린 이 무용은 애국애족의 정신과 민족적 정서가 풍기는 작품이라 평가한다.

미술작품에서는 조선화 <신념의 요새 처창즈>·<우리 어머니>, 유화 <차호에서 혁명의 불씨를 심어주시며>·<분단의 비극을 가셔야

---

15) "나라와 민족을 사랑하지 않는 사람은 참다운 민족관을 세울 수 없으며 개인의 운명을 민족의 운명과 결합시켜 나갈 수 없을 뿐 아니라 민족의 자주적 발전과 번영에 몸과 마음을 다 바쳐나갈 수 없다는 것을 잘 보여준다."고 한다.(리동원, 앞의 글)

16) 김명호, "주체성과 민족성을 구현한 우리식 경음악", 《조선예술》, 1998. 11.

17) 김명호, 같은 글.

▲ 북한은 음악에서도 "주체성과 민족성을 구현하기 위해서는 민족음악을 발전시켜야 음악예술에서 주체를 세울 수 있다."며 이의 실현을 위해서 음악에 소질이 있는 꿈나무들을 발굴하여 어릴 때부터 강도 높은 민족음악교육과 실기훈련을 시키고 있다.

한다시며> 등 주로 김정숙을 형상화 한 작품과 조선화 <포항의 8용사들>, 판화 <불타는 락동강>, 출판화 <미국놈을 잡은 할아버지> 등의 전쟁과 통일주제 작품들을 주체성과 민족성을 구현한 작품으로 예거되었다.

문학의 경우 주체성과 민족성을 구현하기 위해서 요청되는 원칙은 세 가지다. 첫째 애국애족의 입장, 둘째 독자적인 주견과 자기 식의 창조, 셋째 민족문화의 우수성을 살리고 민족적 형식에 사회주의적 내용을 담은 주체적인 사회주의 문학과 예술의 건설 세 가지이다.18)

첫째, 애국애족은 주체성과 민족성을 견지하기 위한 선결조건이다.

18) 리동원, "문학창조와 건설에서 주체성과 민족성을 구현하기 위한 중요한 원칙적 문제", 《김일성종합대학학보》(어문학), 1998, 제1호.

"나라와 민족을 떠나서는 누구도 살아 갈 수 없으며 개인의 운명을 건질 수도 개척해 나갈 수도 없다. 원래 개인의 운명과 민족의 운명은 뗄 수 없이 련결되어 있으며 민족의 생명속에 개인의 생명도 있게 된다. 이것이야말로 참다운 민족관이며 애국애족의 립장이다." 문학창조에서 주체성과 민족성을 고수하려면 공산주의혁명가의 전형 창조에서 혁명가이기 이전에 애국자였다는 것을 묘사해야 하는 것을 강조하고 있는 것이다.

둘째로, 사회주의 민족문학을 독자적으로 자기 주견을 가지고 자기 식으로 창조하기 위해서는 우리식대로 풀어나가는 우리식 문학을 개화 발전시켜야 한다. 우리식 문학은 주체의 철학적 원리에 기초한 주체의 인간학이고 자주시대의 요구와 민족의 정서에 맞는 주체형의 문학이다.

셋째로, 민족문화의 우수성을 바탕으로 한 민족적 형식에 사회주의적 내용을 담은 주체적인 사회주의 문학과 예술을 창조발전 시켜야 한다. 민족문화의 우수성을 살려내야 자기 민족에 대한 긍지와 자부심을 가지게 되고 민족애와 민족자주의식을 높이게 되며 민족문화유산을 옳게 계승발전 시킬 수 있게 된다.

민족문화유산에 대해서는 이어받을 것, 보존해두기만 할 것, 없애버릴 것 3가지 기준을 가지고 대해야 한다. 민족문화유산을 홀시하는 허무주의에 빠져도 안 되거니와 덮어놓고 복고하려는 복고주의 경향에 빠져서도 안 되기 때문이다. 복고주의가 허용되면 착취계급의 요구와 취미가 반영되고 시대의 발전에 역행하는 것이 되살아난다고 본다. 따라서 민족문화의 우수성을 살려나가려면 허무주의와 복고주의를 다 같이 배격하고 나아가서 민족적 입장과 계급적 입장, 역사주의적 원칙과 현대성의 원칙을 옳게 결합시킬 것을 강조한다. 허무주의, 복고주의는 역사주의적 원칙과 현대성의 원칙으로 설명된다. 역사주의적 원

▲ 물동이를 이고 사뿐사뿐 걷듯이 추는 조선식 춤의 한 장면. 북한은 "조선식 춤은 놀림이 우아하고 점잖으며 흐름새는 유연하고 자연스러워서 춤 속도가 지나치게 빠르거나 느리지 않는 것"이라고 조선춤의 특징을 강조하고 있다.

칙은 개개 문화유산을 해당시기의 사회문화적 조건과 관련시켜 분석·평가하는 것이고 현대성의 원칙은 시대적 요구와 인민의 지향에 맞게 하는 것을 말한다. 이는 또한 민족적 입장과 계급적 입장과 같은 내용을 담고 있다. 민족적 입장은 유산이 창조된 사회역사적 조건과 민족생활 환경을 따져보고 민족이익의 견지에서 다루고 평가하는 태도이다. 계급적 입장은 계급적 선을 확고히 세우며 진보적이고 인민적인 유산이더라도 철저하게 오늘의 노동계급의 이익의 견지에서 다루고 평가하는 것을 말한다.

민족적 입장과 계급적 입장을 잘 살리고 역사주의적 원칙과 현대성의 원칙을 잘 결합시키는 것은 결국 민족문화유산에 대한 태도뿐만

아니라 사회주의적 민족문화의 창조방향을 말하는 것이기도 하다. 사
회주의적 민족문화는 사회주의적 내용을 민족적 형식에 담은 문화
를 말한다.19) 이에 따라 본다면 향후 북한에서는 주체적 민족문화라
는 이름이 등장할 수도 있을지 모른다.

　주체성과 민족성을 고수하는 것이 이처럼 중요한 것인데도 이를 이
전의 문예이론에서는 언급하지 못했음을 인정한다. "선행로동계급의
문예리론에서는 문학의 사회적 속성을 주로 당성, 로동계급성, 인민성
으로만 해설하였다."면서 그 이유를 철학적 세계관의 시대역사적 제한
성과 관련시킨다.20)

　음악에서 주체성과 민족성을 구현하기 위해서는 민족음악이 위주로
되여야 한다고 본다. 민족음악을 위주로 발전시켜야 음악예술에서 주
체를 세울 수 있고 음악이 인민의 사랑을 받을 수 있다."21) 한다. 이
에 따라 전통적인 민요의 고유한 정서는 물론 그 표현형식과 기법들
을 인식하는 것이 선행되어야 한다.22) 미술에서는 조선화가 강조된다.

　미술에서는 '조선화'를 기본으로 하여야 주체성과 민족성이 구현된

19) 사회주의적 내용에는 자주성을 실현하기 위한 혁명적이고 계급적인 내용, 모든 문제를 주인
다운 입장에서 자주적, 창조적으로 풀어나가는 사상적 내용이 다 포괄된다.
　민족적 형식은 그 나라 인민과 민족이 좋아하고 그들의 정서와 비위에 맞는 형식을 말한다.
민족적 형식은 민족성을 뚜렷이 살려낸 예술형식이며 민족을 단위로 하여 민족문화를 발전시켜
오는 과정에서 형성된 민족 고유의 형식이다. 조선사람의 감정과 구미에 맞는 민족적 형식의 예
로서 '아름답고 표현성이 풍부한 언어예술수법, 부드럽고 우아하고 선명한 민족적 선률, 점잖은
춤동작, 힘있고 간결하고 고상한 화법' 등을 꼽고 있다.
20) "선행로동계급의 리론에서는 유물사관의 견지에서 인류의 력사발전의 합법칙성을 밝히면서
민족형성을 자본주의 발생발전과 결부시키였으며 사회주의, 공산주의 건설이 진척됨에 따라 민
족자체도 없어질 것이라고 예견하였다. 로동계급의 국제적 련대성을 강화하는 것이 기본문제로
나서고 있던 당대의 조건에서 선행리론은 사회주의위업수행에서 주체성과 민족성을 지키는 문
제에 대하여 제기할수 없었다."(방형찬, 같은 글)
21) 김정일, 《음악예술론》, p. 21.
22) 황민영, "민족음악의 본색을 살리는데서 나서는 몇 가지 문제", 《조선예술》, 2002, 제3호,
p. 41.

194 북한 문화의 이해

다고 강조된다. 이는 조선화를 우선적으로 발전시킨 다음에 다른 미술 장르들을 조선화를 토대로 하여 발전시켜야 하는 것이다.23)

그밖에 주체성과 민족성을 구현하는데는 옷을 입어도 조선옷을 입고, 춤을 춰도 조선식 장단에 조선식 춤을 춰야한다는 것이다. 조선식 춤은 놀림이 우아하고 점잖으며 흐름새는 유연하고 자연스러워서 춤 속도가 지나치게 빠르거나 느리지 않는 것이다.

Ⅳ. 맺는 말

주체성과 민족성을 고수하는 문제는 문예창조분야뿐 아니라 모든 분야에서 추진되는 일이다. 그것이 대남 관계에서는 민족적 대단결을 이룩하는 것으로 강조된다. "혁명과 건설에서 주체성과 민족성을 고수하고 구현하는데서 첫째도, 둘째도, 셋째도 중요한 것은 민족대단결을 이룩하는 것이다"라고 한다.24)

앞의 조평통 대변인 담화에서는 "남이 불편할 때 동족인 북이 평안할 수 없고 북이 불편할 때 동족인 남이 편안할 수 없다"는 말로써 민족공동체적 성격을 자극한 뒤 북의 선군정치 덕을 남쪽도 보고 있다고 말했다. 무엇보다 계급은 이제 민족보다 우선하지 않는다고 한다. 노동신문 1면에는 붙박이처럼 지워지지 않았던 구호 "전세계 노동자들은 단결하라"도 사라졌다.

---

23) 김정일, 《미술론》, p. 98.

24) 민족적 대단결을 이룩하는 데서 중요한 것은 ①온 사회에 올바른 민족관을 확립, ②민족공동의 요구와 이익을 옳게 내세우고 그에 기초하여 단결하는 것, ③모든 정당·단체와 각계각층 동포들의 연대성과 조직적 연합을 강화하며 그것을 당과 수령을 중심으로 하는 온 사회의 사상의지적 통일단결로 발전시키는 것이다.(김양환, "민족적 단결을 이룩하는 것은 주체성과 민족성을 고수하고 구현하기 위한 실제적 담보", 《김일성종합대학학보》(역사·법학), 1998년, 제1호, pp. 51~53)

　민족보다 계급을 앞세운 공산주의이론 때문에 남북 관계에서 불리성을 느낀 것을 벗기 위해 나라와 민족단위로 문화가 창조된다는 것을 강조하는지 어떻든 주체사상 때문에 사회주의와 민족은 하나의 운명으로 결합되었고 주체성과 민족성은 같은 층위에서 논의되게 된 것이다. 주체성과 민족성은 물론 김정일의 논문 이전에도 강조되던 것이었지만 그 둘이 한 묶음으로 되면서 하나는 내용으로, 다른 하나는 형식으로 결합되었다는데 계속 주목되어야 하는 소이가 있는 것이다.

다섯째 마당

사회주의 규범과 생활양식

집단주의 사상과 생활기풍

I. 들어가는 말

북한은 특별한 계기 때마다 당중앙위원회 명의의 구호를 내고 있다. 2003년 4월에도 당중앙위원회 구호가 발표되었거니와 당중앙위원회 구호는 북한주민에게 당면적인 '투쟁방향'을 제시하여 주민들을 동원시키는 선전선동 수단으로 활용되고 있는 정책구호로써 한번에 수백건씩 발표된다.1)

이러한 구호 발표 때마다 자주 등장하는 구호 중의 하나가 "하나는

---

1) 구호는 사회주의 국가에서 혁명전술의 3대요소인 조직형태, 투쟁형태, 선전형태 중에서 선전형태를 뒷받침하는 내용의 하나이다.

북한에서 당중앙위원회 구호는 정권수립 후 지금까지 10회에 걸쳐 발표되었다. 1990년대 이후의 발표계기, 발표건수, 발표일은 다음과 같다.(「북한동향」, 통일부, 2003. 4. 24)

o 휴전협정 체결 40주년 247건(1993. 5. 14)

o 당창건 50주년 281건(1995. 5. 1)

o 정권수립 50주년 223건(1998. 4. 21)

o 당창건 55주년 217건(2000. 8. 1)

o 정권수립 55주년 192건(2003. 4. 21)

▲ 북한이 말하는 "공산주의 미풍은 수령에 대한 충성심과 높은 집단주의 정신을 발휘하는 것"인데 이를 상징적으로 가장 잘 표현하고 있는 북한군 병사들의 군사 퍼레이드 모습.

전체를 위하여, 전체는 하나를 위하여"이다.2) 이 구호는 북한의 역대 헌법에도 북한주민의 권리와 의무를 규율하는 집단주의 원칙으로 규정되어 있다. 따라서 이 구호가 표현하는 집단주의는 모든 활동의 절대적인 원칙으로 북한을 알게 하는 사상이고 가치관이다.3) 실제로 집

2) 이 구호는 1990년대 이후 발표된 내용으로 보면 휴전협정체결 40주년(1993), 정권수립 50주년(1998)에서 보이고 당 창건 50주년(1995) 때는 이 구호가 뜻하는 집단주의 강조로 나타난다.
3) 북한에서는 이 구호를 김일성이 만든 명언(수령님께서 창조하신 명언)이라고 하나 사실은 "1

단주의를 사회주의 사회의 사상적 기초라고 하고 있다.[4]

어떤 사회에도 지배적인 지위를 차지하는 계급의 사상이 지배적 사상이 되듯이 사회주의사회는 노동계급의 사회이고 노동계급의 사상은 집단주의이다. 그럼으로 집단주의는 사회주의 사회의 지배적 사상이며, 사회주의 사회는 집단주의를 구현한 사회라고 한다.[5] 이에 따라 사회주의와 자본주의의 투쟁은 곧 집단주의와 개인주의와의 투쟁이기도 하다고 본다.[6]

그러나 현실적으로 물질적 공급체계가 와해된 상태에서 주민들은 생존을 위해 북한 당국이 그토록 타기해 마지않던 개인 이기주의로 흐르고 있다는 사실을 목도하게 된다. 그런데도 북한당국은 아직도 집단주의를 찾고 집단주의적 생명관·인생관을 강조하고 있다. 이러한 의미에서 북한의 지배사상이고 지배가치의 하나인 집단주의의 모습에 대해서 살펴 볼 필요가 크다.

II. 집단주의적 사고의 특징

집단주의는 개인주의에 대비되는 개념이다. 집단주의는 집단적 행동이 개인적 행동보다 모든 면에서 우월하다는 믿음을 전제로 하는 사상이다. 작업 면에서도 개인주의보다 능률적이고 능력 발휘에도 개

인은 만인을 위하여, 만인은 1인을 위하여(One for all, All for one)"라는 서양의 보편적인 구호에서 나왔다. 더 구체적으로는 영국에서 럭비팀의 단결강조 구호에서 유래했다는 설이 있다.
4) 김정일의 말에서도 보인다. "집단주의는 사회주의 사회의 기초이며 사회주의 사상은 본질에 있어서 집단주의 사상이다."(사상사업을 앞세우는 것은 사회주의 위업수행의 필수적 요구이다. pp. 20~21)
5) "사회적 존재인 사람의 자주적 요구는 집단주의를 통해서만 훌륭히 실현될 수 있으며 사회주의사회는 집단주의를 구현한 사회이다."(김정일, "사상사업을 앞세우는 것은 사회주의 위업수행의 필수적 요구이다." p. 21)
6) 조금철, "집단주의는 사회주의의 사상적 기초", 《사회과학원학보》, 2001, 제1호, p. 34.

인주의보다 우월하다고 본다. 무엇보다 인간본성에는 본래부터 집단적 성격이 있다는 것을 전제로 한다. 그래서 집단주의는 획일성을 선호하기도 하고 국가 통제의 이론적 근거가 되기도 한다. 집단주의적 사고에서는 개인이 없다. 북한에서 보는 개인은 개인 자체로서는 아무런 존재의의가 없다. 개인은 오직 사회집단의 한 구성원이 될 때에만 정치적 생명도 가질 수 있고 존재의의도 찾을 수 있다. 그러니까 북한에서는 사람의 정치적 생명도 개인이 아니라 집단에서 나온다. 개인은 집단의 구성원이 되더라도 사회적 운동을 담당하고 떠밀어 나가는 주체로는 될 수 없다고 본다.[7]

사람은 사회적 존재이기 때문에 집단적으로만 자기의 운명을 개척할 수 있다고 한다.[8] 사람이 집단적으로만 운명을 개척할 수 있다는 것은 사람이 혼자서 고립적으로 생활수단을 창조할 수 없다는 것이니 틀린 말은 아니다. 한 마디로 인간은 사회적 관계를 떠나 개체로서는 생존에 필요한 물질이나 정신적 수단과 생활조건을 마련할 수 없다. 오직 집단을 이루고 협력의 방법으로만 살아갈 수 있다.[9] 단순히 생존하는 것만이 아니라 보람을 가지고 인간답게 살아가는데도 집단의 도움 없이는 어렵다. 사람은 사회적 존재이기 때문에 집단주의를 추구하는 것은 인간의 본성적 요구라고까지 단정한다.[10] 집단주의는 한 마디로 개인의 이익보다 집단의 이익을 더 중시하는 사상으로 규정되면서[11] 그러한 사상관점·생활방식·활동원칙을 말한다. 이상에서 집

---

7) 김창빈, "집단주의는 사회적 존재인 사람의 본성적 요구"(1), 《철학연구》, 1991, 제3호, 과학백과사전, 종합출판사, 1991, p. 18.
8) "사람은 사회적 집단 속에서만 자기 운명을 개척해 나갈 수 있는 사회적 존재인 것으로 하여 집단주의를 본성적 요구로 합니다."(김정일, 인민대중 중심의 우리식 사회주의는 필승불패이다", p. 9)
9) 김창빈, 앞의 글.
10) 조금철, 앞의 글.
11) "집단주의란 한마디로 말하여 개인의 리익보다 집단의 리익을 더 귀중히 여기는 사상이다."(《김정일선집》 13권, p. 365)

단주의 개념을 보았거니와 집단주의의 본질과 특징을 보기로 한다.

집단주의는 한 마디로 개인의 이익보다 집단 전체의 이익을 귀중히 여기는 것으로 본다. 이는 개인주의와는 근본적으로 다르다. 개인의 이익보다 집단의 이익이 중요하다는 양적인 문제가 아니라 개인의 육체적 생명이 요구하는 것을 실현하는 것이 더 귀중하냐, 집단의 사회정치적 생명이 요구하는 것을 실현하면서 사는 것이 더 귀중한가 하는 질적 차이가 있다. 여기에서 개인보다 다수의 생명이 더 중요하다는 것으로만 논할 수 없다. 집단의 생명은 개별적인 사람들의 생명을 산술적으로 합한 것과 질적으로 다른 것이다.

물론 그렇다고 집단주의가 개인의 생명이나 이익을 무시하는 것은 아닐 뿐더러[12] 인간의 개성도 무시하지 않는다는 주장이다. 개인은 집단의 이익을 실현하기 위한 도구나 수단이 아니라는 것이다. 사회집단은 개인이 결합되어 이루어지는 것이므로 개인의 발전을 떠나서는 집단의 발전을 생각할 수 없다. 집단주의가 반대하는 것은 개인 자체가 아니라 집단의 이익을 침해하는 개인이기주의이다.

집단주의는 "하나는 전체를 위하여, 전체는 하나를 위하여"에서 집약된다. 이 원칙에서 보듯이 집단주의와 개성은 서로 대립되는 것이 아니라 하나로 통일되어 있다. 그러므로 집단과 떨어진 개성의 절대적인 자유를 부르짖는 자유방임주의나 인간의 개성을 무시하고 전체로서의 집단만을 강조하는 전체주의와도 다르다는 주장이다. 전체주의는 개인을 전체를 위한 도구로 보면서 개인의 자유와 평등을 무시하지만 집단주의는 개인을 집단의 평등한 성원으로 보고 그들로 하여금 사회공동의 주인으로서의 평등한 권리와 의무를 지니게 한다.

집단주의에서는 평균주의를 반대한다. 모든 사람의 이익을 귀중히

---

12) "집단주의의 기본요구는 집단의 리익을 우위에 놓고 집단의 리익과 개인의 리익을 일치시키며 집단의 리익속에서 개인의 리익을 실현해나가는 것입니다."(김정일, 인민대중 중심의 우리식 사회주의는 필승불패이다." p. 9)

보지만 집단을 위하여 누가 더 기여했는가에 따라 우대하는 정도가 달라진다.

집단주의와 개인주의 차이를 생명관이나 인생관에서도 찾는다. 개인주의 생명관은 사람을 순수 생물학적 개체로 본다. 그러나 집단주의 생명관이나 생활관은 개인의 생명보다 사회정치적 집단의 생명을 중시한다. 개인의 생명은 끝나지만 사회정치적 생명체는 영원하여 수령·당·대중의 통일체이다.

인생관에서도 집단주의적 인생관은 자기 운명을 집단의 운명과 결부시켜서 집단을 위한 일에서 참다운 삶의 보람과 행복을 찾는다.

사회주의가 집단주의를 생명으로 하고 있는 것은 사회주의 사회의 본성을 특징짓는 일이지 집단주의가 저절로 발양된 것은 아니다. 그렇기 때문에 집단주의에 대한 교양을 벌여야 한다. 집단주의 교양에서는 개인주의 이기주의는 사회주의를 좀먹는 사상적 독소라는 것을 인식시키고, 집단을 사랑하는 정신을 배우며, 집단의 힘은 크고 우월하다는 것을 깨닫게 해야 한다.[13] 또 집단주의 우월성 교양은 사회주의 사회가 인간의 집단성을 잘 구현하고 있으며, 집단주의에서는 집단을 위해 더 많은 기여를 하게되면 더 많은 몫이 돌아가게 되므로 사람들의 열성과 창발성을 적극 유발한다. 그러므로 집단주의가 개인주의 보다 우월하며, 따라서 사회주의 사회는 당연히 집단주의 원칙과 방법에 따라 운영되어야 한다는 것을 주된 내용으로 한다.

---

13) 집단주의 우월성을 심리학 연구결과로도 나타내고 있다. 어려서부터 집단주의의 생활에 습관 된 경우 개인간의 경쟁보다 집단들 사이의 경쟁에서 좋은 결과를 냈다. 작업을 할 때도 집단 간의 경쟁심리가 개인간의 경쟁심리보다 우월하다. 심지어 어린이 기억활동에도 집단활동이 우세하다. 8~9세 어린이 30~40명이 집단 속에서 기억을 할 때 혼자서 기억할 때보다 더 훌륭한 성과를 거두었다. 또한 사람이 단독으로 작업을 수행할 때보다 집단적으로 할 때 좋은 결과를 얻었다고 한다.(리재순, 《심리학개론》, 과학백과사전종합출판사, 1988. 1, pp. 448~451)

▲ 북한은 "개인주의와 이기주의는 사회주의를 좀먹는 사상적 독소"라는 것을 인민들에게
  인식시키기 위해 직장에서도 끊임없이 집단주의 교양을 강요하고 있다. 사진은 직장에서
  집단주의 교양을 받고 있는 북한 노동자들의 모습이다.

III. 집단주의 사상과 사회심리

집단주의는 사상과 사회심리 면에서 어떻게 나타나는가? 사상과 사
회심리는 사회적 의식의 구성요소를 이루는데 현실적으로 두 가지는
분리되어 고립적으로 존재하는 것이 아니라 상호 밀접한 연계와 통일
을 이루고 있다고 본다. 북한에서 보는 사상과 사회심리의 관계를 파
악해보자.14)

사상은 사회집단의 요구와 이해관계를 개념과 관념을 통한 이론명
제의 형식으로 일반화하여 체계적으로 반영한다. 그러나 사상 중에는

─────────────────────
14) 림현기, "사상과 심리의 호상관계", 《철학연구》 1991. 제4호, 이하 사상과 심리의 상호관계
는 이 글에 의거했다.

▲ 집단주의 교양의 영향으로 북한 인민들은 야외 나들이를 할 때도 함께 모여서 가고 야외 에서 춤을 출 때도 함께 모여서 집단적으로 춤을 추며 흥을 돋군다. 사진은 야외에서 함 께 춤을 추며 집단적으로 여가시간을 즐기는 북한 여성들의 모습.

사람의 요구와 이해 관계를 그릇되게 반영한 것도 있다. 반동계급의 요구와 이해관계를 반영하는 것은 비과학적이고 반동적이다. 그러니까 노동계급의 요구와 이해관계를 반영한 것만이 건전한 사상이 되는 것 이다.

한편 사회심리는 사상처럼 이론적 명제의 형식이 아니라 기분과 정 서, 감정과 의지, 지향 등의 형식으로 반영한다. 따라서 사회심리는 일 상적인 생활과정에서 생동성과 구체성, 즉흥성과 같은 특징을 갖는다. 이러한 특징을 갖는 사회심리는 사상의 원천은 아니지만 역사적으로 어떤 사회사상이나 과학지식보다 더 오래되었다고 본다. 농민폭동을 예를 들어보더라도 투쟁 목표와 강령 같은 것이 없이도 복수심, 증오심에 의해 일어날 수 있다.

사상과 사회심리는 다같이 사람들의 사회계급적 처지와 이해 관계를 반영한다는 공통성을 가지지만 양자간에는 차이점도 몇 가지 있다. 첫째, 사상은 수령에 의해 창시되지만 심리는 집단 성원들에 의해 형성된다. 둘째, 사상은 혁명투쟁에서 일관하게 견지해야 할 지침으로 목전의 이익보다 근본적인 것으로 되지만 심리는 가변적으로 주어진 조건과 환경에 따라 직접적 반응을 하게 된다. 셋째, 사상은 사회심리에 작용하여 내용과 성격을 규정한다. 사상 여부에 따라 건전한 집단주의적 사회심리가 되느냐 안 되느냐가 결정된다.

사상과 심리의 상호관계에서 심리가 사상에 영향을 미치는 면도 중요하다. 즉, 건전한 심리는 사람들로 하여금 선진적이며 혁명적인 사상을 보다 빨리 정확하게 감수하고 습득할 수 있게 하는 정신적 바탕이 되고 불건전하고 퇴폐적인 사회심리는 사람들로 하여금 자주적인 사상을 습득하고 무장하는데 방해를 한다.

그런데 사상과 심리의 상호관계에서 기본은 어디까지나 사상이라는 점이 중요하다. 실제로 북한에서는 수령의 사상을 닮고 영향 받아서 건전한 집단심리가 형성되고 있다고 주장한다. 그 내용은15) ① '수령'과 '장군'에 대한 숭배심 · 존경심 · 흠모감16) ②혁명적 자존심 ③민족적 긍지와 자부심 ④애국심 ⑤혁명의 원수들에 대한 불타는 증오심 등이 중요한 내용을 이룬다.

북한에서 건전한 집단심리를 강조하는 것은 집단주의 성과를 위해서이다. 집단의 건전한 분위기를 조성하는데는 '주체의 사업방법'도 동원된다.17) 집단주의는 이처럼 사회주의 사회의 생명이나 마찬가지인

---

15) 김문데, "우리사회의 건전한 집단심리", 《철학연구》, 2001, 제2호, 과학, 백과사전종합출판사
16) 수령과 장군에 대한 "인민의 다함없는 숭배심, 경모와 흠모"는 강요에서 온 것이 아니라, 수령과 장군의 '위대성'을 깊이 체득한데서 나온 사상감정이라고 말한다. 그래서 건전하고 사회를 발전시키는 힘으로 된다고 주장한다.
17) 주체의 사업방법은 '항일혁명투쟁시기'에 창시했다는 것으로 대중이 주인이 되어 책임과 역

데, 북한에서 집단주의의 현재의 모습은 어떤가?

Ⅳ. 집단주의적 생활기풍

북한에서 산다는 것은 막연히 살아서는 안 되는 것을 말한다. 반드
시 집단의 목표에 따라 목적 지향적인 의식을 갖고 살아야 바르게 사
는 것이다. 사회생활의 세 분야 즉, 정치생활, 경제생활, 사상문화생활
도 집단주의 원칙으로 일관된 생활이다.

북한에서 정치생활은 '인민대중'이 정치의 주인이 되어서 그들 이익
을 실현하려는 것인 만큼 집단주의 원칙으로 일관되게 된다. 경제생활
은 빈부의 차이가 없는 가운데 노동은 사회와 '인민', 자기 자신을 위
해 진행되는 것인 만큼 집단주의에 기초하고 있는 것이다. 사회문화생
활도 자기 자신만을 위한 것이 아니라 사회와 집단을 위한 것이고 사
상문화생활에 필요한 정신문화들은 사회와 집단의 공동의 지혜와 힘
으로 창조되고 있다. 문화의 창조자, 향유자로서 사상·문화생활은 이
처럼 집단주의를 구현한 것이다.[18]

집단주의는 사회생활에서 이른바 집단주의적 생활기풍[19]을 요청한
다. 집단주의적 생활기풍은 본질적으로 혁명적 생활기풍과 크게 다르
지 않다. 혁명적 생활기풍은 일찍이 김정일이 김일성대학 재학 시에
강조한 바에 따르면[20] 대학생들이 "언제나 혁명적 신념과 계급적 원

할을 다하게 하는 것으로 지도일군들이 생산집단 속에 들어가서 실정을 이해하고 도와주며 정
치사업을 앞세워 사람들을 집단활동에 자각적으로 나서게 하는 것이다.(리재순, 《심리학개론》,
p. 459)

18) 조금철, 앞의 글, p. 34.

19) 휴전협정 체결 40주년 당중앙위원회 구호발표 때(1993. 5. 14) "하나는 전체를 위하고, 전체
는 하나를 위하여라는 구호를 높이 들고 서로 돕고 이끄는 집단주의적 생활기풍을 높이 발양시
키자!"라고 했듯이 북한에서는 일반화 된 표현이다.

칙을 철저히 지키고 혁명적으로 사고하고 행동하며 혁명의 시대, 투쟁
의 시대에 사는 사람답게 전투적으로 학습하고 검박하게 생활하도록
한다는 것"이다. 왜 혁명적 생활기풍이 필요한가에 대해서는 "대학들
속에서 혁명적 생활기풍을 세우기 위한 투쟁을 힘있게 벌리지 않으면
그들이 안일해이하여져 일하기 싫어하고 혁명하기 싫어할 수 있으며
나중에는 사상적으로 변질되어 혁명의 대를 옳게 이어 나갈 수 없게
됩니다."라고 주장한다.

혁명적 생활기풍은 정권수립 시부터 강조되어 오는 것이지만 시기
와 대상에 따라 조금씩 달랐다. 참고로 6·25 당시에 강조된 내용들은
대체로 ①수령교시와 당 정책 관철 입장과 태도를 가질 것, ②강한 조
직성과 규율성으로 제도와 질서를 지킬 것, ③사치와 허례허식 배격,
④부정적 현상반대, ⑤항일유격대식의 생활기풍을 본뜰 것 등이었
다.[21]

집단주의의 압축적인 표현인 "하나는 전체를 위하여, 전체는 하나를
위하여"는 생활방식이면서 공산주의 미풍이다. 공산주의 미풍도 집단
주의 생활기풍의 한 모습이다. 공산주의 미풍은 수령에 대한 충실성을
가장 중요내용으로 하고 있다.[22]

공산주의 미풍은 수령에 대한 충성심과 높은 집단주의 정신을 발휘
하는 공산주의 인간의 사상 정신적 풍모를 말한다. 자기보다 당과 수
령, 사회와 집단의 이익을 먼저 생각하는 것이다. 혁명적 의리와 동지
애도 공산주의 미풍의 한 모습이다. 인민의 이익을 위해 헌신하는 것

20) 김정일, "대학생들 속에서 혁명적 생활기풍을 세울데 대하여", 김일성종합대학 경제학부 정
치경제학과 당세포 총회에서 한 결론, 1963. 10. 18.
21) 역사연구소 민속학 연구실, 《조국해방전쟁시기 발현된 후방인민들의 혁명적 생활기풍》, 사
회과학출판사, 1976.
22) "조국의 품은 수령의 품이며 조국의 향토는 수령이 찾아주고 꽃피워주는 사랑의 대지이다.
인간의 존엄도, 삶도 수령에 의하여 지켜지며 동지애와 의리의 체현자도 수령이다"(《조선대백
과사전》 18권, p. 419)

도 결국 수령에 대한 충실성의 발현이다. 이를 통해 온 사회가 하나의
화목한 대가정을 이루고 있다는 것이다. 북한에서 공산주의 미풍은 동
서고금에 유례를 찾아볼 수 없는 미풍이라고 자랑해 왔다. 그러나 집
단주의에 근거한 공산주의 미풍도 이제는 찾기 어렵게 되고 있다.

  북한은 지금 사회주의 근거가 되는 집단주의 가치관이 흔들리는 것
을 몹시 두려워하고 있다. "사회주의를 건설하는 과정에 난관에 부닥
친다고 하여 집단주의적 원칙을 버리고 개인주의적 방법에 의거하여
문제를 해결하려고 한다면 난관을 극복할 수 없을 뿐 아니라 사회주
의의 고유한 우월성을 마비시키고 혼란상태에 빠지게 되며 피로써 쟁
취한 혁명의 전취물을 잃어버리게 된다."고 우려한다.[23]

  경제 관리에서도 집단주의가 아니라 개인주의에 기초한 방법으로
하게 되면 사회주의제도가 자본주의적인 것으로 변하게 된다는 것을
지적하고 있다.[24] 무엇보다 자본주의에 대한 환상을 경계한다. 자본주
의에 대한 환상은 인민대중을 사상적으로 무장시키는 것이라고 그 해
독성을 나열한다.[25]

  사회주의 정권은 대체로 두 가지 방식의 정당성을 사용했는데 하나
는 사회주의, 공산주의라는 이데올로기이며, 다른 하나는 사회경제적
실적이었다. 그런데 이 두 가지의 정당성이 소련과 동유럽에서 모두
실패로 돌아갔듯이 북한에서도 두 가지 정당성은 실추되었다. 주민들

---

23) 김창빈, "집단주의는 사회적 존재인 사람의 본성적 요구"(2), 《철학연구》, 1991, 제4호, 과
학백과사전종합출판사, 1991.
24) "집단적 소유에 기초한 사회주의적 경리를 집단주의로서가 아니라 개인주의에 기초한 관리
방법으로 운영한다면 그것은 결국 제도는 사회주의적인 것인데 그에 대한 관리는 자본주의적으
로 하는 것이 된다. ……사회주의제도 그것을 자본주의적 방법으로 관리, 운영하게 되면 점차
자본주의적인 것으로 변하게 된다. 그러므로 사회주의제도를 관리 운영하는 정상적인 방법은 어
디까지나 집단주의적 방법으로 되어야 한다." (김창빈, "집단주의는 사회적 존재인 사람의 본성
적 요구(2)", 《철학연구》, 1991, 제4호, 과학백과사전종합출판사, pp. 23~24)
25) 김영수, "자본주의에 대한 환상은 사회주의를 좌절시키는 요인", 《철학연구》, 1999, 제1호,
과학백과사전종합출판사, pp. 33~34.

은 김일성 사후 이를 더 확신하고 심리적 이반을 일으키고 있다.26)

그간 북한은 집단주의에 따라 형성된 사회인지라 인민들 속에서는 "모든 것을 오직 우리 혁명의 리익의 견지에서 분석판단하고 자기의 신념과 결심에 따라 자체의 힘으로 복잡하고 간고한 조선혁명의 앞길을 개척해 나가며 우리식대로 살아나가는 혁명적 기풍이 높이 발양되고 있다."27)고 자랑해 왔다. 그런데 지금 그것이 어그러지고 있는 것이다.

V. 맺는 말

집단주의 자체는 사회주의 사회에만 있는 것은 아니다. 자유민주주의 사회에서도 집단 우선적인 사고는 얼마든지 있다. 그러나 집단주의를 생활의 원칙으로 하여 구속하는 것은 아니다. 남한에서는 1986년 6·29 이후 개인의 시민적 권리와 책임이 중시되고 확장되는 정치적 민주화에 따라 집단주의적 사고나 성격은 현저히 약화되었다. 그러나 북한에서는 집단주의적 사고와 집단주의적 생활기풍이 삶의 원칙이 되고 있다. 한 예로 북한사회는 참으로 미담이 많은 곳인데, 그 많은 미담도 집단주의 사회이기 때문에 가능하다는 것이다.

추운 겨울 얼음 구덩이에 빠진 어린이를 구하고 이름도 없이 사라지는 인민군이나 청년대학생들, 물에 빠진 자기 자식보다 남의 자식을 먼저 구출하는 어른들, 나이 어린 소녀가 부모 잃은 아이들의 어머니가 된 사연들 등등에 대해 집단을 위하는 인간의 본성으로부터 이러한 행위가 가능하다는 것이다.

그런데 북한의 경제난은 이러한 바탕을 밑에서부터 흔들고 있는 것

---

26) 서재진, 「북한의 사회심리 연구」, 통일연구원, 1999. 12, pp. 69~71.
27) 김문석, 앞의 글, p. 39.

이다. 주민들은 경제난 앞에서 개인 이기주의로 돌아가고 있는 것이
다.

북한을 지탱하고 있는 우리식 사회주의도 생존의 위협 앞에서는 무
력하게 되는 것이다. 주민들은 집단주의에 대한 신뢰를 상실해버린 것
이다. 생존을 위해서는 자신과 가족밖에 모르는 개인이기주의를 택할
수밖에 없는 것이다. 남을 배려하는 집단주의 정신은 사라진 것이다.
일반주민뿐 아니라 간부층에까지 편만한 현상으로 나타나고 있다.28)

결론적으로 말해서 원칙에 해당하는 북한의 공식적 가치는 여전히
집단주의이지만 현실은 개인 이기주의가 판치는 사회가 되고 있다. 집
단주의를 내세워 사회주의의 우월성을 자랑하며 남북한 관계도 결국
개인주의와 집단주의 투쟁으로 귀결된다고 주장하던 것이 현실에서는
멀어지고 있는데 이념형으로는 여전하다.

북한에 사하로프나 솔제니친 같은 자유희구세력이 형성되어야 족쇄
처럼 고통을 주는 집단주의가 종언을 고하게 될 것인데 이를 위한 전
략은 없이 화해라는 명분 밑에 대북지원을 계속한다면 북한의 집단주
의는 오래도록 살아서 주민에게 고통을 안길 것이다. 앞에서 북한 문
헌이 언급했듯이 자본주의와 사회주의의 투쟁이 개인주의와 집단주의
투쟁이라면 집단주의를 이론적으로 더 깊이 천착해야 할 소이(所以)
를 여기에서 찾을 수 있다.

---

28) 서재진, 앞의 책, pp. 59~60.

도덕과 예의범절

Ⅰ. 들어가는 말

북한방송의 한 보도에서 남한의 도덕적 타락을 언급하는 가운데 조
상들의 묘를 찾는 관례, 윗사람에 대한 존칭어 사용 등 전통적인 도덕
관계가 조만간 사라질 것이라고 주장했다.[1] 그러나 한국 사회에서 쉽
사리 성묘행렬이나 존칭어가 사라진다는 것은 아직은 상상하기 어렵
다. 젊은 층에서 친족관념이 약화되었고, 비록 물질중시의 사고가 팽
배해 있지만 전통적 도덕이 사라질 것이라고 판단할 수는 없다. 젊은
층의 도덕적 문제라면 지금 북한도 여기에서 자유로울 수는 없다.

미워하면서 닮고, 싫어하면서 배운다고 했던가? 북한에서도 1989년
이른바 평양축전 이후부터는 '자본주의적 날라리 풍'이 들어서 청소년
들의 도덕적 해이와 사상적 변질 현상이 나타난 것이다. 그 여파로 전
통적 경로관이나 심지어 가정에서의 예의범절에서도 문제가 발생했다.
북한당국도 심각한 문제로 보고 "젊은이들이 웃사람들 앞에서 도덕품

---

1) 《평양방송》, 2001. 12. 2.

성을 지키는 것은 반드시 지녀야 할 가장 초보적이면서도 가장 중요
한 예의범절이다."라면서 부모들이 가정에서 도덕품성과 예절교육에
관심을 가질 것을 촉구하였다. 도덕이나 예의범절을 지키는 일은 가정
에서부터 시작되는 것으로 북한도 예외는 아니다.

II. 도덕적 해이와 예의범절 강조

'평축' 이후 일부 북한 청소년들 속에서는 폭력조직 결성 등의 형태
로 일탈행동도 나타나고[2], 불량아의 증가에 따른 범죄도 일어났다. 따
라서 도덕적 해이현상이 심각하였다. 청소년층의 도덕적 해이는 경로
효친 정신의 약화 모습으로 나타났다. 연장자에게 반말을 하거나 담뱃
불을 빌리자고 말하는 일조차 생겨난 것이다. 청소년들 중에는 "60이
동창이다"라면서 어른 아이 구별 없이 대하는 행동을 예사로 한다는
것이다.
　도덕적 해이현상이나 일탈행동보다 북한당국에 더 심각하게 비친
것은 사상적 변질현상이 나타난 것이다. 우선 김일성·김정일에 관한
문헌학습을 게을리하는 현상이나 수령부자를 야유하는 언사도 나타나
고 있는 것이다. 가령 '김일성교시'나 '김정일말씀'에 관계되는 과제제
출 때도 이를 적당히 꾸며서 한다던가, 교시내용을 불신하고 비판한다
는 것이다.[3] 또 남한가요를 즐겨 부르기도 하는 등 남한에 대한 관심
증대현상도 공공연하게 된 것이다.[4] 나아가서 자본주의적 생활양식을

2) 청소년 폭력조직은 북한 어느 지역에나 있으며 평양의 진달래파 같은 조직은 구성원이 100
여 명으로 되어 있다. 성인 폭력조직은 평양보다 함흥 등 지방도시에 많다.
3) 김일성 부자에 대한 비난은 '평축' 이후 특히 식량난이 심화되면서 낙서나 삐라 형태로도 나
타나고 있다.
4) 장마당에서 남한 상품이(상표를 뗀채) 버젓이 팔리고 있는데 특히 젊은 층이 선호하는 현상
도 이의 연장선에 있다고 하겠다. 남한의 대중가요(해방 전의 대중가요 포함)는 두 차례의 김연

◀ 어린이 종합 잡지
《꽃봉오리》 표지 모습.
북한은 이런 정기 간행
물을 통해 북한 청소년
들과 어린이들에게 공산
주의 본래의 도덕적 품
성과 조선식 인사법 등
을 가르치고 있다.

본떠서 외국어가 쓰여진 티셔츠를 입거나 청바지를 입는 등 옷 입는
것이 난잡해진 경향을 보이기도 하고 장발, 반지 끼기를 하고 디스코
춤을 추는 현상도 나타났다.5)

어느 사회에서나 청소년문제는 있기 마련이지만 북한에서 '평축' 때
까지는 청소년 비행문제가 생기면 한 가정의 문제로만 보지 않고 마

자 공연(2002. 4, 2002. 4)으로 북한 청소년층에 더 이상 은밀하게 부르는 노래가 아니게 되었다.
5) 북한에서 디스코 춤이나 청바지 착용을 주도한 젊은이들은 평양외국어대학생들이라 한다.
(『조선일보』, 2001. 12. 21, 54면) 그리고 평양 등 대도시에서는 여성들이 액세서리나 장신구
를 착용하는 경향도 늘어나고 있다고 한다.

▶
어린이들을 위한
동화·동시·현장문
학 외 김일성과 김
정일의 어린 시절을
미화한 동화·실화
등으로 편집되고 있
는 북한 어린이 문
학전문 잡지《아동
문학》표지   모습.
북한작가동맹 중앙
위원회에서 주관하
고 문학예술출판사
에서 월간으로 발행
하고 있다.

을이나 동네에서 함께 해결하려는 일도 있었다. 말하자면 공동체적 삶
이 있었다고 할 수 있다. 그러나 평축 이후 많은 청소년들의 일탈행동
과 사상 변질은 규모가 크고 빈발해져서 가정을 떠난 사회적 문제로
되었다.

청소년들의 사상 변질은 어려운 경제사정과 동구사회권의 몰락이
영향을 준 것이다. 그런데 북한당국은 이런 현상을 자체 내의 문제에
서 일어난 것이라 보지 않고 자본주의국가의 의도적인 사상 문화적
침투 때문이라고 바깥에 책임을 돌리고 있다. 이 침투를 개념화하여

'평화적 이행전략'이라 하는데 이것을 '미제에 의한 사회주의체제 전복·와해공작'으로 인식한다.6) 이를 막고 공산주의 본래의 도덕품성을 유지하기 위해서는 모기장을 쳐야 한다고 말한다. 자본주의적 요소를 황색바람으로 규정하고 이를 막기 위해 모기장을 잘 쳐야한다고 주장하는 한편7) 자본주의 생활양식에 물 젖을까 우려의 수위를 높인다.8)

앞에서 본 것과 같은 일부의 도덕적 일탈현상 때문이겠지만 사상과 도덕적 기풍을 세우는 캠페인에는 최대한 힘을 쏟는다. 이에 따라 북한사회의 전반적인 도덕적 요구나 예의범절은 언제나 규범 지향적이다.9) 규범에 관한 한 젊은이의 걸음걸이조차 어떻게 걸어야 하는가를 가르치려 드는 곳이 북한인 만큼 예절에 관한 가르침에는 전화 거는

---

6) 평화적 이행전략은 '미제'에 의해 실시되는 비군사적 전략으로, 다양한 경제적 메커니즘 조작, 정치적 설득 등을 통해 상대측의 저항을 약화시키는 것이라 보고 있다. 중국에서는 이를 화평연변(和平演變)이라 한다. 1989년 6월 북경 천안문 광장에서 일어난 학생·노동자 시위가 유혈진압으로 끝나던 그해 9월 29일 강택민(江澤民) 중국 당 총서기가 전 인민·전당원, 특히 간부들은 국제적 반동세력이 중국을 평화적으로 자본주의국가로 전화시키려는 기도에 대해 경각심을 가져야 한다고 말한 것에서 화평연변론이 나왔다. 그러나 1992년 등소평이 이른바 남순강화(南巡講話)를 통해 소련 해체와 동구의 변화가 서방측의 평화적 전복전략때문이 아니라는 언급을 한 이후 중국에서는 화평연변론 주장이 사라졌다.
　　북한에서는 1950년대 중엽 덜레스가 제기하였고 30년 후 레이건이 강조하였으며, 부시가 박차를 가한 것으로 인식하고 있다.(전인철, "제국주의자들의 평화적 이행전략은 파산을 면치 못한다", 근로자, 1990. 11)
7) 당 기관지 노동신문과 당 이론잡지 근로자 공동논설(1999. 6. 1)에서 "전 분야에 든든한 모기장을 치자"라고 강조하면서 "원자탄과 달러로 지배하지 못한 세계를 황색바람으로 지배하려는 것이 제국주의자들의 주되는 전략"이라고 주장했다. "제국주의 사상문화는 사회주의를 내부로부터 와해시키는 사상적 트로이의 목마"라고 비유하면서 사상문화 침투를 경계하였다. 이러한 관점은 현재도 여전하다.
8) "자본주의 생활양식에 젖으면 사람은 이성과 도덕을 잃고 야수로, 황금의 노예로, 머저리로 되고만다.", "사람들이 그에 오염되면 혁명하기 싫어하고 배신자로 전락하게 되며 자기를 낳아준 조국도, 자기를 키워준 당, 사회주의제도도 단돈 몇 푼에 팔아먹는 더러운 추물로 변질된다."(《로동신문》, 2001. 11. 28)
9) 규범은 목표문화인 국가이념을 뒷받침하여 국가목표를 달성하게 하는 전이문화(轉移文化)의 하나이다. 목표문화가 한 사회의 이상을 제시하는 것이라면 전이문화는 이의 실천을 위한 규범을 제시하는 것이라고 볼 수 있다.

예절, 처음 만나는 사람을 대할 때의 태도, 상점과 백화점에서의 인사
예절, 이발소나 미용실에서의 인사예절도 있다.

여기에서 청년의 걸음새에 관한 가르침을 잠시 살펴보자.

청년들의 걸음새는 그들의 기상을 나타낸다고 전제하고 "청년들이
곧바르고 단정하게 걷자면 신발 뒤축이 어느 한 쪽으로만 닳지 않도
록 걸음새를 바로잡기 위하여 의식적으로 노력해야 한다. 특히 녀성들
은 아름답게 씩씩하고 우아한 감을 자아내도록 걸어야 한다."10)라고
강조한다.

예절에는 인사예절, 옷차림예절, 편지예절, 질서 지키기 예절도 있는
데 예절은 말, 표정, 행동으로 표현되는 것으로 사람들 사이를 이어주
는 가장 순수한 행위이다. 인사예절에서 '조선식 인사법'인 큰절, 반절,
선절에 대한 설명을 하는가 하면, 인사예절에서는 말이 중요하다면서
언어예절을 중시한다. 같은 말도 '아'해서 다르고 '어'해서 다르고, '탁'
해서 다르고 '툭'해서 다르듯이 아내를 부를 때 '여'하거나 '야'해서는
안 된다고 가르친다.

말에 관한 한 김정일도 "말은 곧 사람이다."라는 신념을 가지고 있
다.11) 그는 또 공산주의자는 본성에 있어서 검박하고 문화적이므로
야비하고 몰상식한 말은 하지 않는다는 주장도 한다.12) 사람의 품격
과 언어생활은 절대로 분리시킬 수 없는 통일체를 이루기 때문에 '혁
명과 건설에 아무런 도움도 줄 수 없는 말, 속되고 야비한 말, 버릇 없
고 몰상식한 말, 유식을 뽐내는 외래어, 거칠고 란폭한 말'13)은 배격

---

10) 《천리마》, 1996년, 5월호, p. 39.
11) "말은 곧 사람이다. 사람의 사상감정과 기호와 취미는 모두 말을 통하여 표현되며 그의 직
업과 지식정도, 문화도덕수준도 말에서 그대로 나타난다."(김정일, 《영화예술론》, p. 112.)
12) "공산주의자들은 온갖 낡은 것을 쓸어버리고 끊임없이 새것을 창조하여 나가는 혁명가들
이기에 언어생활에서도 시대정신에 민감할 뿐 아니라 언제나 모범이다. 그들은 정의와 진리를
귀중히 여기므로 반말을 하지 않으며 본성에 있어서 검박하고 문화적이므로 야비하고 몰상식한
말을 하지 않는다."(리경란, "언어와 인격", 《천리마》, 1986. 5, p. 93)

▲ 북한은 청소년들에게 사회주의적 생활양식을 몸에 배게 하기 위해 어린 시절부터 집단생활과 군사훈련을 생활화하고 있다. 사진은 야외학습장에서 집단적으로 야외취사훈련을 하고 있는 북한 어린이들 모습이다.

되고 있다.

인사에서는 "안녕히 주무셨습니까?" 외에 "아침진지 잡수셨습니까?" 같은 전래인사도 쓰고 있다.[14]

---

13) 리경란, 같은 글.
14) 1990년대 초 남북대화 시(총리급회담) 북측 방문단 한 사람이 아침에 "진지 잡수셨습니까" 했다고 해서 한 젊은 기자가 북한에서도 우리와 똑같은 인사를 한다고 '동질성 확인'의 반가운

▲ 북한은 청소년들에게 집단주의 생활기풍과 체력을 단련할 목적으로 국방체육을 학습과목
으로 정해 완강한 투지와 대담성, 혁명적 동지애 등을 발양시키고 있다. 사진은 매년 정기
적으로 실시되는 야영훈련장에서 절벽 타기 훈련을 하고 있는 북한 어린이들 모습.

　인사는 표정이나 말이다. 말을 하는 인사는 언어예절이 중시된다.
우리나라 여성들의 언어예절 특징을 말씨와 억양을 상냥하고 부드럽
게 하고 소박하고 친절한 언어를 쓰기 좋아하는 것으로 규정하고　이
를 강조하는 모습을 보인다. 그래서 북한 여성들에게 말의 억양이 너

느낌을 기사화 한 일이 있는데, 이런 인사는 분단 이전 남북한 어느 지역에서도 일반적으로 쓰
이던 인사방식일 뿐이었다.

무 높거나 너무 낮지도 않게, 말의 속도가 너무 빠르거나 느리지도 않
게 정확하고 단정하게 함을 강조하고 있다.15) 또 말할 때 직설적으로
하거나 모나게 하지 말고 둘러 말할 것도 강조하고 있다. "좀 더 빨리
가자요"라고 하기보다 "좀 빨리 가면 좋겠어요"라는 것이 여성들 인
격에는 더 어울린다고 말한다.

인사말을 할 때는 행동으로 절을 한다. 인사에는 조선절이 제일 좋
다고 한 김정일 말대로 몸을 굽혀 고개를 숙이고, 예를 표하는 모양을
취할 것도 강조한다. 악수는 우리식의 전통적 인사법이 아니므로 머리
를 숙이는 인사가 좋다고 하고 있다.

옷차림 예절에서는 무릎이 드러나는 짧은치마나 보기 흉한 바지,
무늬나 색깔이 지나치게 '알락달락'한 옷을 입는 것이 조선식이 아니
라고 배격된다. 옷차림은 단정하고 깨끗하게 '현대적 미감'에 맞고 사
회주의적 생활양식에 맞게 옷을 검박하고 세련되게 차려 입는 것이
고상한 예의도덕이라고 말한다. 선글라스 착용도 어른 앞에서는 삼가
도록 계몽하고 있다. 예절의 하나로 북한에서는 여성이 자전거를 타는
것도 공식적으로는 금지되어 있다.

Ⅲ. 가정에서의 도덕 규범

한 인간의 삶은 가정·직장·지역사회·국가영역에서 이루어진다.
가정의 가족으로서, 직장의 성원 또는 개별 직업인으로서, 지역사회
참여자로서, 또 국가의 국민으로서 살아가는 것이다. 그러나 어느 경
우에나 가정생활로부터 출발하기 때문에 누구도 가정생활을 떠난 삶
을 살 수는 없다.

---

15) "조선녀성의 고상한 례의범절" 《로동신문》, 1999. 5. 27.

가정과 직장, 가정과 지역사회, 가정과 국가라 하듯이 가정을 떠난 생활은 의미가 없다. 가정생활의 범위는 넓다. 부부의 애정생활, 자녀 출산과 양육, 가족 간의 권력배분과 가사분담, 수입과 지출 등의 경제활동, 전래가치관의 교육과 학습, 개인발전과 삶의 질 향상을 위한 사회활동 및 취미활동, 관혼상제 등 통과의례 행사, 그리고 일상의 의식주 생활이 모두 가정생활이다. 가정생활의 이러한 범위는 이념과 가치에 관련된 관념적 부분, 행동양식과 관련된 규범적 부분, 의식주생활과 관련된 물질적 부분을 포괄하고 있다.

이 가운데서 규범생활과 관련된 것은 교육과 학습을 통해 세대에서 세대를 거쳐 이어진 전래의 가치관을 바탕으로 한 도덕품성과 예의범절이다. 가정에서의 도덕과 예절의 기본은 부모공양과 어른 공경이다. 효(孝)로서 표현되는 부모 공양, 경(敬)으로 나타나는 어른 공경 즉, 경로 효친은 우리 전통사회 도덕규범의 기본이었다.

북한 가정에서도 경로 효친은 겉으로는 남쪽과 다를 바 없다.16) 효의 세 가지 의미인 어버이 존경, 욕되지 않게 하는 것, 봉양 잘하는 것 중에서 봉양 잘하는 것 외에는 북쪽 사람이라고 남쪽과 다를 것이 없다. 그런데 북한에서는 효성과 함께 충성이 강조되거나 충성을 더 앞세우는 사례를 보게 된다. 가정에서도 부모에 대한 효성보다 "……가정의 모든 성원들이 다같이 경애하는 장군님을 충성과 효성을 다해 높이 받들며 그들이 다 같이 혁명사업에 충실하도록 서로 적극 도와주어야 합니다."17)라고 충성이 강조되고 있다.18)

---

16) 전래의 예절에 대한 관점에서 양반층보다 상민가정이 더 화합적이었다고 본다. "대체로 인민들의 가정에서는 시부모는 며느리를 아껴주고 며느리들은 시부모 공대를 잘하는 미풍이 보편적인 현상으로 발양되었지만 봉건통치배들의 가정에서는 시부모가 며느리를 구박하고 고된 시집살이를 시킴으로써 가정불화를 일으키는 부정적인 측면이 더 많았다."(《조선대백과사전》 제18권, 가족관계 항목)

17) 김정혁, "혈육과 동지", 《조선여성》, 2000. 1, p. 31.

18) 효도와 관련된 사례도 있지만(기사 ①,②) 충성을 강조하는 사례(기사 ③)가 더 많은 편이

북한 가정에서 효도와 관련된 경로 효친 강조는 대체로 1980년대 중반 이후 나타난다.19) 북한에서는 정권초기에 유교도덕 중에서 부모에게 무조건 맹종하는 것도 진정한 효가 아니라고 하고 봉건시대에 임금을 섬기면서 충성을 하게 하는 것도 비판했다. 가정에서도 부모에 대한 효도보다 수령에 대한 충성을 앞세우라는 교육을 해왔다. 결코 효도가 충성에 우선 할 수 없는 형식이었다. 그래서 효자 효녀도 단순한 효자 효녀가 아니라 충성하는 효자 효녀여야 했다. 어린이는 집에서 충성동이·효성동이가 되고 충신·효자가 되며 사회에서는 영웅이 되고 전사가 되기를 바라는 분위기에서 자라는 것이다.

가정의 연장선에서 직장에서 열심히 일하는 것도 충성으로만 재단되지 않고 '수령'에 대한 효성이 있기 때문이라고 말한다. 충성과 효성을 한 묶음으로 보는 것이다. 사회주의 대가정에서는 수령에 대한 충성뿐 아니라 효성도 함께 한다는 관점이다.

다음은 충효를 같이 한 사례들이다.

경기장의 국제행사를 앞두고 문제가 생긴 전기 문제를 혼신의 노력으로 해결한 구역 전기 송배전 소장, '수령'이 죽은 충격 속에 결혼을 늦추고 실 끊기 기술혁신안을 연구하여 생산에 도입한 처녀, 고등농업전문학교를 다니다가 병으로 학교를 다닐 수 없어서 쉬다가 기어이

다.

① 남편 되는 사람이 자기 아내에게 X월 X일이 무슨 날인지 아느냐고 물으니까 아내는 수첩을 꺼내보면서 베네수엘라 공화국 독립기념일이라고 대답한다. 이에 남편이 시어머니 생일날인 줄도 모른다고 화를 냈다.

②시어머니, 시동생, 그리고 동서까지 아홉 식구가 한 집에 사는데도 웃어른을 잘 모시니까 손아래 시동생, 동서도 잘 따라서 집안이 화목했다.

③ 작업장에 나온 노파가 말하기를, 그날 아침 자기 생일 상을 차리려는 아들에게 생일 상 차리려다가 직장에 늦기보다 직장 일 잘 하여 수령에게 충성을 다하라고 책망했다는 것이다.

19) 북한은 충효를 강조하는 유신정권의 정책을 비난하는 등 1980년대 초까지 남한의 충효사상에 대해 비난을 하였다. 그리고 자체적으로는 가정에서의 부모에 대한 무조건적인 효도가 사회주의에 어긋난다고 비판했다.

농장원이 되어 모내기에 참가한 다음 22살의 나이로 농장에서 순직한 처녀, 6·25 당시 월북하여 후대들을 가르쳐 온 고등중학교 교장, 전쟁에 참가했던 노병들, 이 모두가 충성과 효성을 같이 하고 있다.20)

본래 충효는 같이하는 덕목이었다.21) 가정의 효(소효)가 국가 차원의 충(대효)과 같이 하는 것이 바로 그것이다. 경로 효친은 대체로 충과 더불어 강조되었지만, 우리 전통사회에서는 부모에 대한 효심을 국가에 대한 충성보다 앞세운 사례도 많다.22) 그러나 북한에서는 가정에서의 효(소효)보다는 국가적 차원의 충(대효)을 중시하고 있다. 사회전체를 '사회주의 대가정'이라고 하는 북한에서는 효 규범이 국가 전체적으로 한 가정처럼 유지되기 때문에 이것을 요구하게 된다.

경로 효친의 강조는 혁명선배 및 스승 존경과도 연결된다. 김일성 사후 김정일은 혁명 선배를 존대하는 것을 도덕적 의리라고 강조하면서 혁명 1세대의 호응을 이끌어 냈다. 스승에 대한 예의도덕도 제자들이 우선 스승을 혁명의 선배로 보는데서 출발한다. 스승은 '웃사람이고 혁명선배이며 조국의 미래를 키워 가는 숨은 노력가'이기에 그들을 존대하는 것은 응당하다고 본다. 비록 가르친 스승이더라도 혁명의 선배가 아니면 존경할 필요가 없는 것이다. 그런데 북한에서 스승 중에서도 가장 위대한 스승은 물론 '어버이 수령님'과 '경애하는 장군님'으로 귀결된다.23)

이렇게 볼 때 북한의 규범은 모든 것이 김일성·김정일을 정점으로 해서 존재하는 것이고 이 규범의 밑받침이 되는 집단심리는 주체사상에 기초하고 김정일에 대한 흠모감과 숭배심을 핵으로 하여 이루어지

20) 김정일보다 나이 많은 사람들도 다 그에게 효성을 바치는 사람이 되고 있다. 예시된 사례들은 대중잡지 《천리마》(1996, 1~12)에 실린 기사들이다.
21) 북한에서 충효는 당과 수령에 대한 충실성과 효성을 아울러 이르는 말로도 쓰인다.
22) 임진왜란 당시 영상이던 柳成龍은 전쟁 중임에도 부모상을 내세워 왕에게 그 직책을 사임하겠다고 했다.
23) "스승에 대한 제자의 례의도덕", 《천리마》, 1997. 8, p. 66.

고 있다고 볼 수 있다.[24]

북한에서 훌륭한 사람은 "당과 수령, 조국과 인민의 충신, 한 몸 바쳐 일하는 사람, 희생정신, 근로정신, 집단주의 정신이 남달리 풍부한 사람, 예절이 바르고 품행이 단정한 사람"[25]이지만 이러한 사람도 그 행동규범의 근거는 수령과 장군의 관점일 뿐이다.

Ⅳ. 맺는 말

가정은 물리적으로 보면 부부를 중심으로 가족 구성원들이 생활하는 공간이다. 나라가 겨레의 집이라면 가정은 가족의 집이다. 그러니까 가족의 집은 겨레의 집을 형성하는 기초집단이다. 이 기초집단이 튼튼해야 사회와 국가도 튼튼해진다. 그리고 가정은 가족들이 서로 익히면서 세상을 보는 눈을 크게 하는 학습장이므로 가정생활은 한 나라 문화의 척도이기도 하다. 그래서 북한 가정의 도덕규범과 예의범절을 파악하는 일은 매우 중요한 일이다.

북한가정에서 전래의 예절이 사라진 것은 아니지만 전통모습 그대로 무조건 부모를 섬기는 것은 맞지 않는 것으로 나타난다. 그간 북한의 전통규범 정책에 대해서는 오인된 부분도 있었다. 그것은 공산주의 정치사상과 관련한 가치관을 중시한 나머지 공산주의적 새 인간을 만드는데 우선적인 주목을 했기 때문에 전래적 가치관에 따른 규범을 깡그리 없앤 것으로 파악한 것이다. 그것은 북한 가정에 대한 내적 접근보다 정치문화와 관련된 사회의 이상적 인간상만을 도덕의 기준으로 파악했기 때문이다. 온 사회의 주체사상화, 사회정치적 생명체론, 수령론 등등 국가목표에서 나온 충효일심, 이신작칙, 간고분투, 결사옹

---

24) 김문석, "우리사회의 건전한 집단심리", 《철학연구》, 2001. 2.
25) 《천리마》, 97. 4, p. 64.

위정신, 속도전, 일심단결, 군민일치 등의 정치적 덕목에만 관심을 두고 초점을 모았던 것이다. 어떻든 주체형의 인간을 목표로 하는 규범화과정에서도 주체사상과 관계되는 덕목은 내용으로 되고, 전통규범은 형식으로 살아있음을 확인할 수 있다.

　그러나 무엇보다 "공산주의 도덕의 최고 기준은 수령에 대한 끝없는 충실성"이라는 것은 확실하다. 따라서 이는 충성을 바칠 대상이 소멸하면 무너질 수밖에 없는 규범체계이다.

주민의 학습 기풍

I. 들어가는 말

흔히 가을을 독서의 계절이라 하지만 중국 위(魏)나라 동우(董遇)는 독서삼여(讀書三餘)라 하여 겨울철을 독서철로 꼽았다. 독서삼여는 세 가지 남는 시간이란 것인데, 농사일 없는 겨울철, 남들이 자는 밤, 흐리거나 비가 올 때를 말한다.[1]

겨울, 밤, 흐리거나 비가 오는 시간에 독서를 해야 한다는 것은 내버리기 쉬운 시간을 잘 활용한다는 뜻으로 해석된다. 독서삼여 식으로 독서를 한다면, 12월은 추수가 끝난 농촌이나 겨울 맞을 채비가 끝난 도시에서 책읽기를 할 때가 되었다는 것이다. 그런데 책읽기에 관한 한 겨울이고 여름이고 봄이고 할 것 없이 4계절 언제나 열심히 하는 곳이 있다. 바로 북한이다.

북한에서는 책읽기가 학습이란 형태로 이루어지고 있다. 개인적 취

---

1) 讀書三餘 冬者歲之餘, 夜日之餘, 陰雨時之餘 겨울철은 일년의 나머지 시간이고, 밤은 하루의 나머지 시간이며, 흐리거나 비오는 날은 맑게 갠 날의 나머지 시간을 말한다.

미로 하는 독서라기보다는 나라에서 요구를 해서 학습을 하듯이 하고
있는 것이다. 학습에 관한 한 세상에서 북한을 따라 갈 나라가 없을
것 같다. "전당, 전민, 전군이 학습하자"라는 구호를 외치면서 학습 기
풍을 높이는 곳이 북한이다. 북한 노동법에는 하루 8시간 노동, 8시간
휴식, 8시간 학습이 규정되어 있다. 여기에서 8시간 휴식은 잠자는 시
간을 말하기 때문에 8시간 노동, 그리고 8시간 학습은 노는 시간 없이
공부해야 하는 시간이 되는 것이다. 실제로 8시간 모두를 공부하지는
않지만 최소 하루 2~3시간씩은 공부를 해야 한다. 정권기관 간부들은
1977년 이래 토요학습회에 정기적으로 참가하여 왔고, 대학교수도 '김
일성노작 1만 페이지 읽기 운동'을 전개해 왔다. 가히 학습의 땅이다.

II. 학습의 땅

북한에서는 김일성 자신부터 학습을 강조하였다. "혁명하는 사람에
게 있어 학습은 첫째가는 임무입니다. 누구나 학습하지 않고서는 참다
운 혁명가로 될 수 없으며 혁명사업을 계속해 나갈 수 없습니다."[2]
북한문헌에 따르면 김일성은 책읽기를 많이 했고 취미도 독서라고
한다. 김일성은 소학교 때부터 소설을 많이 읽었고 '항일투쟁' 시기에
는 노래가사나 희곡을 지었고, 역사지식이 뛰어나고 한시도 지을 수
있었다. 그리고 죽기 전날에도 소설을 읽은 것으로 알려지고 있다.[3]
책읽기와 글쓰기로 말하자면 현재의 통치자 김정일도 대단하다.
2,000여 권의 책을 고등중학교 시절에 읽었고 직접 썼다는 책과 글이
수백 편 넘으니 말이다.[4] 그리고 그 역시 학습을 강조한다. "혁명하는

---

2) 《김일성저작집》 제25권, p. 338.
3) 조진용, 위인정서, 《청년문학》, 1999년, 7월호.
4) 《평양방송》은 1996년 5월 8일 "인류역사는 일생에서 가장 많은 독서기록을 2천 권으로 적

▲ "혁명하는 사람에게 있어 학습은 첫째가는 임무입니다. 누구나 학습하지 않고서는 참다운 혁명가로 될 수 없으며 혁명사업을 계속해 나갈 수 없습니다."[1]라는 김일성의 지적에 따라 북한은 각종 학습이 생활화되고 있다. 사진은 집단적으로 사상학습을 하고 있는 북한 학생들 모습.

사람은 언제나 학습을 첫째가는 임무로 삼고 일생동안 학습을 계속하여야 합니다."

북한에서 학습은 사람이 사회적 존재로서 사회생활을 하고 '혁명과 건설'을 잘 하기 위해서 반드시 첫 공정으로 틀어줘어야 할 활동이다.

학습은 또한 '온 사회의 인텔리화'를 하기 위한 방도이기도 하다. "온 사회에 혁명적 학습기풍을 세우는 것은 온 사회의 인텔리화를 다 그치기 위한 중요한 방도의 하나입니다. ……사회의 모든 성원들이 대학졸업 정도의 지식을 가지도록 하자면 고등교육기관을 늘이고 사회

고 있다."면서 김정일은 고등중학 시절에 이미 2천 권을 읽었다고 소개했다. 김정일의 저작은 대체로 400여 편에 이르는 것으로 파악된다고 한다.

▲ 북한은 전 인민이 사회적 존재로서 사회생활을 하고 '혁명과 건설'을 잘 하기 위해서는 학습을 "첫 공정으로 틀어쥐어야 할 활동"이라고 강조하며 직장에서도 각종 학습을 생활화하고 있다. 사진은 직장에서 작업복을 입은 채로 부서별로 '소조학습'을 하고 있는 북한 근로자들 모습.

교육을 강화하는 것과 함께 온 사회에 혁명적 학습기풍을 세워 누구나 다 꾸준히 학습하고 배우게 하여야 합니다."(김정일)5)라는 말대로 인텔리화를 위한 것이기도 하다.

공부를 한다는 것은 좋은 일이다. 그러나 북한에서처럼 책읽기학습이 자기발전이나 성취를 위한 것이라기보다 그야말로 당 시책 내용을 익히는 것을 주로 한다면 그것은 괴로운 일이다. 사실상 김정일 명언학습6), ○○따라 배우기 운동7), '긍정감화교양'8) 등등이 모두 정치학

5) 김정일, 교육사업을 더욱 발전시킬데 대하여, 1984. 7. 22, 《김정일선집》 제8권, p. 120.
6) 1997년 북한 각 대학에서는 김정일이 쓴 문헌이나 연설에서 뽑은 '명언'들을 도서관이나 교실에 써 붙이고 교직원과 대학생들이 익히도록 하는 학습도 실시하였다.
7) 북한에서 따라 배우기 운동의 최초는 광복 직후 "소련을 따라 배우자"였다. 이후 김일성문풍 따라 배우기 운동, 숨은 영웅들의 모범 따라 배우기 운동, 정춘실 따라 배우기운동 등 따라 배

습에 다름 아니다.

학습의 한 사례를 보자.

1986년 6월 《김일성 강의록》이라는 문건이 발표되었는데, 내용은 노동당의 성격과 역할, 김정일 후계체제의 당위성 논리 등으로 꾸며져 있다. 북한 당국은 이것이 북한주민 모두의 기본학습 교재라면서 독보회와 개별학습, 집체학습을 통해 전 주민이 숙지하도록 하는 캠페인을 벌였다. 낭독시간이 40분이 되는 이 내용을 하루에도 두세 차례씩 반복하여 방송하였고 신문에서는 여러 날에 걸쳐 이 내용으로 지면을 채웠던 일이 있다.

북한주민들에게는 이러한 정치사상학습이 신성한 의무로까지 되기 때문에 1974년 이래 주민들은 김일성·김정일 관계 책을 가지고 다니고[9] 주민대상의 '김일성노작 전국학습경연대회'도 열렸다. 북한이 자랑하는 38,000평의 인민대학습당도 주민들의 학습기지로 이용되는데 한몫하고 있다. 대학생뿐 아니라 대학교수도 '김일성노작 1만 페이지 책읽기 운동'에 참가하여야 했다.

이러한 학습분위기를 일러 "정치학습의 열기가 지나쳐서 북한에서는 과학자(過學者) 즉, 과격하게 정치학습을 하는 환자가 생겨났다"고도 하고[10] 미그기를 몰고 북한을 탈출했던 이웅평 대위는 "북한에서는 아무리 못 배운 사람도 입은 살아 있다"고 했다. 일반적인 교양과 지식은 없어도 정치사상과 관련되는 말만은 잘한다는 뜻이었다. 북한주민이 정치사상적인 말을 잘할 수밖에 없다면 그것은 누구나 정치

우기 운동은 수없이 많다.

8) 긍정감화교양은 모범적인 사례들을 내세워 긍정에 의한 감화교양을 노리는 방법이다. 부정적 현상도 긍정적으로 받아들이게 하고 조그만 한 일도 모범이 된다 싶으면 '긍정적 모범'으로 일반화시킨다.

9) 김일성주의 경전이라 할 '당의 유일사상체계 확립 10대 원칙'(원고지 160장 분량)을 실은 소책자를 당원이고 비당원이건, 늙건 젊건 누구나 가지고 다니면서 외어야 했다고 한다.(『조선일보』, NK리포트, 2001. 1. 15)

10) 김영성, 「오 수령님, 해도 너무 합니다」, 『조선일보사』, 1995. 4.

사상적으로 무장되지 않고는 살 수 없는 압박감 속에서 학습을 계속
했기 때문이라고 볼 수 있다.

　물론 학습이 정치학습만 있는 것은 아니다. 북한에서 학습은 "사상
과 지식, 기능을 배우고 습득하는 사람의 목적 의식적인 활동"으로 규
정되어 있듯이 이론학습과 기능학습이 있다.[11] 이론학습은 사상과 견
해, 개념과 법칙, 원리 등을 강의나 책읽기를 통해 습득하는 것이고
기능학습은 말하기 기능, 계산기능, 운전기능, 운동기능 등 실천이나
연습을 통해 키우고 숙련시키는 것이다. 따라서 학생들의 학과공부도
학습이다.

　사회 전반의 학습열기 때문인지 대학생도 농촌지원, 교도대 훈련,
행사동원 등 수업시간을 많이 빼앗기지만 이를 보충하려고 밤을 새워
공부를 한다. 그리고 청소년들은 북한소설뿐 아니라 세계명작 소설도
읽는다. 청소년들이 많이 보는 외국 소설책은 「빨간머리 앤」, 「몽테
크리스토백작」, 「세익스피어 이야기」, 「레 미제라블」, 「전쟁과 평
화」 들이라고 한다.[12]

　학습은 개별학습과 집체학습으로 하는데 개별학습은 책읽기와 자습
형태로 하고, 집체학습은 강의, 강연, 강습, 토론, 연구발표모임, 독보
회, 이동강의[13] 형태로 진행한다. 또 정기적으로 학습경연대회도 열린
다. 학습경연은 문답식경연으로 열리는데 최근에도 그러한 경연대회가
있었다.

Ⅲ. 문답식 학습경연의 실제 내용

11) 《조선대백과사전》, 백과사전출판사, 23권, 2001. 4, p. 559.
12) 『조선일보』, NK리포트, 2000. 12. 18.
13) 이동강의는 농촌, 탄광, 철도 등 주요 생산단위에 이동강의조를 편성, 파견하여 지도자의 영
도력 칭송과 정치사상적인 신념교양을 주입시키는 것을 말한다. 열차 안에서 행해진 이동강의도
있었다.

2001년 9월 말 평양 인민문화궁전에서는 문화 예술부문 창작가와
예술인들의 시범문답식 학습경연이 열렸다. 경연목적은 정치실무수준
을 높이는 것이었다. 이 자리에는 김정일이 참관하면서 격려와 지적을
했다. 김정일은 참관 후 "전통적인 학습방법인 문답식 학습방법의 우
월성을 과시했다"면서 당원들과 근로자들이 배우고 또 배워 정치 실
무수준을 높이라고 요구하였다. 학생도 아닌 예술가들이 학습을 하고
경연까지 하게 한 것은 북한체제에서만 있을 수 있는 일이 아닐까?

문화 예술부문 창작가와 예술인들의 문답식 학습경연은 무대 위에
결선에 오른 3개 팀이 자리를 잡은 다음 김정일이 입장하자 시작되었
다. 결선에 오른 3개 팀은 조선예술영화촬영소, 피바다가극단, 국립연
극단으로 한 팀이 12~14명이었다. 순서대로 앞으로 나와서 자기에게
주어지는 문제를 답하는 형식이었다. 질문은 사람과의 사업은 무엇이
냐, 남호두 회의, 남패자 회의14)에서는 무엇이 결정되었느냐, '당의 유
일사상확립 10대 원칙', 신년사의 한 부분 등 외우기 위주로 출제되는
것이다.

학습경연에서는 김일성 회고록 《세기와 더불어》, 김정일의 논문
《주체사상에 대하여》 등도 대상이 된다. 크고 작은 문답식 학습경연
은 어느 조직이나 단위에도 있기 때문에 학습이 일상화된 북한에서는
외우기도 잘해야 한다.15) 그야말로 요람에서 무덤까지 가면서 외우기

---

14) 남호두(南湖斗)회의는 1936년 2월 27일부터 3월 3일까지 만주 영안현 남호두 소자지하에서
열렸던 '조선인민혁명군' 군정간부회의로 김일성이 '조선혁명'을 양양으로 이끄는 전략적 방침을
제시했다고 한다. 남패자회의는 1938년 11월 25일부터 12월 6일까지 몽강현 남패자에서 열린 회
의로 좌경모험주의자에 의한 난국을 타개하는 대책을 내놓은 회의였다고 한다. 또한 유격지 근
거지 마련과 통일전선운동을 항일무장투쟁과 연계시키는 방략 등도 김일성에 의해 제시되었다
고 한다.
15) 학습경연은 관찰학습, 기억학습, 사고학습 중에서 기억학습위주가 되지만 기억위주의 경쟁
을 위한 경쟁이 아니라 경연내용을 폭넓게 인식하는 사고학습이 되도록 강조도 된다. 중앙문화
예술부문 창작가, 예술인들의 시범문답식 학습경연(2001. 9. 21)을 참관한 김정일은 경쟁을 위한
경쟁이 안되도록 하라고 지시했다.

▲ 문답식 학습의 '우월성'은 "첫째 형식주의, 교조주의의 낡은 방법을 없애고 학습을 실속 있게 조직할 수 있다는 것이다."라고 풀이해 주고 있는 《조선백과》의 표지 모습.

를 잘해야 출세도 할 수 있다고 한다.

북한에서 학습경연은 1973년 11월경 김정일이 김일성주의 학습을 강조하면서부터 일반화되기 시작하는데 1973년 11월 5일에 제1차 전국예술인 학습경연대회가 문답식학습경연으로 열렸다. 실제로 문답식 학습은 그렇게 떠들 정도로 효과가 있고 그 '우월성'이 발휘되는 것인가?16) 어떤 내용인가?

문답식 학습은 문답의 방법으로 토론과 논쟁을 벌리면서 학습내용을 폭넓고 깊이 있게 인식시키며 깨우쳐주는 학습방법으로 규정되어 있다. 그 연원은 김일성이 '항일무장투쟁'시기에 창조한 것이라 한다.17) 그것을 김정일이 사회주의 현실에 맞게 새롭게 발전시킨 것이

---

16) "문답식 방법은 우리 당의 전통적인 학습방법으로서 이미 실생활을 통하여 그 우월성이 뚜렷이 증명되었다."(《김일성저작선집》 제7권, p. 428.)

17) "원래 문답식 학습방법은 수령님께서 조직령도하신 간고한 항일무장투쟁시기에 창조되어

라는 것이다. 오늘날에는 문답식 학습방법의 범위를 근로자들의 사회 정치학습뿐 아니라 학생들의 교수 및 과외활동까지 널리 적용하고 있으나 초기에는 유일사상교양, 혁명교양, 계급교양 등 정치사상학습에 국한했다.18)

문답식 학습의 '우월성'에 대해서는 이렇게 말한다.19) 첫째 형식주의, 교조주의의 낡은 방법을 없애고 학습을 실속 있게 조직할 수 있다는 것이다. 둘째 광범한 대중의 학습열의를 높이고 학습을 대중 자신의 것으로 전환시킴으로써 사람들을 주체사상으로 무장시키는 사업을 성과적으로 실현시켰다는 것이다. 셋째 집단적인 통제와 동지 상호간의 방조를 강화함으로써 학습을 게을리하는 현상을 없애고 온 집단에 혁명적 학습기풍을 세우도록 한다는 것이다. 넷째 학습을 실천과 결부하여 진행함으로써 대중을 혁명수행과업에 성과적으로 조직동원 할 수 있게 한다는 것이다. 학습방법에서는 조직별, 행정단위별, 또는 부문별로 하거나 학급별, 학습반별, 조별, 개인별로 조직할 수 있다.20) 2~3개 학습반이 모여서 단체별로 토론과 논쟁을 벌이는 과정에서 학습내용을 깊이 인식하게 하는데 초점이 주어진다.

문답식 학습을 잘 하려면 다음 네 가지를 지켜야 한다.21)

첫째, 문답식학습에 참가하는 모든 사람이 충분한 준비를 하고 제시된 학습문제의 내용을 완전히 파악하는 것이 중요하다. 둘째, 학습한 내용을 기계적으로 외어 바치는 현상을 극복하고 어디까지나 학습한 내용을 원리적으로 파악하고 자기의 피와 살로 만들며, 현실과 결

커다란 생활력을 나타낸 전통적인 학습방법입니다."(김정일)

18) 《조선중앙방송》, 1974년 5월 13일.
19) 《조선대백과사전》, 백과사전출판사 제9권, 1999. 6, p. 428.
20) 1973년에 알려진 문답식 학습의 방법도 오늘날과 큰 차이가 없다. 구체적 집행계획을 수립한 다음 교양자 자신이 모범을 보이면서 이 방법의 우월성을 이해시키는 것을 강조한다. 학습반 조직은 학습보조반, 작업반별로 할 수 있고 별도로 문답학습반을 편성하거나 학습경연모임을 하도록 하고 있다.
21) 주 18과 같음.

부하여 쓸모 있는 산지식을 습득하도록 하는 것이 필요하다. 셋째, 학습에 참가한 모든 사람들이 자기의 견해를 세우고 자유롭게 논쟁하도록 하여야 한다는 것이다. 넷째, 토론과 논쟁에 참가한 사람들의 학습정형을 정확히 공정하게 평가해 주며 앞으로의 학습과제를 명확히 제시해 주는 것이 필요하다.

무엇보다 문답식 학습의 가장 큰 특징은 경쟁적인 성격을 띤 경연에 있다. 그러나 김정일은 예술가들의 학습경연에서 '단순히 경쟁을 위한 학습방법'으로 되어서는 안 된다고 했다. 그래서 출전선수 본위주의적인 편향을 경계하고 토론자들뿐 아니라 참가자들도 배우게 하자는 것이 목적인 만큼 토론내용은 알기 쉽게, 통속적으로, 계발식 방법으로 진행하라는 말을 하고 있다.

문답식 학습경연은 자체경연 외에 직장·단체 간 전국적 문답식 학습경연대회도 있는데 여기에 선수로 선발되면 1개월 이상 공부에 매달려야 한다. 그러나 입상시의 영예도 좋지만 그 준비가 힘들고 암기력만으로는 안 되는 배짱도 있어야 하기 때문에 심리적 부담이 커서 오히려 기피하는 현상도 있다고 한다.[22]

Ⅳ. 맺는 말

학습이란 것이 자기발전이나 자기성취를 위하여 하는 공부가 아니기 때문에, 자기가 좋아서 하는 공부처럼 잘 될 리는 없다. 북한영화를 보면 아침 학습회에 참가하지 않으려고 출장을 간다는 핑계를 대고 빠지기도 하는 장면이 있고, 하는 수 없이 참가해서 강사가 묻는 질문에 대답을 못해서 쩔쩔매는 모습도 보인다. 북한 주민들은 정치사

---

22) 『조선일보』, 2001. 12. 14, NK리포트.

상학습에 진절머리를 낸다는데, 최근까지도 이를 강조하는 모습을 이
번 예술인들의 학습경연에서 보았다. 아직도 사상혁명 즉, 사람들의
머리 속에 있는 녹을 벗기는 투쟁23)이 필요한 모양이다. 북한주민들
이 진절머리를 낸다는 이 학습은 언제쯤 거두어질까?

---

23) 사상혁명은 머리 속에 있는 녹을 벗기는 투쟁, 기술혁명은 기계들에 있는 녹을 벗기는 투
쟁, 문화혁명은 생활과 살림집, 공장과 마을에 있는 때를 벗기는 투쟁이라고도 한다.

사회주의적 생활양식

I. 들어가는 말

북한은 올해 신년 공동사설에서 제국주의 사상 침투를 경계하면서 사회주의 생활양식을 지킬 것을 강조했다.[1] 이에 따라 내각 교육성은 정보과학기술 과목과 함께 정치사상 과목을 강화한 것으로 보도되었다.[2]

생활양식은 사람들이 사는 방식이다. 따라서 사회주의적 생활양식은 사회주의 사회 사람들이 사는 방식이다. 북한에서도 사회주의 사회에서 사는 사람들의 생활방식이고 활동방식이이라 한다.[3]

---

[1] "우리는 제국주의 사상문화적 침투에 혁명적 경각성을 높이고 우리의 사상과 도덕, 고상한 사회주의 생활양식을 견결히 지켜나가야 한다."

[2] 교육성 간부 말에 의하면 중학교 과정에서 백두산 3대 장군의 혁명역사와 김일성·김정일의 각종 '노작'을 비롯한 정치사상 교육을 강화하는 방향으로 교육강령을 바꿨음.(《중앙방송》03. 3. 22 인터뷰 기사)

[3] 김일성은 활동방식이라 하고 김정일은 생활하는 방식, 활동하는 방식이라 하였다.

"사회주의적 생활양식이란 사회주의 사회에서 사는 사람들의 활동방식이며 따라서 사회주의적 생활양식을 확립한다는 것은 정치, 경제, 문화, 도덕의 모든 분야에서 사회주의 생활규범, 사

생활양식은 사람들의 생활과 활동을 포괄하는 문화형태여서 개인이
먹고 입고 쓰며 사는 것에서부터 국가적 사업에 이르기까지 포함된다.
북한에서도 생활양식의 범위는 세태풍속이나 가정생활, 사람들의 인식
활동과 개조활동, 사회정치활동, 경제활동, 노동생활과 일상생활, 물질
생활과 정신생활, 도덕행위와 교제 등을 모두 포함하고 있다.[4]

북한에서 사회주의적 생활양식을 확립해야 하는 이유 또는 필요성
은 크게 두 가지다. 첫째, 온 사회를 혁명화, 노동계급화 하는 것을 촉
진할 수 있다. 둘째, 적대분자들의 '파괴암해책동'과 제국주의의 사상
문화적 침투를 막고 사회주의 제도를 수호하게 한다.

사회주의적 생활양식을 확립하여야 근로자들을 사회주의적 행동준
칙, 문화도덕생활 규범대로 행동하게 하며 건전한 기풍이 온 사회에
차 넘치게 할 수 있다. 또한 사회주의적 생활양식이 확립되지 않으면
낡고 불건전한 문화가 되살아나고 제국주의의 사상 문화적 침투가 가
능하게 된다. 적대분자들의 '파괴암해책동'까지 이유로 대고 있는 것이
다.

사회주의적 생활양식은 북한문화의 핵심적 모습의 하나이고 북한
주민들에게 요구되는 바람직한 생활양식이라 할 수 있다. 그러므로 사
회주의적 생활양식을 알면 북한문화가 보인다고 할 수 있다.

II. 사회주의적 생활양식의 본질과 특성

회주의적 행동준칙에 따라 모든 사람들이 활동하도록 한다는 것을 의미합니다."(《김일성저작
집》 제25권, p. 291)
　" 생활양식이란 사회적 존재인 사람들이 생활하는 방식, 활동하는 방식으로서 그것은 주로 사
회제도와 사람들의 사상의식 수준에 따라 서로 다르게 나타난다."(《영화예술론》, p. 53)
4) 박승덕, 《사회주의 문화건설 리론》, 사회과학출판사, 1985, 주체사상총서 8, 도서출판 조국,
1989. 3, p. 221.

생활양식은 유물사관으로 본다면 해당 사회제도와 분리하여 생각할
수 없다. 봉건사회에는 봉건제도에 의해 규정되는 봉건적 생활양식이
있듯이 사회주의 사회에서는 사회주의적 생활양식이 있게 된다. 북한
에서 사회주의적 생활양식은 낡은 생활양식을 없애고 사회주의에 맞
는 생활양식의 확립 필요성에 따라 제기되었다는 주장이다. 비록 사회
주의 제도가 섰더라도 자본주의 사회가 남겨 놓은 낡은 유물이 오래
동안 남아 있게 되고, 또한 제국주의 국가들이 끊임없이 사상 문화적
침투를 함에 따라 북한 '인민'의 사상의식 개조가 어렵다고 보고 사회
주의적 생활양식의 확립을 통해서 사회를 혁명화하려는 것이다.

사회주의적 생활양식은 생활과 활동의 모든 것에서 낡은 것이 아닌
새로운 양식을 보인다. 새로운 양식 중 가장 특징적이고 본질적인 것
은 집단주의적 생활양식이다. 집단주의는 북한헌법에 규정(제 63조)되
어 있듯이 공민의 권리와 의무의 기초가 된다. 이에 따라 "공민은 조
직과 집단을 귀중히 여기며 사회와 인민을 위하여 몸바쳐 일하는 기
풍을 높이 발휘"(헌법 제81조)하도록 요청된다. 집단주의는 사회주의
사회에서는 개인의 이익과 사회집단의 이익이 언제나 일치한다고 본
다.5) 그래서 집단주의가 가능하다는 것이다. 집단주의는 노동계급의
본성적인 활동원칙이고 고유한 생활규범이다. 여기에서 고유하다고 하
는데 이는 노동계급은 집단의 단결된 힘으로 예속과 구속에서 해방되
어야 하는 '사회적 처지와 역사적 사명'으로부터 오는 것으로 본다.6)

집단주의적 생활양식은 사람들로 하여금 조직과 집단을 사랑하고
집단생활에 습관 되게 하며 집단에 이바지하는 가치 있는 존재로 살
아나가도록 한다.

그래서 집단주의적 생활양식은 '하나는 전체를 위하여, 전체는 하나

5) 김일성은 가정도 집단으로 본다. "가정이나 학교도 하나의 집단입니다."(《김일성저작집》
제15권, p. 78)
6) 박승덕, 앞의 책, 223.

를 위하여'라는 공산주의 미풍을 세우게 되는 것이며 사회주의적 생활
양식은 한 마디로 집단주의적 생활양식을 말하는 것이 된다.[7]

　사회주의 생활양식의 특성은 무엇인가? 두 가지다. 첫째는 사람들
이 혁명성을 가지고 건전하게 살며 일하는 생활양식이며 조직성과 규
율성을 가진 조직적인 생활양식이다. 둘째는 생활을 깨끗하고 알뜰하
게 하며 문화적으로 살아가는 생활양식이다.[8] 사회주의적 생활양식에
는 자각성과 계획성도 특징 중의 하나로 중요하게 강조된다.[9] 자각성
과 계획성은 근로자 자신들이 사회주의적 생활양식의 필요성과 의의
를 자각하고 이를 목적 의식적(계획적)으로 확립해 나가기 때문에 아
주 중요하다. 생활을 깨끗하고 알뜰하게 하며 문화적으로 사는 것도
계획성에 따른 것이라 할 수 있다.

　한편 사회주의적 생활양식을 심리적으로 본 특징은 관습화, 습성화
되고 풍습화되어 있다는 것, 두 가지이다.[10] 생활양식에는 관습화되고
습성화 된 사고와 행동방식도 포함된다. 이때의 관습은 개인의 관습이
아니라 서로 다른 사회적 집단(마을·지방·학교, 또는 서로 다른 계
급과 계층) 속에서 수행되는 사람들의 상습적 행동방식이다. 그래서
관습은 넓은 의미에서 문화의 한 요소를 이룬다. 사람들이 같은 행동
이나 동작을 수많이 반복하면 그것이 점차로 관습화되는데 관습에 의
해 한 세대로부터 다음 세대로 풍습과 사회적 경험이 전달되게 된다.

　관습과 습성도 구분하기에 따라 가정적 관습(습성), 직업적 습성,
계급·계층별 습성 등이 있다. 이러한 것들이 생활양식의 심리적 특징

---

7) "사회주의적 생활양식은 모든 사람들이 다같이 잘살게 하기 위하여 투쟁하는 사회주의적 근
　로자들의 집단주의적 생활양식입니다."(《김일성 저작선집》 제7권, p. 20)
8) 《조선대백과사전》 제13권, 백과사전출판사, pp. 168~169.
9) 리재순, 《심리학개론》, 과학백과사전종합출판사, 1988. 1. p. 454.
10) 리재순, 《심리학개론》, 과학백과사전종합출판사, 1988. 1. pp. 453~457.

◀ 북한 청년문학을 대표하는 문학 전문 월간지 《청년문학》의 표지 모습. 문예종합예술출판사에서 발행하고 있으며 《조선문학》·《아동문학》과 함께 북한의 3대 문학지로 자리잡고 있다.

을 이룬다.

　생활양식의 심리적 특징은 또한 풍습화되어 있는 것이 된다. 풍습은 개인적 관습이 아니라 집단성원들의 굳어진 행동방식이라 할 수 있다. 집단생활 과정에서 집단적 관습이 긍정과 인정을 받아 그 실행이 사회적으로 의무화되면 풍습으로 된다. 풍습에는 정신생활풍습, 경제생활풍습, 가정생활풍습이 있는데 다시 세분될 수 있다. 정신생활풍습에는 신앙과 종교에 관한 풍습, 계절풍습, 명절풍습, 민속놀이풍습 등이 있고 경제생활풍습에는 식생활, 옷차림, 살림살이 풍습 등이 있

다. 풍습은 집단생활을 조절 통제하는 기능도 가지고 교양적 기능도
수행한다.

Ⅲ. 사회주의적 생활양식의 실천원칙과 방도

사회주의적 생활양식을 확립하는데는 원칙과 방도를 갖는다. 먼저
당의 원칙적 방도로 제시된 것은 4가지이다.

첫째 사회주의적 생활규범과 행동준칙의 완성, 둘째 사상교양사업
과 사상투쟁의 강화, 셋째 사상교양사업과 통제의 배합, 넷째 전 군중
적 운동 전개이다.11)

철학자 박승덕은 주체의 문화건설이론에 입각하여 이와 다르게 원
칙 2가지 방도 3가지로 정리하고 있다. 이를 검토하기로 한다.12)

사회주의적 생황양식을 세우는데서 견지하여야 할 원칙은 첫째 사
회주의 근로자들이 혁명성을 가지고 건전하게 생활하며 문화적으로
살도록 하는 것이고, 둘째 낡은 생활습성을 점차적인 방법으로 개변해
나가며 생활양식을 주동적으로 확립해 나가는 것이다. 이 원칙 두 가
지는 김일성의 말로 이미 제시되고 있다.13)

---

11) 《사회주의적 생활양식을 확립할 데 대한 우리 당의 정책》, 사회과학출판사, 1975. 3,
pp. 22~53.
12) 박승덕, 앞의 책, pp. 219~236.
13) "사회주의 생활양식은 나라의 경제토대가 발전하는데 따라 변하며 사회주의 생활양식에서
견지하여야 할 근본원칙은 모든 근로자들이 혁명성을 가지고 건전하게 그리고 문화적으로 살도
록 하는 것입니다."(《김일성저작집》 제27권, p. 534)
"우리는 근로자들 속에서 낡은 생활습성을 없애고 새로운 사회주의적인 생활양식을 세우기
위한 투쟁을 적극 벌려야 하겠습니다. 낡은 생활양식은 사람들의 사상의식 수준과 많이 관련되
어 있기 때문에 그것을 한꺼번에 다 없애려 하여도 안되며 강제적 방법으로 없애려고 하여도
안됩니다. 우리의 생활 속에 남아있는 낡은 습성은 사람들의 사상의식이 발전하는데 따라 하나
씩 하나씩 점차적인 방법으로 개변해나가야 합니다."(《김일성저작집》 제7권, p. 21.)

혁명성을 가지고 건전하게 문화적으로 산다는 것은 노동계급이 바라는 생활방식이다. 노동계급은 가장 혁명적이고 문화적인 계급이기 때문에 혁명적이고 문화적인 생활을 요구하는 것이다. 이 요구대로 되어야만 자본가계급의 생활양식과 대립되는 사회주의적 생활양식의 계급적 성격을 지킬 수 있다. 구체적으로 "사회발전을 저애하는 보수적이고 침체하며 소극적이고 우유부단한 경향이 극복되고 역사의 전진운동을 추동하는 혁신적이고 진취적이며 적극적이고 능동적인 경향이 우세를 차지한다"는 것이다.

낡은 생활습성을 개변하고 새로운 생활양식을 확립하는데서 점차적인 방법으로 개변하고 주동적으로 확립해 나가는 것은 낡은 습성과 그 극복과정의 특성에 맞기 때문이다. 낡은 생활양식은 보수적이고 집요하며 일상생활의 습관, 인습, 풍습으로까지 굳어져 있기 때문에 사회주의 제도 밑에서도 한꺼번에 없어지지 않고 점차적으로 극복하게 된다고 본다.14) 착취사회의 낡은 생활양식은 결코 한두 번의 투쟁으로 짧은 시일에 완전히 뿌리뽑아질 수 없으며 오랜 기간에 걸치는 꾸준한 투쟁을 통해서만 극복된다는 것이다. 그 방법은 강압적인 것이 아니라 해설과 설복의 방법을 쓰도록 하고 있다.15)

다음으로 사회주의적 생활양식을 세우기 위한 방도 세 가지이다. 첫째 사회주의적 생활규범과 행동준칙을 만들고 그것을 자각적으로 지키도록 하는 것, 둘째 교양과 통제를 강화하는 것, 셋째 사회적 운동으로 본보기를 창조하고 널리 일반화하는 것이다. 이 세 가지에 대해서도 김일성이 언명한 내용이 있다.16)

---

14) 제도보다 의식부분이 늦게 변한다는 문화지체(cultural lag) 현상을 인정하고 있다.
15) 설복과 해설은 사회주의 바깥과의 투쟁이 아니라 사회주의 안의 일이기 때문에 해설과 설복이 채택된다.
16) "……사람들의 일상적인 사회생활에서 사회주의적 공동생활질서를 정연하게 세우며 사회주의, 공산주의 사회에 맞는 문화도덕생활의 규범들을 끊임없이 창조하여 나가야 하겠습니다." (《김일성저작집》 제25권, p. 292)

사회주의적 생활양식을 세우려면 착취계급의 이익에 맞게 만들어진 낡은 사회의 생활규범과 행동질서를 없애며 노동계급의 요구에 맞는 생활규범과 행동준칙을 만들고 그것을 부단히 완성하여야 한다. 가령 경제사업에서는 사회주의적 경제관리운영 규범과 규정을 만들고 완성해 가는 것이 중요하다. 그리고 이것들을 주인다운 태도를 가지고 지키도록 하는 것이 중요하다.

국가사업에서만 사회주의 법과 규정을 찾을 것이 아니라 개인의 일상생활에서 공동생활질서를 세우고 사회주의, 공산주의에 맞는 문화도덕생활 규범을 끊임없이 만들어 내고 지키는 것이 중요하다. 공공시설 이용에서부터 사람들 사이에 지켜야 할 예의범절과 옷차림 등에 이르기까지 사회주의적 생활양식대로 행동해야 자본주의적 생활양식에 비한 사회주의적 우월성을 과시할 수 있다. 또한 자유주의와 무규율성, 추잡하고 썩어빠진 생활풍조를 특성으로 하는 자본주의적 생활양식과는 근본적으로 다른 생활방식을 확립하게 된다.

교양과 통제를 강화하는 문제에서는 양자를 옳게 배합하는 것이 중요하다.17) 통제에는 국가적 통제와 사회적 통제가 있다. 국가적 통제는 법적 통제와 경제통제로 이뤄지는데 법적 통제는 법과 규정을 지키지 않고 공동생활질서를 문란시키는 경우에 적용시키고 경제적 통제는 국가재산을 낭비하거나 생산에 손실을 끼치는 그릇된 현상들에 대해서 가해진다. 사회적 통제는 대중 자신의 사상투쟁과 여론에 따라

"사회주의적인 법규범과 규정들을 완성하는 것과 함께 모든 근로자들이 그것을 철저히 지키도록 교양사업과 법적통제를 강화하여야 하겠습니다." (《김일성저작집》 제28권, p. 284.)

"근로자들 속에 남아있는 낡은 도덕규범들을 없애기 위한 교양사업을 강화하는 한편 사회적 운동으로 새로운 도덕생활의 본보기를 하나하나 만들어 일반화하며 점차 공산주의적 도덕규범들을 완성하여 나가도록 하여야 할 것입니다." (《김일성저작집》 제25권, p. 292)

17) 교양에는 당의 유일사상교양이 우선되고 '항일혁명'시기에 창조되었다는 혁명적 생활양식의 전통교양, 계급교양을 기본으로 하는 공산주의 교양이 기본으로 된다. 그밖에 집단주의 교양, 계속혁명교양, 사회주의적 애국주의교양 등등이 있다.

▲ 북한은 낡은 사회의 습성을 없애고 새로운 사회주의 생활양식을 세워나가기 위해서는 "첫째, 사회주의적 생활규범과 행동준칙을 만들고 모든 사람들이 그 선을 지키도록 하는 것. 둘째, 교양과 통제를 강화하는 것. 셋째, 사회적 운동으로 모범을 창조하고 그것을 널리 일반화하는 것"이라고 강조하고 있다. 사진은 사회주의적 생활규범과 행동준칙에 따라 휴식과 놀이 시간에도 집단적으로 모여 함께 춤추고 함께 즐기는 군중문화유희장의 인민들 모습이다.

이뤄지는 통제이기 때문에 사회주의적 생활양식을 세우는 일을 대중 자신의 일로 바꿀 수가 있다.

사회적 운동으로 본보기를 창조하고 그것을 널리 일반화시키는 것은 인식에서 끝나지 않고 실천화하는데 효과적이다. 정치생활과 도덕생활, 노동생활과 일상생활, 가정생활과 개인생활의 모든 영역에서 사회주의적 생활양식의 본보기를 만들고 일반화시키면 새로운 양식의 우월성을 실물로 보여줄 수 있고. 이에 공감하여 새로운 생활양식을 자각적으로 받아들이게 된다. 이에 따라 이 본보기를 모범으로 하고 일반화시키는 일을 전사회적 범위에서 대중적 운동으로 벌여야 한다. 이 일은 한 두 사람의 힘으로만 되지 않고 광범한 대중이 동원되고 전사회적 운동으로 되어야 한다.

IV. 사회주의적 생활양식의 실제모습들

사회주의적 생활양식의 구체적인 모습은 사회주의, 공산주의에 맞는 문화도덕 생활규범을 만들고 사회주의적 생활규범과 행동준칙을 지키도록 하는 과정에서 드러나고 있다. 수령에 대한 충실성을 최고의 덕목으로 하면서 건전한 생활기풍, 검박한 생활방식을 목표로 하여 예의범절, 옷차림에 이르기까지 질서와 규범을 지키게 하려고 한다. 그래서 북한에서는 옷 입는 맵시라든가 걸음걸이까지 가르친다. 사회주의 문화인을 만들려고 한다.[18] 물론 전화 거는 법이라든가, 상점과 백화점에서의 행동요령, 이발소와 미장원에서 하는 인사예절에 관해 가르치기도 한다.[19]

---

18) "청년들은 걸을 때 머리를 바로 들고 앞을 보며 어깨와 가슴을 펴고 몸을 곧추 세워야 한다. ……처녀들은 가슴과 어깨를 소박하게 펴고 허리와 무릎을 곧추 편 자세를 취하고 걸어야 한다. 다리를 옮길 때에는 무릎 안쪽이 서로 스칠 정도로 엇바꾸면서 발을 곧바로 힘있게 내디 뎌야 한다……."(《천리마》, 1996년 5월호)

19) "상점과 백화점에서는 손님과 봉사자사이에 례절을 잘 지키는 것이 중요하다. 물건을 살 때 손님은 '판매원동무, 저 만년필을 좀 보여줄수 있습니까?', '수고하십니다. 저 구두를 좀 삽시다.'

극장과 영화관을 비롯한 공공시설의 이용, 교통질서를 지키고 공장과 마을, 거리와 가정을 알뜰히 꾸미는 것에서 언어생활·식생활·의복생활에 이르기까지 일상적 사회생활에서도 사회주의적 문화도덕규범에 따라 살며 행동하도록 하고 있다. 그러다 보니 거리에서 봇짐을 지고 다니는 것이 규제대상이 되기도 한다.

사회주의적 생활양식은 사회주의적 생산문화와 사회주의적 생활문화로 구분될 수 있다. 북한은 2000년부터 사회주의 기풍을 조성하는 집단적 생산문화와 생활문화 확립을 독려하고 있는데 이것도 사회주의적 생활문화 확립의 한 모습이라 할 수 있을 것이다. 2001년 11월에는 이 생산문화·생활문화를 만드는데 모범을 보인 행정기관, 공장·기업소, 협동농장 60여 개에 대해 표창을 하고 있다.

이렇게 표창을 받는 곳에는 반드시 긍정적인 모범감화의 주인공이 있다. 결혼 문제가 나와서 울렁거리는 가슴을 다잡던 한 처녀는 수령이 인민을 두고 먼저 간 '청천벽력과도 같은 소식'에 처녀시절에 더 많은 일을 하기로 결심하고 일에 달라붙어 기술혁신안 4건, 매달 계획 180% 넘쳐 수행하며, 신입노동자 20여 명을 고급기능공으로 키우고 있다.[20] 북한에서 모범감화의 주인공과 같은 '성실하고 깐지고 이악한' 근로자들은 실제로 수없이 많다.

나이 많지도 않은 처녀가 부모 잃은 아이의 어머니가 되기를 자청하는 일도 있고, 겨울날 얼음 구덩이에 빠진 어린이를 구출하고는 이

라는 식으로 례의를 차려 묻거나 요구하여야 한다. 이때 판매원은 '어떤 색깔을 사시렵니까?', '몇문을 사시겠습니까?' 하고 따뜻이 응답하며 필요한 요구를 들어주어야 한다."(《천리마》, 1996. 7)

"리발소나 미용원에는 때로 영예군인과 로인들이 오군 한다. 이때에는 그들에게 양보하는 례의를 지켜야 한다. '먼저 깎으십시오. 저는 다음에 깎겠습니다.', '로인님, 먼저 들어가십시오' 이렇게 양보하고 사양하여야 한다……. '미용하러 오셨습니까? 어느 분이 마감입니까?' 이렇게 인사를 하면 '제가 마감입니다.'라고 친절하게 답례하여야 한다." (《천리마》, 1996. 12)

20) 《천리마》, 1996. 11, p. 36.

름도 대지 않고 사라지는 군인이나 청년 대학생은 수도 없이 많이 소 개되고 있다.

이러한 희생적인 사회주의적 인간은 '항일투쟁' 시기에 창조되었다 는 혁명적 생활양식의 전통을 배워 왔기에 가능하다는 것이다. 하나의 탄알, 한 알의 쌀, 한 조각의 천도 일제 타도의 귀중한 밑천으로 되었 다는 정신을 교양 받는 것이다.

오늘날 북한에서는 자강도 사람의 정신세계라는 강계정신, 각종 봉 화를 내세운 봉화구호를 긍정적 모범으로 내세우고 있다.21) 이러한 모범은 집단주의 정신이 구현된 것이며 집단주의 도덕기풍은 전 사회 를 하나의 화목한 사회주의적 대가정으로 발전시키는 바탕이 된다고 본다. 집단주의와 혁명적 동지애, 그리고 조국애와 향토애, 이 모든 것 이 공산주의적 미풍으로 피어나서 사회주의적 생활양식 확립에 밑거 름이 되고 있다. 또한 전 주민이 군대를 적극지지, 지원하자는 옹군사 상(擁軍思想)도 내걸고 있다.

그런데 북한에서 사회주의적 생활양식은 본질과 원칙에서는 변한 것이 아니지만 외형적으로는 1989년 이른바 평양축전(제13차 세계청 년학생축전)을 계기로 종전과 달라진 모습도 많이 나타났다. 가정오락 회를 여는 가정이 생겨나고 낚시를 하는 사람도 생겨났다. 심지어 노 동시간에 일터나 사무실에서 장기를 두거나 주패놀이를 하는 사람도 보였다. 옷차림에도 신경 쓰게 되는데, 여자들의 치마도 짧던 것이 우 리 옷의 고유한 특성을 살리려면 길어야 한다고 해서 길어졌다. 이즈 음 운동연습 시간에 늦은 한 여자선수는 "장군님께서 멋을 내라고 해

---

21) 강계정신은 1998년 1월부터 자강도에서 자체의 힘으로 중소형 발전소를 많이 건설하여 자 력갱생의 모범을 보였다고 평가된 데서 비롯되었다. 1998년 2월 16일자 《로동신문》 사설에서 최초로 표현되었다. 봉화구호는 1998년 3월 성강의 봉화(성진제강연합기업소), 2000년 1월 낙원 의 봉화(낙원기계연합기업소), 2001년 11월의 나남의 봉화(나남기계연합기업소)를 말하는 것으로 각각 맡은 사업을 자력갱생의 정신으로 결사관철하였다고 평가한다.

서 미장원에 머리 손질하고 왔다"라는 응대를 하기도 했다.22) 또 의복 현상모집도 했으며 연하장 보내는 현상도 생겨났다.

이 모든 것은 김정일이 평양축전을 앞두고 생활에 문화정서적인 기풍을 세우라고 말한 것에서 비롯된다. 이러한 변화의 모습이 자본주의적 생활모습으로 수렴되는 것은 아니지만 눈에 띄는 모습임에는 틀림없다. 그러나 생활양식을 크게 바꿀만한 변화의 유령은 아직 평양의 하늘에 나타나지 않고 있다.

V. 맺는 말

"자본주의 생활양식은 무서운 마약"23) 북한의 일반적인 인식이다. 사회주의적 생활양식을 확립하는데는 당연히 사회주의적 생활규범과 행동규칙이 필요하다. 그것을 이렇게 정리했다.

원칙으로는 첫째, 근로자들이 혁명성을 가지고 건전하게 문화적으로 사는 것. 둘째, 낡은 사회의 습성은 점차적으로 없애고 새로운 양식을 세워나가는 것.

방도는 첫째, 사회주의적 생활규범과 행동준칙을 만들고 모든 사람들이 그 선을 지키도록 하는 것. 둘째, 교양과 통제를 강화하는 것. 셋째, 사회적 운동으로 모범을 창조하고 그것을 널리 일반화하는 것 등이다.

낡은 사회의 생활습성을 없애는데는 한꺼번에 안 된다고 보고 점차적으로 하도록 하고 있다. 한꺼번에 극복하기 어렵다고 보고 강압적이 아니라 해설과 설복을 하도록 강조한다. 교양과 통제를 하는 경우는

---

22) 실제로 김정일은 당중앙위 책임일군들과의 담화(1989. 1. 5)에서 옷차림과 몸단장을 잘하고 다니는데 대하여 시비하는 일이 없어야 한다고 말했다.
23) 《로동신문》 논설. 2001. 11. 28.

교양을 우선시킨다. 그것이 효과를 거두지 못하면 통제도 적절히 배합하도록 한다. 통제에는 국가적 통제, 법적 통제, 경제적 통제, 사회적 통제, 대중적 통제가 있다. 그래서 생활과 살림집, 공장과 마을의 때를 벗기는 문화혁명도 사회주의적 생활양식을 확립하기 위한 것이라 해도 과언이 아닌 것이다.

사회적 운동으로도 전개시킨다. 새로운 생활양식에 대한 필요성과 우월성을 이론적으로 인식할 뿐 아니라 실천하는데는 본보기를 만들어 내고 그것을 널리 알리는 것이다. 많은 사람들이 공감할 만한 모범을 내세우고 군중동원을 한다. 2003년 정권수립 55주년 구호에서도 역시 강조되었다. "제국주의의 사상문화적 침투를 배격하고 우리의 사상과 도덕 우리식의 고상한 사회주의 생활양식을 견결히 고수하자!"

사회주의적 생활양식은 가령 '생산도 학습도 생활도 항일유격대식으로'라는 구호가 말하듯이 일상생활도 집단주의의 전형인 군대와 같은 양상을 보이는 면도 없지 않아 있다. 그러나 외면적으로 공산주의적 미풍으로 나타나더라도 실제 문화성을 띤 생활양식은 남쪽에서도 가치 보완의 뜻에서 배울 부분이 있을 것이다. 북한의 사상문화는 "걸러지고 의도된 방향으로 방염 처리된" 것이라 하더라도 규범문화나 생활문화에서는 선택적 수용이 가능한 내용도 있을 것이다. 최근 한 북한이탈주민은 문화예술에서는 남한이 북한보다 20년 내지 25년 앞선다고 했지만[24] 사회체제를 유지하는데 소용되는 규범문화[25]에서는 북한에 가르칠 것이 없다고 한 말은 결코 자랑스러울 수 없는 것이다.

24) "북한 이탈주민에 따르면, 북한에 비해 한국은 문화예술에 대한 풍부한 경험을 가지고 있을 뿐 아니라 한국의 수준이 북한보다 20년 내지 25년 정도 월등히 앞선다고 말하고 있다." (김동규 외, 「실질적 통합단계에서의 남북문화예술분야의 통합방안」, 통일연구원, 2002. 12, p. 12)
25) 문화를 관념문화, 규범문화, 생활용구문화로 구분할 때, 규범문화는 관습·도덕·법률 등 사회체제를 유지하는데 소용되는 절차를 말한다. 사상문화는 한 사회의 목표를 제시하는 정신적 내용의 총체로 사상·가치관·지식·신화·예술 등이고 생활용구문화는 의식주 생활과 관계되는 도구·기구·기술 등이 해당된다.

수령부자의 모습

'수령'의 만기친람

I. 들어가는 말

만기친람(萬機親覽)이라는 말이 있다. 이 말의 사전적 정의는 "임금이 온갖 정사를 친히 보살핌"이다. 왕조시대에는 관료제의 발달과 관련하여 왕이 직접 챙겨야 할 일이 있을 수 있고 이것이 모두 왕의 정사범위였다. 세종대왕이 「자치통감」 편찬 시 집현전 학자들과 더불어 밤늦게까지 친히 교정을 본 것이라든가 숙종이 야간에 순행하면서 민심을 살폈던 것도 만기친람의 좋은 사례이다. 만기친람은 만기친임(萬機親任), 또는 만기친재(萬機親裁)와도 같은 뜻으로, 말하자면 왕도 공동체사회의 가장이라는 인식이 바탕에 깔려 있는 덕치의 일환이다.

한국의 대통령 중에서도 박정희 대통령은 정책추진과 관련하여 세부사항까지도 지시를 하는 편이었다. "버스차장 인권을 존중하라"(75. 2. 3), "우리 선박의 적취율(積取率)을 높이라"(75. 2. 2)는 말도 했던 것이다.

결국 만기친람은 통치자가 권한을 분산시켜서 제도의 틀 안에서 온갖 일에 간여하는 정치를 하는 것이 아니라 독재적 요소가 강한 토양에서 있을 수 있는 일이라 하겠다.

김일성은 만기친람적인 행태에 있어서는 그 사례가 너무나 많다. 온갖 일에 대해 입을 대지 않은 것이 없으니 어떤 것에도 김일성 말이 언급되지 않는 것이 없다. "닭의 몸 안에서 인산 암모니움의 흡수 동태에 대하여"(《과학원 통보》 1976. 10)라는 논문이 있다고 하자. 서두에는 "경애하는 수령 김일성동지께서는 다음과 같이 교시하시었다. 먹이에 대한 연구사업도 꾸준히 진행하여야 하겠다……우리는 수령님의 교시를 받들고……"(방점 부분은 김일성 교시)라고 되어 있다.

또 다른 사례 한 가지. "보상집 원리에 의한 굴두리 지층의 응용해석방법"(《과학원통보》 1976. 7)이라는 논문은 "경애하는 수령 김일성동지께서는 다음과 같이 교시하시었다. 우리에게는 건설할 것이 매우 많다. 그렇기 때문에 더 빨리 더 값싸게 더 견고하게 건설하는 것이 중요하다……"로 시작한다.

자연과학분야 논문도 연구의 목적지향성과 타당성을 김일성 정책의 구현에 두고 있음을 보이는 것과 함께 자연과학 논문에서도 인용할 김일성 '교시'가 있다는 '언급'의 광범성을 보여준다. 이는 만기친람의 태도 때문인 것이다.

II. 만기친람의 사례들

김일성은 1966년 8월 평안북도 삭주군 금부리에 있는 유치원을 찾은 자리에서 유치원 마당을 잘 닦아서 돌이 없도록 하고 물놀이 터

관리도 잘 하라는 지시를 한다. 마치 유치원 원장이나 해당 일꾼은 손을 놓고 있는 것 같다. 1975년 2월 평안남도 안주시 건설장을 찾았을 때는 칠성공원에 있는 웅뎅이를 메울 필요가 없다면서 오히려 깊이 파고 늪을 크게 만드는 것이 좋다는 결론을 내려주고 있다.

"칠성공원에 있는 웅뎅이를 흙으로 메울 필요가 없습니다. 무슨 자동차와 노력이 많아서 그 많은 흙을 날라다 채워 넣겠습니까. 칠성공원의 웅뎅이는 오히려 깊이 파고 늪을 크게 만드는 것이 좋겠습니다. 그렇게 하면 칠성공원에 있는 웅뎅이를 메우기 위하여 흙을 다른 데서 날라 오지 않아도 될 것입니다."

아마도 실무선에서 칠성공원의 웅뎅이 문제로 논란을 벌였던 모양인데, 이 사실을 소개한 기사에는 "공원을 손쉽게 건설할 수 있는 참으로 현명한 가르침"이라 표현되어 있었다.

토건공사와 관련해서는 1989년 8월 마전유원지 총계획 사판과 도면을 보면서 '일군'들에게 이런 말도 했다. "호수를 팔 때 나오는 흙은 다른데 가져다버리지 말고 그것으로 호수주변에 뽀족뽀족한 산봉우리도 만들고 자연미가 나게 하여야 합니다."[1]

도로공사 관련 이야기가 없을 수 없다. "평양 — 남포 사이의 도로량 옆에 패워진곳이 많은데 그런 곳에는 돌을 쌓고 메운 다음 살구나무 같은 것을 심어야 하겠습니다."[2]

1980년 4월 어느 날에는 물고기 순대를 만드는데 해바라기 기름을 꼭 써야 한다는 것은 주체가 없는 것이라면서 옥수수기름이 더 좋지 않느냐고 반문하고 있다. 또 과자를 만드는데 꼭 설탕이 있어야 되느냐, 다른 나라에서도 설탕을 많이 먹지 않는 방향으로 나가고 있다는 이야기도 했다. 이 자리에서 음식이야기를 하던 중에 짜게 먹는 함경

1) 김일성, "마전유원지를 잘 꾸릴데 대하여", 1989. 8. 27, 《김일성저작집》 제42권, p. 144.
2) 김일성, "당 중앙위원회 부장 전원회의 연설", 1966. 9. 27, 《김일성전집》 제37권, 조선로동당출판사, 2001. 4, p. 224.

도 사람이 와서 평양 동치미 맛을 다 버리게 했다면서 함경도와 경상
도는 음식이 짜고 맵다는 지적도 하고 있다.3)

이런 말도 한다. "숭어국을 양념장을 넣고 끓이면 숭어국의 독특한
맛이 없어지고 함경도 사람들이 좋아하는 가재미 매운탕처럼 됩니다.
숭어국은 돌가마에 찬물을 붓고 끓여야 제 맛이 납니다." 그러면서 붕
어탕 끓이는 방법에 대해서도 말하고 내포국 끓이는 방법에 대해서도
일가견을 편다.4)

위의 이야기와 관련하여 "향산군에 우리나라 민족식당으로서 국수
집, 떡국집, 생선국집, 불고기집을 비롯하여 4~5개 꾸려 놓는 것이 좋
겠습니다. 식당에 써붙이는 간판도 국수집, 떡국집, 생선국집, 불고기
집, 이렇게 하는 것이 좋겠습니다."5)

또 이런 이야기도 있다. "곱등어 교예라는 것이 그저 곱등어가 물고
기를 주는 것을 받아먹는 동작밖에 없습니다. 100키로그람 되는 곱등
어는 하루에 정어리를 10키로그람씩 먹는다고 합니다. 정어리를 곱등

3) 김일성, 교육부문 책임일군협의회에서 한 연설, 1980. 4. 9, 《김일성저작집》 제35권, pp. 11
9~120.
　"식료가공학에도 깍두기, 보쌈, 동치미를 비롯하여 조선사람들의 식생활과 구미에 맞는 식료
품들을 만드는 방법을 리론화해 놓은 것이 없는 것 같습니다. 그러다 보니 지금 젊은 사람들은
동치미도 제대로 담그지 못합니다. 평양에 함경도 사람들이 많이 와서 살아 그런지 맛있는 평양
동치미가 점차 없어지고 있습니다. 함경도와 경상도 사람들은 짠 음식을 만드는 방법밖에 모릅
니다. ……교과서에 물고기 순대를 만들 때에는 반드시 해바라기 기름을 넣어야 한다고 써놓은
것은 잘못 되였습니다. 우리나라에 해바라기 기름보다 더 좋은 강냉이 기름이 많은데 무엇 때문
에 물고기 순대를 해바라기기름을 넣고 만들겠습니까. 물고기 순대를 만들 때에 해바라기 기름
을 넣어야 한다는 것은 주체가 없는 표현입니다. ……과자도 반드시 사탕을 넣고 만들어야 한다
는 법은 없습니다. 물고기 가루나 다른 것을 넣고도 과자를 맛있게 만들 수 있습니다. 지금 다
른 나라들에서도 사탕을 많이 먹지 않는 방향으로 나가고 있습니다."
4) 김일성, "향산군을 비롯한 관광대상지들을 잘 꾸릴데 대하여"(1989. 6. 16, 중앙 및 지방책임
일군 협의회 연설), 《김일성저작집》 제42권, p. 29.
　"불고기집을 꾸려놓고 소갈비구이와 소갈비국, 내포국 같은 것을 만들어 파는 것이 좋습니다.
내포국은 돼지내포를 가지고 끓여도 맛있습니다."
5) 위의 책, p. 29.

어한테 10키로그람씩 먹이기는 아깝습니다. 곱등어가 신선한 물고기만 먹는다고 하는데 배가 고프면 다른 것도 먹을 것입니다. 곱등어에게 물고기 대신 쒜기떡 같은 것을 먹일 수 없겠는가 연구해보아야 하겠습니다."6)

중요한 일에 관여한 것도 있다. 1947년 태극기 대신에 새 국기를 만들 것을 지시하고도 도안작업에 열중하는 미술가들을 찾아가서 자기의 의견을 제시한다. 이 의견에 따라 미술가들이 도안지 한 가운데에 붉은 색깔로 칠하고 그 아래, 위에 푸른색을 칠하면서 가운데에 흰 동그라미를 그려 넣었다. 그리고는 흰 동그라미 안에 백두산을 넣어보기도 하고 해를 그려 넣기도 했으나 만족스럽지 못하던 차에 김일성이 거기에 오각별을 넣을 것을 지시하게 되고 이로써 국기가 완성된다. 이래서 북한 미술가들은 그들 깃발이 김일성이 직접 마련해 준 것이라고 말한다.7) 국기문양뿐 아니가 국장을 만들 때도 벼 알이 110개이던 초안을 200개로 바꾸도록 지시한다. 농업이 발전하여 장차는 벼 알이 200개가 될 것이라는 이유에서였다.

김일성에 의한 작명은 또 얼마나 많은가. 1956년 5월 22일 본래 연풍저수지이던 곳에서 "열두 삼천리 벌에 해마다 풍년이 들게 되었으니 이 저수지를 연풍호라 부릅시다"라고 한 것을 비롯해서 지명, 기업체 이름, 공장 이름, 건물 이름, 상품 이름에 까지 입대지 않은 곳이 없다.8)

1967년 7월 12일 김일성은 평양시의 한 간부에게 앞으로 새로 다리를 만들게 되면 한자로 '교'라 하지 말고 '다리'라 하라고 말하였다. 다리 이름에는 응당 '교'자를 붙여야 격에 어울리는 것으로 잘못 생각하

---

6) 주 1과 같음.
7) 임채욱, 「북한 상징문화의 세계」, 화산문화, pp. 39~44.
8) 예를 들면 곡산광산은 만년광산, 겸이포제철소는 황해제철소, 마동시멘트공장은 2.8시멘트공장으로 바꾸고 있다. 자세한 것은 졸저 「서울문화 평양문화 통일문화」, 조선일보사, 2001. 9, pp. 36~42 참조.

▲ 북한의 최고 통치자들은 만기친람의 한 형태로 북한의 주요 건축물이나 공사현장 등을
자주 돌아보며 현지지도를 많이 한 것으로 알려지고 있다. 사진은 아들을 대동하고 인민
문화궁전 내부를 둘러보고 있는 생전의 김일성 부자 모습이다.

는 사람들이 많이 남아 있던 사정을 고려한 것이라는 해석이다.[9] 길
을 가다가 '식사와 료리'라는 간판을 보고는 식당으로 고칠 것을 말하
는가 하면 나무 이름, 음식 이름도 바꾸고 있다. 개오동을 향오동으로,
오리 똥집을 오리 위로, 빈대 밤을 잔 밤으로, 올챙이국수를 북국수로

9) 손용운, "새로 건설하는 다리에 이름을 붙일 때에는 <다리>라고 하여야 한다" 《문화어학
습》, 1982년 제2호.

바꾸도록 했다. '개'라는 것이 '참'이 아닌 것으로 오인될 수 있고 빈대니 올챙이는 듣기가 안 좋다는 이유에서다.

국을 많이 먹어라, 전화예절을 지켜라, 옷을 깨끗이 입으라는 말도 한다. "전화는 지위가 높은 사람, 낮은 사람 할 것 없이 건방지게 해서는 안됩니다. 전화는 서로 상대방을 보지 못하고 말하는 것이기 때문에 겸손하게 하여야 합니다."10)

"지금 평양 시민들이 옷을 깨끗이 입고 다니지 않는데 이런 현상과도 투쟁해야 합니다."11)

"여성들이 소매 없는 옷과 앞가슴이 파인 옷을 입고 대담한 노출을 한다고 해서 사회주의 생활양식에 어긋나는 것은 아니다."(1982. 4 최고인민회의 연설)

옷과 관련해서는 1955년 12월 여맹 관계자들에게 여성들은 조선의복을 입도록 하라는 지시를 한 일도 있다. "의복 입는 것도 그렇습니다. 우리 조선 여성들에게는 아주 훌륭한 조선의복이 있는데 무엇 때문에 그것을 버리고 어울리지 않는 복장을 하고 다녀야 하겠습니까. 나는 여맹 일군들에게 우리 여성들은 될 수 있는 대로 조선의복을 입도록 하라고 말하였습니다."12)

1964년 1월 하순 어느 날에는 나무에 전깃줄이 감긴 것을 보고 나무가 얼마나 아프겠느냐면서 떼라고 지시를 한다. 군견 사육에 대한 말도 있다. "군견은 군인을 대신할 수도 있을 뿐만 아니라 군인들이 할 수 없는 부분까지 담당할 있는 능력을 가진 동물입니다. 사회안전성에서는 동서해 지역에 군견훈련소를 만들어 놓고 군견 사육에 관심을 두어야겠습니다."라고 했다.13)

10) 《문화어학습》, 1995년 제1호, p. 53.
11) 노동당 중앙위 5기 2차 전원회의 연설
12) 김일성, "사상사업에서 교조주의와 형식주의를 퇴치하고 주체를 확립할 데 대하여", 1955. 12. 28.
13) 김정민, "김정민의 길 따라 발 따라" 『북한』 1999년 2월호, 북한연구소, p. 84.

글 쓰는 방법과 타자 치는 일에도 한 마디 한다. "띄어쓰는 것과 붙여쓰는 것을 잘 조절하면 우리의 글도 훨씬 보기 쉽게 될 것입니다. 타자를 칠 때도 반드시 한 단어를 붙여쓰도록 하고 단어와 단어사이에는 일정한 사이를 두어야 합니다."14)

"우리는 앞으로 띄어쓰기를 잘 고쳐 사람들의 독서력을 올릴 수 있도록 하여야하겠습니다. 내가 그전에도 몇 번 이야기하였지만 띄여쓰기에서는 글자들을 좀 붙이는 방향으로 나가야 합니다. 가령 <사회주의 건설>이라고 쓸 때에 <사회주의건설>이라고 붙여써야지 <사회주의 건설>이라고 띄어쓰면 독서능율이 오르지 않습니다"15)

가르치는 일에도 언급이 없을 수 없다. "……학생들에게 뜨락또르에 대하여 가르친다고 하면 그저 뜨락또르는 밭갈이하는 기계로만 설명할 것이 아니라 뜨락또르는 농민들을 힘든 노동에서 해방하고 일을 헐하게 하도록 하기 위하여 우리 노동계급이 당의 호소를 높이 받들고 자력갱생의 혁명정신을 발휘하여 만든 것이라고 알기 쉽게 설명해주어야 합니다."16)

형용사 사용에 대한 말도 있다. "형용사 하나 쓰는 것이 간단한 것 같지만 잘못 쓰면 일을 망치는 화근으로 될 수 있습니다."17)

시조 같은 형식에는 설사 사회주의적 내용을 담았더라도 격에 안 맞는다는 말도 한다.

"약간 류행가조가 있더라도 민요의 형식을 계승하고 군중이 좋아하

김일성의 발언에 따라 종전 사회안전성 보안간부학교 부속 군견 훈련부를 확대하여 그해 8월 사회안전성 경비국 소속으로 두 곳에 경비견 훈련소를 발족시켰다고 한다.
14) 김일성, "조선어를 발전시키기 위한 몇 가지 문제", 1964. 1. 3, 《김일성저작집》 제18권, pp. 24~25.
15) 김일성, "조선어의 민족적 특성을 옳게 살려나갈데 대하여", 언어학자들과 한 담화 1966. 5. 14, 《사회과학의 임무에 대하여》, 조선로동당출판사, 1969. 7, p. 292.
16) 《문화어학습》, 사회과학출판사, 1972, 특집호.
17) 김일성, "사상사업에서 주체를 확립할데 대하여", 당 선전선동가 앞에서 한 연설 1955. 12. 28, 《김일성저작선집》 제1권, 노동당출판사, 1967. 4, p. 572.

는 노래는 발전시켜야 합니다."18) 노래에 대해서도 언급했다.

집 짓는 위치에 관한 언급도 한다. "늘 말하는 것이지마는 밭머리와 강기슭에 버드나무 같은 것을 심어놓으면 빗물에 땅이 패어나가는 것쯤은 얼마든지 막을 수 있습니다. 또한 논밭 가운데 있는 길은 될 수 있는 대로 밭머리로 돌리고 집도 좋은 논밭을 없애면서 벌판에 지을 것이 아니라 산기슭 양지바른 곳에 들여다 짓는다면 많은 땅을 얻어 낼 수 있을 것이며 살기도 더 좋고 전쟁이 일어나도 안전할 것입니다. 학교운동장도 학생들이 뛰놀 수 있게 1,000평~1,500평쯤 남기고 나머지는 다시 갈아서 곡식을 심도록 하여야 하겠습니다."19)

개천, 도랑을 막아 저수지를 만들어야 한다, 물고기를 많이 기르라, 일찍 익으면서도 비료를 많이 받고 비바람에 넘어지지 않는 벼를 연구하라 등등도 있다.

영화에 대한 것도 없을 수 없다. 1967년에 제작된 극영화 <내가 찾은 길> 시사회에서 김일성은 영화 주인공인 철공소 노동자를 왈패로 묘사함으로써 그가 혁명가로 변해 가는 과정을 잘 그렸다고 하더라도 노동계급을 그릇되게 취급하였다고 지적하였다. 이는 전형 창조에서 어긋난 것이 되는 것이다. 이 지적에 따라 남자주인공이 왈패에서 이지적인 노동자로 바뀌는 등 새로 제작되기에 이르렀다는 것이다. 또 부분적으로 어떤 장면은 너무 길다, 어떤 장면은 보충해야겠다는 등의 사소한 부분의 언급도 있어서 전면적으로 수정되었다.20)

글 제목에 대한 언급도 있다. "큰 제목을 내걸 필요가 없습니다. 알

18) 김일성, "혁명적 문학예술을 창작할 데 대하여", 문학예술부문 일군들 앞에서 한 연설 1964. 11. 7, 《김일성저작선집》 제4권, 1968. 9, p. 152.
19) 김일성, "농민을 혁명화하며 농업부문에서 당 대표자회의 결정을 철저히 관철할데 대하여", 전국농업일군대회에서 한 연설 1967. 2. 2, 《김일성저작선집》 제4권, 노동당출판사, 1968. 9, pp. 471~472.
20) 이 영화는 북한주민들로부터 좋은 평가를 받았으나 여주인공인 성혜림이 김정일의 처가 되는 바람에 1970년대 중반 이후에는 상영되지 않았다고 한다.

기 쉬운 간단한 제목이 좋습니다."[21]

III. 만기친람을 하게 되는 이유

앞에서 말한 것 중에는 만기친람의 정사와 직접 관계가 없는 것도 있을 수 있다.

'인민'을 사랑하는 그의 세심한 배려가 만기친람의 언설로 비판받게 된 것은 어떻게 보면 그가 한 말이 너무 많다는데 있을 것이다. 도대체 얼마나 광범하기에 생물학을 발전시켜야 한다는 말까지 있는가.[22] 그가 평안북도에 비단섬 같은 갈밭을 더 만들어야겠다고 했다면[23] 이는 정책적인 발언이겠지만 갈밭을 어떤 모양으로 어떻게 만들고 하면서 세부적인 내용까지 말한다면 그건 만기친람에 가깝다.

김일성의 만기친람은 체제문제와 그 자신의 성격과도 관계되는 것 같다. 북한사회가 시스템이 움직이는 체제가 아니라 사람이 움직여야 하는 제도인 이상 만기친람의 태도는 피하기 어렵다. 또 김일성은 성격상 모든 것을 챙겨야 직성이 풀리는 편이다. 김일성은 1993년 겨울 미루고 미루던 신체검사를 받기 위해 봉화진료소에 가는 길에도 단군릉 공사현장을 찾아가서 확인하고 지시를 한다. 당시 공사 현장에는 그가 신임하는 부총리 강희원(姜希源)이 몸이 아픈데도 불구하고 진두지휘를 하고 있었다. 김일성은 그에게 병원에 갈 것을 권유하면서도 정작 자신은 지시한 사항의 확인을 하지 않으면 마음이 놓이지 않았

---

21) 김일성, "당 사업방법에 대하여" 생산기업소 당 조직원 및 당위원장들, 도·시 군당 위원장들의 강습회에서 한 연설 1959. 2. 26, 《김일성저작집》 제13권, 조선로동당출판사, p. 128.
22) 김일성, "생물학을 더욱 발전시키며 기계기술자 양성사업을 개선 강화할 데 대하여" 당 중앙위원회 정치위원회 연설 1966. 11. 30.
23) "평안북도에 비단섬 뿐 아니라 몇 개 섬을 더 갈밭으로 전환하여야겠습니다."(김일성, "당 평안북도위원회 전원회의에서 한 결론" 1966. 8. 27, 《김일성전집》 제37권, 1990. 4, p. 148)

던 것 같다. 김일성의 성격이 낙천적이라 말하지만 한 가지 일에 대해 집착하는 것은 대단하다. 단군릉을 개축하라는 지시를 한 1993년 9월 부터 그가 죽은 1994년 7월까지 무려 40여 차례나 단군릉 공사현장에 갔다는 것이다.

또 김일성이 죽기 직전 7월 6일 묘향산에서 열렸던 '경제부문 책임 일군협의회'에서 아주 세세한 일까지 챙긴 다음 대안중기계연합기업소 기사장과 기술자들을 라진·선봉에 있는 6월 16일 화력발전소에 보내 라는 지시를 한다. 그런데 한 시간이 못 되어서 기술자들이 떠났는지 를 묻고 조금 있다가는 또 그들을 태운 비행기가 어디쯤 갔는가를 묻고 있다.24)

체제상의 만기친람은 현재의 '수령'에게도 보인다. 만기친람적인 언사로 치면 김정일은 '수령'보다 많지야 않겠지만 그 행태는 유사하다. 그 역시 글 제목을 붙이는 것에 대한 언급도 하고 대학졸업논문을 잘 쓰려면 제목 선정이 중요하다는 말도 한다. 또 여성들의 옷차림에 대한 이야기도 하고 거리의 나무 심는 일에도 지시를 하고 있다. 틀린 말은 아닌데 지도자가 이런 말까지 하느냐는 것이다. 하기야 북한에서는 젊은 사람의 걸음걸이가 어떠해야 하는가조차 가르치고 있는 것이다.25)

IV. 맺는 말

북한의 선전가들은 김일성의 만기친람을 두고 이렇게 말한다. "사람

24) 《수령님은 영원히 우리와 함께》, 조선로동당출판사, pp. 344~345.
25) "청년들은 걸을 때 머리를 바로 들고 앞을 보며 어깨와 가슴을 펴고 몸을 곧추 세워야 한다. ……처녀들은 가슴과 어깨를 소박하게 펴고 허리와 무릎을 곧추 편 자세를 취하고 걸어야 한다. 다리를 옮길 때에는 무릎 안쪽이 서로 스칠 정도로 엇바꾸면서 발을 곧 바로 힘있게 내디뎌야 한다……."(《천리마》, 1996. 3)

들이여! 이 나라 어느 공장, 농촌 어촌, 심지어는 개인의 살림살이까지 그이의 자애로운 손길이 닿지 않는 곳이 있다더냐!" 이 말은 사실인 것이다. 김일성의 만기친람을 보면 다른 사람들은 손을 놓고 있고 김일성 혼자 애쓰는 것같이도 보인다.

김일성의 말 중에는 상당히 전문적인 식견이 요구되는 내용도 있다. 이에 대해서는 관계 전문가가 써준다고 보는 견해도 있다.26) 어떻든 간에 대단한 연설량이라서 자기가 다 쓸 수는 없을 것은 명확하다. 1964년 1월에는 신년사 외에 11건의 연설을 하고 있는 것이다. 이는 3일에 한 건씩 준비하는 것이 된다.

우리는 이 많은 만기친람의 사례에서 모든 일에 관여해야 하는 독재체제의 모습을 보게 되는 것이다.

---

26) 《김일성연구자료집》, 경남대학교 극동문제연구소, 2001. 8, p. 35.
"김일성은 노동자들의 일에 관해 아주 상세한 일까지 어떻게 해야 한다는 것을 설명한다. 예를 들면 어부들에게 어떤 종류의 고기를 잡을 때에는 어떠한 낚시를 사용 하라던가 또는 어떠한 그물을 쳐야 한다던가, 광부들에게 어떠한 광물을 채취하려면 어떠한 도구를 어떻게 써야 한다던가까지 상세히 말하고 있다. 그러나 이러한 글들은 그 부문의 전문가들이 능률을 올리기 위해 김일성에게 써주어 김일성이 노동자들에게 이야기하게 한 것이라고 해석하는 것이 옳다고 본다"

수령의 아들 칭송

I. 들어가는 말

"공산주의 사회에 가도 가정이 있고 제 아들과 제 딸이 있을 것입니다. 그러나 공산주의 사회에서 사람들은 결코 자기 아들딸만 사랑하지는 않을 것입니다. 공산주의 사회에 가서는 온 사회가 하나의 가정으로 되고 자기 아들, 남의 아들 할 것 없이 모든 어린이들을 다같이 귀여워하고 사랑하게 될 것입니다."[1]

1961년에 했다는 김일성의 이 말은 엥겔스가 자녀양육을 사회가 책임지는 공산주의 사회가 되면 가족은 소멸한다고 한 것을 부인하는 것이다. 그리고 공산주의 사회가 되면 사회 전체가 하나의 가정이 되어 자기 아들, 남의 아들 구별 없이 다 사랑하게 된다는 것인데, 공산주의 사회가 아직 되지는 않았지만 김일성은 '사회주의 대가정'의 아버지였기 때문에 자기 아들딸만 사랑하지는 않고 온 세상 아들딸들을 다 사랑해야 하는 것이다. 그러나 어쩌랴 자기 친자식을 더 사랑하고

---

1) 《김일성 저작선집》 제3권, 조선로동당출판사, 1975. 10. p. 215.

▲ "김정일 동지는 문무충효를 겸비한 참다운 인민의 영도자입니다. 그는 탁월한 사상이론가, 정치가이고 군사전략가이며 조국과 인민에게 무한히 충실하고 효성이 지극한 충신·효자의 귀감입니다"1)라면서 수령은 아들을 칭송하기에 바쁘지만 아들은 아버지 옆에서 주머니에 손을 넣은 채로 무표정하게 서 있는 생전의 김일성 부자 모습.

자랑하고 싶은 것이 사람의 마음인 것을……. 그래서인지 김정일에 대한 사랑과 자랑은 대단하다.

"김정일 동지는 문무충효를 겸비한 참다운 인민의 영도자입니다. 그는 탁월한 사상이론가, 정치가이고 군사전략가이며 조국과 인민에게 무한히 충실하고 효성이 지극한 충신·효자의 귀감입니다"2)

우리는 자기 자식 자랑을 삼가는 것을 미덕으로 삼지만 김일성은 아들 자랑을 삼가지 않았다. 한편 아들도 아버지를 신적인 존재쯤으로 미화하는 칭송의 말을 아끼지 않고 있다.

"우리 수령님은 우리 인민의 수천년 력사에서 처음으로 맞이하고 높이 모신 위대한 령도자이시며 온 세계가 공인하는 인류의 태양이십니다"

김일성 부자의 유별난 상호 칭송이지만 아들의 아버지 칭송은 왕조 시대에도 있었고 전통사회에도 있었기 때문인지 아버지를 위한 「용비어천가」는 낯설지 않은 것 같은데 아버지의 아들 칭송은 어쩐지 향기롭지가 못한 것 같다.

Ⅱ. 아들의 아버지 칭송

"우리 수령님은 인민을 끝없이 사랑하는 숭고한 덕성을 지니신 진정한 인민의 수령이십니다"로부터 "……우리 수령님은 근 70성상 단 한번의 로선상 착오나 편향도 없이 혁명과 건설을 곧 바른 승리의 한 길로 령도해 오시였습니다"를 거쳐 "수령님께서 쓰신 글들은 통속적이고 구수하면서도 뜻이 깊습니다"에 이르기까지 아들의 아버지 칭송은 끝도 없다. 그것이 업적에 관한 것이어서 불멸의 업적이니 영광스러운 시대창조니 하는 정도면 그러려니 할 수가 있다.

"우리 수령님처럼 50년 동안 당과 국가 수반으로서 당과 국가, 인민을 이끄시여 그처럼 빛나는 업적을 이룩하신 위대한 령도자는 이 세상에 없습니다.

수령님께서 인민대중의 자주위업, 사회주의위업의 승리를 위하여

---

2) 《김일성저작집》 제44권, 1996, p. 111.

쌓아올리신 불멸의 업적은 인류력사와 국제공산주의 운동력사에 가장
위대한 공적으로 찬연한 빛을 뿌리고 있습니다. 정말 수령님은 탁월한
사상리론과 현명한 령도로 현대력사를 빛내이신 위대한 철학자, 위대
한 정치가, 위대한 군사전략가, 위대한 령도예술가이셨습니다"3)

　1994년 10월 16일 '당 중앙위원회 책임일군'들과 한 '담화'에서 보이
는 말인데 이런 말은 상투적으로 쓰는 찬양수사로 볼 수 있다.

　"수령님께서 이룩하신 업적은 인민을 위하여 인민과 함께 이룩하신
업적이며 바로 이것으로 하여 수령님의 업적은 인민의 마음속에 길이
빛날 불멸의 업적으로 되는 것입니다"라는 말도 있을 수 있는 말이다.

　그러나 "우리 수령님은 위대한 령도자였을 뿐 아니라 위대한 혁명
가, 위대한 인간이시였으며 인민의 자애로운 어버이시였습니다"라든가
"우리 수령님은 일찌기 있어 본적이 없는 위인중의 위인이십니다",
"경애하는 김일성동지는 위인이 지닐 수 있는 모든 품격과 자질을 가
장 숭고한 높이에서 체현하고 계시는 걸출한 위인이십니다."는 과장표
현같이 느껴질 뿐이다.

　"천재적인 사상리론과 비범한 령도력, 고매한 덕성과 뛰어난 인품,
소탈한 품성과 검소한 생활에 이르기까지 우리 수령님의 위대한 풍모
와 거룩한 영상은 력사가 일찌기 알지 못하는 특출한 위인상으로 세
계를 감동시키고 있습니다"는 더한 과장처럼 느껴지지만 항용 들을
수 있는 북한식 레토릭이라고 보면 그만이다. 그러나 아버지의 아들
칭찬은 듣는 쪽이 오히려 더 면구스러운 것 같다.

Ⅲ. 아버지의 아들 칭찬

---

3) 김정일, 「위대한 수령님을 영원히 높이 모시고 수령님의 위업을 끝까지 완성하자」, '조선로
동당중앙위원회 책임일군들과 한 담화'(1994. 10. 16), 《김정일선집》 제13권, 조선로동당출판사,
1998. 1, p. 421.

"김정일 동지는 비범한 령도력으로 혁명과 건설을 현명하게 령도하고 있습니다"

"김정일동지의 령도가 시작된 때로부터 당 사업은 물론 정치·경제·문화의 여러 부문 사업에서 새로운 전변이 일어나기 시작하였으며 사회주의 건설의 모든 전선에서 커다란 혁신과 앙양이 이룩되었습니다."

"지금 우리나라에서는 김정일 동지의 령도 밑에 당사업도 잘되고 국가사업과 군대사업도 잘되고 있으며 사회주의 건설이 성과적으로 추진되고 있습니다."

"김정일 시대는 오늘도 영광스러운 시대이지만 앞으로는 더욱 찬란하고 륭성번영하는 시대로 될 것입니다"

이 말들은 1992년 '항일혁명투사들, 혁명가 유자녀들과 한 담화'(1992. 3. 13, 1993. 1. 20, 3. 3)에서 한 말들이다. 김일성은 이 '담화'의 서두에서 옛 전우라는 한영애, 오중흡, 최일화 등 몇몇 사람을 회상하고는 이내 "오래 전부터 김정일 동지가 당과 국가, 군대의 전반 사업을 현명하게 령도함으로써 령도의 계승문제가 빛나게 해결되었습니다"라면서 김정일 칭찬으로 시종하는 말을 하였다. 그리고는 마지막 무렵에 가서 '항일혁명투사'들과 '혁명가 유자녀'들에게 김정일을 잘 받들 것을 당부하고 있다.

이 자리에서 나온 김정일 심성과 태도, 그리고 능력에 관련된 상찬과 칭송의 말을 몇 가지 나열하면 다음과 같다.4)

"김정일 동지는 비상한 탐구력과 정력을 가지고 사상리론활동을 벌려 우리당의 주체사상을 자주시대의 위대한 지도사상으로 빛내여가고 있습니다. ……말하자면 내가 우리 인민의 토양에 씨를 뿌리고 키워온 주체사상을 김정일동지가 무성한 숲으로 가꾸어 풍만한 열매를 거둘

---

4) 김일성, "사회주의 위업의 완성을 위하여", 《김일성저작집》 제44권, 조선로동당출판사, 1996. 4.

수 있게 하였다고 말할 수 있습니다"

"김정일 동지는 혁명무력의 최고사령관다운 불굴의 의지와 담력, 뛰어난 지략과 령군술을 지니고 있으며 여기에 우리혁명물결의 끊임없는 강화발전과 백전백승의 담보가 있습니다" 이 말은 핵문제로 긴장상태에 있을 때 잘 대처했다는 평가를 담고 있다.

"김정일 동지는 인민의 지도자로서 갖추어야 할 훌륭한 풍모를 다 갖추고 있습니다"라고도 하고 있다. 이 말은 1984년 김일성이 당시의 소련과 동구를 방문한 뒤 다른 것은 부러운 것이 없는데 평양에 국제적인 행사를 할 수 있는 현대적인 거리를 신설하면 좋겠다고 하자 김정일이 대담하고 통이 큰 작전을 벌려 짧은 기간에 광복거리와 청춘거리를 건설한 것을 두고 한 것이다.

"내가 지금 나이가 많지만 건강한 몸으로 사업을 계속해 나가고 있는데는 김정일 동지의 충성과 효성이 깃들어 있습니다. 그는 언제나 나의 건강과 휴식에 대하여 특별한 관심을 돌리고 있습니다"

이는 김일성에게 올리는 보고서를 더 큰 활자를 쓴다던가 일부 문건이나 자료는 녹음을 해서 보고하는 것을 말한다.

"김정일동지는 혁명선배들을 존중하는 아주 좋은 품성을 지니고 있습니다. ……혁명선배들을 존경하고 내세워 주는 이 한가지 사실만 놓고 보아도 김정일 동지는 인민의 지도자로서의 훌륭한 풍모를 갖추었다고 말할 수 있습니다."

"지금 우리 인민들이 김정일 동지가 없으면 조국도 없다는 노래를 부르고 있는데 그 노래가 좋습니다. 노래에도 있는바와 같이 김정일 동지가 없으면 동무들도 없고 사회주의조국도 없습니다. 그의 운명이자 동무들의 운명이고 조국의 운명입니다"

이러한 김정일인지라 영도자로서 믿고 따를 것을 당부한다. 또 이런 말도 했다. "김정일동지는 정치도 잘하고 군사지휘도 잘하며 철학,

경제학, 정치학을 비롯하여 사회과학도 잘합니다."

"우리의 당원들과 근로자들은 평화로운 시기에나 준엄한 시련의 시기에나 변함없이 오직 자기의 령도자 김정일동지만을 믿고 따르며 받들어 나가는 끝없는 충실성을 지녀야 합니다"라고 당부까지 하고 있다.

김정일을 둔 '친애하는 지도자동지'라는 호칭에 대해서도 김일성은 "김정일동지는 나라와 인민에게 충성을 다하면 그만이라고 생각하면서 나서기를 좋아하지 않지만 우리 인민들은 오래 전부터 그를 '친애하는 지도자'라고 부르면서 존경하고 받들어 왔습니다 친애하는 지도자동지라는 이 말에는 그에 대한 우리 인민들의 사랑과 신뢰가 담겨져 있습니다"5)라면서 김정일의 겸허성과 그 호칭의 타당성을 말하고 있다. 아들에 대한 아버지의 칭찬은 그러나 이보다 훨씬 이전인 1949년 12월부터 시작되었다고 할 수 있다.

"오늘 저녁 설맞이 모임을 나도 모르게 우리 정일이가 혼자 조직한 것입니다. 이렇게 크게 될 줄은 정말 몰랐습니다. 우리 정일이가 통이 크단 말입니다. 판을 아주 크게 벌렸거든"6)

1949년 12월 31일 저녁 해방산 김일성관저에서 김정일이가 같이 다니던 유치원 친구들과 힘을 모아 아버지를 위로하기 위한 노래를 몇 곡 준비하여 자모들과 몇몇 당 일군들 앞에서 공연을 한 것이다. 김정일로서는 자기 어머니 김정숙이 세상을 떠난 뒤 쓸쓸해 하는 아버지를 기쁘게 하려고 마음을 쓰고 준비를 했다는 것이다.7) 이때 김정일의 나이 일곱이나 여덟 살이니 이 때부터 남달랐던 모양이고 과연 통이 크긴 큰지 뒤에 주체사상탑, 5·1경기장, 개선문 같이 규모 큰 건

---

5) 김일성, 같은 책, p. 120.
6) 박철희·정상순, 《수령님과 설맞이》, 금성청년출판사, 1998. 6, p. 8.
7) 이후부터 매년 12월 3일에는 아동들의 설맞이 공연이 열렸는데, 김일성은 1958년부터 빠짐없이 참석하여 이 행사는 국가적인 행사로 정례화되었다.

▲ 김정일 탄생 50돌을 맞아 전체 인민들의 심정을 담아 그를 칭송하는 송시를 직접 썼다고
술회한 김일성의 아들 상찬 송시 – "광명성찬가"가 음각된 석판 모습. 이 시를 새긴 석판
은 백두산 정일봉과 묘향산 등 여러 곳에 설치된 것으로 알려지고 있다.

조물을 짓게 되는 것이다. 이를 광폭정치8)의 소산이라나?

　광폭정치뿐 아니라 인덕정치도 베푸니 생일상, 환갑상, 팔갑상을 차
려주고 새로 태어나는 쌍동이에게는 선물을 주고 산골짝의 위급환자
에게는 헬리콥터를 보내는 배려를 하고 있다.

___

8) 광폭정치는 《로동신문》 1993년 1월 28일자에 처음 등장.

아들을 위한 아버지의 최고 상찬은 아들의 50회 생일 때 칭송하는
한시(漢詩)를 손수 지었던 일이다.9)

　　　白頭山頂 正日峰　　小白水河 碧溪流
　　　光明星誕 五十周　　皆贊文武 忠孝備
　　　萬民稱頌 齊同心　　歡呼聲高 震天地

백두산 마루에 정일봉 솟아 있고 소백산 푸른 물은 굽이쳐 흐르누나
광명성 탄생하여 어느덧 50돌인가 문무충효 겸비하여 모두 다 우르느네
만민이 칭송하는 그 마음 한결같아 우렁찬 환호소리 하늘땅을 뒤흔든다

이 시를 지을 때 김일성은 이렇게 말했다.

"김정일 조직비서는 이 세상에 둘도 없는 충신이며 효자일 뿐 아니
라 만민이 칭송하는 인민의 지도자이며 문무충효를 겸비한 탁월한 령
도자입니다. 그래서 내가 이번에 그의 탄생 50돐을 맞으며 전체 우리
인민들의 심정을 담아 그를 칭송하는 송시를 썼습니다"

그는 송시를 쓴 것이 못내 흐믓했던지 이 사실을 그 뒤 여러 군데
서 언급하고 있다. '항일혁명투사들, 혁명가유자녀들과 한 담화'(1992.
3. 13, 1993. 1. 20)에서도 말했고 '중국인 항일혁명투쟁 연고자와 한
담화'(1994. 5. 7)에서도 다음과 같이 말했다.

"김정일동지는 나라와 인민을 위하여 모든 것을 다 바치는 충신중
의 충신이고 아버지에게 효도를 다하는 효자중의 효자입니다. 그래서
나는 1992년 2월 16일에 그의 생일 50돐을 맞으며 김정일동지가 문무

---

9) 이 시는 《로동신문》 1992년 4월 27일자에 최초로 공개된 것으로 알려지는데 이 시를 새긴
석판은 정일봉, 묘향산 등 여러 곳에 있다.

충효를 겸비하니 모두다 우러른다는 내용의 송시를 지었습니다"10)

그러나 어느 누구는 아버지가 아들에게 아첨하는 것이라고 통렬한 비판을 가하기도 했다.

김정일 칭찬은 캄보디아 주석과의 두 번 대화 시에도 나온다. 1988 년 6월 18일 시하누크 부인 생일 때 생일 축하 인사를 하면서 김정일 을 칭찬했으며,11) 1991년 같은 날에도 같은 사람과 대화를 하면서 부 인의 생일인사와 더불어 김정일이 충신이라고 말하고 있다.12)

김일성은 자신이 오랫동안 영도하여 오는 동안 "김정일 조직비서만 큼 신념이 강하고 배짱이 센 사람은 처음 보았다"고 하는가 하면 "나 는 그가 수수한 잠바를 입고 다니는 모습을 볼 때마다 가슴이 뜨거워 옵니다. 우리 일군들은 김정일 조직비서처럼 소박하고 검소하게 살아 야 합니다"13)라고 하는데 인간적인 면모를 부각시키려는 것이라고 보 여진다. 어떻든 김일성이 말하는 김정일은 배짱이 세고 소박, 검소하 고 효성이 지극한 사람이다.

Ⅳ. 아들을 칭송한 까닭은?

1994년 10월 제네바회담으로 미국과의 사이에 핵 논란이 어느 정도 타결되었을 때 김일성은 "김정일 동지의 령도 밑에 우리 인민은 승리 자의 자랑과 긍지를 가지게 되었으며 높은 영예와 존엄을 온 세계에 떨치게 되었습니다."라고 칭찬을 하였다.

"김정일 동지가 조선인민군 최고사령관으로 된데 대하여 우리 인민 군장병들과 전체 인민들은 대단히 기뻐하면서 열광적으로 환영하였습

---

10) 김일성, 같은 책, p. 427.
11) 《김일성저작집》 제41권, 조선로동당출판사, 1995. 9, p. 143.
12) 《김일성저작집》 제43권, 조선로동당출판사, 1996. 3, p. 163.
13) 《로동신문》 1994. 3. 13, 2면.

니다.

그가 최고사령관으로 추대됨으로써 우리 인민군대의 위력은 더욱 강화되고 우리 인민의 사기는 한층 높아졌습니다. 반면에 적들은 겁에 질려 떨고 있습니다"라고 격려성 발언도 하였다.

김정일에 대한 김일성의 이러한 평가와 칭찬은 다분히 의도적인 것으로 판단된다. 그것은 그 칭찬의 집중적인 시기가 1992년 3월부터 시작되고 있기 때문이다. 이 시기는 김정일이가 최고사령관이 된 뒤가 된다.[14]

"……김정일 동지는 저 하늘의 태양이야. 태양이 빛나는 조선의 앞날은 환히 밝고 창창해."[15] 하는 말을 들으면 미상불 짐짓 하는 말이라 할 수 있다. 그런데 이러한 칭찬이 자기 아들이기 때문이라고만 볼 수는 없다. 그의 후계자가 아니라면 왜 그런 칭찬을 늘어놓겠는가? 따라서 이 말들은 김정일에게 정치적으로 힘을 실어주기 위해 의도적으로 한 것이라는 분석도 가능하다.

아버지와 아들은 서로를 위하여 칭송해 왔다. 그 가운데는 이민위천(以民爲天)이라는 좌우명을 두고도 전개되었다.

"김정일동지는 이민위천의 사상을 좌우명으로 삼고 언제나 인민의 의사를 존중하고 인민의 이익을 위해 모든 것을 다 바친다"

"수령님께서는 인민을 하늘처럼 여기고 끝없이 사랑하시였으며 고귀한 모든 것을 인민이라는 이름과 결부시키시였습니다. 우리나라 국호에도 인민이라는 말을 넣고 군대의 이름에도 인민이라는 말을 넣으시였으며 대학습당과 문화궁전도 인민대학습당, 인민문화궁전이라고 부르고 병원도 인민병원이라고 부르도록 하시였습니다"[16]

---

14) 김정일은 1991년 12월 24일 군 최고사령관이 되고 1992년 4월 20일 원수칭호를 받으며, 1993년 4월에 국방위원장이 되었다.
15) 《천리마》, 2000년 2월호, p. 5.
16) 김정일, 당중앙위 책임일군들과 한 담화(1994. 10. 16), 《김정일선집》, 조선로동당출판사, 1998. 1, p. 421.

김일성도 이를 시인하며 "이민위천 인민을 하늘과 같이 여긴다는 이것이 나의 지론이고 좌우명이였다"[17]고 말한다.

"나는 지금까지 인민을 믿고 인민을 위하여 투쟁하였으며 인민들 속에서 살아왔습니다. 나의 한 생은 조국과 민족을 위하여 바쳐온 한 생이였으며 인민들과 함께 투쟁해 온 한 생이였습니다. 나는 앞으로도 우리 인민들과 함께 있을 것입니다."[18]

다같이 이민위천을 좌우명으로 삼고 상호칭송에서 본 것처럼 다같이 비범한(?) 면을 가졌으니 아버지나 아들이 같은 수준의 인물일 수 있다. 그래서 오늘의 북한 지도자는 "……어버이 수령님 그대로이신 경애하는 장군님의 담력과 낭만을 가지고 신심과 락관에 넘쳐 부닥치는 난관을 뚫고 승리를 이룩하도록 하여야 한다"[19]라고 상찬되고 있다.

V. 맺는 말

김정일을 둔 김일성의 칭찬 중에서 사업능력, 인민들에 대한 심성, 부모에 대한 태도 등 여러 가지가 다 틀린 것은 아니지만 부모에 대한 태도로서 효자라고 하는 말만은 진실이다. 김정일의 아버지 생각을 보면 끔직 할 정도이다. 1978년 11월 30일 김정일은 4년 뒤 김일성의 70회 생일을 위해 음악무용서사시를 창작하도록 지시하고 있는 것이다.

이렇게 효심이 지극하다 보니 이런 말도 하게 된다. "수령님의 건강은 조국의 건강이며 인민의 건강입니다."[20] "만경대를 떠나서는 조선

---

17) 김일성, 《세기와 더불어》 제1권, 조선로동당출판사, 1992. 4, p. 2.

18) 전하철, 《수령님은 영원히 우리와 함께》, 조선로동당출판사, 1994, p. 354.

19) 《조선문학》 1997년 4월호 머리글.

20) 《불멸의 력사》 중 장편소설 《영생》에서도 1994년 미북회담에 참가하기 위해 제네바로

에 대하여, 평양에 대하여 생각할 수 없습니다. 조선의 심장은 평양이
며 평양의 심장은 만경대입니다."21)

김일성 건강에 대한 염려는 아주 중요한 회의인 경제부문책임일군
협의회가 묘향산에서 열렸을 때도 나타난다. 그 때 김정일은 아버지
건강을 생각하여 그 회의가 중요하다는 것을 알지만 참석을 만류한다.
20분 간의 전화통화를 하면서 '북남최고위급회담이라는 민족운명사를
생각해서라도 경제회의 참가를 단념하라고 당부하는 것'이다.

그러면서 수령이 인민을 위한 것만 빼고 모든 공사를 중단하라고
했지만 오히려 수령을 위한 것만은 해야 한다고 강조하는 비뚤어진
효심까지 내보인다.

아버지에 대한 효성은 아버지 장례행사에서 절정을 이룬다. 김정일
은 김일성 영결식장에서 영결보고를 하지 않고 명예위병대장이 생전
시처럼 영구 앞에서 영접보고를 하게 한 것이다. 그리고 영구를 안치
하는 장소를 북한주민들이 '수령'을 늘 만나던 금수산의사당으로 정한
것이다. 영결식 하루 전에는 구호 "위대한 수령 김일성동지는 영원히
우리와 함께 계신다" 와 "위대한 김일성동지의 혁명사상으로 더욱 철
저히 무장하자!"를 내놓았다. 그리고 복상기간도 전통상례에 어긋나게
하면서까지 만 3년을 치뤘다.22)

몇 달 뒤 '당중앙위원회 책임일군'들 앞에서 그는 이렇게 말했다.
"나는 언제나 나 자신을 수령님의 전사라고 생각하여 왔습니다.

떠나는 외교단 대표가 보낸 전문에도 "……수령님의 건강은 나라의 기쁨이며 운명입니다"라는
장면이 나온다. 《영생》, 1997. 6, p. 357.
21) 《천리마》,' 1986. 5, p. 31.
22) 전통상례에서 3년상은 초상, 소상, 대상을 말하는 것으로 만 2년 되는 날 탈상하게 된다. 따
라서 김일성의 3년상은 1996년 7월 8일이어야 한다. 그러나 김정일은 1997년 7월 8일 만 3년 만
에 탈상했다. 이를 두고 북한시인 김만영은 "인민이 바라고 세계가 기다리는 추대를 미루시고 3
년간 상복을 벗을 수 없다고 하시며, 조상전래의 관습에 이 세상 처음으로 공산주의자의 도덕의
리관을 창조하신 김정일 동지……."라면서 상찬했다.

……추대사업은 위대한 수령님을 생전의 모습대로 영원히 모시는 사업을 해놓은 다음에 하여야 합니다. 수령님의 령구 앞에서 인민들이 목놓아 울던 비분이 아직도 가슴 속에 그대로 남아 있는데 당과 국가 지도기관을 새로 선거하고 만세를 부르는 것은 전사의 도리가 아닙니다." 하나의 아들로서는 훌륭한 면모도 보이는 발언이다. 그러나 북한 전체를 책임져야 하는 입장으로 볼 때는 도피적인 발언으로도 해석되는 대목이다.

아버지가 그렇게 칭찬하는 아들이지만 새로 건설된 주체사상탑 앞에서 시내를 바라보는 사진을 보면 김정일은 아버지 옆에서 외투주머니에 손을 넣고 있다.

외투에 손 넣은 사진은 인민대학습당 전망대에서도 김일성 뒤에 서서 외투에 손을 넣고 있다. 사람 뒤에서 손 넣는 것은 관계없지만 옆에서 손 넣는 것은 전통예절이란 면에서 보면 좀 불손한 것처럼 보인다.[23]

김일성의 김정일 칭송은 자기 아들이기 때문이 아니라 후계자로서의 능력과 품성을 좋게 심으려는 원려에서 시작되었다고 보겠다. 김일성인들 아들 자랑은 우리 전통에서 미덕이 아니라는 것을 왜 몰랐겠는가?

---

[23] 황장엽 전 비서는 김정일이 정치적 수단은 나름대로 발달해 있는데 특히 자기 아버지를 속이는 능력, 인민을 기만하는 능력이 뛰어났다고 말했다. 『북한학보』 제28집, 북한연구소·북한학회, 2003. 11, p. 141.

수령부자의 예술성향

I. 들어가는 말

"민족기악합주 신아우는 옛날 곡인데 아주 좋습니다. 이 곡을 들으니 승전곡을 듣는 기분이 나고 용기가 납니다. 언제 누가 지었는지도 모르겠으나 애국적 감정을 잘 반영한 좋은 군가입니다. 옛날에 우리의 선조들이 이 군가를 부르면서 침략자들을 무찌르는 싸움에서 슬기와 용맹을 떨쳤을 것입니다. 이런 곡을 조국해방전쟁 때 불렀더라면 인민군대와 인민들의 사기를 더욱 북돋아주었을 것이며 미제 침략군 놈들을 벌벌 떨게 하였을 것입니다. 앞으로 옛날의 좋은 곡들을 더 많이 찾아 내여 보급하여야 하겠습니다."(김일성)

이 말은 "군중예술을 더욱 발전시키자"라는 제목으로 '전국농촌예술소조 참가자들과 한 담화'(1961. 3. 7)의 한 구절이다. 이 구절에서 '신아우'라고 한 것은 시나위를 말한다. 시나위는 무가(巫歌)를 부를 때 반주하는 음악이다. 반주음악이긴 하지만 무가의 선율과 일치되게 연주하는 것이 아니라 즉흥적으로 연주한다. 즉 피리·젓대·해금으로 육자배기토리로 된 허튼 가락을 무가의 대선율(對旋律)로 연주하는 것을 말한다. 대체로 육자배기의 허튼가락 합주곡으로 이해할 수 있다.

위의 말에서 보면 김일성이 시나위라는 개념을 안 것인지는 분명하지 않지만 전통악기 합주곡 제목이 '신아우'라서 '신아우'에 대해서 언급했던 것으로도 보인다. 그러나 김일성이 시나위라는 음악을 들었고 시나위에 대해서 이해했다면(비록 애국적 감정을 잘 반영한 좋은 군가로 이해했더라도 말이다) 그것은 주목할 만한 일이다.1)

김일성이 문학예술부문에 대한 견해나 정책제시를 많이 했지만 시나위 언급처럼 예술분야의 구체적 사실에 이르기까지 언급한다는 것은 그만큼 식견이 있다고 일단 평가할 수 있다. 김정일 역시 음악, 영화를 비롯하여 예술분야 어느 곳에도 입김이 가지 않는 부분이 없을 정도로 박식(?)을 자랑한다. 김일성 부자의 예술성향과 능력을 가늠해 보고자 한다.

II. 김일성의 예술성

김일성이 아들을 칭찬하는 한시(漢詩)를 지은 것은 알려진 사실이다.2) 그런가 하면 1970~1980년대에 창작된 이른바 '혁명적 대작'이라는 5대 혁명가극이라든가, 5대 혁명연극도3) 김일성이 1930년대 '항일 빨치산 투쟁' 당시 쓴 희곡대본에 의거하여 재창작하였다는 사실도 이미 알려진 일이다. 이 시기에 또한 노래가사도 많이 지었다. 〈사향

---

1) 한국의 역대 통치자 중에서 시나위를 들어 본 사람이나 개념을 이해하는 사람이 있을까 하는 의문이 든다.
2) 김일성이 직접 지은 것인가의 논란은 있지만 직접 지은 것으로 보기로 한다.
3) 혁명연극은 〈성황당(1978)〉을 빼고는 모두 1980년대에 창작되었다.

가〉·〈조선의 노래〉·〈꽃파는 처녀〉·〈피바다가〉·〈조국광복
회 10대 강령가〉·〈반일전가〉 등이 그것이다.

　　김일성은 죽기 전날에도 소설을 읽었고 취미가 독서라고 말하고 있
다. 초등학교 시절부터 소설을 많이 읽어 역사지식이 많다고 한다. 생
애의 마지막 10년 간 15만 페이지에 해당하는 중장편 소설 300여 편
을 읽었다는 것이다.4)

　　소설을 즐겨 읽는다면 시는 좋아하는가? 정확히 알려지지는 않았지
만 물론 시를 좋아한다고 봐야 한다. 실제로 시를 짓기도 했다. 다음
은 북한에서 〈백두산〉 (조기천), 〈밀림의 역사〉 (박세영) 보다 더
최고의 걸작으로 치는 김일성의 시 〈묘향산 가을날에〉 이다.

　　　　로대 위에 올라서니 천하절승 예로구나
　　　　묘향산 절경이야 태고부터 있는 것을
　　　　전람관 여기 솟아 푸른 추녀 나래 펴니
　　　　민족의 존엄 빛나 비로봉 더욱 높네

　　　　만산에 붉은 단풍 가을마다 붉었으리
　　　　로동당 새시대에　해빛도 찬란하니
　　　　단풍도 고와라　더욱 붉게 물들면서
　　　　산천에 수놓누나　이 나라 새 력사를

　　　　사대로 망국으로 수난도 많던 땅에
　　　　온 세계 친선 사절 구름같이 찾아든다
　　　　5천년 력사국에 처음 꽃핀 이 자랑을
　　　　금수강산 더불어 후손만대 물려주리

---

4) 조진용, "위인정서", 《청년문학》, 1999. 7.

1979년 10월 15일 국제친선전람관에 올라서 지었다는 이 시를 두고 북한 평론가 강능수는 "작품에 담겨진 깊은 사상성과 함께 최상의 높이에서 예술적 품위가 담보되어 있다."면서 "희세의 걸작이며 대를 두고 보존해야 할 국보이다."라고 극찬했다.

또 시인 최영화(문예총 제1부위원장)는 "호방한 시상, 심오한 철학성, 고도의 시적 함축과 일반화, 자연과 시대와 생활의 완전무결한 시적 통일, 사상성과 예술성의 완벽한 결합, 약동하는 운율 등 극치에 이른 시의 본보기를 보여주고 있다."고 찬양하고는 이 시를 받아보는 북한 시인들처럼 행복한 시인은 없을 것이라고 말했다는 것이다.

김일성이 자서전인 《세기와 더불어》를 직접 썼다.5) 북한문단에서는 주옥같은 명문장이라고 하고 있다.

김일성은 노래도 좋아해서 "노래 없는 혁명은 승리할 수 없고 노래 없는 나라는 흥할 수 없으며 노래 없는 인생은 감미로울 수가 없다"는 신조를 지녔다고 말한다. 그래서 회고록에 "노래는 혁명적 락관주의의 상징이고 혁명승리의 상징"이라고 남겼다. 김일성은 '사향가'를 특별히 좋아해서 1992년이 저물어가던 날 작가들 앞에서도 이 노래를 불렀고 어머니 강반석이 그리운 7월 달 밝은 밤에도 이 노래를 불렀다고 한다.6)

김일성의 예술분야 관심은 정책 지시에 나타나지만 구체적으로 영화에서도 아주 세부적인 문제에까지 언급하고 있다. 1967년 극영화 <내가 찾은 길>을 보고는 1920년대 철공소 노동자인 주인공이 혁명가로 변모해 가는 과정을 그리면서 주인공을 왈패로 묘사해서 노동계급을 그릇되게 인상짓게 하는 실수를 저질렀다고 지적을 하고 있다.

---

5) 《세기와 더불어》는 1998년 6월에 1부 항일혁명편이 전8권으로 발간되었다. 당초 김일성이 6권까지 직접 써둔 것을 1995년 2월에 발간한 뒤 생전에 작성해 둔 집필요강과 정리되어 있는 회상자료를 가지고 7, 8권을 다른 사람이 집필하여 계승본이라는 이름으로 발간하였다.
6) 강반석의 사망일이 7월 31일이다.

김일성이 1921년부터 1980년까지 문학예술부문에 관여한 일지를 보면 609회로 기록되고 있다.[7]

Ⅲ. 김정일의 예술성

김정일은 잘 알려졌듯이 예술분야 책만도 몇 권을 쓴 사람이다.[8] 《영화예술론》(1973. 4)·《건축예술론》(1991. 5)·《무용예술론》(1992. 5)·《음악예술론》(1992. 6)·《미술론》(1992. 6)·《주체문학론》(1992. 7)이 그것인데 모두 이론을 개진한 것이다.

김정일은 그의 나이 5세 때인 1947년 3월 9일 어머니 김정숙과 함께 국립영화촬영소 터전을 돌아보았다. 다음해 3월 20일에도 김정숙과 함께 이 영화촬영소 녹음실·분장실·필름복사실·현상실·조명장치 시설 등을 돌아보았다. 이것이 문학예술부문 사업을 '영도'한 시작이라고 말한다.[9]

여러 예술분야 중에서도 음악과 영화에 관심을 더 쏟는 것으로 보인다. 김정일의 '천재적인 음악풍모'부터 보자.[10]

1946년 어느 봄날[11] 김일성은 시간을 내어 아내와 아들 김정일을 데리고 만경대를 찾아 만경봉을 올랐다. 김일성은 김보현 할아버지가 잘 익은 복숭아를 먼저 따들고 할아버지에게 달려오는 손자가 장하고 귀여워 늘 손잡고 마당가를 빙빙 돌며 부른 "꿍니리" 가락을 회상하

7) 《조선예술》 1995년 1월호~12월호에 수록된 "위대한 수령 김일성동지께서 문학예술 부문 사업을 령도하신 주요일지"에 의거.
8) 김정일의 전체 저서나 논문은 400여 편이 넘는 것으로 알려진다.
9) 정황으로 보아 어머니 김정숙을 따라 가서 본 것에 불과하지만 북한에서는 '영도하신 주요일지'로 기록하고 있다. 자세한 내용은 《조선예술》에 39회 연재(1995. 4.~1998. 4)되었다.
10) "희세의 음악천재"(《천리마》, 2000. 2), "그이께서 가려내신 선율"(《천리마》, 2000. 3), "열정의 화신"(《천리마》, 2000. 4)를 참조.
11) 본래 표현은 "광복의 만세소리 드높던 어느 화창한 봄날이었다."로 되어 있다.

였다. "나라에는 영웅동, 일가복동, 보배동이"라는 구절이 든 "꿍니리"
는 어린 손자를 위해 그의 할아버지만이 만들어 부른 듯한 노래였다.

노래를 사랑하던 어머니 강반석은 아버지 김형직이 지은 "자장가"
를 불러주었다.

김형직은 "남산의 푸른 소나무"도 지었고 김일성 자신은 사향가를
비롯한 수많은 노래를 지어 부르면서 '항일의 피바다, 불바다'를 헤쳐
왔으며, 아내 김정숙도 "자장가"를 지어 아들에게 들려주었는데 "그
부드러운 선율 속에 수백만 원쑤를 족쳐버릴 무적의 힘이 있었다. 조
국의 밝은 미래가 있었다."라고 한다.

이처럼 김정일의 가문은 "대대로 노래를 사랑한 위대한 가문"이었
으니 "위대한 령도자 김정일동지께서는 벌써 완전 무결한 음악가의
자질을 지니고 계신분이시였다."로 상찬된다.

음악의 천재들은 대체로 '예민한 음감과 비범한 기억력, 남다른 창
작적 열정'을 지니고 있는데 김정일은 천재적인 음악가 이상으로 비상
한 음악적 감각을 타고났다고 말한다. 다섯 살 때 집에 놀러온 이웃집
여인과 함께 "혁명군은 왔고나" 노래를 부르다가 그 여자가 반음을
높게 부른 대목을 고쳐주었다고 한다. 1960년대에는 3관 편성현악의
장중한 울림 속에서 한 연주가가 낸 반음 차이를 가려내었다는 전설
같은 이야기도 있다고 한다. 그래서 "참으로 경애하는 장군님은 '절대
음감'을 초월하여 사람의 재능으로써는 도저히 감수할 수 없는 비상한
음악적 감수력을 지니신 희세의 음악천재이시다."라는 평가를 받는다.

실제로 이러한 일도 있었다고 한다. 영화에 들어 갈 노래를 창작할
때였는데 음악을 듣다가 안색을 흐리며 노래가 인도네시아의 〈싸리
난데〉와 같다고 지적하였다. 영화음악의 작곡가도 〈싸리난데〉라는
노래는 알지 못했다. 음악자료실에서 찾아낸 〈싸리난데〉곡은 그의
작곡 서두와 신통히도 같았다. 작곡가의 놀라움은 연대도 지역도 다른

데 어떻게 그렇게도 같은 선율이 나올 수 있는 가라는 때문만이 아니라 "장군님께서 세계의 임의의 나라의 개별적인 노래 선율까지도 그처럼 손금보듯 환히 꿰뚫고 계시는가 하는데 있었다."고 고백한다. 나중에 음악자료실 관계자는 그 많은 음악자료들을 김정일이 마련하였고 어느 하나도 빠짐없이 다 들었다고 말했다.

김정일의 음악에 대한 열정도 소개되었다. 1971년 7월 '혁명가극' 〈피바다〉를 창작할 때 김정일은 창작 현장을 며칠 동안이나 밤 11시에 나와서 새벽 2시나 3시까지 있거나 새벽 6시까지 앉아 있을 때가 있었다고 한다. 가사수정작업을 지도하고 무대연습도 지켜보았다는 것이다. 이런 열정에 힘입어 가극 한 편 창작하는데 수년이 걸리고 심지어 30년이 걸린다는 예들을 넘어 인류 최고봉의 가극 6편을 짧은 기간에 만들 수 있었다고 자랑하고 있다.

음악이론에 대한 식견이 피력되는 것은 너무나 자주 있는 일이다. "선율의 정서적 색깔을 바로잡는 문제는 음악적 형상을 통속적으로 리해할 수 있게 하는 데서도 중요하다" 같은 언급은 자주 눈에 띈다. 음악성과는 관련 없는 지식이지만 "력사적인 자료로 보존하는 음악예술작품들은 콤팍트 디스크에 수록하여야 합니다. 음악예술작품은 록음테이프에 수록하여두면 오래 보존할 수 없습니다."(1993. 11. 13) 같은 말도 하고 있다.

최근 북한에서는 음악을 애호하는 김정일의 정치를 '음악정치'라 하고 있다. 말하자면 음악을 활용한 김정일의 통치방식을 말하는데, 음악의 힘으로 난관을 돌파해 가는 것을 목적으로 한다. 음악을 정치수단으로 활용한다는 음악정치는 2000년 2월 김정일 58회 생일행사의 일환으로 열린 인민무력성 토론회에서 나온 것으로 김정일의 '위대성'을 예술적 재능과 연계시키려는 의도도 있다고 보여진다. 음악정치는 시련과 난관을 혁명의 노래로 이겨내게 하는 '우리식'의 특이한 정치

▲ 김정일의 예술관과 분야별 이론을 담은 저작물–미술론, 무용예술론, 음악예술론 표지 모습

로 자리매김 되고 있다. 북한에서 음악을 정치에 활용한 것은 해방직후부터 군중예술 강조 형태로 시작되었으며 김정일이 당 사업을 시작한 이래 경제선동대를 공장이나 기업체 등 생산현장에 보내서 경제선동활동을 벌인 것 등을 볼 수 있다. 정책가요를 창작하여 주민들이 부르게 하는 것도 음악정치의 일종이다.

음악정치는 최근 김정일이 군부대 시찰시 빠짐없이 음악을 비롯한 소품공연을 관람하는 것에서도 보인다. 음악정치라는 말은 최근에 나왔으나 1970년대초 경제선동사업이 강조될 때 이미 음악정치가 시작되었다고 볼 수 있다.

음악정치란 말 외에 노래정치라는 말도 쓰고 있다. "조선은 노래가 많은 나라, 노래로 난관을 극복해 나가는 나라"여서 김일성이 죽었을 때도 '우리는 맹세한다'·'높이 들자 붉은 기'·'우리는 빈터에서 시작하였네' 등의 노래를 부르며 일어섰다고 말한다. 이런 것이 김정일의 독특한 노래정치라고 한다.

김정일은 알려진 대로 영화를 몹시 좋아한다. 영화를 통해서 선전선동부문을 장악할 만큼 영화에 대해서는 해박한 편이다. 좋은 영화제작을 위해서 남쪽의 최은희를 납치하고, 신상옥을 평양으로 유인하기까지 한 것이다. 그런 그가 가장 먼저 지도했다는 작품은 남한의 비참상을 그린 '성장의 길에서'이다.12) 이 영화는 한국사회의 민주투쟁을 계급투쟁으로 몰아가는 내용으로 '남조선혁명의 필연성'을 밝혔다는 평가를 하고 있다.13)

김정일이 5세 되던 1947년 3월부터 1992년 4월까지 영화분야에서 김정일이 지도한 것만 해도 1,090건이다.14)

예술성이 높은 것과 많이 알아서 정책지도를 하는 것은 물론 다르지만 김정일이 많이 아는 것은 틀림없다. 그러다 보니 큰 방향만 제시하는데서 끝나지 않고 세부적인 곳까지 언급하는 경우도 많다.

"연출대본작업은 영화문학을 영화적으로 재현하기 위한 창조사업인 만큼 연출가들이 영화문학을 받아 가지고 화면 분배나 할 것이 아니라 영화적으로 다시 가공하여야 합니다."15)

"영화문학 <탄전의 주인공>을 영화로 만들 때 연출가가 그 작품을 쓴 작가가 자기의 창작적 개성을 고집한다고 하여 공동작업을 잘 하지 않은 것은 아주 잘못되었습니다. ……작가가 자기의 창작적 개성을

---

12) 『내외통신』 1114호(1998. 6. 18).
13) 영화주인공은 등록금을 내지 못해서 학교에서 쫓겨나는 의대생이고 이 주인공이 독서회 조직, 4·19의거 참여, 감옥생활, 6·3투쟁 등을 거쳐 혁명적 인간으로 성장해 간다는 내용이다.
14) 《조선영화》 1996년 1월호~12월호에 수록된 "위대한 령도자 김정일동지의 영화예술부문 주요지도일지".
15) 김정일, "영화창작사업에서 나서는 몇 가지 문제", 영화문학작가들과 연출가들 앞에서 한 연설, 1971. 2. 12, 《김정일선집》 제2권, p. 142.

고집한다고 하더라도 연출가는 안속을 채우면서 공동작업을 하여 영화를 잘 만들어야 합니다…… 그런데 일부 연출가들은 배우들에게 잘 해달라고 부탁하는 식으로 연기지도를 하기 때문에 어떤 배우들은 연출가를 깔보면서 말을 잘 듣지 않고 있습니다."[16]

어떻게 보면 하나마나한 말을 하고 있지만 한편 날카로운 파악을 하는 면을 읽을 수도 있다.

"동무들은 질문에서 반변의 계기를 좀 더 앞당길 수 있지 않겠는가 하는 것과 반변장면에서 주인공의 정신세계를 좀 더 높이면 어떻겠는가 하는 것을 제기하였습니다."[17] 여기에서 반변은 반전을 말한다.

또 이런 말도 한다. "연출가들은 연출과정에 배우들을 부르는 것도 존중하여 불러야 합니다. 만일 어느 배우가 련대장 역을 맡아한다고 하면 그를 <련대장동무>라고 부르는 것이 좋습니다."[18]

김정일의 말 중에는 연출가들에게 잡일을 시키지 말고 기량을 높이도록 하라는 말도 하고 있다.[19]

김일성은 김정일 재능에 대해 이렇게 칭찬했다.

"김정일동지는 정치도 잘하고 군사지휘도 잘하며 철학, 경제학, 정치학을 비롯하여 사회과학도 잘 알고 글도 잘 씁니다."(김일성)

김정일이 글도 잘 쓴다 했는데 논설문이야 잘 쓰지만 문학적 표현까지 잘하는 지는 의문이다. 어떻든 시와 노랫말을 지은 것은 여럿이 된다. 〈조선아 너를 빛내리〉·〈대동강의 해맞이〉·〈백두의 행군길을 이어가리라〉·〈축복의 노래〉·〈우리교실〉·〈한 초가 한시

---

16) 위와 같음.
17) 김정일, "불후의 고전적 명작 <한 자위단원의 운명>의 사상예술적 특성에 대하여", 불후의 고전적 명작 <한 자위단원의 운명>을 영화로 옮기는 사업에 참가하는 예술인들이 제기한 질문에 대한 대답, 1970. 2. 14, 《김정일 선집》 제2권, p. 31.
18) 김정일, "영화예술부문 일군들 속에서 혁명적으로 일하며 생활하는 기풍을 세울데 대하여" 영화예술부문 일군들과의 담화, 1970. 10. 16, 《김정일 선집》 제2권, p. 119.
19) 김정일, "영화창작에서 새로운 앙양을 일으킬데 대하여", 위대한 수령님의 문예사상연구모임에서 한 결론, 1971. 2. 15, 《김정일선집》 제2권, p. 178.

간 되어줄 수 없을가〉 등이 알려진다. 〈조선아 너를 빛내리〉는 후
계자로서 아버지의 '혁명위업' 계승을 선언하는 것을 읊었고, 〈축복의
노래〉는 김일성의 안녕과 만수무강을 기원하는 내용으로 이루어 진
시다. 〈한 초가 한 시간이 되어줄 수 없을가〉는 밤늦게 김일성의 휴
식을 간구하는 내용이다.

"시계야 너라도 좀 더디게 가다오
아버님 쉬실 때만이라도
한 초가 한 시간이 되여 줄 수 없을까"

이러한 시들은 당연히 '주체문학창조'의 전형으로 평가되고 있다. 첫
째 주체사상적 내용의 철학적 심오성이 투영되어 있고, 둘째 풍만한
서정이 넘치고 셋째 비범한 시어를 구사하고 있는 것으로 된다.

Ⅳ. 맺는 말

최근 북한 조선문학예술총동맹 중앙위원회는 김정일이 관여한 문예
분야를 총괄하여 《20세기 문예부흥과 김정일》 13권을 펴냈다. 이를
보면 문학·영화·연극·음악·미술·무용·교예·사진·예술교육·
문화유적유물보존·대외예술 등 관계하지 않은 분야가 없다. 이처럼
김정일은 예술분야에 큰 힘을 기울인 것은 틀림없고 그가 북한 문화
예술분야에 끼친 영향력은 부인하지 못한다.

예술관도 김일성에 비해 깊이가 있고, 예술적 성향도 김일성보다는
뛰어나다는 평가도 나오고 있다. "예술가로 자기가 아는 것만큼 보고
듣고 느끼고 받아들이며 자기가 아는 것만큼 표현한다."는 말이나 "음

악은 사람들에게 생활에 대한 뜨거운 열정과 풍부한 정서, 약동하는 생기, 래일에 대한 희망과 랑만을 안겨주는 인간생활의 가장 친근한 예술이다."(음악관), "문학창작은 심오한 사상과 높은 열정을 가지고 하는 사업이다. 세계관이 바로 서고 철학적 사색이 깊으며 창작적 열정과 예술적 자질이 높은 작가라야만 인민의 사랑 속에 력사에 남는 훌륭한 작품을 창작할 수 있다."(문학창작관)는 표현 등이 그의 이론 관점을 보여준다.[20] 그러나 이와 예술적 성향, 예술적 능력과는 무관한 것이니 그의 예술가로서의 수준이나 평가는 계속 천착되어야 할 부분이 있을 것이다.

---

20) 문예이론관점은 물론 주체사상 테두리를 벗어나지 않는다. "우리 시대가 요구하는 문예관은 주체의 문예관이다. 주체의 문예관은 한 마디로 말하여 사람을 중심에 놓고 문학예술을 대하는 관점과 립장이다. 주체의 문예관은 주체사상을 기초로 하고 있다."(김정일)

'장군'의 명언

Ⅰ. 들어가는 말

북한에서 김정일은 장군이다. 장군이면서도 '걸출한 사상이론의 영재'라는 말을 듣는다. 김일성은 김정일을 두고 말하기를 "김정일동지는 정치도 잘하고 군사지휘도 잘하며 철학, 경제학, 정치학을 비롯하여 사회과학도 잘 알고 글도 잘 씁니다."라면서 '문무충효를 겸비'한 사람이라고 칭찬했다. 그래서 명언도 잘 만들어 내는지 김정일이 말했다는 '명언'이 아주 많다.

북한의 그 많은 학습 가운데는 김정일 명언 학습도 있다. 1997년 2월 평남 안주시 평률리 당위원회는 명언학습을 혁명과업 수행 차원에서 활발하게 전개했다는 것이고[1] 2001년 2월 자강도 성간군 신청협동농장에서는 명언을 작업수행과 결부시켜 진행했다. 이 농장에서 학습한 명언은 구체적으로 "충신의 입은 마음에 있고 간신의 마음은 혀끝에 있다.", "무엇이 불가능하다면 그것은 조선말이 아니다."이다.[2]

---

1) 《로동신문》 1997년 2월 7일자 2면.

김정일은 말을 중시한다. "말은 곧 사람이다. 사람의 사상감정과 기호와 취미는 모두 말을 통하여 표현되며 그의 직업과 지식 정도, 문화도덕 수준도 말에서 그대로 나타난다."[3]라고 했는데 이 말대로 그의 지식 정도와 문화도덕 수준도 그가 한 명언에서 나타날 것이다.

명언은 물론 김정일만 한 것이 아니다. 김일성의 수많은 말마디나 명제 중에서도 명언은 많다. "혁명가의 일생은 투쟁으로 시작되고 투쟁으로 끝나야 한다."는 김일성의 말도 명언으로 소개되고 있지만 이번에는 김정일 '명언'이라는 것에 국한하기로 한다. 김정일의 명언들은 북한주민들에게는 참된 삶의 길을 밝혀주는 것이 되고 있다는데, 철학적인 내용을 바탕으로 하고 있으며 일정한 특징도 보인다고 한다.

II. 내용별 명언들

1) 사상관련 명언
▷ "철학의 빈곤은 사색의 빈곤을 가져오며 사색의 빈곤은 창조의 빈곤을 가져온다."

훌륭한 사색과 창조에서 성공을 이룩하려면 반드시 철학을 깊이 알고 철학적 사색을 해야 한다. 철학은 사람이 세계를 어떻게 보고 대해야 하는가 하는 방법론을 준다. 철학이 빈곤하다는 것은 올바른 철학적 세계관을 못 가진 것을 말하는 것인데 현재 가장 과학적이고 혁명적인 세계관은 주체의 세계관이다. 이런 관점에서 주체철학을 연구, 주체의 혁명적 세계관으로 무장한 사람은 무엇을 한 가지 생각해도

---

2) 《노동신문》 2001년 2월 14일 3면.
3) 김정일, 《영화예술론》, p. 112.

과학적으로, 혁명적으로 하게 된다고 한다.

▷ "철학적 개념과 범주에는 인간의 철학적 사유활동의 결과가 집약
  화되여 있습니다."4)

명언이라기보다는 교과서적인 언명인데 철학에 대한 이해 수준을
알게 하는 말이다.

2) 혁명관련 명언5)

▷ "혁명은 인민대중의 자주적 요구를 실현하는 투쟁이며 인민대중
  이 자기 자신을 해방하는 투쟁이다."

▷ "혁명은 투쟁으로 시작되고 투쟁으로 전진하며 투쟁으로 승리한
  다."

▷ "혁명이 전진하는 과정은 시련에 시련을 뚫고 나가는 과정이다."

▷ "혁명가는 오늘을 위한 오늘에 살 것이 아니라 래일을 위한 오늘
  에 살아야 한다. 래일을 위한 오늘에 살자, 이것이 혁명가들이
  지녀야 할 신념이며 인생관이다."

▷ "혁명은 수령의 뜻이고 수령의 의지이다."

▷ "충효는 혁명가의 최고의 인격이다."

▷ "신념과 의리로 하는 것이 혁명이며 그것으로 하여 빛나는 것이

---

4) 《철학연구》 2000, 제2호, p. 44.
5) 혁명관련 명언들은 《사회과학원학보》 (2003, 제1호)를 비롯한 여러 잡지들에서 옮겼다.

혁명가의 인생행로이다."

▷ "혁명전통은 혁명의 력사적 뿌리이며 세대와 세대를 하나의 명맥
으로 이어주는 혁명의 피줄기이다."

위의 혁명 관련 명언들에는 혁명의 본질은 대중의 자주성을 옹호하
고 실현하기 위한 투쟁이란 것을 말해주고 있다고 한다.

3) 수령관에 대한 명언[6]

▷ "수령이 없는 혁명의 승리를 생각한다는 것은 태양이 없는 꽃을
바라는 것과 마찬가지이다."

혁명의 승리가 전적으로 탁월한 수령의 영도를 받아야만 이룩될 수
있다는 진리를 가르치고 있다는 말이다. 태양이 없고 태양의 빛발을
받지 못하면 꽃들이 자랄 수도 피어날 수도 없듯이 혁명의 운명도 수
령에 의하여 결정된다는 주장이다.

▷ "어려울 때 충신을 안다."

충신은 수령에게 충성을 다하는 혁명전사를 이르는 말이라고 한다.
시련의 시기에 충신인가 아닌가 하는 것이 검증된다는 뜻이다.

▷ "시국이 좋을 때에는 돋보이지 않아도 시국이 어려울 때 돋보이
는 것이 충신이다."

시련의 시기일수록 당과 수령에 대한 충성심을 더 높이 발휘하는

---

6) 수령에 대한 명언은 《문화어학습》, 1997년 제3호에 게재된 것을 중심으로 했다.

사람이 진짜 충신이라는 뜻으로 말하고 있다.
  ▷ "충신도 가까이에 있고 간신도 가까이에 있다."

  혁명대오 안에 충신만 있는 것이 아니라 간신도 있을 수 있으므로
똑똑히 가려보아야 한다는 뜻이다. 간신이라 해서 이마에 써 붙이고
다니지는 않으며 충신과 간신을 가르는 기준은 실천행동이다.

  ▷ "충신의 삶은 영생하지만 간신의 목숨은 단명이다."

  당과 수령께 충실한 혁명전사는 고귀한 정치적 생명을 지니고 영생
하지만 간신은 비록 목숨은 붙어 있어도 죽은 몸이나 다름없다는 뜻
이다. 사람이 오래 산다고 값있게 사는 것이 아니라 짧게 살아도 고귀
한 업적을 남겼을 때 그 삶은 값있는 것으로 만 사람의 기억에 길이
남아 빛나는 것이다.

  ▷ "충신은 자기 마음을 다 주지만 간신은 제 마음을 다 주지 않는
    다."

  당과 수령에게 진정으로 충실하려면 조직에 철저히 의거하여 사업
하고 생활해야 한다는 뜻이다.

  ▷ "사상의 위대성, 령도의 위대성, 덕성의 위대성이야말로 우리 수
    령님의 위대성을 특징짓는 3대 풍모라고 말할 수 있다."

  역사에는 남다른 품격과 자질로 이름을 남긴 위인도 많은데 '우리
수령님'처럼 뛰어난 품격과 자질을 완벽하게 겸비한 위인은 없었다.

인류역사가 일찍이 알지 못하는 위인 중의 위인이고 어느 위인과도
대비할 수 없는 위대한 영도자, 위대한 혁명가, 위대한 인간이었다는
것이다.

4) 대중[7]
▷ "세상에서 제일 귀중한 것은 돈이 아니라 사람이다."

　돈이나 그 어떤 물질적 재부보다도 사람을　더 귀중히 여겨야 한다
는 뜻이다.

▷ "인민대중은 모든 것의 선생이다."

　인민대중이야 말로 가장 총명하고 지혜로운 존재이므로 언제나 인
민대중에게서 배울 줄 알아야 한다는 것이다.

▷ "현실은 훌륭한 학교이며 인민대중은 선생이다."

　사람은 언제나 현실 속에 들어가 인민대중에게서 배우는 것을 철칙
으로 삼아야 한다는 것이다.

▷ "기적은 하늘이 준 우연이 아니라 인민들이 준 필연이다."

　기적은 신비한 힘에 의해 우연히 일어나는 것이 아니라 가장 힘있
고 지혜로운 인민대중에 의해 일어난다는 것이다.

---

7) 《문화어학습》 1996년 제4호.

▷ "일이란 사람들이 하는 것이며 혁명은 대중이 하는 것이다."

세상에서 가장 힘있는 존재인 사람, 인민대중을 굳게 믿고 그에 튼튼히 의거하여 모든 문제를 풀어나가야 한다는 뜻이라고 한다.

▷ "대중의 눈은 언제나 현명한 것이다."

인민대중이야 말로 모든 문제를 가장 정확히 보고 평가하는 슬기롭고 지혜로운 존재라는 뜻이다.

▷ "군중 속에 인재가 있다."

뛰어난 지혜와 재능을 가진 인재를 특수한 사람들 속에서가 아니라 평범한 인민대중 속에 찾아야 한다는 뜻이다.

▷ "울창한 밀림도 결국은 개개의 나무이다."

사회와 집단은 그것을 이루는데 각 성원들이 건전해야 공고한 것으로 될 수 있다는 뜻이다.

▷ "인민을 믿는 자는 보약이 차례지지만 인민을 등진 자는 독약이 차례진다."

인민을 믿고 그에 의거할 때에는 혁명에서 승리할 수 있지만 인민을 멀리하면 죽음밖에 차례 질 것이 없다는 뜻이다.

▷ "사람들의 정치적 생명을 다루는 문제에서 사사오입이란 있을 수

없다."
사람들의 정치적 생명문제는 자그마한 편차도 없이 정확히 처리해
야 한다는 뜻이다.

5) 조국과 애국[8]

▷ "우리의 것을 사랑하고 귀중히 여기는 것이 바로 조국애이며 주
  체이다."

▷ "기둥이 바로 서지 못한 집은 무너지기 마련이다."

▷ "과학자가 되기 전에 열렬한 애국자가 되어야 한다."

▷ "비록 남의 나라 글을 읽어도 정신만은 제나라에 있어야 한다."

▷ "참된 애국은 조국통일을 위한 투쟁 속에 있다."

▷ "조선은 하나로 합쳐져야 살고 둘로 갈라지면 살수 없는 유기체
  와 같다."

▷ "애국은 주체이고 주체는 애국이다."

▷ "과학에는 국경이 없지만 우리 지식인들에게는 주체의 사회주의
  조국이 있다.

▷ "자주성을 지키는 길이 애국의 길이다."

8) 여기에 소개된 명언들은 《조선어문》 1998년 3호, 《사회과학원학보》 2002년 제4호, 《조
선문학》 2000년 9월호, 《철학연구》 2000년 제4호 등에 실린 것들이다.

나라와 민족의 자주적 존엄과 권리를 지켜나가는 것이 나라와 민족을 사랑하고 융성번영을 이룩하는 길이란 뜻을 담고 있다고 본다. 자주성을 지키는 것은 모든 문제를 자기나라, 자기민족의 이익에 맞게 자체로 판단하고 독자적으로 처리 해 나가야 하고 다음으로 자기나라와 민족의 실정과 특성에 맞게 자기 식으로 모든 문제를 풀어나가야 하는 것을 말한다. 김정일의 이 명언은 주체사상의 원리에 따른 애국의 참뜻과 실현방도를 밝힌 것이다.

▷ "우리의 사회주의조국은 김일성 조국이며 우리 민족은 김일성 민족이다."

나라와 민족의 위대성이 곧 수령의 위대성이며 수령을 떠나서는 오늘의 조선에 대해 생각할 수 없다고 본다. 수령은 조국의 상징, 민족의 영원한 어버이라서 사회주의조국은 위대한 김일성 조국, 위대한 김일성 민족이라 하는 것이다.

6) 군사 관련 명언
북한 군 당국은 김정일의 군 관계 명언이 2,016개라고 했는데 그의 생일 2월 16일에 억지로 맞춘 것이다.

▷ "군인은 총과 칼을 사랑하라."

▷ "무기는 나의 벗, 혁명동지."

▷ "결사의 순간에 총탄 세 발" 등이 소개되고 있다.

7) 문학예술9)

▷ "훌륭한 문학예술작품은 위대한 투쟁, 위대한 시대의 산물이다."

이 말에는 위대한 투쟁, 위대한 시대는 훌륭한 문학예술작품이 많이 나올 수 있는 바탕이라는 뜻이 담겨져 있다. 위대한 투쟁이 벌어지는 위대한 시대는 인민대중을 자주성을 위한 투쟁에로 힘있게 불러일으킬 수 있는 문학예술작품을 요구하는데 이 시대에는 경이적인 사건들이 생겨나서 형상원천을 풍부하게 해 준다고 한다.

▷ "작가는 시대의 앞장에서 나가면서 생활을 선도하고 이끄는 기수가 되여야 한다."

이 말에는 인간생활을 선도하는 시대의 기수, 선각자가 되어야 사명과 임무를 원만히 수행할 수 있다는 뜻이 담겨 있다고 한다. 시대에 뒤떨어지고 현실을 모르는 작가는 시대정신을 구현할 수 없고 생활을 진실하게 반영한 좋은 작품을 써낼 수 없다고 본다. 작가는 현실에 침투하여 생활을 체험하고 인간수업을 거듭하는 과정을 통해 생활을 선도하는 기수가 될 것을 요구받고 있다는 것이다.

▷ "철학이 있고 생활이 있으면 그 작품은 성공한 작품이다."

이 말에는 문학예술작품에서 성공비결은 철학적인 것과 생활적인 것을 통일적으로 잘 구현하는데 있다는 뜻이 담겨져 있다고 한다. 문학예술은 인간의 운명 문제에 해답을 주는 생활철학이고 그 어떤 인간의 운명문제도 인간에 대한 철학적인 입장을 떠나서는 풀 수 없기

---

9) 《조선문학》 2000년 8월~12월에 게재된 내용들이다.

때문이다. 문학예술에서 철학적인 것은 생활적인 것을 떠나서는 생각할 수 없다. 문학예술에 생활적인 것을 담는다고 생경한 논리만 추구한다면 예술성을 살릴 수 없고 철학성도 보장하기 어렵게 된다고 한다.

▷ "생활은 인간관계속에서만 깊이 있게 그릴 수 있고 인간관계는 생활 속에서만 두드러지게 볼 수 있다."

이 말에는 문학예술 창작에서 생활을 깊이 있게 그리며 인간 관계를 두드러지게 보여 주기 위해서는 생활과 인간 관계를 통일적인 연관 속에서 잘 그려야 한다는 뜻이 밝혀져 있다. 인간생활을 깊이 있게 그리고 인간 관계를 두드러지게 보여 주자면 작품창작에서 생활과 인간관계를 서로 밀착시켜 통일적으로 깊이 있게 그려야 한다.

▷ "혁명적인 노래는 투쟁의 대오에 높이 울리는 진군가이며 시대의 행진곡이다."

이 말에는 혁명적인 노래가 혁명투쟁과 건설사업을 힘있게 '추동'하는 위력한 무기로 된다는 뜻이 담겨 있다고 본다. 혁명적인 노래는 선동적이고 호소력이 강하다. 혁명적인 노래는 사람들의 심금을 울리는 커다란 사상정서적 감화력을 가지기 때문이다. 혁명적인 노래는 노동계급의 투쟁 첫 시기부터 전장에 울리는 북소리나 진군의 나팔소리와도 같이 위력한 무기로 되고 있다는 것이다.

▷ "예술가도 자기가 아는 것만큼 보고 듣고 느끼고 받아들이며 자기가 아는 것만큼 표현한다."

아는 것만큼만 표현하게 되는 것은 사람의 인식능력의 한계 때문이다. 사물현상에 대한 표현은 보고 듣고 느끼며 받아들이는 인식의 폭과 깊이만큼 하게 되는 것이다.

8) 기타

김정일 명언은 외국신문에서도 소개되었다고 한다. 이란신문에 소개되었다는 내용은 다음과 같은 것들이다.10)

▷ "세계를 움직이는 힘은 돈이나 원자탄이 아니라 위대한 사상이다."

▷ "사회주의는 사상을 틀어쥐면 승리하고 사상을 놓치면 망한다는 것이 력사에 의하여 확증된 진리이다."

▷ "사람에게 있어서 량심은 심장과 같다."

▷ "량심은 행동의 거울이며 거짓과 진실을 판결하는 기준이다."

▷ "문학은 언어의 예술이다."

▷ "예술은 사상과 열정의 산물이다."

▷ "인민이 쓰는 말속에 참다운 시어가 있다."

▷ "도식은 문학과 독자사이를 갈라놓는 장벽이다."

---

10) 《로동신문》 2002. 2. 28, 1면.

▷ "사람은 아는 것만큼 보고 듣고 느끼고 받아들인다."

▷ "간신의 입에는 꿀이 있고 배에는 칼이 있다."

▷ "옛날 속담에는 팔백금으로 집을 사고 천금으로 이웃을 산다고
　했지만 천금을 주고도 살수 없는 것이 혁명동지이다."

이러한 명언의 특징으로 이란신문은 첫째, 그것이 현시대 인간문제
에서 나서는 문제에 대해 해답을 주며 둘째, 내용이 심오하고 풍부하
며 셋째, 매우 폭넓고 다방면적이며 넷째로 인민적이며 통속적인데 있
다고 지적하고 인류명언의 정화이고 삶의 좌우명이라고 소개했다는
것이다.

Ⅲ. 명언의 성격과 특징

김정일 명언은 철학적 기초를 가졌다고 한다. 어떤 것인가?

명언들은 대체로 네 가지 철학적 기초 위에 서 있다고 한다.[11] 첫
째, 주체사상이 밝힌 사람 중심의 세계관에 기초를 두고 있다. 가령 "
세계에는 사람보다 더 귀한 존재가 없으며 사람보다 더 힘있는 존재
가 없다.", "자기를 믿는 사람은 강자가 되고 남을 믿는 사람은 약자
가 된다." 등의 명언들을 보면 사람이 세상에서 가장 귀중한 존재라는
진리를 담고 있다는 것이다.

둘째, 주체사상에서 밝힌 인민대중에 대한 입장이다. 대중을 역사의
주체로 보는 관점인데 혁명도 대중의 힘을 믿고 해야 하는 것을 말한

11) 유병호, "위대한 령도자 김정일동지의 명언의 철학적 기초와 기본특징", 《사회과학원학
보》, 2002, 제3호.

다.

셋째, 혁명적 수령관에 입각해 있다. "수령이 없는 혁명의 승리를 생각한다는 것은 태양이 없는 꽃을 바라는 것과 마찬가지이다.", "혁명에서 수령문제가 기본 핵이다." 등에서 보듯이 혁명에서 수령이 차지하는 위치와 결정적 역할을 밝힌 수령관에 근거하고 있다.

넷째, 집단주의적 인생관에 의거하고 있다. "개인 향락만을 추구하는 자들은 돈에 울고 돈에 웃기도 하지만 혁명하는 사람들은 집단을 위하여, 후대들을 위하여 자신을 바치는 투쟁에서 보람과 기쁨, 행복과 영예를 찾으며 긍지와 자부심을 느낀다.", "혁명가는 오늘을 위한 오늘에 살 것이 아니라 래일을 위한 오늘에 살아야 한다. 래일을 위한 오늘에 살자, 이것이 혁명가들이 지녀야 할 신념이며 인생관이다."

이 같은 말은 사회정치적 생명을 중시하고 집단주의적 인생관에 따른 삶을 말해 준다는 것이다.

다음으로 명언은 세 가지 특징을 갖고 있다고 한다.[12] 첫째, 진리를 담고 있다는 것 둘째, 혁명과 건설의 온갖 분야, 정치·경제·군사·문화 등 사회생활의 모든 문제들에 대해 언급하고 있고 셋째, 이해하기 쉽고 통속적이다. 명언이 진리를 담고 있다는 것은 그것이 연혁적 명제 형태로 되어 있어 그들에게는 진리로 받아들 일 수 있을 것이다. 무엇보다 북한에서 영도자의 '말씀'이 의심될 수 없다는 것에도 이유가 있다. 김정일은 김일성에 이어 사상과 이론의 유일한 해석권 행사자로 되었기 때문에 어떤 말이라도 진리를 담게 된다.

명언은 모든 분야에 걸쳐 있다고 하는데 만기친람의 정책관여를 고려하면 당연하다. 실제로 온갖 분야의 말들이 다 있다. "정치는 예술이다.", "경제적 자립에 의하여 안받침 되지 못한 정치적 독립이란 빈말에 불과하다.", "현 시대는 과학과 기술의 시대이며 과학과 기술은

---

12) 유병호, 같은 글.

경제적 진보의 기초이다.", "군대는 규율이고 규율은 군대이다.", "계기성, 시간성은 출판보도의 생명이다.", "신문은 말없는 선전원, 선동원이다.", "문학예술은 정치의 산물이며 정치의 무기이다.", "대외활동에서 기본은 주체이다."

명언이 통속적이고 쉽게 이해하게 된다는데 그것은 익숙한 숙어들과 비유법, 대조법, 속담 등을 사용하기 때문이다. 통속성뿐 아니라 인민성과 생동성도 없지 않다.

북한에서는 말을 하고 글을 쓰는 일도 하나의 혁명사업이다. 따라서 언어를 통해 대중을 설득하고 또한 교양하려고 쉬운 표현을 반복적으로 사용한다. 그들 주장의 내용을 효과적으로 전달하려는 의도이다.13) 김정일의 명언도 이를 노리고 있는 것이다.

북한 문헌들은 과거에도 이름 있는 사람들이 많은 명언을 내놓았지만 이 명언들은 과학적 세계관에 의거한 것이 아니라서 대중의 운명개척의 길을 정확하게 밝혀 줄 수 없었다는 것이다. 노동계급의 사상가들이 말하는 혁명적인 명언들도 유물변증법적 세계관에 기초하고 있어 완전하지 못했다는 평가를 한다. 김정일의 명언이야말로 '우리 시대 가장 완성된 혁명적인 세계관인 주체사상'을 철학적 기초로 하고 있어 모든 이론실천적인 문제들에 완벽한 해답을 주는 가장 완성된 명언이라고 공언한다. 그야말로 '인류명언의 최고정화'라는 것이다.

또 김정일의 명언은 짧은 문장 속에 깊은 진리를 담고 있다고 한다. 명언 한 가지는 짧지만 그것들은 긴 문장 속에서 한 토막씩 가려낸 것에 불과하다. 따라서 특별히 사상적 명제를 언급한 것이 아니라면 대체로 짧은 글이면서 평이하다. 표현도 대조법, 비유법을 사용해서 명료하다. 짧은 문장이라서 형식면에서는 문제될 것이 없지만 내용 면에서는 진실성이나 수준이 나타난다. 가령 '명언'들이 진리를 담고 있

13) 김일성의 대중설득을 위한 언어구사 전술은 마오쩌둥의 그것과 매우 유사하다고 한다. 전미영, 「김일성의 말, 그 대중설득의 전략」, 책세상, 2001. 5, pp. 56~57.

다고 하나 주체의 혁명관과 수령관에 대한 언급을 보면 무슨 교훈을 주기 위한 요설에 불과하다. 과학적인 진리, 생활의 경험과 교훈이 여러 표현수법에 따라 주옥같이 표현되었다고 하나 약간 치졸한 것도 눈에 띈다. 특히 대중이 역사의 주체이고 혁명은 대중이 하는 것이라는 말을 하고도 다른 말에서는 수령이 없는 혁명의 승리를 부인하는 모순적인 표현도 보게 된다.

김일성의 명언은 담화형식이 많은데 비해 김정일 명언은 문장에서 나타난다. 표현의 감칠맛은 김정일 쪽에서 찾을 것이 많다. 담화형식의 김일성 말은 경어체로 되어 있으나 문장 속에서 뽑아낸 김정일 말에는 '하다'체이다. 구어체인 김일성 말에서는 반복과 중언부언이 심하지만 김정일 말에서는 다소 깔끔한 맛이 난다.

IV. 맺는 말

북한에서 김일성은 행적이 신비화되고 생일은 명절로 되고 출생지가 성역화되었으며, 어록은 경전화되었다. 김정일 경우도 행적·생일·출생지·어록에서 아버지와 다를 것이 없이 되었다. 그리고 두 사람의 가계는 애국주의화되었다. 그러다 보니 경전화된 말은 모두 명언이 되었다. 하긴 "장군이시면서 천하 제일 위인이시며 명인이신"[14] 김정일이 하는 말인데 명언이 안 될 수 없다.

명언도 있지만 이론적 명제에 가까운 말도 명언으로 되고 있다. 북한의 철학논문도 이 명언들로 해서 김정일이 "인민들에게 참된 삶의 길을 밝혀주는 사상리론의 영재"라고 한다.[15] 이런 명언을 많이 만들

---

14) 《천리마》 1996년 8월호, p. 26.
15) 안승주, "경애하는 김정일동지는 위대한 명언들로 인민들에게 참된 삶의 길을 밝혀주시는 사상리론의 영재이시다", 《철학연구》, 2002, 제1호.

어 냈다고 김정일의 자질이나 인품이 높게 평가될 수 있는가?

실제로 김정일이 좋은 말도 많이 하지만 잘못 쓰는 말도 있다. "주체성과 민족성을 무시하면 불필코 근로인민대중의 계급적 요구도 절대로 실현할 수 없게 된다."16), "최근 철길상태가 좋지 못하기 때문에 렬차가 심하게 흔들려 기차를 타고 다니는 사람들의 반영이 좋지 못한데 대책을 세워야 하겠습니다."17)

위에서 기필코를 '불필코'로 쓰고 있는데 그런 말은 없다. '반영'도 반응을 그렇게 표현한 것으로 적절하지 않다. 그밖에 그의 글에는 극의 반전(反轉)을 반변이라 쓴 것도 있다.

북한에서 본래 말이나 글은 "단순한 교제의 수단이나 사상교환의 수단만인 것이 아니라 혁명과 건설의 힘있는 무기가 된다"니까 주민들에게 한 연설이나 당원들에게 한 담화나 쓴 글 중에서 눈에 띄는 것을 주민에게 소개하면서 '인민'들에게 참된 삶의 길을 밝혀주고 있다고 하는 것이야 당연한 일이다. 그러나 이러한 명언들이 있기 때문에 북한주민뿐 아니라 '세계혁명적 인민'들의 영광이고 행운이라고 까지 말하는 것은 치졸성의 극치이다.

김정일 명언도 김일성 교시가 반드시 인용되었듯이 빠짐없이 인용되고 있다.18) 북한에서는 김일성의 말을 보다 정확히 주지시키고 인용을 광범하게 하려고 《위대한 수령 김일성동지의 로작색인》(1972)과 《위대한 수령 김일성동지의 로작용어사전》(1981)을 만들었는지라 미구에 '김정일명언 분류사전' 같은 것도 나올 것이다. 이에 따라 김정일 명언 훈고학(訓詁學)만은 대단히 발달될 것이다.

---

16) 김정일, "혁명과 건설에서 주체성과 민족성을 고수할데 대하여" 1997. 6. 19.
17) 김정일, 당중앙위 일군과의 담화 1997. 9. 16, 《김정일 선집》 제14권, p. 365.
18) 스탈린체제에서 스탈린 말을 반드시 인용해야 하는 원칙을 인용학이라고 했듯이 김일성·김정일 경우도 인용학의 규범을 벗어나지 못하고 있다. 전미영, 앞의 책, pp. 35~36.

일곱째 마당
상징과 정통성

왜 고려인가

I. 들어가는 말

1990년대에 들어서면서 북한에서는 '고려'라는 이름으로 바뀌는 대상들이 많이 생겨났다. 1990년 10월 31일 '함흥약학대학'이 '고려약학대학'으로 바뀌더니 '개성경공업단과대학'도 '고려성균관'이란 이름으로 바뀌고(92. 8. 20), 북한 유일의 항공사인 '조선민항'은 '고려항공'으로 개명(92. 10. 1)되었다. 이듬해 1993년 7월에는 '동의학'을 '고려의학'으로 변경해 버렸다. 그리하여 고려의학의 분과학문 분야는 고려내과학, 고려진단학, 고려기초학, 고려이비인후과학, 고려약처방학 등으로 불리게 되었다.

개성에 있는 '성균관'을 '고려박물관'으로 만들고[1] 고려민족화합연합회를 결성(98. 6)하고 '천리장성'도 '고려장성'으로 바꿔 부르고 있다.

사회과학원 교수 김하명은 고려민족이란 표현도 하고 있다. 1993년

---

1) 개성성균관의 이름이 바뀐 시기는 1992년 5월 김일성의 개성방문 때로 추정됨. 1987년 김정일은 이 박물관에 개성에 있는 문화재 1,000여 점을 옮기게 했다고 한다.

4월 연변대학교에서 열린 "해방 후 남북한 및 동북아 동포사회의 사회문화변동 학술회의"에서 발표를 하면서 "우리 고려민족의 넋과 슬기가 나래 치고 새 시대 인민들의 지향과 요구에 맞는 민족문화를 개화 발전시키는데서 힘을 합쳐나감으로써……"라 했다.2)

1985년 8월 9일 평양 중구역 창광거리에 500실 규모의 고려호텔이 김일성의 테이프 절단으로 문을 열었을 때만 해도 고려라는 이름에 특별히 주의를 기우려야 할 정황은 없었다. 다만 1970년대 남북적십자회담 때 대동강여관이니 보통강여관이니 하던 것에 조금 더 신식 이름이 붙었다는 정도로 볼뿐이었던 것이다.3)

물론 1973년 6월 23일 '조국통일 5대 강령'을 발표하면서 '고려연방공화국'이라는 단일국호를 제의했고 1980년 10월 노동당 6차 전당대회에서 '고려민주연방공화국' 창립 방안을 제의하였으니 고려라는 이름은 일찍부터 주목될 수 있는 이름이기는 했다. 김일성은 이때 고려라는 이름은 우리나라에서 통일국가로써 세계에 알려진 이름이라고 말한바 있다.

"남북련방제를 실시하는 경우 련방국가의 국호는 우리나라 판도우에 존재하였던 통일국가로서 세계에 널리 알려진 고려라는 이름을 살려 고려련방공화국이라고 하는 것이 좋을 것입니다."4)

이 뒤부터는 고려가 첫 통일국가라는데 강조의 중심을 옮기고 있으며 1990년대 들어서면서 고려의 연원을 고구려에서 찾는 논리도 보인다. 따라서 고려 이전 삼국시기 역사에 대한 북한의 관점을 볼 필요가 있을 것 같다.

---

2) 김하명, "조선문학예술의 민족적 특성과 그 계승발전에서 나서는 몇 가지 문제", 「남북학술교류발표논문집」 통일원, 1994, p. 152.
3) 호텔건축기간에 김정일이 30여 차 방문지도를 할 정도로 중시했을 수 있다.
4) 김일성, 1973. 6. 23 체코 당 및 정부대표단 환영 평양시 군중대회 연설.

II. 북한의 삼국사 인식

먼저 김일성, 김정일의 삼국사 관련 언급부터 보겠다.

"지난 시기 우리나라가 제일 강했던 때는 고구려 때였습니다."(김일성)5)

"나라의 위력이 강대하였던 고구려 시기에는 사대주의가 없었습니다."(김일성)6)

"우리나라 력사에서 사대주의가 큰 해독을 미치기 시작한 것은 7세기 중엽부터였다고 볼 수 있습니다. 이 시기에 신라 통치배들은 큰 나라의 힘을 빌어 강대한 고구려를 무너뜨리고 자기의 령토를 넓힐 것을 기도하면서 외세 의존의 길로 나갔습니다. 당나라를 찾아간 신라의 김춘추는 그 나라 통치배들과 고구려를 무너뜨리면 대동강 이북의 넓은 고구려 령토를 떼 넘겨주겠다는 전제 밑에 침략군대를 끌어들일 흥정판을 벌렸습니다."(김정일)7)

"고구려는 지난날 우리나라 력사에서 제일 강대한 나라였습니다. 고구려는 삼국시기에 우리나라 력사발전에서 중심적인 역할을 놀았을 뿐 아니라 그 이후 우리나라 력사발전에 큰 영향을 준 나라였습니다"(김정일)8)

"고구려 사람들은 슬기롭고 용맹하였을 뿐 아니라 조국방위를 위하여 충성을 다하는 것을 가장 명예로운 일로 생각하였습니다. 때문에 그들은 무술을 배우는 것을 남자의 의무로 여기고 어려서부터 달리기와 말타기, 활쏘기와 칼쓰기를 배웠으며 민간오락과 경기들도 모두 무술을 기본으로 하였습니다."(김일성)9)

---

5) 《김일성저작집》 제24권, p. 290.
6) 당중앙위원회 4기 11차 전원회의(65. 7. 1)연설, 《김일성저작집》 제19권, p. 399.
7) 김정일, "삼국통일문제를 다시 검토할 데 대하여"(1960. 10. 29), 이하 삼국통일 관련 김정일 언급은 이 글을 참조.
8) 위와 같음.

"고구려 사람들은 어렸을 때부터 조국을 사랑하는 정신으로 교양되고 무술을 배웠으며 용감성으로 단련되였기 때문에 높은 민족적 긍지와 씩씩한 기상을 지닐수 있었으며 아세아 대륙에서 가장 큰 나라였던 수나라 300만 대군의 침습을 물리치고 나라의 영예와 민족의 존엄을 지킬 수 있었습니다."(김일성)10)

"고구려는 넓은 령토와 발전된 문화를 가진 강대한 나라였으며 고구려 인민들은 매우매우 용감하고 애국심이 강하였습니다."(김정일)11)

"고구려와 백제 인민들은 당나라 침략자들이 나라를 강점한 첫날부터 곳곳에서 항쟁군을 뭇고 당나라 침략자들을 몰아내기 위한 싸움을 힘있게 벌렸다. 신라에 대한 침략책동이 날로 로골화되자 신라인민들까지 당나라 침략자들을 반대하는 투쟁에 일떠섰으며, 고구려, 백제, 신라 인민들의 투쟁은 날을 따라 더욱 강화 되였다."(김정일)

이상 열거한 김일성, 김정일의 삼국사 인식의 일단을 보면 한 마디로 고구려를 편애하고 신라를 폄하한다. 이러한 관점의 연장선에서 신라에 의한 통일은 국토 남부의 통합에 불과하며 우리 역사상의 첫 통일국가는 통일신라가 아니라12) 고려라고 보는 견해는 김일성, 김정일의 역사인식이나 교과서에서 수미일관 되어 있음을 볼 수 있다. 따라서 북한 교과서는 고려가 고조선 → 고구려 → 발해로 이어지는 민족사를 계승한 첫 통일국가라고 가르치고 있다.13)

북한 역사학은 발해에 대해서도 매우 좋게 평가한다. "발해는 고구려를 계승한 나라로써 7세기 말부터 10세기 초에 이르는 시기에 우리

---

9) 《김일성저작집》 제1권, p. 228.
10) 김일성, 같은 책, p. 229.
11) 김정일, "력사유적과 유물보존사업에 대한 당적 지도를 강화할 데 대하여", 당중앙위원회 선전선동일군들과 한 담화, 1964. 9. 16, 《김정일선집》 제1권, p. 34.
12) 북한은 삼국시대의 신라를 전기신라, 통일신라를 후기신라로 부르고 있다.
13) 《조선력사》(고등중학교 2학년 교과서), 교육도서출판사, 1999, 제1과 및 《조선력사》(대학교재), 김일성종합대학 출판부, 1996.

▲ 북한은 "고려민족의 넋을 현대를 살아가는 인민들에게 계승시킨다."는 기치 아래 그동안 주요 기관들의 명칭을 "고려"라는 이름으로 바꾸어 왔다. 사진은 '개성경공업단과대학'을 고려시대 성균관을 계승한다는 취지 아래 '고려성균관'이라 개칭해 창립 1010돌을 기념 하는 행사장 모습이다.

나라 력사발전에서 커다란 역할을 하였다"(김정일)고 보는 것이다. 또 한 "동북아시아의 광활한 대지우에 해동성국(동방의 륭성하는 나라)의 위용을 떨친 발해국에 의하여 천년대국 고구려의 끊어졌던 력사와 강 대성이 다시 이어지게 되었으며 우리 민족의 존엄과 슬기가 세계에 빛을 뿌리게 되었다."14)고 보는 것이다.

이 발해가 망한 다음 고려가 그 유민을 받아들이고 고구려 옛 땅인 서북지방을 차지하여 영토를 넓혔다고 본다. 이러한 인식은 김정일도 하고 있다.

---

14) 《천리마》 2001. 11, p. 64.

"고려는 신라가 차지하고 있던 대동강 이남지역의 주민은 물론, 멀리 북쪽에서 이주하여 온 발해의 유민들까지도 하나의 주권 밑에 통합하였으며 광활한 고구려 옛 땅을 되찾기 위하여 힘찬 투쟁을 벌렸다. 고려라는 이름도 고구려에서 유래한 것이다." (김정일)

고려의 연원을 고구려에 두고 고려라는 국호도 고구려에서 나왔다는 주장이다.

나아가서 우리말의 뿌리도 고구려 말이라는 주장까지 한다. 그것은 고구려가 신라나 백제에 비해 빨리 건국했고 '동방의 강대한 나라'로 발전하여 5세기 경에는 삼국의 영역 가운데 5/6를 차지했으며 언어 등 문화면에서도 '종주국'의 위치였다는 것이다. 이에 따라 "세나라 시기의 조선말이란 고구려 말이고 백제와 신라의 말이란 기껏해서 남쪽 변두리 지역에서 쓰인 방언의 범위를 벗어나지 못하고 있었다 하여도 지나친 말이 아니라는 것을 보여준다."15)고 말한다.

Ⅲ. 고려와 고구려의 관계

먼저 고구려 국호에 대한 설명을 보자.16) 고구려는 고와 구려라는 두 단어로 이루어진 국호이다. 고구려에 앞서 있었던 구려라는 이름에 고를 붙인 것이다.17) 고는 건국자 동명성왕의 성씨인 동시에 해를 가리키는 말이다. 구려는 거루와 음이 같으며 거루는 한자의 뜻이 아니라 고구려 고유말(고대 조선어)로 신비하다, 신비롭다는 뜻으로 해석

---

15) 류렬, "고구려 말은 조선말 발전에서 원줄기를 이루고 주도적 역할을 하였다", 《문화어학습》 1991년 제2호, 사회과학출판사, 1991. 4, p. 53.
16) 공명성, "천년강대국의 자랑스러운 국호 <고구려>에 대하여", 《사회과학원 학보》, 사회과학출판사, 2001, 1호.
17) 구려는 성, 읍, 골 등을 의미하는 홀(忽, Khor), 골(Kor), 구루(溝漊, Kuru) 등의 음을 표기한 것으로 보지만(「한국민족문화대백과사전」 제2권 고구려항목) 북한에서는 이를 부인한다.

된다. 그래서 고구려는 "태양이 솟는 신비한 나라", "천손이 다스리는 신적인 나라", "태양이 솟는 성스러운 나라"가 된다.

따라서 고구려는 새로 설정된 것이 아니라 선행한 구려의 국호를 그대로 답습한 것이다.

부여에서 피난해 온 주몽은 구려왕실의 데릴사위 노릇을 하다가 왕통을 이어받아 새 왕조를 세우고 본래 국호 구려에다가 자기 성씨를 붙여 '고씨의 나라'라는 뜻으로 고구려라 한 것이다. 국호계승에 대해서는 고구려 건국을 전후하여 우리나라 역사에서 새 왕조가 서는 경우에 역사적인 계승성과 정통성을 강조하는 의미에서 새로 국호를 제정하지 않고 이전 왕조국호를 그대로 답습한 실례가 많다는 주장을 한다.[18]

고구려는 단군조선에 역사적 근원을 둔 구려의 국호를 계승하였기 때문에 고조선이 멸망한 다음에 고조선의 옛 영토와 주민을 회복한 것으로 하여 고조선의 역사적 계승국이 되었다. 그래서 당시 고구려를 가리켜 조선이라고도 불렀다는 주장이다.

말하자면 고구려라는 국호는 고조선을 이은 국가로서 이 땅의 나라 이름을 대표하는 것이라는 해석이다.

한편 이 시기 고구려를 고려라고도 했는데 이는 고구려 자신이 고려와 뜻이 같다고 보고 약칭으로 사용했다는 것이다. 중세초기 중국에서 고구려 국왕을 고려왕으로 책봉했기 때문에 고려로 된 것이 아니라는 주장이다. 중국에서 고구려왕을 고려왕이라고 한 것은 고구려에서 자기 국호를 정식으로 고려라고도 썼기 때문에 그렇게 된 것으로 본다.

어떻든 고구려라는 국호는 태양을 숭배한 고구려 사람들의 신앙과 염원이 반영된 천년강대국의 국호로 높인다. 천년이라는 것은 발해까

---

18) 단군조선의 뒤를 이은 후조선이나 만조선(위만조선), 고려나 조선(이조)이 그러한 것으로 본다.

지 이어졌다는 것을 말한다.

또 고구려의 통일정책을 이어받아 첫 통일국가로 되었던 고려의 국호에 계승된 자랑스러운 국호였고 이것은 김일성이 내세운 '고려민주련방공화국'으로 이어진다는 주장이다.

또한 고려라는 국호를 낳게 한 고구려가 천년강국이었듯이 지금 북한이 추구하는 강성대국도 그러하다는 이미지와 연결시키고 있다.

"고구려라는 국호는 고구려의 통일정책을 이어받아 통일위업을 이룩한 고려의 국호에 계승되었다. 때문에 고구려국호에 대한 올바른 해석은 고구려와 고려의 력사적 관계를 정확히 밝히는 문제와도 결부된다. 더욱이 이것은 위대한 수령 김일성동지께서 제시하신 통일조국의 국호 '고려민주련방공화국'에 반영된 고려라는 말의 뜻을 력사적 견지에서 보다 명확히 함으로써 이 국호의 력사적 정통성과 정당성을 중시하는 것으로 되기 때문이다."[19]

이 주장에서 고구려를 밝히는 것이 통일조국의 국호와도 연관된다는 것이 강조되고 있는 것이다.

결국 고구려 국호가 고려로 이어졌다는 것인데 고구려를 부각시키고 있다.

Ⅳ. 민족사의 정통성 주장논거

현재 북한에서는 우리 민족을 칭하면서 조선민족, 고려민족, 김일성민족, 단군민족 등 여러 가지를 사용하고 있다. 김정일 말에서도 이 여러 이름이 모두 등장한다.

"조선민족 제일주의, 고려민족 제일주의 정신을 높이 발양시켜야 하

---

19) 공명성, 앞의 글.

겠습니다. 우리 민족은 그가 북에 있건 남에 있건 해외에 있건 누구나 다 고려민족으로서의 넋을 지니고 있기 때문에 얼마든지 단결할 수 있습니다."[20]

"고려민족의 넋을 지니고 있고 조국통일을 바라는 조선사람이라면 그가 북에 있건 남에 있건 해외에 있건 누구나 다 조국통일의 기치 밑에 단결하여야 하며……"[21]

"내 나라는 김일성민족이 사는 주체조선을 의미하고 내 조국은 사회주의 조국을 의미합니다"[22]

"우리 사회주의 조국과 우리 민족은 김일성조국, 김일성민족입니다."[23]

"우리가 말하는 내 나라라는 것은 단군민족, 김일성민족이 사는 조선이라는 뜻이고 내 조국이라는 것은 주체의 사회주의조국이라는 뜻입니다."[24]

김일성 민족은 2002년 신문 공동사설에서도 보인다.

"올해의 혁명적 대진군은 우리 수령, 우리 사상, 우리 군대, 우리 제도 제일주의를 철저히 구현하여 김일성민족의 존엄을 빛내이기 위한 투쟁이다."

이러한 혼용은 민족을 딱히 무슨 민족으로 고정시키려는 것보다 상징성을 가진 모든 이름들을 광범하게 활용하려는 것으로 보인다. 그러나 국호에 있어서는 어느 시기 고려라는 이름을 내 세우게 될 가능성

20) 김정일, "일심단결을 더욱 강화하며 조선민족제일주의 정신을 높이 발양시키자", 조선노동당중앙위원회 책임일군들과 한 담화, 1992. 2. 4, 《김정일선집》 제13권, p. 14.
21) 앞의 책, p. 15.
22) 김정일, "위대한 수령님의 뜻을 받들어 내나라, 내조국을 더욱 부강하게 하자", 당중앙위원회 책임일군들과 한 담화, 1994. 12. 31, 《김정일선집》 제13권, p. 489.
23) 김정일, "당의 두리에 굳게 뭉쳐 새로운 승리를 위하여 힘차게 싸워나가자", 당중앙위원회 책임일군들과 한 담화, 1995. 1. 1, 《김정일선집》 제14권, 조선로동당출판사, 2000. 8, p. 6.
24) 김정일, "총련을 조직사상적으로 강화하는 데서 나서는 몇 가지 과업에 대하여", 1995. 3. 2, 위의 책, p. 21.

을 배제할 수 없다. 현재로서는 당장 나라이름을 바꾸기보다 정통성의 줄기가 단군 → 고구려 → 발해 → 고려로 이어진다는 사실을 강조하는데 주안점이 주어지고 있는 것으로 볼 수 있다.

이러한 논리를 뒷받침하기 위한 작업을 이미 마쳤다. "우리는 조선의 원시조인 단군의 묘를 발굴하고 단군릉을 웅장하게 개건하였으며 강성대국이였던 고구려의 시조 동명왕의 릉과 고려의 태조 왕건의 릉도 훌륭히 개건하였습니다. 우리 민족의 유구한 력사는 로동당시대에 와서 더욱 빛나고 있습니다."[25]

특히 조상이 고구려 사람이었던 왕건이 발해 멸망 이후 잃어버렸던 고구려 영토를 회복하려는 정책을 쓴 것을 높이 평가한다. 왕건은 비록 봉건통치자였지만 "고구려와 같은 강대한 통일국가를 세우려는 인민의 지향과 시대의 절박한 과제를 실현하는데 적지 않게 기여한 것으로 첫 통일국가의 시조로 이름을 남길 수 있었다."고 지적함으로써 '민족사를 빛낸 인물'로 평가했다.[26]

V. 맺는 말

앞에서 보았듯이 북한 역사학에서는 고구려가 삼국 중 국력이 가장 앞섰고 다른 두 나라를 이끌었다고 본다. 그리고 고구려에 의해 삼국 통일이 거의 될 단계에서 민족 내부 문제에 외세를 끌어들인 신라통치배들에 의해 백제, 고구려가 차례로 망했다고 보는 것이다. 그러나 좋은 이름의 고구려는 고려에 그 뜻이 이어져서 살아 있다는 주장이다.

고구려 이름은 태양, 천손이라는 뜻이 담긴 '고'와 신비하고 성스러

25) 김정일, 노동신문에 발표한 담화, 1995. 12. 25, 《김정일선집》 제14권, p. 122.
26) 《천리마》, 2001. 11, p. 66.

우며 크다는 뜻의 '구려'가 결합되어 '태양이 솟는 신비한 나라', '천손이 다스리는 신적인 나라'가 된다는 것이다. 음운도 아름다운 훌륭한 국호였다고 말한다.

이렇게 좋은 국호를 북한에서 내세우는 것은 고구려가 발해로 이어진 천년강국이었고 첫 통일국가라는 고려로 연결되기 때문만은 아니다. 무엇보다 "〈고려민주련방공화국〉에 반영된 고려라는 말의 뜻을 력사적 견지에서 보다 명확히 함으로써 이 국호의 력사적 정통성과 정당성을 중시하는 것으로 되기 때문이다."라는 말 그대로 '통일조국의 국호'로 강조하려는 것이다.27)

민족 이름으로는 고려민족, 조선민족, 단군민족, 김일성민족이 혼용되더라도 당분간은 어느 한 가지만 고정시키지는 않을 것으로 보인다. 그러나 국호는 어느 시기 고려를 강조하면서 통일국가의 국호로 강력히 내 세울 것으로 보인다. 고려는 고구려 천년강국과 이어지고 이는 현재 북한이 추구하려는 강성대국을 정신사적으로 뒷받침한다고 볼 것이다.

---

27) 북한은 정통성의 근거를 고조선 → 고구려 → 발해 → 고려 → 조선 → 조선민주주의인민공화국 → 고려민주연방공화국으로 연결시키려고 한다.

대동강문화의 허구

I. 들어가는 말

북한 역사학회는 1998년 3월 평양 지역 중심의 고대문화를 대동강문화로 명명한다고 발표하였다. 발표 당시 북한 역사학회는 대동강문화가 세계 4대 문명 발상지와 비견되는 고대 선진 문명이라고 했다. 그러나 "구석기시대 초기로부터 고대시기의 문화유적·유물들이 수많이 드러난 평양을 중심으로 대동강의 중·하류 유역을 포괄하는 광활한 지역이 인류와 고대문명의 발상지, 중심지의 하나였다는 것을 알리는 역사적 선포로 된다"[1]고 한 북한의 흥분과는 달리 국제 역사학계는 물론 남쪽 학계까지 평양을 '민족사의 중심도시'로 끌어올리려는 신조어 정도로만 치부하고 있다. 북한으로서는 '대동강문화'가 학술용어로 태어났다고 보겠지만 북한 밖에서는 그것이 정치적 의미가 담긴 담론일 수도 있다고 보는 것이다.

---

1) 《중앙방송》, 1998. 3. 11.

II. 대동강문화의 뿌리

북한이 발표한 내용에 따르면 대동강문화는 세계의 다른 4대 문명과 달리 역사적 뿌리가 가장 깊고 오래 되었다는 것이다. 즉, 다른 지역 문명은 청동기부터의 문명을 말하나 대동강문화는 인류 최고 화석인 원인(原人・猿人), 고인(古人), 신인(新人)이 다 나온 곳이고 신석기시대를 거쳐 청동기, 철기시대까지 아우르는 유적이 골고루 갖추어졌다는 주장이다. 다음은 이에 대한 북한 사회과학원 고고학 연구소의 설명이다.[2]

대동강문화의 뿌리는 이 지역에서 살았던 원인, 고인, 신인에서부터 시작된다. 원인은 지금으로부터 100여만 년 전의 사람 화석인데 북한에서는 1960년대에 발굴된 평양 상원군 흑우리의 검은모루유적에서 나왔다. 이 유적은 동굴유적으로 이 곳에서 가장 원시적인 타제석기와 수십 종의 짐승뼈 화석이 나왔다. 타제석기는 주먹도끼 모양의 석기, 사다리꼴 석기, 뾰족끝 석기, 쪼각 석기가 있고, 화석은 큰 쌍코뿔소, 물소, 코끼리, 짧은 턱 하이에나, 원숭이 등 지구상에서 사라졌거나 우리 강토에서 사라진지 오래된 열대, 아열대 동물들의 것이 발굴되었다. 이는 평양일대에서 사람이 생겨나 살기 시작하였고 인류문화의 싹이 텄다는 것을 말해 준다.

고인은 역포사람(평양 역포구역 대현동), 덕천사람(덕천 승리산동굴유적)이 있다.

신인은 구석기시대 후기의 화석으로 대동강유역에 집중적으로 분포되어 있는데 만달사람(평양 승호구역 만달리), 용곡사람(상원군 용곡리), 금천사람(상원군 증리), 풍곡사람(북창군), 승리산사람(덕천시) 등이 알려졌다.

---

2) "대동강문화에 대하여" (1)~(5), 《금수강산》 1998. 8~1999. 2, 오늘의 조국사.

삽문건설을 진
정일동지의 비
면서 군인들과
내 노래하고있
는 자연의 황
반목숨 내걸고
동과 그 자랑
뉘우침과 새
흐려졌던 이
하여, 우리 생
정서속에서
나를 막아선
과 경애하는
일떠선 시대
땅에, 후손만
아 빛날것이
다. 이처럼 서
통요함을 노래
재부의 원천
으로써 위대한
일동지의 령도
다. 또한 시는
을 다양하게
을 특색있게

지층들을 습곡요란시켰다. 이 단렬대와 그
주변에는 유색 및 희유 금속광상들이 분포되
여있다.

대동강문화 평양을 중심으로 하는 대동강
의 중하류역에서 발상한 고대문화. 대동강류
역은 맑은 강줄기와 넓고 비옥한 평야, 물산
이 풍부하고 기온이 따뜻한것으로 하여 예로
부터 사람들이 살기 좋은 고장으로서 인류의
발상지, 인류문화의 발원지의 하나로 되었다.
대동강류역의 평양시 상원군 흑우리에서는
100여만년전 원인들이 살던 검은모루유적이
이미 오래전에 드러났다. 대동강류역인 평양
시 력포구역의 대현동유적과 덕천시 승리산
동굴유적에서는 《력포사람》, 《덕천사람》으
로 불리우는 고인의 화석이 발견되였으며 상
원군 룡곡리1호동굴유적과 중리의 금천동굴
유적, 덕천시 승리산동굴유적, 평양시 승호구
역 만달리동굴유적에서는 《룡곡사람》, 《금천
사람》, 《승리산사람》, 《만달사람》 등으로 불
리워지는 신인의 화석들이 발굴되였다. 구석
기시대 전기, 중기, 후기 유적들과 거기에서
발굴된 인류화석들은 대동강류역이 원인, 고
인, 신인 등 인류진화의 순차적단계를 거쳐오

전시문화
하였다는것을
문명의 발상지
이다. 우리 민
3000년기 초에
서 처음으로
로써 이 강류
대가 펼쳐지저
역은 고대문화
눈부신 빛을
화의 중심지이
화를 대표하는
강류역에 가저
볼수 있다. 고
강원도, 료동
알려졌지만 다
가 분포되여있
말기형까지의
급의 지배계급
덤이 다른 지역
강류역에서는
이 다른 지역
관무덤들에서
었던 금동 도
지, 청동띠고리

▲《조선대백과사전》 제6권에 실린 <대동강문화> 항목과 설명.

대동강 유역에는 30여 개소의 신석기 유적이 발굴되었는데 이 신석
기문화를 창조한 사람들은 신인에 연원을 둔 현대 조선사람들의 직접
선조인 조선 옛 유형의 사람들이다. 이들은 8,000여 년 전에 세계적으
로도 일찍이 신석기문화를 창조한 사람들이다. 이들은 대동강 유역의
충적토에 큰 마을을 형성하고 항구적인 정착생활을 하면서 농업 위주
로 생산활동을 하였다. 이 유적에서는 돌보습·돌삽·돌낫·탄화된 조

조선의 《대동강문화》는 세계 5대문명의 하나

후보원사 교수 박사 허종호

최근년간 우리 력사학계는 위대한 수령 김일성동지와 경애하는 김정일장군님의 현명한 령도에 의하여 원시 및 고대사 연구분야에서 실로 우리 인민을 기쁘게 한 획기적인 성과를 이룩하였다.

위대한 수령님과 경애하는 장군님께서는 우리 력사학자들에게 가장 정확한 주체의 방법론을 밝혀주시고 민족연구에서 주체를 철저히 세울데 대하여서와 단군 및 고조선력사연구에서 지침으로 되는 강령적교시와 말씀들을 여러차례 주시었으며 수많은 발굴 기자재들과 문헌기재류, 측정기구들을 보내주시였고 고고학적 및 문헌학적 연구에서 제기되는 온갖 조건들을 다 보장해주시었다.

위대한 수령님과 경애하는 장군님의 이렇듯 현명한 령도와 따뜻한 보살피심이 있었기에 우리 력사학자들은 화석처럼 굳어졌던 기존공식, 기성관념에서 대담하게 탈피하여 사고방식과 연구방법에서 근본적인 전환을 일으켰으며 모든 력사문제를 새로운 안목, 주체의 관점에서 관찰하고 분석하게 되었다.

연구자들이 낡은 사상관점에서 해방되고 민족사연구에서 주체를 세운 결과 창조적사색이 나래치고 연구사업에서는 혁신적성과들이 련이어 이룩되였다.

고고학자들은 대동강류역에서 인류의 화석을 찾아냈고 구석기시대의 후기, 전기 유적들도 수많이 발굴하여 조선사람의 조상을 씨비리나 동남아세아에서 온 이주민들의 후혈아라고 보면서 이 땅에서의 인류력사의 려명기가 신석기시대부터 시작되였다고 하면 온갖 사대주의력사관과 식민지사관에 큰 타격을 안기였다.

이 성과는 우리 력사학자들을 끊임이 아끼고 사랑하시며 옳은 길로 걸어나가도록 손잡아 이끌어주신 위대한 수령님과 경애하는 장군님의 현명한 령도와 고귀한 로고의 빛나는 결실이다.

위대한 수령님과 경애하는 장군님께서 이룩하신 이 고귀한 업적은 우리 민족사와 더불어 만대에 빛을 뿌릴 불멸의 공적이다.

(1)

최근 우리 력사학회는 위대한 수령님과 경애하는 장군님께서 민족사의 발전에서 이룩하신 이 불멸의 공적을 세계에 빛내이기 위하여 평양을 중심으로 한 대동강류역에서 발굴된 옛 문화를 《대동강문화》로 명명하기로 하였다.

《대동강문화》의 명명은 100여만년전 이 땅에서 인류가 발생하여 자연을 정복하기 위한 투쟁을 시작한 구석기시대이래의 원시문화와 5,000년전부터 개화발전하기 시작한 고대문화의 유물, 유적들이 수없이 드러난 대동강류역이 인류의 고대문명의 발원지의 하나임을 내외에 알리는 력사적인 실포로 되며 따라서 그것은 닐강, 량강, 인다스강, 황하 문명 등 세계 4대문명과 나란히 또 하나의 인류문명의 발상지가 발굴되어 인류문화의 보물고를 풍만하게 하였음을 통고하는 경사로 된다.

세계의 모든 민족은 다 자기의 고유한 민족문화를 가지고있듯이 자기의 문명의 요람지도 가지고있다. 그러나 매개 민족의 문명의 요람지가 다 인류문명의 발상지로 되는것은 아니다.

세계문명의 발원지로 명명되려면 적어도 다음과 같은 조건이 갖추어져야 한다. 그것은 즉 이미 알려진 세계4대문명보다 이른 시기 또는 거의

▲ "조선의 대동강문화는 세계 5대문명의 하나"라고 주장하는 북한 역사학자 허종호의 논문이 실린 《력사과학》 1999년 제1호 64면 지면.

와 기장이 나왔다. 이를 미루어 보면 대동강유역이 신석기시대 문화의 발원지이고 중심지였다.

일반적으로 신석기시대는 원시사회의 개화기로 모계씨족사회에 속한다. 그런데 대동강 유역에서는 다른 지역의 경우와 달리 신석기시대 중기 때부터 이미 부계씨족사회로 이행되었다. 이는 기원전 6천년기 후반기부터 돌보습으로 갈이농사를 맡았던 남성들이 이에 상응하는

지위를 요구하였기 때문에 그렇게 된 것이다.

　대동강 유역이 신석기시대 중기로부터 부계사회로 이행되었기 때문에 청동기시대도 상당히 일찍이 기원전 4천년기 후반부터 시작되었다. 대동강 유역에 있는 청동기 유적은 층위상으로 보아 이 지역 신석기시대 주민들의 후손이 남긴 것이다. 다른 지역의 청동기시대 주민들이 동·비소 합금에 지나지 않는 청동제품을 만들 때 대동강 유역에서는 동·석·연의 3원소 합금으로 청동제품을 생산하였다.

　기원전 4천년기 후반기부터 청동기를 생산했는데 기원전 3천년기 전반기에 들어서면 비파형 단검과, 비파형 창끝, 청동활촉 등의 청동제 무기들과 청동공구, 청동장식품 등이 생산된다. 특히 비파형 단검 같이 발전된 문화는 세계적으로도 알려진 예가 없고 찾아보기 어렵다.

　또 원시농업을 발전시켜 기원전 4천년기 후반기부터는 벼를 비롯한 오곡을 재배하였다. 남경유적(평양 삼석구역 호남리) 36호 집자리에서 나온 탄화된 벼·조·기장·콩·수수 등 오곡이 이를 증명한다.

　청동기시대 유적인 집자리에서는 팽이모양 질그릇, 화폐대용으로 쓰인 돌돈·돌단검·뿌리나래활촉 등이 나왔다. 돌돈이 나온 것은 잉여생산물이 있어서 교역이 진행되었다는 것을 말하며 돌단검·뿌리나래활촉 등 사냥도구가 아니라 전투용 무기가 나온 것은 약탈전쟁이 빈번했던 원시사회 말기의 모습을 보여준다.

　또 이 지역에서는 기원전 4천년기 후반기에 벌써 노예와 노예주의 계급문화가 이루어져 국가발생의 사회역사적 전제가 성숙되고 있었다. 이것은 평안남도 성천군 용산리에서 발굴된 순장무덤에서 증명된다. 이 무덤은 큰 무덤 칸을 중심으로 10여 개의 작은 무덤 칸이 있는데 큰 무덤 칸에는 두 사람 분의 뼈가 있고 작은 무덤 칸에는 3~4명분의 뼈가 묻혀 있었다. 이 무덤은 5,069년 전의 무덤으로 단군조선이 세워지기 직전에 만들어진 것이었다.

이처럼 구석기·신석기·청동기시대가 일찍 시작된 대동강 유역은 우리 강토에서 청동기시대 문화의 발원지, 중심지라 할 수 있으며 세계의 거의 모든 지역이 원시상태에 있을 시기에 국가를 건립하고 고대문명을 창조할 수 있었다.

고대문명은 국가의 발생으로부터 시작된다. 세계적으로 가장 일찍이 세워진 첫 고대국가의 하나인 단군조선은 우리나라 역사발전의 필연적 결과로 생겨나 대동강 유역에서 고대문명을 창조하였다. 그러니까 단군조선은 대동강 유역의 선사문명을 밑바탕으로 하여 세계 거의 모든 지역이 원시상태에 있을 시기에 세워진 고대국가인 것이다. 대동강문화는 곧 대동강 유역에서 처음으로 건립된 고대국가인 단군조선의 문화이며 고대 선진문명의 하나이다.

III. 대동강문화의 내용과 특징

대동강문화는 "대동강류역문화의 준말이며 개념상으로는 대동강 류역에서 개화발전한 원시문화와 고대문화를 포괄한다. 그러나 그 본질, 그 핵은 대동강류역의 고대문명"[3]이라고 본다. 다시 말하면 단군조선의 유적 유물이 대동강문화인데 이를 대동강문화라고 명명한 것은 지극히 타당하다는 것이 북한 학계의 시각이다.[4]

대동강문화의 내용을 이루는 것은 다음과 같다.[5] 첫째로 단군릉과 단군조선의 문화, 비파형 단검문화를 나타내는 고인돌 무덤 둘째는 고

---

3) 허종호, "조선의 대동강문화는 세계 5대문명의 하나", 《력사과학》 1999년 제1호, 과학백과종합출판사, p. 64.
4) 박진욱, "단군조선의 국가적 성격에 대한 고고학적 고찰", 《력사과학》 1999년 제1호, 과학백과사전종합출판사.
5) 리순진, "대동강문화의 기본내용과 우수성에 대하여", 《조선고고연구》 1999년 1호, 사회과학출판사.

▲ 북한은 "대동강유역이 단군조선의 발상지라는 것은 새로 발굴된 고대성곽으로도 확증된
다"며 평남 온천군 성현리 토성을 역사적 증거물로 제시하고 있다. 사진은 평남 온천군
토성터 모습.

대성곽 셋째는 대규모 부락터 넷째는 비파형단검, 비파형창끝 같은
청동무기 다섯째 도기류 여섯째 금귀고리, 금가락지 등 금제품들 일곱
째 발달된 농업생산 여덟째 천문학 수준을 나타낸 고인돌 무덤의 별
자리 등이 된다. 다음은 이에 대한 사회과학원 고고학연구소 및 역사
연구소 연구자의 설명내용이다.

단군존재는 평양시 강동군에서 단군릉이 발굴되고 5,011년 전(1993년 현재)의 것으로 확증된 단군유골이 발견됨으로써 신화적인 존재에서 벗어나서 5천년 전에 평양에서 수도를 정하고 단군조선을 세운 건국시조라는 것이 과학적으로 밝혀지게 되었다.

단군조선이 세워졌던 대동강유역에는 고인돌무덤과 돌관무덤이 다른 지방보다 많다. 요동지방이 100~500여기인데 비해 이 곳에서는 14,000기가 산재해 있다. 이것은 이 지방이 지배계급이 집중되어 살았던 곳이고 단군조선의 수도였다는 것을 말해 준다.

대동강유역이 단군조선의 발상지라는 것은 새로 발굴된 고대성곽으로도 확증된다. 평양 강동군 황대성, 평남 온천군 성현리 토성, 황북봉산군 지탑리 토성, 평양 대성구역 청암동 토성 등이 단군릉 발굴 이후 발견된 것들이다. 황대성은 남강 수면으로부터 50미터 높은 곳에 있는데 성벽은 강돌에 흙을 씌운 토석혼축형이다. 성현리 토성과 지탑리 토성은 평야지대 둔덕위에 축조된 평지성이다. 축조방법과 출토 유물들로 단군조선 성립초기 토성으로 확증되고 있다. 청암동 토성은 1997년 고구려 성벽 밑에서 단군조선 시기의 토성벽이 발견되고 성터 안에서는 팽이그릇 등 단군시기의 유물들이 출토되었다.

이 성들은 평양을 중심으로 각기 100리 사이에 동쪽(황대성), 서쪽(성현리 토성), 남쪽(지탑리 토성)에 위치해 있어서 단군조선의 존재를 증명해주고 있다.

또 이 지역에서 발굴된 부락터도 단군조선의 존재를 증명하고 있다. 대표적인 것은 평양 삼석구역 호남리 남경유적과 표대유적, 사동구역 금탄리 유적, 황북 송림시 석탄리 유적들이다. 이 부락터 들은 100~150여 호의 팽이집 자리로 고대도시를 방불케 한다.

이 팽이집 자리와 고인돌 무덤, 그리고 돌관무덤에서는 비파형단검과 비파형창끝 등의 무기가 나왔는데 이들 무기들은 순동이나 돌로 만든 무기보다 훨씬 우월한 것으로 이를 만들어 쓴 지역은 고대국가 발상지의 하나라는 것을 잘 보여주고 있다. 이 돌관무덤들에서는 또 금동 또는 순금으로 만든 귀걸이와 가락지 등 금제품들이 발굴되었다. 이 가운데 강동군 순창리 글바위 2호, 5호 무덤과 송석리 문선당 2호 무덤의 금동귀걸이는 기원전 25~24세기에 만든 것이다. 아말감법에 의한 금도금을 하자면 거기에 필요한 화학 및 물리학 지식과 숙련된 경험이 있어야 한다. 이 점을 고려하면 이 지역 금제품 생산은 기원전 25세기보다 훨씬 더 이전이라고 볼 수 있고 대동강 유역이 세계적으로 금가공 기술과 금제품 생산역사가 가장 오랜 곳의 하나였다고 말할 수 있다.

또 요업기술의 발전 수준을 알려주는 도기들도 발굴되었다. 특별히 주목을 끄는 것은 단군조선 초기에 해당하는 표대유적 3호 집자리(삼석구역)에서 나온 미송리형 단지이다. 이 단지는 그릇살이 얇고 정교하며 매우 굳은 회색질의 단지이다. 이 단지는 화학성분이나 흡수율 14.1%라는 점에서 토기가 아니라 도기이다. 따라서 대동강유역이 도기생산의 역사가 가장 오랜 고장의 하나이고 도기문화의 발원지, 중심지의 하나인 것이다.

대동강유역에서 나온 토기와 도기에 새겨진 글자들을 옛 기록과 관련시켜 연구한 결과 단군조선 초기부터 만들어 썼다는 신지글자라는 것을 밝혀냈다. 신지글자는 「태백일사」, 「규원사화」에서 그 존재를 언급하였는데 이와 일치하는 우리 민족의 고유한 글자이다. 고유문자의 사용은 대동강유역이 고대국가를 세운 중심지라는 것을 말한다.

단군조선 초기(기원전 3천년기 전반기) 유적인 호남리 표대유적에서 최근 벼와 콩이 나왔다. 이 유적 인근인 남경유적에서 이미 기원전 4천년기의 탄화된 오곡이 나왔다고 했거니와 이 유적에서 새로 나온 벼는 중국이나 인도에서 재배하는 긴알형이 아니고 고유한 조선벼에

328 북한 문화의 이해

▲ 대동강문화의 역사적 유물로 제시되고 있는 청동거울 모습.

속하는 것이다. 이는 대동강유역이 벼의 원산지의 하나라는 것을 말해준다. 발굴자료에 따르면 벼뿐만 아니라 조·기장·콩 등 오곡의 원산지라는 것을 실증해 준다. 대동강 유역을 비롯 우리나라에서는 가라지라는 야생조를 흔히 볼 수 있고 지탑리를 비롯한 8,000년 이전에 해당하는 신석기 유적들에서는 탄화된 조가 발굴됨으로써 조의 원산지가 대동강유역이라는 것도 말해 주고 있다.

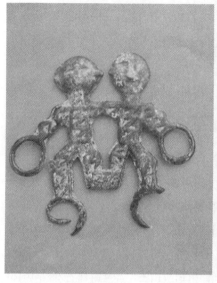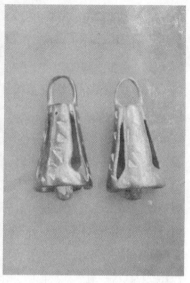

▲ 대동강유역 돌관 무덤에서 출토되었다고 북한 고고학자들이 주장하는 금동제 또는 순금 제 귀고리장식품 모습.

단군시대에 농업이 발달한 것은 농업을 주관하는 관직에 우가(牛加) 가 있고 치산치수가 중시되던 것이 이를 말해 준다. 단군조선 초기에 대형 조립식 보습에 소를 메어 땅을 간 다음에 씨를 뿌리는 이랑농사 와 윤작, 그리고 콩그루갈이 등 지력을 높이는 방도들이 창안되었고 관개농사도 도입되었다. 특히 천문기상 관측자료에 기초하여 24절기를 정하고 농사를 지었다.

최근 고고학자들은 술잔 모양의 홈과 그것들을 홈선으로 연결시킨 별자리들이 새겨져 있는 고인돌무덤을 200여 기나 조사 발굴하였다. 고인돌무덤의 별자리는 한 무덤에 적은 것은 3개, 많은 것은 수십 개 새겨져 있다. 고고학자들과 천문학자들이 연구한 바에 의하면 이 별자 리들은 오늘의 평양 밤하늘에서 볼 수 있는 40여 개의 별을 표시하고

330 북한 문화의 이해

있으며 5,000년~3,000년 전에 만들어진 것이다. 이 별자리들은 기원전 5세기경에 만들어진 것으로 알려진 석각천문도 「천상열차분야지도 (天象列次分野之圖)」와 고구려 벽화무덤의 별자리들과 매우 비슷하다. 따라서 대동강유역이 고대천문학의 발원지였다는 것을 실증해 준다.

북한학계는 대동강문화가 다음 세 가지 면에서 다른 4대 문명에 조금도 손색이 없거니와 오히려 우수하다고 주장한다.6) 첫째로 대동강문화는 인류 발상지에서 싹트고 꽃핀 문명이라는 것이다. 원인·고인·신인 순으로 이어지는 원시문화 위에 고대문화가 이루어진 문명이라는 것이다. 다른 문명은 순차적으로 이루어지지 않았다는 것이다. 둘째로 대동강문화는 그 형성시기가 유구하다는 것이다. 인다스(인더스)문명보다는 훨씬 앞서고 양강문명(티그리스·유프라테스강 문명)이나 닐강(나일강)문명과는 거의 대등하다고 말한다. 셋째로는 문명 발전 수준이 다른 지역보다 높고 선진적이라고 한다. 청동기 생산수준이나 천문수준, 신지글자를 쓴 문자생활 수준 등이 이를 말한다는 것이다.

북한이 주장하는 대동강문명의 우수성(?)은 바로 그것의 특징이기도 하다. 대동강문화는 선사문화와 고대문화가 이어지는 뿌리를 가지고 있다는 것, 단일성과 독자성을 가지고 동질성을 계승했다는 것, 지리적으로 살기 좋은 곳에서 생겨났다는 것이다.7)

세계 4대 문명은 대동강문화 같은 깊은 뿌리가 없다. 이들 문명들은 황화문명을 제외하고는 인류 발생지역에서 생겨난 것이 아니다. 대동강문화를 이룩한 사람들은 조선 옛 유형의 사람들과 같은 갈래의 사람들(원인 → 고인 → 신인 → 고대 조선민족)이고 후에도 동화하지 않고 전통을 계승한 동질성문화를 유지하였다. 기원전 4000년기~

---

6) 리순진, 같은 글.
7) 허종호, 앞의 글.

2000년기 고대 바빌로니아 문화는 뒤에 다른 문화를 혼성하였고, 인더스문화는 기원전 2000년경에 아리안 침입으로 원주민인 드라비다족은 산간지대로 쫓겨났다. 황하문명은 처음부터 황하족과 동이족으로 출발하여 동질성 면에서 떨어진다. 4대 문명이 일어난 곳은 대개가 사막이나 큰 산맥이 가까이 있는 곳이지만 대동강 유역은 알맞춤한 높이의 푸른산, 비옥한 평야, 따뜻한 기온 등으로 살기에 좋고 창조적 활동에 유리한 곳이다. 그리하여 기원전 4000년기 후반기에 이미 문명사회로 갈 수 있는 정치, 경제적 조건이 성숙된 터전에서 문화가 생겨난 것이다. 이와 달리 이집트문명의 경우 기원전 3200년경에 남북 왕조가 통합을 했으나 청동기시대는 이보다 근 1000년 뒤에 왔으며 양강유역 수메르 인은 기원전 3000년기에 청동기 문화를 창조했으나 국가형성은 그보다 몇 백 년 앞섰다. 이는 이들 국가들이 신석기 말이나 석동기시대 문화에 토대하여 세워졌다는 것을 말한다. 그러나 대동강 유역 주민들은 기원전 4000년기 후반부터 청동기를 생산했고 그에 맞춰 고대국가를 세웠던 것이다.

IV. 대동강문화에 대한 평가

북한학계는 대동강문화가 세계 5대 문명이 된다면서 이를 명명하는 일은 하나의 '역사적 선포'로 되고 영광스러운 일이라고 말했다. 그러나 그러한 주장에 대해 남한학계나 일본학계의 반응은 전무한 편이다. 그것은 주장내용의 과장성도 있지만 학술적 순수성을 넘어서는 의도가 배경에 깔려 있을 것이라는 의구심 때문이다. 대동강문화가 단군조선의 문화에 다름아니라는 그들의 주장대로 대동강문화의 내용이 대부분 단군릉발굴 이후에 진행된 대대적인 발굴조사의 결과에 근거한다는 것이다. 단군릉 발굴 자체가 정치적 의도의 소산이란 평가도 있지만 그 이후의 여러 발굴들에서 남쪽 학자나 중국, 일본학자들을 참여시켜서 공신력을 얻으려 하지 않은 것도 불신을 보내게 하는 요인이 되고 있다. 대동강문화의 뿌리라고 주장하는 선사문화 발굴에 대해서는 학술적인 순수성을 어느 정도 인정하더라도 대동강문화의 내용이 되는 발굴내용에 대해서는 국제학술무대에서 발표된 바 없이 북한 학계만의 주장이 되고 있는 것이다.

구체적으로 북한의 발표내용에는 무리한 면이 있다. 가령 남경유적과 포대유적에서 발굴된 벼가 중국, 인도에서 재배하는 긴알형의 벼가 아니라 해서 대동강 유역을 벼의 원산지의 하나라고 판단하는 것은 성급하고 천상열차부야지도 석각의 연대가 기원전 5세기경에 만들어진 것이라는 주장도 근거가 약하다.

그리고 다른 4대 문명권의 고대국가들이 신석기 말엽의 문화나 석동기시대 문화에 토대하여 세워졌지만 단군조선만은 기원전 4천년기 후반에 생산된 청동기문화에 토대하여 세워졌다는 것 때문에 대동강 유역이 청동기문화의 발원지이고 세계 최고 고대문명 발상지의 하나라는 것도 설득력이 약하다.

북한은 민족문화유산과 관련되는 일에서는 학문적인 일로 보기보다 정치적 문제로 보는 편이다. 1993년 12월 최고인민회의가 '민족문화유산을 옳게 계승, 발전시키기 위한 사업을 더욱 개선 강화할 데 대하여'를 채택할 때도 '학문적이거나 실무적인 문제가 아니라 민족자주노선과 관련된 중대한 정치적 문제'라고 말했던 것이다.

단군 존재에 대해서도 실무적인 문제가 아니라 정치적 문제라면서 3차에 걸친 단군 및 고조선에 관한 학술발표회를 통해 '혁명의 수도 평양이 단군의 태(胎)가 묻힌 조선민족의 원고향'임을 입증하려는 데 초점을 맞추었던 것이다.[8] 그래야만 고조선 → 고구려 → 발해 → 고

려 → 조선왕조 → 김일성조선으로 이어지는 정통성의 근거를 만들게
되는 것이다. 이러한 관점에서 대동강문화는 단군문화에 대한 순수한
민족사적 의미에서 출발했다기보다는 단군이라는 민족적 형식안에 '민
족대단결'로 잘 포장된 내용 즉, 연방제통일론 같은 것을 담으려고 한
것으로 분석되는 것이다.

대동강문화는 정치적 의도와 함께 성급하게 대외적으로 발표되었으
나9) 정작 북한 학계 내부에서는 이를 뒷받침할 만한 연구 축적이 부
족한 것인지 그들의 학술 발표지인 《력사과학》이나 《조선고고연
구》에서도 각기 1회씩 기사를 싣고 있을 뿐이다.10)

V. 맺는 말

북한의 고고학 연대측정에서 민족적인 입장을 너무 내세운다는 시
각은 오래 전부터 있어 왔다. 그래서 행여 비과학적인 내용에 근거한
허구는 아닌가 하는 것이 대동강문화 내용에 보내는 시선이다.

결국 북한은 우리 고대사의 무대가 요하지역이었다는 종전의 주장
을 포기하면서까지 평양을 혁명의 성지에서 민족사의 성지로 만들려

8) 단군 및 고조선에 관한 발표회는 제1차(93. 10. 12~13)에 15편, 제2차(94. 10. 5~7)에 27편,
제3차(95. 11. 15~17)에 38편의 논문이 발표되었다. 그러나 이 중 단군의 홍익인간 정신에 관한
내용은 제1차시 단군과 대종교에 대하여(최태진)에 약간 언급되어 있을 뿐이다.
9) 1998년 8월에 발간된 《조선대백과사전》 제6권에 대동강문화가 항목으로 수록된 것을 보면
(대동강문화 명명발표는 98년 3월) 이를 중시하여 바로 항목화했다고 볼 수 있다. 또한 각종 선
전매체를 통해 대대적으로 선전하고 있다.
10) 《력사과학》 1999년 제1호에 "조선의 대동강문화는 세계 5대문명의 하나"(허종호), 《조선
고고연구》 1999년 제1호에 대동강문화의 기본내용과 우수성에 대하여(리순진)외 신석기 문화,
조선사람 발원지, 청동기문화 발원지, 고대성곽, 고대부락터 유적, 토기문화, 좁은 놋단검 문화,
금속가공기술, 고대천문수준에 대한 논문이 수록된 정도이다. 그밖에 대중교양용으로 《천리
마》잡지에서 4회 연속으로 "평양은 대동강문화의 중심지"(98. 7~98. 10)를 실었고 《금수강
산》잡지에서 5회 연속으로 "대동강문화에 대하여"(98. 8~99. 2)를 실었다.

다 보니 고조선의 중심무대를 한반도 내부로 설정, 반도사관으로 축소
되는 결과를 초래하게 되었다는 평가를 면할 수가 없다.

그렇더라도 동일한 민족사를 공유하는 입장에서 대동강문화가 허구
에 근거한 자가발전(自家發電)의 명명이 아니라 국제학계에 공인되어
세계적으로도 빛나는 우리 선조들의 문화유산이라고 평가되기를 기대
해 보게 된다.

상징과 상징조작

I. 들어가는 말

북한이 부산 아시안 게임에 뒤늦게 참가를 결정함에 따라 한국국민은 이제 남한 땅에서 북한의 국가상징물을 직접 접하고 대면하게 되었다. 남북한은 현재 국가 간의 관계가 아니라 '통일을 지향하는 과정에서 잠정적으로 형성되는 특수관계'라는 인식에 바탕 하여 김대중 대통령의 방북 때도 국기게양과 국가연주라는 의전행사를 하지 않았다. 그러나 국제행사에서는 국기와 국가 같은 국가상징을 외면할 수 없다. 개회식과 폐회식 때는 남북한 선수단이 한반도기를 앞세우고 아리랑 연주 속에 동시입장도 할 수 있지만 시상식에서는 아시아 올림픽평의회(OCA) 규정상 국기 게양이나 국가연주를 피할 수 없다. 이에 북한의 국가상징에 대한 이해를 깊이 해야 할 필요성이 제기되는 상황을 계기로 북한의 상징과 상징물에 대해 알아보기로 한다.

II, 상징의 의미와 존재양식

1950년대 판문점에서는 평화이미지 확보 신경전이 벌어진 일도 있다. 북한측은 공동경비구역 주변에서 비둘기가 공산진영 측 막사에 많이 앉자 이를 선전자료로 삼았다. 비둘기가 앉는 곳이 평화적이라는 것을 내세워 평화이미지를 선전하려는 것이었다. 이에 유엔 측은 비둘기 습성이 밝은 색을 좋아하는 것을 알고 막사 지붕을 밝은 색으로 도색하기도 했다. 여기에서 비둘기는 평화를 상징하는 것으로 되는데, 비둘기와 평화라는 두 요소가 합치되어야 상징의 기능이 발휘된다. 비둘기라는 구체적 요소가 평화라는 관념을 표상 하는 것이므로 표상되는 것은 직접적인 사물이 아니라 어떤 개념이다.

상징은 넓게 보면 어떤 목적을 가진 의도적이고 작위적인 기호의 일종이다. 기호는 언어·문자·도형 등으로 어떤 의미를 전달하는 수단이다. 인간은 의미를 만들어 내고 그것을 공유하면서 전승하는 능력을 가지고 있다. 이러한 능력 때문에 동물과 다른 것이다. 의미를 만들어 낸다는 것은 곧 기호나 상징을 사용한다는 것이 된다. 의미론 학자 코지브스키(A. Korzybski, 1879~1950)가 인류의 모든 업적은 기호(sign)의 사용에 의해 이루어졌다고 말했을 때[1] 그 업적은 의미를 가진 기호로서 이루어진다는 것을 뜻한다. 이때의 기호는 반드시 의미를 가진 신호와 상징을 포함한다. 신호나 상징은 둘 다 의미를 가지지만 단순한 의미만을 갖느냐, 복잡한 의미를 갖느냐로 구별된다. 가령 네거리 신호등의 빨간 색과 붉은 깃발은 같은 빨간 색이지만 나타내는 뜻은 다르다. 신호등의 빨간 색은 단순히 '멈추어라'는 하나의 의미만을 갖는 구체적 기호이지만 깃발의 빨간 색은 용기를 말하기도 하고

---

1) S.I. Hayakawa, *Language in thought and action*, 김영준 역, 「의미론」, 민중서관, 1962. 2, p. 53. Korzybski는 폴란드 태생으로 제1차 세계대전 당시 러시아 군 장교였으며 1915년 미국에 유학, 1917년 러시아 혁명 후 망명했으며 일반의미론(1933)에 관한 저서를 남겼다.

정열을 표현하기도 하는가 하면 피의 혁명을 표현하기도 하는 추상적 기호이다.(깃발의 빨간 색이라도 열차 승무원의 그것은 신호기능만을 한다) 전자의 구체적 기호를 신호(signal)라 하고 추상적 기호를 상징(symbol)이라 한다.

상징과 신호는 기호의 일종이지만2) 상징에는 감정이나 정서를 유발하고 강조하는 의미가 강하다. 모든 상징은 신호이지만 신호는 상징이 아니다. 구름은 비의 신호이지만 비의 상징은 아니다.

좀 더 살펴보면 신호의 의미는 기계적이지만 상징의 의미는 정서적이다. 어느 곳에서 연기가 날 때 그 연기를 보고 불이 일어난 것으로 보기도 하고 밥짓는 것을 떠올리기도 한다. 전자는 연기를 불길의 신호 또는 지표로 보지만 후자는 연기를 상징으로 파악한 것이 된다. 기계적이란 의미는 연기가 나면 반드시 불길이 있다는 인과관계를 말한다. 그러나 연기가 불길이 아니라 밥을 짓는 신호이기도 하다는 것은 인과관계만을 따지는 것은 아니다. 기호는 신호나 상징 중 한 가지만을 뜻할 때도 있으나 두 가지 모두를 뜻하기도 한다. 연기라는 기호는 불길의 신호이기도 하고 밥짓는 것을 상징하기도 하는 것이다. 또 +는 단순히 더하기를 뜻하기도 하고, 기독교의 십자가를 뜻하기도 한다.

원숭이는 의미가 단순한 신호는 이해하지만 사람처럼 상징을 이해하지는 못한다. 인간만이 상징을 만들어 내고 이해하기 때문에 독일철학자 캇시러(E. Cassirer, 1874~1945)는 상징사용능력에 초점을 맞춰 인간을 '상징적 동물'이라 한 것이다.3)

---

2) 기호에는 상징과 신호만 있는 것이 아니라 퍼스(C. S. Peirce, 1931~1958)에 의하면 기호는 도상(icon), 지표(index), 상징으로 유형화된다. 예로서 설명하면 지도는 영토의 도상, 교회십자가는 예수 형틀의 도상이다. 다음 연기는 불의 지표, IQ는 지능의 지표, 문고리에 남긴 지문은 도둑의 지표이다. 상징은 임의로 약속에 의해 만들어 진 기호, 예컨대 학교 마크나 8 같은 숫자이다. 8안에 여덟이라는 개념은 없지만 여덟을 뜻한다고 약속한 것이다. 김경용, 「기호학이란 무엇인가」, 민음사, 1995. 4, pp. 40~43.

◀ 북한의 대표적 국
가 상징물인 국기(인
공기) 모습.

　　상징의 매개물은 언어, 행위, 상상의 산물, 관념, 인물, 사물, 사건
제도 등으로 나타난다. 즉, 상징의 존재양식이다.[4] 언어라는 존재양식
에 있는 상징의 종류는 말과 글, 기호이다. 말에 해당하는 상징에는
연설·웅변·대화·논쟁이 있고 글의 경우는 단어·구호·표어·기록
이 있다. 행위양식에는 일상적 행위와 규범적 행위가 있고 신호·몸짓
(gesture)는 일상적 행위에 속하고 의례(ritual), 의식(ceremony), 주술

3) E. Cassirer, *An essay on man*, Yail university press, 1944, p. 26.
4) 유영옥, 「상징과 기호의 정치행정론」, 학문사, 1997. 11, p. 40.

▶ 붓과 망치 그리고 붓
이 형상화 된 북한 로
동당 마크 - 삼군상
모습. 공산권 국가 중
과거 동독이 펜이 들
어간 마크를 사용했는
데 북한은 김일성의
주장으로 펜 대신에
붓이 들어갔다고 《조
선여성》 1989년 5월
호 <우리당 마크에 깃
든 숭고한 뜻>이라는
글"에서 밝히고 있다.

행위는 규범적 행위에 속한다. 상상의 산물에는 신화·전설·꿈과 같
은 신비적 산물이 있고 음악·미술·공간구성 같은 예술적 산물이 있
다.

관념양식에서 정치적인 것으로는 이데올로기, 비정치적인 것으로는
신념·태도·가치관이 있다. 인물은 긍정적인 인물과 부정적인 인물로
나뉘어지고 사물은 인위적인 것과 자연적인 것으로 나뉘어진다. 깃
발·건축물·조형물·도구·의상·표장(배지)·미장(emblem) 등은 인

위적인 것이고 해·달·별·산·나무·꽃·돌·물·동물 등은 자연적인 것이다.

사건에서는 역사적인 사건과 극적, 돌발적인 사건으로 나뉘어지는데, 건국·전쟁·발명·발견·혁명은 전자에, 자연재해·정치적 사건·사회적 사건 등은 후자에 속한다. 제도에는 정치제도·경제제도·사회제도·문화제도가 각기 해당되는 하위내용들을 망라하고 있다.

이상에서 본 상징의 존재양식이 모든 상징을 포괄할 수 있는지는 미지수이나 북한의 상징들을 이 분류방식에 따라 몇몇 가지 보기로 한다. 다만 이 글에서는 북한의 국가상징(국기·국가 등)을 제외한 상징일반에 대해서만 언급하기로 한다.5)

Ⅲ. 상징내용

먼저 언어를 매개로 나타나는 상징이다. "원수를 사랑하라", "오른쪽 뺨을 때리면 왼쪽 뺨을 대라" 같은 말은 기독교를 한 마디로 상징하는 말들이다. 이처럼 북한을 한 마디로 상징하는 말이 있다면 아무래도 통치자의 말이나 수많은 구호에서 찾을 수밖에 없겠는데 대중을 설득하기 위해 수십 년 간 해온 그 많은 언설(言說)이나 구호에서 찾을 수 있는 것은 결국 '온 세상의 주체사상화'일 것 같다.

'주체'는 북한이 만들어 낸 전매특허처럼 내세우지만 기실 철학용어로는 그리스 철학 이래로 있어 왔던 것이다. 이를 의식한 것 같은 김정일의 다음 말이 주목된다.

---

5) 북한의 국가상징에 대해서는 저자의 「북한 상징문화의 이해」 (화산문화, 2002.9) 『극동문제』 (극동문제연구소 간)에 연재된 바 있는 필자의 다음 글들을 참조할 것.
"남북한의 상징깃발", 『극동문제』 2000. 8, "남북한의 애국가", 『극동문제』, 2000. 6, "남북한의 상징꽃", 『극동문제』, 2000. 4, "남북한의 수도", 『극동문제』 2000. 10.

"주체사상에서 쓰는 주체라는 용어가 선행 고전가들이 쓴 주체라는 용어와 공통성이 있다는 점을 인정하면서 동시에 그것이 새로운 내용을 담고 있다는 것을 밝히는 것이 중요합니다."[6]

주체에서 나온 주체사상은 관념의 형태로 된 상징유형이다. 주체사상에 대해서는 워낙 무게를 두다 보니 모든 것이 주체사상을 위해 존재하는 것으로 전개된다. "조국통일을 이룩하는 것은 전국적 범위에서 주체사상을 구현하기 위한 절박한 과업이다"[7]

이것은 조국통일조차 주체사상을 위해 필요하다는 말이 된다. 뿐만 아니라 주체사상은 세상의 모든 사상(事象)과도 관련되어 있다. "주체사상이야말로 사람을 제일 귀중히 여기는 최고의 인도주의이며 조국과 인민을 가장 열렬히 사랑하는 최고의 애국주의입니다."(김정일)[8]

1990년대가 되면 우리식 사회주의, 붉은기 철학, 강성대국 등 주체사상의 변용담론이 북한의 위기를 수습했다는 견해도 있으나[9] 어디까지나 주체사상의 하위담론일 수밖에 없다.

인물유형 상징조작에서는 김일성의 경력날조로부터 영웅화, 신격화에 이르기까지 북한역사 55년이 실로 김일성을 위한 상징조작의 시간이었다. 이명영 교수에 의하면 경력날조는 김일성이라는 동명이인의 경력을 자기 것으로 도용한 것이다.

김일성이 북한의 '국부'가 되면서 단군 이후 이어진 김일성 민족의 시조가 된다. 그에 대한 찬사는 세계 어느 나라에서 필설로 따라 갈 것인가.

"우리 인민이 지닌 조선민족제일주의 정신에서 핵을 이루는 것은 위대한 수령을 모신 긍지와 자부심이다. 민족의 위대성은 곧 수령의

6) 김화종, "주체철학의 기본범주로서의 주체에 대하여", 《사회과학원학보》, 2001, 제3호.
7) 《평양방송》 해설기사, 1978. 4. 21, 00 : 27.
8) 김정일, "조국과 인민을 사랑하는 참다운 애국자가 되자", 당중앙위원회 책임일군들과 한 담화, 1985. 8. 15, 《김정일 선집》 제8권, p. 265.
9) 정우곤, "주체사상의 변용담론과 그 원인", 「북한연구학회보」 제5권 제1호, 2001, p. 7.

위대성이다. 아무리 령토가 크고 인구수가 많으며 오랜 력사전통을 가졌다고 하더라도 나라와 민족을 이끌어 가는 지도자가 위대하지 못하면 민족의 위대성에 대해 생각할 수 없다."[10] 북한의 아무 잡지나 신문을 잡아도 이러한 정도의 글을 접할 수 있다.

그러니 "공화국 주석명령은 다른 나라 국가수반의 명령과 근본적으로 구별되는 차이를 가지고 준수집행"되고 "이미 나간 규범적 문건이나 지시도 주석명령의 내용과 어긋나거나 차이 나면 그 효력이 그 시각부터 의미를 상실하게 되며 비록 집행 중에 있던 법률이라 하더라도 그 집행이 그 순간부터 정지되게 되었다."는 것이다.[11] 세상에 이런 권한을 가진 통치자는 왕조시대의 제왕 외에는 있을 수 없다. 왕의 연호를 제정하듯이 잘 쓰던 서기를 주체연호로 바꾼 것도 상징화시키는 작업이다.

상징유형으로 사건에 해당되는 내용을 보자. 대표적인 것으로 1211고지 전투가 있다. 북한에서는 1211고지 전투를 6·25전쟁 승리의 상징으로 내세운다. 이 전투에 대해 그림으로, 소설로, 영웅실담으로 미화하고 있다. 1211고지는 대우산과 가칠봉을 잇는 전략적으로 중요한 고지로 1951년 9월에 있었던 전투에서 병사들이 대중적 영웅주의와 자기희생정신으로 싸워 지켜냈다는 주장을 하고 있다.[12] 북한은 이 전투에서 싸웠다는 이수복을 내세워 그가 입었던 군복, 그가 흔들었던 인공기를 전시하는가 하면, 그 때 현지를 찾아 지휘한 김일성의 작전

---

10) 리원봉, 조선민족제일주의 정신의 본질과 내용, 《철학연구》, 2002, 제2호, 과학백과사전출판사, 2002. 5, p. 36.

11) 장남식, "위대한 수령 김일성동지께서 공포하신 력사적인 주석명령의 주요특징", 《사회과학원 학보》 2002, 제2호, 사회과학출판사, 2002. 5.

12) 북한에서 1211고지 전투라고 하는 것은 남한 쪽 전사에는 가칠봉전투로 알려지고 있다. 국군 제3사단이 펀치볼 북방의 가칠봉과 인근 1052, 1211, 1320고지를 공격했지만 끝내 1211고지와 1320고지는 점령하지 못한 것으로 기록되어 있다.(중앙일보사 「민족의 증언」 제6권,1985. 1, pp. 150~155)

▲ 북한은 1951년 9월에 있었던 1211고지 전투를 6·25 전쟁 승리의 상징으로 내세우며 이 전
투를 그림으로, 소설로, 영화로, 영웅실담으로 미화하고 있다. 사진은 1211고지 전투를 영화
화 한 선전 포스터 모습.

지도와 쌍안경, 당시 사용된 곡사포들을 전시하고 있다.

자연물로서는 주지하듯이 정일봉이 있다. 김정일 출생지로 상징성
을 크게 받고 있는 이 봉우리는 높이 1,790m로, 1988년 8월 김일성의
직접 지시에 따라 개명하기 전에는 장수봉이었다. 자연물에는 정일봉
외에 백두산 망천후(2,712m)를 향도봉이라는 이름으로 바꾼 봉우리도

▲ 김정일 출생지로 상징성을 크게 받고 있는 백두산 정일봉. 이 봉우리는 높이 1,790m로, 1988년 8월 김일성의 직접 지시에 따라 개명하기 전에는 <장수봉>이라고 불렸다.

있다.

자연물 중 식물로 진달래, 김일성화, 김정일화, 효성화 같은 상징꽃이 있고, 마가목 같은 나무도 있다.13) 이념상징물 또는 정치사상적 상징물이 유난히 많은 곳이 북한이기도 하다. 혁명사적관, 기념탑, 혁명사적표식비, 현지지도사적비, 조각품(동상 등)이 식량난으로 어려운 시기에도 계속 건립되었다.

예술적 산물의 예로써 아리랑 공연을 보자. 이 공연내용에 대해서 북한에서는 정치성이 없다고 했다. 당초 김일성을 상징하는 '첫 태양절의 노래'로 제목을 정했으나 김정일이 '아리랑'으로 바꾸고 줄거리도 정치적 색채에서 벗어나서 아리랑 중심으로 민족고유의 정서를 가미시킨 것이라고 한다. 그러나 아리랑 내용에서 고도의 정치적 상징성을 볼 수 있다. 전체적으로는 김일성의 '항일혁명'일대기를 비롯, 북한 정권의 형성과 성장, 김정일의 선군정치와 성과, 그리고 통일염원과 강성대국 달성을 형상화하는 내용이다. 전체 6장 11개 경중 본문 3장 3개경 정도가 정치색이 완전 탈색된 내용일 뿐 전체적으로는 정치적 상징성이 높은 내용들이다. 본문 1장의 4개 경에서도 조선의 별, 내조국, 우리의 총대 등 3개 경이 김일성 또는 북한정권과 관련된 내용이다. 율동장면(체조대)이나 카드섹션(배경대)14)에서 김일성화, 김정일화, 백두산의 별, 진달래를 안은 여전사, 지원(志遠), 강철의 영장 등이

---

13) 효성화는 1993년 2월 김정일 51회 생일 때 등장한 꽃으로, 원산농업대학에서 10년간 연구 끝에 재배에 성공한 것이다. 낮은 온도에서도 잘 자라고 꽃피는 기간이 길다. 이 꽃이 김정일을 상징한다는 것은 꽃 이름을 지었고 그의 생일 때 피도록 개량했다는 점 때문이다.

김정일 상징목으로는 마가목과 만수무강수가 있다. 마가목은 사과나무과의 낙엽고목인데, 김정일이 태어날 때 천둥번개가 치고 천지가 붉은 기운으로 뒤덮이더니 백두산 밀영주변에 전에 없던 나무들이 자생했다는 식으로 상징성을 부여받고 있다. 만수무강수는 1990년 8월 백두산 밀영부근에 김정일 만수무강을 위해 심은 나무로 알려지고 있다.

14) 배경대는 1955년 북한이 세계 최초로 기획한 것이라 한다. 아리랑 공연 배경대는 18,000명이 115장면을 연출했다.

▲ 김일성을 상징하는 꽃-김일성화 모습.

율동으로 펼쳐지고, 글자로 새겨지는가 하면 그림으로 형상된다는 것
은 정치색이 탈색화되었다 보기 어려운 것이다.

Ⅳ. 상징 조작

북한은 상징을 잘 활용한다. 태권도 폼세에도 통일이나 배달 등의
이름을 붙이고 있다. 정전회담 때는 회담을 시작하면서 유엔 쪽 차량
에 "백기를 달고 오라" 하고는 이것을 사진 찍어 "항복하러 왔다"고
선전한 일도 있다. 제2차 남북고위급회담(1990. 10)때 평양에 간 남쪽
기자가 인민문화궁전 맞은편 아파트 옥상에 해바라기 네온사인을 보

▲ 김정일을 상징하는 꽃 – 김정일화 모습.

고 뜻을 물었더니 안내원은 "태양을 따르는 해바라기처럼 수령을 따르는 인민을 상징한다"는 설명을 들었다고 한다.15)

　거리 곳곳에서 무리 지어 날리는 인공기를 볼 수 있고 낫과 망치 그리고 붓이 형상화된 노동당 마크를 볼 수 있다.16) 상징에 관한 한 북한은 실제로 뛰어난 활용성을 보이고 상징적 조작능력도 세련되고 있다. 그러나 상징관에 대해서는 부정적이다.

　상징을 객관적 사물과 관계없는 감각 지각 표상의 부호에 불과하다고 보는 것에 비판적이다. 상징이 감각기관 자체의 특수성에 의해 규정된다면 주위 세계의 객관적 실재성을 인정하지 않는 것이 된다고

---

15) 오태진, 거대한 쇼윈도 평양, 「기자들이 가본 북한」, 다나, 1993. 1, p. 34.
16) 공산권 국가 중 동독이 펜 들어간 마크를 썼는데, 북한에서는 김일성의 주장으로 펜 대신에 붓이 들어갔다. "우리 당기와 당 마크에 깃든 숭고한 뜻", 『조선여성』, 1989. 5.

비판한다. 관념론을 부정하고 유물론적 사고에 사상적 근거를 둔 북한의 관점에서는 객관적 실재성을 부인하는 상징론을 용납할 수 없는 것이다. 상징론은 "자연과 사회를 과학적으로 인식하고 혁명적으로 개조하기 위한 인민대중의 혁명투쟁을 반대하는 것"으로 파악한다.17) 그래서 북한은 상징주의를 "브로죠아의 썩어빠진 사상감정을 반영하여 나왔고 계급투쟁을 약화시킨다"고 비판한다. 그러나 상징 자체의 조작, 활용수법에 대해서는 매우 긍정적이고 실제 상징적 수법의 예술작품들도 많다. 예술적 산물 중 무용을 예로 들 때 '눈이 내린다', '강선의 노을', '온 세상에 만발한 김일성화', '해바라기' 등을 상징적 수법을 쓴 작품 중 잘된 것으로 본다. 인간의 성격과 생활을 자연현상에 비유하여 형상하여 예술적 효과를 얻었다는 평가이다. 문학작품 묘사에도 상징적 표현이 많다.18)

기호에 대해서는 일상생활과 매우 밀접하게 연관되어 있다고 보고 연구의 심화를 강조하고 있다. 경제부문에서 콤퓨터화, 로봇화 실현에 기호의 기능이 크다고 본 것이다.19) 그것은 기호를 상징을 포함한 넓은 범주에서 이해했고 기호가 나타내는 의미가 상징에서처럼 주관적 해석만이 가능한 것이 아니라 의미의 논리성을 내재한다고 봤기 때문일 것이다.

상징은 정서적 반응을 일으킨다는 뜻에서 정치적으로, 종교적으로 그 활용성이 매우 높다. 상징의 정치적 활용에는 나치스 독일의 선정에서 잘 드러난다. 나치스 독일의 선전을 분석해 보면 대체로 7가지 수법이 나오는데 그 중에는 전이·전환방법(Transfer)으로 연단에 국기를 수없이 걸어두고 위광효과(威光效果를)를 내는 수법도 있다.20)

---

17) 《조선대백과사전》 18권, 과학백과사전출판사.
18) "꽃은 아름다움의 상징이고 거목은 믿음의 상징이기도 하다" 같은 표현이 보인다.《문화어학습》 1996 제2호, p. 64.
19) 허철호, "기호와 우리생활", 《문화어학습》, 1996, 제3호.
20) 이 7가지는 ① 유태인에 대해 스케이프고트로 만들 듯이 나쁜 낙인을 찍어버리는 것(Naim

이러한 수법들이 다름 아닌 상징조작(symbol manipulation)이라 할 수 있다.

상징조작은 상징을 어떤 의도에 맞게 변용, 조정하는 것이다. 어떤 목적을 달성하기 위해 여론을 형성하고 선전을 하며, 어떤 경우 정보 왜곡도 하게 된다. 정보왜곡은 좋게 보면 플라톤이 말한 일종의 '고상 한 거짓말'이기도 하다.21)

'고상한 거짓말'이라도 대외관계에서는 나쁜 영향을 끼칠 수 있다. 남북이질화도 제도와 사상에 따른 이질화 외에 북한의 정치적 상징조 작에 의한 인위적 이질화의 영향이 크다. 상징조작의 한 사례를 붉은 색 활용을 통해서 보자.

붉은색은 북한에서 혁명의 상징색으로 규정되고 있다. 색깔을 이념 과 관련시켜 붉은색은 혁명색, 흰색은 반혁명색, 황색은 기회주의 색 이라 한다. '적색노조', '백색테로', '황색문화' 등이 그 예이다.22) 붉은 색이 혁명의 색이기 때문에 이른바 '항일혁명유격대'시절부터 붉은 동 무, 붉은 마음, 붉은 바람, 붉은 탄알 같은 말이 쓰였고, 해방 후에는 붉은 수도, 붉은 교육자, 붉은 중대 같은 말이 일상적으로 쓰이고 있 다. 붉은 색이 가장 형상적으로 나타나는 것이 깃발이다.

1959년 2월 105탱크사단에서 "붉은기 운동을 적극 전개하라"는 김 일성의 지시에 따라 붉은기운동이 전개되었고, 1975년 11월 경제분야

calling), ②자기 주장을 미화시키는 것(Glittering generalities), ③ 위광(威光)을 갖는 대상을 이 용, 선전 당하기 쉽게 하는 것(Transfer), ④ 유명인사나 증오 받는 사람의 말을 인용하는 것 (Testimonial), ⑤ 평범하고 대중적인 모습으로 상대방을 유도하는 것(Plain folks), ⑥ 진실을 은 폐하고 허위로 속임수를 쓰는 것(Card stacking), ⑦ 모든 사람의 의견이 그렇다는 식으로 떠나 는 버스를 놓치지 말라고 하는 것(Band wagon) 등이다. (Alfred Maclung Lee & Elizabeth Bryant Lee, *The fine art of propaganda*, 1939)

21) 고상한 거짓말은 플라톤이 그의 저서 「공화국론」 제3권에서 한 말이다. 박효종, "새천년 의 국가상징체계", 「새천년의 국가상징체계와 국민통합」, 한국북방학회 학술토론회, 1999. 11. 19, pp. 17~18.

22) 박정화, "빛깔을 나타내는 말", 《문화어학습》 1996, 제1호.

붉은기 운동이 전개되었다.23) 김일성 사후인 1995년 8월 청년절에 "붉은기를 높이 들자"는 정론으로 붉은기가 강조되더니 이듬해 신년 공동사설로 "붉은기를 높이 들고 새해의 진군을 다그쳐 나가자"로 붉은기 사상, 붉은기 철학이 등장하고 있다.24) 이러한 것도 붉은기를 두고 '공산주의자의 기치'라는 김일성의 규정(1961. 8) 이후 일어난 붉은기 사상운동의 연장선에서 나온 것이다.25)

붉은색은 이념색이고 상징색일 뿐 아니라 북한 주민과 통치자의 기호색이기도 하다. 김정일은 1960년대 초 "수령님께서 제일 좋아하는 색은 붉은색입니다. 수령님께서는 꽃 중에서도 붉은꽃을 제일 좋아하시고 기발 중에서도 붉은기를 제일 사랑하십니다. 내가 제일 좋아하는 색도 붉은색이고 제일 사랑하는 기발도 붉은기입니다"라고 말했다.26) 이때 외국의 당과 정부대표단이 북한을 방문하게 되는데 붉은꽃과 붉은기를 보고 달가워하지 않을 수 있으니 되도록이면 이것들을 적게 내놓는 것이 좋겠다는 의견이 나왔는데 이를 들은 김정일은 "……붉은기는 수령님의 신념의 상징이자 나의 신념의 상징입니다."라면서 단호히 반대했다고 한다. 이를 반영하듯 당기도, 최고사령관기도 혁명열사능의 기폭도 붉은색인가 하면 인민의 정신도 붉은기 정신이고, 운동을 벌여도 3대혁명 붉은기 쟁취운동을 하며, 학교에서도 영예의 붉은

---

23) 김용준, "붉은 기 사상", 『북한』 1997년 4월호, p. 173.
24) "우리의 붉은 기는 주체의 사상과 리념의 결정체이다. 붉은 기를 높이 든다는 것은 주체사상의 기치를 높이 든다는 것이다"("붉은 기는 조선혁명의 백전백승의 기치이다", 《로동신문》 1996. 1. 9, 2면)라는 말을 보면 붉은 기 사상, 붉은 기 철학은 주체사상의 태내에서 형성된 내용에 다름 아닌 것이다.
  위의 제목 "붉은 기는 조선혁명의 백전백승의 기치이다"에서 붉은 기를 주체사상으로 바꿔도 아무런 이상할 것이 없는 것이다. 이렇게 볼 때 붉은 기 사상을 주체사상대신에 개발된 상징이라 보기보다는 어디까지나 주체사상의 하위개념의 상징으로 보는 것이 타당할 것이다. 주체사상의 쇠퇴를 점치는 견해도 있지만 아직은 여전히 북한체제 버팀목이라 할 수 있다.
25) 붉은 기 사상운동으로 '3대혁명 붉은기 쟁취운동'이 벌어지고 혁명역사실을 꾸미는데 필요한 붉은 천을 마련하기 위하여 '붉은 치마헌납운동'도 벌어졌다.
26) 강영희, "붉은 색", 《조선여성》 2000년 제1호.

기 칭호를 쟁취하려고 하고 인민반에서도 붉은기 인민반의 영예를 얻으려고 뛰고 또 뛰고 있다. 바로 이러한 것이 붉은색의 상징조작인 것이다.

북한은 대남관계에서도 붉은 색의 상징성을 이용하기도 했다. 북한은 월드컵 축구대회 기간에 남한 국민들이 입은 붉은 색 옷의 응원물결을 두고 "자주적 평화통일을 이룩하려는 민족적인 지향이 시대적 추세로 되고 있다는 것을 보여준 것"이라고 평했다. 방송해설[27]을 통해 "제17차 세계축구선수권대회 기간 남조선 축구선수의 운동복은 붉은 색깔이었고 경기장과 거리에 나와서 응원한 각 계층 군중들도 모두 붉은색 옷을 입고 있었다"며 "지난 시기 붉은색 공포증이 이제 더는 남조선에서 통하지 않는다"고 지적했다. 또한 "미제와 그 추종세력들의 반공선전의 독소로 적지 않은 사람들이 붉은색이라고 하면 덮어놓고 무서워하고 반대했다"면서 붉은색 공포증을 의도적인 조작 때문이었다고 몰아 부친다. 이어 "그러나 이제 그 누구도 여기에 귀를 기울리지 않게 됐다"면서[28] 그 극복을 시인하는 듯한 지적도 했다.

남한에서 붉은색 기피현상을 간파한 김일성은 일찍이 이렇게 말한 일이 있다. "리승만은 우리를 빨갱이라고 부릅니다. 그가 하고 싶은 대로하라고 합시다. 우리는 자신이 붉다는 것을 부인하지 않습니다. 우리는 검은색도 아니며, 흰색도 아닙니다. 우리는 붉은 사람들입니다. 우리는 모든 근로자들이 혁명적인 붉은 일색으로 되기를 원하며 또 그렇게 하기 위하여 투쟁하고 있습니다. 적들이 빨갱이라고 몹시 무서워하면 할수록 우리의 모든 근로자들을 철두철미 붉게 만드는 것, 다시 말하면 공산주의 사상으로 무장시키는 것이 더욱 필요합니다."[29]

---

27) 《조선중앙텔레비전》 시사 해설, 2002. 7. 19.
28) 한국 내에서도 월드컵이 끝난 후 붉은 악마가 이끈 붉은 색 응원물결이 붉은 색 공포를 극복하게 했다는 지적을 하고 있기도 하다. 한국에서 이른바 레드 콤플렉스의 극복이야말로 공산권이 망한 1990년대 초에 이미 끝난 것이라 봐야 할 터인데도 아직 뇌리에서 붉은 색을 탈색화시키지 못하고 있던 같다.

이 말에서 보듯이 북한은 붉은 색을 대남 관계에서 심리전적으로 활용했고, 대내적으로는 상징조작의 대상으로 삼았다. 그간 남한국민들이 자연색인 붉은 색에 대하여 기피를 했다는 것은 6·25의 악몽을 감안하더라도 붉은 색에 대한 정확한 인식의 결여와 대항심리전 개발 나태를 원인으로 지적할 수 있다. 붉은 색에 대해서는 그것이 공산주의자만의 색깔이 아니라는 인식이 있어야 했던 것인데 그렇지 못했던 점이 있다.[30] 이번 월드컵 응원을 통해 이러한 콤플렉스가 지워졌고 북한도 이를 어느 정도 시인하는 듯한 표현을 했지만 색깔 아닌 다른 상징 매개체를 활용한 상징조작은 얼마든지 가능한 것이다.

북한에서 상징조작의 버팀목은 '유일사상체계 확립 10대 원칙'(1974. 4)이라 볼 수 있다. 주체사상이 북한의 통치이데올로기로 기능하게 된 것도 이것에 따른 상징조작 때문이다. 이것이 있는 한 누구도 상징조작 대상에서 벗어날 수 없고 어떠한 내용도 해당되지 않을 수 없다. 북한 상징체계는 결국 '유일사상체계 확립 10대 원칙'이 제시하는 개인 영웅 만들기에 모아지고 있는 것이다.

상징의 활용성이 대중조작을 위한 정치적 상징이상의 큰 범위에서 국가적으로 표현된 것이 국장·국기·국가·국화·국조 등 국가상징이다. 이번에 그것의 일부를 남한에 선보이는 것이다.

V. 맺는 말

아시아 게임에서 성화는 백두산과 한라산에서 채화한 불을 합화 할 가능성도 있다. 북한으로서는 백두산의 상징성을 한껏 올릴 수 있는

---

29) 김일성, 시·군당 위원회 선동원 강습회연설, 1958. 11. 20.
30) 붉은 색이 공산주의만의 색깔이 아니라는 논거는 필자의 「서울문화 평양문화 통일문화」 (조선일보사, 2001. 9) pp. 280~291을 참조.

기회이다.

"우리 민족은 연약하고 설움에 찬 무궁화민족으로부터 강대하고 존엄 높은 백두산 민족에로의 력사적인 운명전환을 맞이하였다."31) 무궁화가 아닌 백두산을 민족의 상징으로 강조하는 것이다.

남북한은 이번 아시아경기대회뿐 아니라 향후 국제무대에서 또는 대내 정치과정에서 무한적인 상징경쟁을 할 수밖에 없을 것이다. 쉽게 말해서 조국통일 같은 어휘사용에서, 붉은 색을 둔 경쟁, 태극기와 인공기의 정통성 경쟁 등이 벌어지게 된다. 상징조작에 있어 북한은 김일성을 '국부'로 내세우면서 여러 상징을 앞세운 공세도 취할 수 있다.32) 북한 상징에 대한 인식의 무장이 필요한 소이가 여기에 있다.

---

31) 장군의 력사영원히 흐른다", 《로동신문》 정론 2002년 2월 9일자.
32) 남한에서는 국부가 없는 것이나 마찬가지이다. 현재 국부 격인 초대 국회의장 이승만 대통령의 국회 내의 흉상 조성도 반대에 부닥치고 있다.

북한문화와 민족문화

북한문화의 훈고학적 성격

I. 들어가는 말

북한은 당중앙위원회와 당중앙군사위원회 공동명의로 정권 창건 55년을 기념하는 구호 192개를 발표[1]하는 가운데 문화 관련 내용도 빠트리지 않았다.

"민족문화유산을 귀중히 여기고 잘 보존하며 우수한 민족적 전통을 적극 살리고 발전시켜 나가자"

"언어와 예절, 옷차림과 식생활을 비롯한 사회문화생활의 모든 면에서 민족적인 것을 장려하자"

"시대정신이 맥박치고 정치적 낭만과 풍만한 정서가 넘쳐나는 인민군대의 문화생활 기풍이 온 사회에 차 넘치게 하자"

"제국주의의 사상문화적 침투를 배격하고 우리의 사상과 도덕, 우리식의 고상한 사회주의 생활양식을 견결히 고수하자"

이번뿐 아니라 이러한 구호 대량 발표 시마다 문화 관련 구호는 빠

---

1) 2003. 4. 9.

지지 않는다. 북한은 문화를 특별히 여기는가? 하기야 김일성이 시나위를 알고 김정일이 문학예술의 세세한 부분까지 아는 것을 보면 문화중시의 모습은 확연하다. 헌법에도 문화를 다룬 장이 별도 편성되어 있다. 그 이유가 개인적 성향에 따른 것일까, 공산권 일반의 성향일까? 일차적으로는 북한뿐 아니라 공산주의 국가는 문화를 그 자체 목적으로 하기보다 정치나 경제적 목적달성의 수단개념으로 보는데[2] 그 이유를 찾을 수 있지 않을까 싶다. 북한문화는 어떤 것인가? 북한문화의 현상과 변화양상, 문화의 본질과 범위, 문화생활의 특징을 통해 북한문화의 성격을 파악해 보고자 한다.

II. 문화현상과 변화양상

북한 문화는 언어사용과 문장표현부터 남한과 이질적 모습을 보인다. 2003년 7월 개성에서 남북경제협력제도 실무협의회 제2차 회의에서 <남북 사이에 거래되는 물품의 원산지 확인절차에 관한 합의서>가 채택되었다. 그런데 이 합의서의 조항은 10개조이지만 쌍방합의서에는 용어를 명기해 두었다. 상호 → 호상을 비롯, 운송수단 → 수송수단, 냉동 → 랭동, 별송품 → 발송품, 진위 → 진실성, 부속서 → 부록에 등 22개 용어가 비교되고 있다. 언어이질화 중에서 어휘만을 예로 들어보더라도 이런 면이 드러난다. 이른바 문화어를 내세우는 북한의 언어는 어휘뿐 아니라 어법, 음운 등에서도 남쪽의 표준어와 차이가 난다. 그럼 문장은 어떤가?

북한에서는 선전선동의 목적 때문에 해방 직후부터 말과 글쓰기에 관심을 기울였다. 김일성은 문장을 짧게 쓰고, 알기 쉽게 쓰는 것이

---

2) 오양렬, 「남북한 문예정책의 비교연구」, 성균관대학교 대학원 박사학위 논문, 1997, p. 13.

혁명적인 기풍을 세우는 일이고 선전선동에 좋다고 했지만 실제 북한 문장을 보면 한 문장 자체는 짧아도 글 전체는 길고 난삽한 것이 특징이다. 글을 풀어서 쓰고 수식어를 화려하게 붙여서 길어지는 일도 많다. 같은 어휘를 반복 사용하거나 중언부언할 때도 많아 장황하다. 가령 '집필원고'라고 하면 될 것을 "집필된 원고"라고 하든가, 어떤 작품에 대해 간단히 '좋은 작품'이라 하면 될 것을 "체험에 기초하여 실생활을 생동하게 진실하게 그려낸 작품……"이라고 풀어서 표현한다. 명사나 동사를 쓸 때도 형용사나 부사로 수식을 하거나 이중으로 수식하기도 한다. 단순히 '성과가 있었다.'는 표현은 없고 거의 100% "특출한 성과가 있었다." 식의 표현을 한다. 강한 논리성을 문풍의 중요 특징으로 내세우다 보니 표현은 강건체이고 화려체인데 장단은 압축을 거부하듯이 만연체로 되고 있다.

　이러한 문풍은 김일성과 김정일의 문풍 때문이기도 하다. 북한에서 모든 주민들은 김일성·김정일 문풍대로 말하고 글을 써야 한다. 수령과 지도자의 문풍은 명언·격언·속담을 효과 있게 쓰고 비유·대비·되풀이·수사적 질문·문답식 등의 표현을 잘 써서 혁명적이고 인민적인 문풍의 전형이라 한다. 그래서 이를 따라 배우는 것을 행복이라고까지 말한다.(이것도 행복일까?)

　북한을 상징하는 말에서 '주체' 이상 가는 것도 없다. 주체사상을 국가활동의 지도적 지침으로 삼고 있는 것(북한 헌법 제3조)이므로 당연하다. 이 주체가 문예분야에서 민족성과 한 묶음이 되었다. 1997년 6월 김정일의 논문 《혁명과 건설에서 주체성과 민족성을 고수할 데 대하여》로부터이다. 이 논문에 의하면 주체성은 문학예술의 내용이 되고 민족성은 형식으로 되면서 같은 층위에서 결합되었다. 지난 날 주체사상은 민족주의와 무관하다고 했던 주장과는 달라졌다. 주체성과 민족성의 견지는 문예분야의 문제로 끝나는 것이 아니라 '나라와 민족의 흥망을 결정하는 사활적인 문제'라고 본다.

문예분야에서는 1970년대까지 의거했던 사회주의적 사실주의를 버리고 주체사실주의로 문패를 바꿔 달았다. 사회주의적 사실주의와 다른 점은 민족적 형식에서보다 사회주의적 내용에 있다는데 그 내용이란 사람 중심, 인민대중 중심의 창작방법을 말한다. 문예분야에서는 또한 종자론이 중요한 창작이론으로 된다. 종자론에는 주체의 원리가 구현되어 있고 인류의 이상이 깃들어 있다면서 불의 발견보다 더한 공헌이라고 자랑하지만3) 그것은 작품의 주제에서 당성, 소재에서 혁명성, 사상에서 주체성을 모태로 하라는 것밖에 다른 내용은 없다.

어떻든 종자론을 만들어낸 김정일은 현재 북한문예분야의 스승이다. 바쁜 중에도 작품지도까지 한다. 이에 발맞춰 작품생산도 전투하듯이 양산된다. 선군혁명문학을 소개한 한 자료4)에는 1995년부터 2000년까지 6년 사이에 1,000여 편의 작품지도를 했고 410여 차에 걸쳐 770여 건에 달하는 문학지도를 했다고 한다.

또 다른 자료에 따르면 1996년부터 2000년까지 주민들은 중·장편 100편을 창작하는 전투를 벌렸고 이 기간에 김정일은 690편에 달하는 문학작품을 지도했다.5) 이는 매주 2~3편씩 작품을 본 것인데 실제 어떤 날은 10~15편을 봤다고 한다. 그가 본 작품은 부피 두터운 장편소설로부터 서사시와 서정시, 음악가사, 아이들의 동시, 우화작품에 이르기까지였다. 이를 다 보기 위해서는 최고사령부의 작전대와 전선길 야전차 안, 현지지도의 길에서도 작품을 본 것으로 되어 있다. 이 기

---

3) "일찌기 세계 사회계는 종자론을 창시하신 위대한 김정일 동지의 업적을 두고 인간에게 불을 처음으로 가져다 주었다는 신화적인 프로메테우스와도 대비할 수 없으리만큼 불멸한 공헌이라고 높이 칭송한 바 있다.", "종자론을 튼튼히 틀어쥐고 나가자", 《로동신문》, 2001. 3. 6.
4) 최길상, "선군혁명문학령도의 성스러운 자욱을 더듬어", 《조선문학》 2002, 2월호 pp. 41~45.
5) 김순림, "우리 당의 위대한 선군령도를 따라 힘있게 전진하는 주체문학", 《조선문학》 2000, 10월호 p. 6.

간에 김정일이 남의 작품을 본 것만이 아니라 김정일을 형상화한 작품도 많이 나왔다. 그것에 대한 묘사이다. "우리 장군님께서 눈보라를 헤치시고 만경대학원을 찾으시면 축하시 <장군의 눈보라>가, 최전선 길을 가시면 서정서사시 <최고사령관과 근위병들>이, 철령을 넘으시면 시 <철령>이, 강계를 찾으시면 시초 <우리는 강계사람이다>가, 강원도 토지정리사업을 지도하시면 시초 <강원땅의 새 노래>가, 동해 명승 칠보산을 찾으시면 산수련시 <내 나라의 명산 — 칠보산>이……" 이처럼 그의 '선군영도' 자욱마다 명작들이 태어났다고 한다. 김정일의, 김정일에 의한, 김정일을 위한 주체문학이고 수령형상문학이며 선군혁명문학이다.

수령부자는 예술에 대한 식견도 있는 편이고 예술성향도 보인다. 김일성이 시나위를 듣고 이해한다든가[6] 노래가사와 희곡을 쓰고 한시를 지었다던가, 김정일이 문학 음악 영화를 비롯 예술분야 전반에 걸친 이론적 언급을 하고 특히 음악적 소양을 보이며 영화 연출능력을 가졌다는 것은 사실이다.[7]

수령부자는 금강산의 봉우리나 바위, 폭포에 직접 이름을 붙이기도 하고 글 제목에 대해 언급하는가 하면 영화 연출내용에 대해서도 간여하는 등 온갖 일에 직접 관여했다. 이른바 만기친람을 한 것이다. 그러니까 학자들까지 논문 서두에 김일성의 말이나 김정일 말을 인용하는 것이 당연한 일이 되었다. 말하자면 수령부자 어록 주위를 맴돌면서 그것에 주석을 다는 형식이다. 중국에서 유교경전을 해석하는 훈

---

6) 김일성은 1961년 3월 7일 '전국 농촌예술소조 참가자들과 한 담화"에서 시나위를 기악악기로 합주한 것을 듣고는 승전곡을 듣는 기분이 난다면서 이런 좋은 곡들을 더 많이 찾아내라고 말한다. 물론 한 번 들었다고 그것을 충분히 이해한다는 것과는 다르지만 김일성이 시나위 곡을 들은 것은 중요하다.

7) 이 부분에서 이의를 제기하는 견해도 있다. 김정일의 문학예술 관련 이론서들이 본인 집필이 아니라는 주장도 있고, 한편으로는 이런 이론관점이 높고 박식하더라도 예술소양 능력은 별개라는 주장도 없지 않다.

▲ 북한은 예술작품 창작에서 주제에서는 당성, 소재에서는 혁명성, 사상에서는 주체성을 모태로 하는 창작방법을 견지해 오고 있다. 사진은 물동이를 이고 집체적으로 춤을 추고 있는 북한 무용단원들의 공연 장면.

고학(訓詁學)8)을 보는 것 같다.

북한 문화에서 문화현상으로 두드러진 것 외에 개별 문화사항으로 특이한 것도 있다. 1966년부터 시작된 말다듬기사업, 문화어식 어법, 우리말이름 장려, 청봉체 등 독특한 글씨체 개발, 국아기개량, 집체적 창작, 교예장려, 종합예술로서의 혁명가극, 방창, 절가, 화창, 정책가요, 연환모임, 군중무용, 음악무용서사시극, 자모식 무용표기법, 수자보, 조선보석화, 모자이크벽화, 나무뿌리공예품, 대형기념물제작, 자연바위글발, 민간요법체계화, 사회주의적 대가정 강조, 구호, 속도전, 각종 운동, 각종 전투, 돌격대, 기념일제정, 인민체력검정, 학교이름, 집단주의

_____

8) 훈고학은 중국에서 한나라와 당나라 시대에 유교경전의 뜻을 해석한 학문. 주로 자구를 고증하고 해석하는 방법을 취했다.

정신, 각종칭호 남발 등등에서 북한문화의 특이성을 읽을 수 있다.[9]

북한 문화분야에서 변화를 보인 것 중의 하나가 계몽기 가요에 대한 긍정적인 평가이다. 계몽기 가요의 범위는 개화기 때의 창가·동요를 비롯해서 일제시기의 신민요·가곡·대중가요(유행가)가 포함한다. 북한은 최근 이 음악들을 '민족음악예술의 귀중한 유산'으로 평가하고 『계몽기가요 선곡집』도 발간했다. 계몽기 가요 중에서 가장 부정적으로 봤던 유행가에 대해서도 일정한 평가를 한 것은 주목된다. <타향살이>·<황성옛터>·<목포의 눈물>·<울며 헤진 부산항> 등에 대해서 고향을 잃은 '식민지 인민'의 슬픔과 민족적 울분을 노래했다고 평가한다. 광복 전 대중가요에 대한 이러한 평가와 아울러 상호교류는 남북 동질성의 기반을 넓히는 촉매제가 될 수 있다.

북한에 자본주의식 광고 바람은 아직 불지 않지만 광고에 대한 인식은 변화되고 있음이 감지된다. 《평양신문》에 상품광고나 서비스광고가 게재되고 있지만 시가지 옥외 상업광고는 아직 없다. 그러나 나진선봉자유무역지대에는 옥외광고 허용 등을 내용으로 한 광고 규정도 제정(1996. 4)되었고 독일에 있는 한 동포기업은 금강산 관광지와 개성공단 지역에 옥외광고를 설치할 수 있는 사업승인을 받았다는 보도도 있다. 향후 상업광고가 전면적으로 허용되고 있는 중국의 영향을 받고 남북교류 시 남쪽 광고가 줄 문화적 충격을 통과하는 과정에서 북한의 광고문화도 꽃필 것이다.

종교현상도 변화의 모습을 약간은 보인다. 북한 당국은 1970년대까지는 종교가 미신이고 아편이라는 부정적 종교관에 따른 정책수행을 했지만 1970년대 이후는 종교단체를 등장시키고 신학원을 설립하는 등 종교정책의 변화를 보였다. 그리고 헌법상 신앙의 자유도 인정되었다. 그러나 헌법상의 조항은 종교를 인정하는 면이 있지만 종교에 대

9) 개개내용의 자세한 설명은 졸저, 「통일문화와 북한문화의 가치성」(문화방송 통일문제연구소, 1998. 1)을 참조 할 것.

한 주민들의 인식은 부정적인 방향으로 이끌었다. 따라서 부정적인 종교관을 유지한 채 정책만 부분적으로 변경시킨 것이다. 종교관 자체가 바뀐 것은 아니더라도 종교정책은 바뀐 것이다. 종교정책은 본래 종교관에 따라 수행되는 것이겠지만 종교관과 무관하게 이중성을 띨 수도 있는 것이다. 다만 종교를 주체사상을 담을 형식으로 활용하려는 의도가 엿보이기도 하는 것이다. 이 때문에 종교현상 자체는 변화된 것으로 보이기도 한다.

사상문화부분에서 가장 큰 변화라면 단군 존재를 신화에서 역사인물로 인정했다는 것이 된다. 남한의 단군 숭배를 두고 비난했고 고조선과 관련된 평양을 요동지역으로 비정했던 북한에서 1993년 10월 2일 단군릉 발굴사실과 더불어 하루아침에 단군을 국조이며 민족의 시조로 변모시켰다. 단군 존재 인정은 곧 이어 대동강문화와 연결되면서 북한 정통성 주장의 한 축을 마련하게 된다. 대동강문화는 평양 중심의 고대문화로 세계 5대 문명이라는 주장인데 국제학계에서 인정된 바 없이 북한만의 자가발전 주장으로 판명되고 있다.

III. 문화의 본질과 범위

문화에 대한 북한에서의 정의는 "사람들의 창조적 지혜와 능력에 의하여 만들어지고 다듬어진 사회적 재부"(조선대백과사전)이다. 그러나 이 '재부'10)는 좁은 의미에서는 정신적 수요를 충족시켜주는 정신적 재부를 말하고 넓은 의미에서는 생산도구, 소비품과 같은 물질생활 수단을 포함한다.

문화는 결국 물질적 재부와 정신적 재부로 나타나는 것이다. 물질

---

10) '재부'는 財富로 남쪽 사전에는 없지만 "가치 있고 귀중한 밑천으로 되는 것"이라고 풀이된다.

문화와 정신문화로 이루어진다는 뜻과도 같다. 물질문화든 정신문화든 문화는 사람의 능력이 발전하여 힘있는 존재로 되고 미개한 생활로부터 문명한 생활을 마련해 나가는 발전과정이다. 문화의 본질도 이와 관련되어 사람들이 얼마나 힘있는 사회적 존재로 준비되었는가 하는 것과 사람들이 얼마나 문명한 사회적 존재로 되었는가 하는 것으로 규정된다.11) 사람이 힘있는 사회적 존재로 준비되었는가 하는 것은 물질적 재부와 정신적 재부로 나타난다. 물질적 재부는 물질적 창조물에 체현되어 표현되고 정신적 재부는 사람들의 활동과정과 그 결과물을 통해 표현되며 말과 글을 통해서도 표현된다. 따라서 하나의 문화적 소산물은 물질적 재부이기도 하고 정신적 재부이기도 하다. 가령 첨성대는 천문현상을 관측하는 물질적 재부일 뿐 아니라 당시의 천문 관측 수준과 건축술을 보여주는 정신적 재부로도 된다. 마찬가지로 고려의 금속활자와 그것으로 인쇄된 책은 정신적 재부이기도 하고 물질적 재부이기도 한 것이다.12)

다음으로 사람들이 어떻게 활동하고 생활하는가 하는 문명 정도에서도 문화가 나타난다. 즉, 생산을 위한 노동방식과 관련된 생산문화과 가정과 마을, 일터에서의 생활방식을 말하는 생활문화가 나타나는 것이다. 사람들이 미개한 생활에서 의식이 발달하고 사회가 발전함에 따라 문명이 도입되고 사람들은 점차 문화적인 생활을 누리게 된다. 문명의 발전은 곧 문화발전의 중요한 내용이 된다. 문명 정도, 문화 수준이 사람들의 사회적 존재를 나타내는 것도 문화의 본질의 하나로 본다.

다음으로 문화의 본질로 계급적 성격과 민족적 특성을 들고 있다.13) 문화는 사람들의 계급과 민족적 집단의 요구와 이해관계를 반

11) 한순옥, "문화의 본질에 대한 주체적 리해", 《철학연구》 1991. 제4호, pp. 41~43.
12) 그러나 문화는 사람들이 만들어 낸 이러한 개개의 생산수단이나 구체적 창조물이 문화가 아니라 이러한 창조물에 체현되어 있는 사람들의 힘의 정도를 총체적으로 표현하는 범주가 문화라고 보는 것이 관점도 보인다. 한순옥, 앞의 글, p. 41.
13) 한순옥, 앞의 글, pp. 43~44.

영하여 창조되고 발전되어 나가는 것만큼 반드시 계급적 성격과 민족적 특성을 가지게 된다고 한다.

계급사회에서는 문화가 어느 계급의 요구와 이해관계를 반영하고 있기 때문에 계급적 성격을 반드시 띄게 된다. 근로인민대중이 국가와 사회의 주인이 된 사회주의 사회에서는 근로인민대중의 지향과 요구를 담고 그 요구를 실현하는 수단으로 복무하는 문화는 진보적인 문화라고 한다. 또 근로인민대중은 문화의 창조자, 향유자가 되었다.

문화의 민족적 특성은 민족이 오랜 세월을 두고 형성되는 공고한 사회적 집단이라는 것과 관련된다. 사람들은 민족의 공동생활 속에서 개개인으로서는 형성할 수 없는 특성을 가지게 되는데 이중에서 가장 중요한 특성이 문화적 특성이다. 생산방법, 노래선율, 관혼상제 등의 풍속, 예절 등에서 문화의 민족적 특성을 띄게 된다. 생산도구를 만드는 방법이라든가 그것을 쓰는 방법, 생활도구를 만들고 쓰는 방법, 가정과 마을을 꾸미고 사는 방법, 서로 예절을 지키며 관혼상제를 하는 방법, 노래하고 춤추며 정서생활을 누리는 방법 등 다양한 모든 활동이 다 각 민족에 고유한 특성을 지니며 세대에서 세대로 발전해 나간다. 민족적 특성을 띄게 되는 것은 사람들이 한 영토에서 하나의 핏줄을 같이 하는 사람들 사이에 생활상의 밀접한 유대가 이루어지기 때문이고 또한 민족을 이루고 사는 사람들의 생활이 지역적 특성을 가지며 이들의 생활감정, 심리, 성격, 품성 등에 의한 공통성 때문에 그에 맞는 문화를 요구하고 창조하게 되는 때문이다.

북한에서 문화의 범위는 어디까지인가? 먼저 헌법 조항으로 보자. 제3장 제39조에서 57조까지는 문화에 관한 규정이다. 이 장에서 언급된 문화의 범위는 교육·과학연구·문학예술·언어·체육·보건·환경이다.14)   다음《조선대백과사전》제18권(과학백과사전종합출판사,

---

14) 종교, 언론출판은 제5장 공민의 권리와 의무항에 규정되어 있다.

2001. 12)에서 사상문화의15) 범위는 교육·과학·문학예술·군중문화·문화어·보건·체육·출판보도·풍습이다.16)

2001. 12)에서 사상문화의15) 범위는 교육·과학·문학예술·군중문화·문화어·보건·체육·출판보도·풍습이다.16)

헌법이나 백과사전의 문화범위에 보건, 환경이 포함된 것이 특이하다. 이에 대해서 보건사업은 사람들의 생명을 보호하고 건강을 증진시켜줌으로써 그들을 건장한 체력을 가진 힘있는 사회적 존재로 되게 한다는 이유를 댄다.17)

이는 사람이 건강한 체력을 가져야 자주적이며 창조적인 활동을 힘 있게 벌릴 수 있는 이유로 체육이 문화에 포함되는 것과 같은 논리이다.18) 체력향상과 건강보호에 대해서는 사회주의문화 건설을 설명한 내용에서도 물질문화로 언급되고 있다.19) 즉, 물질문화에는 민족성원들의 체력을 향상시키고 건강을 보호하는 것이 포함되고 있다.

문화범위와 관련하여 참고로 남·북한간에 문화분야 범위를 보더라도 북측 주장을 따라서인지 보건·환경이 사회문화교류에 포함되어 있다.20)

---

15) 『조선대백과사전』에는 문화가 아니라 사상문화로 표현되어 있다. 분야별 내용에서 정치, 경제, 사상문화, 국방으로 되어 있다.

16) 이 사전 이전의 《백과사전》(과학, 백과사전출판사, 1983. 11)에서는 물질문화는 생산수단·기술적 진보·생산경험·노동숙련, 정신문화는 과학기술·교육·예술·출판·언어·풍습으로 분류되어 있다.

17) 홍위선, "문화적 수요의 충족은 문화생활분야에서 자주성을 실현하기 위한 중요담보", 《철학연구》 1990. 제2호, p. 42.

18) 홍위선, 같은 글, p. 42.

19) 박승덕, 《사회주의문화 건설이론》, 사회과학출판사 편, 도서출판 조국, 1989. 3, pp. 30~36.

20) 「남북사이의 화해와 불가침 및 교류협력에 관한 합의서」(1991. 12. 13) 제16조에서 경제분야 교류를 제외한 제반 교류에 대해 언급하고 있는데 그 범위는 과학·기술·교육·문학예술·보건·체육·환경·출판보도 등이다. 그리고 이 합의서의 부속합의서(남북교류협력의 이행과 준수를 위한 부속합의서, 1992. 9. 17) 제9조에 따르면 위의 범위에서 과학·기술, 환경이 제외되어 있다. 남북합의서 경우는 쌍방이 그 범위설정을 논의한 것이지만 합의서에 기술, 환경이 경제교류에 포함되지 않고 사회문화분야 교류에 포함된 것은 북측 주장대로 된 것으로 보인다.(부속합의서는 과학·기술, 환경이 제외되어 있다.)

Ⅳ. 사상문화생활의 특징

북한에서 문화는 인간생활에서 없어서는 안 될 중요한 분야의 하나이다. 문화는 북한에서 사회생활의 세 분야라고 하는 정치생활과 경제생활, 그리고 사상문화생활을 이루는 것이다.[21] 정치생활은 사람들이 국가와 사회의 주인으로서 참다운 정치적 자유와 권리를 누리기 위한 사회생활이고, 경제생활은 물질적 '재부'를 생산하고 분배하며 교환하고 소비하는 사회생활이며, 사상문화생활은 사회적 인간을 키우며 사상문화적 '재부'를 향유하는 사회생활이다.[22]

사상문화생활은[23] 사상문화적 재부를 이용하여 문화정서적 요구를 실현하는 사회생활이다. 사상문화생활에는 사상생활과 인류의 진보적 문화유산을 체득하고 발전시키기 위한 활동이 있다. 사상생활은 자주적인 사상의식으로 무장하기 위한 것이고 문화유산을 발전시키기 위한 활동은 과학교육·보건체육활동·문학예술 향유활동 등을 통해 이뤄진다.[24] 김정일은 이러한 사상문화생활의 중요 특징을 대중이 정신적 재부의 창조자이고 동시에 향유자라고 말한다.[25]

우선 대중 즉, 인민대중이 정신문화적 재부의 창조자가 되지만 그 진정한 창조자는 사회주의 사회에서만 가능하다는 것이다. 자본주의 사회에서는 온갖 정신적 재부가 극소수 착취계급의 의사와 요구에 복

---

21) 사회생활의 세 분야를 김일성은 정치생활, 문화생활, 물질생활이라 말한바 있다. "인민들의 사회주의생활을 꽃피워나가는데서 우리 당의 방침은 사회생활의 3대분야인 정치생활과 문화생활, 물질생활을 다같이 발전시키는 것입니다."(1990년 신년사)
22) 박영옥, "사회생활의 세 분야에 대한 주체적 리해", 《철학연구》 2000, 4호, pp. 23~25.
23) 단순히 문화라 하지 않고 사상문화라고 한 것은 사상을 중시한 것 때문으로 보인다. "우리 당은 문화일반으로부터 사상을 분리해 내고 사상의식이 모든 것을 결정한다는 사상론을 내놓았습니다."(김정일, "사회주의 건설의 력사적 교훈과 우리당의 총로선", 1992. 1. 3)라는 말이 이를 뒷받침하고 있다.
24) 김우용, "사회주의 사회의 사상문화생활의 중요특징", 《철학연구》 2002 제1호 pp. 29~31.
25) "사회주의사회의 사상문화생활의 중요한 특징은 인민대중이 정신문화적 재부의 창조자일 뿐 아니라 그 향유자로 되어 고상한 사상문화생활을 누린다는데 있습니다."(《김정일선집》 제11권, p. 65)

종되게 되고 그들의 독점물이 됨으로써 인민대중의 자주적 요구에 맞는 참다운 정신문화적 재부가 제대로 창조될 수 없다는 것이다. 다음 정신적 재부의 향유자[26] 문제인데 인간으로서 지녀야 할 사상정신적 자질을 갖추고 문화정서적 요구를 실현하면서 사는 문화의 향유생활이 자본주의 사회에서는 실현될 수 없고 사회주의 사회에서만 가능하다는 것이다. 그 이유는 사회주의 사회는 인민대중이 모든 것의 주인이기 때문에 자주적인 사상의식과 창조적 능력을 키울 수 있어서이다. 자주적인 사상의식은 사상생활에 필요한 것이고 창조적 능력은 고상한 문화생활을 하는데 필요하다.

정치생활, 경제생활, 사상문화생활은 사회생활에서 어느 하나가 다른 것을 대신할 수 없는 각기 독자적인 분야이지만 이 세 분야는 유기적 관련 속에 상호작용을 한다.[27] 정치생활은 경제생활과 사상문화생활에 영향을 주고 사상문화생활과 경제생활은 정치생활에 의해 그 성격과 내용, 발전방향 및 성과가 규정된다. 사상문화생활은 정치생활과 경제생활에 작용을 한다. 경제생활은 사회생활의 물질적 기초로서 정치생활, 사상문화생활에 영향을 준다. 따라서 이 세 분야 가운데서 어느 하나가 뒤떨어지면 다른 것이 발전할 수 없으므로 이 세 분야를 다 같이 발전시켜야 한다는 것이다.

사회주의 문화의 본질적 특성을 ①노동계급이 창조한 혁명적 문화가 온 사회를 지배하는 과정을 거쳐 발전 ②인민대중의 문화적 수요를 충족시켜 나가는 방향으로 발전 ③전면적으로 높은 속도로 발전한다는 합법칙성에서 찾기도 한다.[28] 노동계급이 창조한 혁명적 문화가 온 사회를 지배해야 한다는 것은 사회주의사회가 노동계급의 요구를

---

26) 북한의 향유를 남한에서는 향수라 한다. 여기에서는 북쪽 표현대로 향유로 표현했다.
27) 방명숙, "사회생활의 3대분야를 다같이 발전시키는 것은 사회주의 생활을 꽃 피우기 위한 근본담보", 《철학연구》 1990, 제2호, pp. 30~33.
28) 한순옥, "사회주의 문화발전의 합법칙성", 『철학연구』 1990, 제3호 pp 41~44.

구현한 사회이기 때문이다. 따라서 노동계급의 문화가 사회를 지배해야 사회주의 문화건설에서 승리할 수 있다는 것은 합법칙적이다.

다음 사회주의 사회문화가 인민대중의 문화적 수요를 충족시키는 방향으로 발전된다는 것도 물질생활이 유족해짐에 따라 문화생활에 대한 욕구가 높아지는 합법칙성에 따른 것이다. 그리고 이 욕구충족도 사회주의 사회의 우월성으로 사회주의제도 아래서만 실현된다는 것이다. 세번째 사회주의 사회에서 문화는 높은 속도로 발전한다는 것은 사회주의 사회에서는 모든 것이 비상히 빨리 발전할 수 있는 온갖 조건이 갖추어져 있다는 것 때문이라고 한다.

V. 맺는 말

북한은 자랑을 크게 하는 곳이다. 종자론을 불의 발견보다 더한 것이라고 주장하고 지구 위의 200개 나라 중 종교와 미신이 없어진 유일한 나라라고 하며 이것을 못 보면 평생 후회한다는 집단체조와 예술공연 작품 <아리랑>이 있는 곳이다. 또 평양 중심의 고대문화를 대동강문화로 명명하고 이를 세계 5대 문명발상지로 본다. 또 이런 자랑도 있다. "오늘날 이 행성 위에는 약 2,500개를 헤아리는 종족, 민족들이 살고 있지만 그 어느 민족도 자기민족제일주의를 내세우지 못했다." 물론 세금이 없다는 것도 자랑하고 있다.

사실 사상문화분야에서는 남한보다 앞서서 잘한 것도 많다. 「조선왕조실록」 400책을 번역, 간행한 것이나 「삼국사기」・「삼국유사」・「고려사」・「동국병감」・「농가집성」・「반계수록」・「목민심서」・「화성성역의궤」 등이 1960년대에 한글로 번역되었고[29]

---

29) 《조선고전해제》(사회과학원출판사, 1965. 10) 머리말에 이미 번역되었다고 명시했다.

「팔만대장경」이 해제되었다. 고전의 한글번역사업은 남북한 학자 간에 서로 가르쳐주고 배우기로 하는 가장 좋은 대상이 될 것이다.

그러나 사상문화의 직접 생산자인 지식인이나 예술인들의 성향이나 행태에 비추어서 북한문화를 보면 동어반복과 훈고학(訓詁學)의 세계를 보게 된다. 그 계속되고 반복되는 논리 전개와 중언부언하는 표현법은 인내력을 필요로 한다. 북한문화를 뭉뚱거려서 전반적으로 파악해 보기는 지극히 어려운 일이지만 굳이 표현하자면 '주체일색의 훈고학 문화'라고 할 수 있지 않을까 싶다.30) 뿐만 아니라 '자기 충족적인 환상의 문화'로도 일컬어질 정도로 환상적인 표현을 하고 있는 면도 있다. 또 어떤 논자는 '감동과 각오의 재생산문화'31), '방염 처리된 사상과 문화'로 보기도 한다.

북한문화는 한 마디로 통치자의 혁명사상을 당의 유일사상으로 구현하고 북한주민을 주체사상으로 무장시키는데 기여한 이념홍보의 문화였다. 그러나 이러한 내용 중에서도 통일한국의 문화 폭을 넓히는데 기여하는 유용한 문화요소들이 얼마든지 있을 수 있다. 비록 '문화의 거대한 무덤'(기 소르망) 같다는 견해도 있지만 북한 문화에서 배울 것이 전혀 없는 것은 아닐 것이라는 관점을 가지게 된다.

그간 북한은 사람 머리 속의 녹을 벗기는 혁명(사상혁명), 기계들의 녹을 벗기는 혁명(기술혁명), 살림집과 공장과 마을의 때를 벗기는 혁명(문화혁명)을 수십 년 간 해왔다. 그렇지만 인민군대가 사상정신적 문제에서 본보기이며 문화정서생활 면에서도 모범이라는 선군시대의 문화를 찾고 있어서32) 그것은 아직 닫힌 사회의 문화에서 벗어나지 못하고 있다.

---

30) 이는 저자의 명명임.
31) 김근식, "북한 사회문화의 이해" 토론문, 평통사회문화분과위원회 발표회, 2001. 11. 16.
32) 조종천, "선군시대의 문화는 자주적인 인간의 문화정서적 요구를 완벽하게 실현시켜주는 우월한 문화", 《철학연구》 2003, 제2호, pp. 21~24.
   2003년 4월 9일 발표된 정권창건 구호 중에서 "시대정신이 맥박치고 정치적 낭만과 풍만한 정서가 넘쳐나는 인민군대의 문화생활 기풍이 온 사회에 차 넘치게 하자"라는 구호도 이러한

북한의 문화정책과 민족문화

I. 들어가는 말

혼히들 자연을 신의 창조물이라 하고 문화를 인간의 창조물이라고
말한다. 문화인류학자 클라콘(E. Klukhohn)에 따르면 문화는 그 정의
만도 164개나 된다.[1] 이 가운데서 한 가지를 택해 보면 문화는 "한
민족사회의 성원이 획득한 지식·신앙·예술·도덕·법률·관습·기
능 등을 포함한 복합체"이다.[2] 이 내용에는 관념적·규범적·생활용
구적 속성이 모두 담겨 있다. 이 세 가지 속성 때문에 문화의 분류도
관념문화·규범문화·생활용구문화로 나누어진다. 관념문화는 사상·
지식·가치·신화·예술 등으로 한 사회의 목표와 방향을 제시하는
정신내용의 총체라고 할 수 있다. 규범문화는 관념문화를 뒷받침하여

배경에서 나온 것으로 보인다.
1) A.L.Kroeber & C. Kluckhohn, *Culture: A Critical Review of Concepts and Definitions*,
Havard University Plabody Museum of American Archaeology and Ethnology Papers, Vol.
47, No. 1. (1952), p. 181.
2) E. B. Tyler, *Primitive Culture*, Vol. 1, John Murray, London, (1871), p. 1.

사회체제를 유지시키는 절차, 행위양식에 관한 것으로 관습·도덕·법률 등이다. 생활용구문화는 의식주생활에 필요한 생산물 또는 물질적 수단에 관한 문화로 도구·기계·기술 등이 해당된다.3) 이렇게 문화는 하늘 아래 인간이 만들어 낸 모든 것을 포괄한다.

  북한에도 문화에 대해 나름대로 정의가 있고 분류방식이 있겠지만 위의 분류방식에 따르면 공산주의 이념과 주체사상적 가치관(관념문화), 사회주의적 생활양식(규범문화), 사회주의적 생산문화와 생활문화(생활용구문화) 형태라 하겠다.

II. 문화의 개념

  북한에서 문화는 '인류가 이룩한 물질적 및 정신적 재부의 총체'4), 또는 '사람들의 창조적 지혜와 능력에 의하여 만들어지고 다듬어진 사회적 재부'5)로 정의되면서 노동활동의 두 측면과 연관하여 물질문화와 정신문화로 분류되고 있다. 물질문화에는 생산수단, 기술적 진보, 생산경험, 노동숙련 등이 포함되고 정신문화에는 과학, 기술, 교육, 예술, 출판, 언어, 풍습들이 있다. 구체적으로 물질문화 건설은 ① 자체의 기술을 발전시키는 것, ② 발전된 생산문화와 생활문화를 확립하는 것, ③ 민족 성원들의 체력을 향상시키고 건강을 보호하는 것들을 포함하고 있다. 정신문화 건설은 ① 자체의 과학을 발전시키는 것, ② 자체의 예술을 발전시키는 것, ③ 도덕의 진보를 이룩하는 것들을 포함하고 있다.6)

  물질문화든 정신문화든 북한의 문화는 사회주의적 성격을 반영하는

---

3) 임채욱, "북한의 문화체계", 「북한학 개론」(김갑철 편, 서울 문우사, 1999. 9) pp. 313~314.
4) 백과사전 1983. 11.
5) 조선대백과 사전 2002. 12.
6) 박승덕, 《사회주의 문화건설이론》, 사회과학출판사편, 조국, 1989. 3, pp. 30~36.

사회주의 문화로 규정된다. 북한이 의거하는 유물사관의 관점에 따르면 문화는 역사발전 각 단계의 인간인식 능력과 생활발전 수준을 반영하는 것이다. 그렇기 때문에 자본주의 단계의 문화는 자본주의적 성격을 반영하며, 사회주의 단계의 문화는 사회주의적 성격을 반영하며 또한 사회주의 제도에 제약되는 것이다. 따라서 사회주의 사회의 성격을 반영한 북한의 문화는 구체적으로 당성, 인민성, 계급성을 본질적 특성으로 하는 문화이다.

당성은 당의 노선과 정책에 충실히 따라야 한다는 것을 말한다. 김일성의 말로 확인해 보자. "당성이란 당에 대한 무한한 충실성입니다. 이것은 맑스·레닌주의 세계관에 기초한 높은 계급적 각성이며 당과 혁명을 보위하며 당 정책을 관철하기 위하여서는 물·불을 헤아리지 않고 투쟁하는 백전불굴의 혁명정신입니다."[7] 당성은 노동계급의 당이 노선과 정책을 집행하기 위한 방향과 방침, 방도를 제시하는 것이지만 북한에서는 수령에 대한 충실성을 통하여 당성은 가장 철저하게 구현된다고 본다. 당, 노동계급, 인민대중은 수령에 의해 통합된다고 보기 때문이다. 이에 따라 북한의 문화예술은 당의 노선과 정책에 철저히 따라야 하는 것이며 당성은 "노동계급성의 가장 철저한 표현이며 인민성의 가장 높은 형태"가 된다.[8]

계급성은 노동계급을 옹호하고 노동계급의 이익을 위하여 설정된 사상과 이념을 나타내는 것으로 한 마디로 착취계급의 취미와 비위에 맞는 요소가 아니라 노동자 농민에게 맞는 계급적 내용을 말한다. 문화건설에서 계급성이 강조되는 것은 물론 사회주의 문화가 노동계급이 창조하고 노동계급을 위한 문화이기 때문이다. 사회주의 문화관점은 "계급이 생긴 이래 문화는 언제나 계급적 성격을 띠며, 초계급적인 문화는 계급사회에 존재하지 않는다."[9]는 기본 세계관에 입각해

7) 김일성, 조선노동당 제4차대회 사업총화보고, 《김일성저작선집》 제3권, p. 159.
8) 「북한의 문예이론」, 인동, p. 91.

▲ "민족적 형식에 사회주의적 내용을 담은 문화창조"라는 기치 아래 문화예술의 한 장르로
개발된 북한 교예단의 공연 모습. <교예>는 <기교예술>의 줄인 말로 곡예 또는 서커
스와 비슷한 일면을 지니고 있다.

있다. 이에 따라 작가, 예술인들은 인민대중의 계급적 이해관계를 철
저하게 반영하는 작품 생산을 하게 되는 것이다. 계급사회에 살면서
계급의 이해관계와 무관한 초계급적인 사상의식이 있을 수 없다는 것
이니 작가, 예술인들은 해당계급의 편에 서지 않을 수 없다. 문학예술

9) 박승덕, 위의 책, p. 83.

▲ 제국주의를 반대하여 투쟁하는 내용을 창조적으로 담은 고등중학생들의 집총체조 모습.

이 계급적 성격을 띠며 계급투쟁의 무기가 된다. 사회주의 사회의 계급은 노동계급이므로 사회주의 사회의 문학예술은 노동계급성을 띠게 되는 것이다. 노동계급성을 잘 구현하려면 노동계급의 특성, 혁명정신, 동지애를 그려야 하며, 또한 제국주의자, 자본가의 반동성, 부패성, 착취성을 폭로하는 것도 필요하다. 노동계급성은 이처럼 사회주의 문화예술에서 근로자의 혁명교양, 계급교양의 무기가 되고 있다.

인민성은 인민을 위한 내용을 말한다. 무엇이 인민을 위한 것인가 하는 판별은 인민들의 비위와 감정에 맞는가, 맞지 않는가, 인민들이 쉽게 이해할 수 있는가 없는가에 관련한 문제가 있다. 따라서 인민성에 따른다면 ①인민대중의 이해관계가 있고 흥미 있는 내용이거나 ② 인민들이 이해하고 사랑할 수 있는 것이 그 내용으로 된다. 문학예술에서 인민성을 높이기 위해서는 작가와 예술인은 천리마운동 무대와 같은 인민들의 생활현장에 직접 들어가고 있다. 구체적으로 문학예술 작품을 통해서 자주성 옹호라든가 건설사업에서의 투쟁 모습과 사회주의 제도 밑에서의 행복한 생활을 그려야 한다. 당성, 노동계급성, 인민성은 사회주의 문화에서 근본원칙이며 기본 속성으로 사회주의적 내용의 구현으로 관철된다.

여기에서 사회주의적 내용은 "낡은 것을 없애고 새 것을 창조하는 행위, 근로 인민들의 이익을 옹호하는 내용, 제국주의를 반대하여 투쟁하는 내용, 모든 사람들을 다 잘살게 하자는 내용10)들로서 곧 혁명적인 내용, 계급적인 내용들을 가리킨다.

이 내용을 담는 형식이 민족적 형식이다. 민족적 형식은 "기본적으로는 변화하지 않을 뿐만 아니라 그 자체에 있어서 계급적 성격을 띠지 않는다."는 것이다. 문화에서 내용은 상부구조이기 때문에 사회경제적 조건이나 계급의 지배가 교체됨에 따라 변화하지만 민족적 형식은 그 자체 계급적 성격이 없기 때문에 기본적으로는 변화하지 않는다. 그래서 민족적 형식은 여러 계급들에 적용되는 견고성을 가지고 있다고 본다. 이를 북한에서는 '조선 사람이 좋아하고 조선 사람의 구미에 맞는 그런 형식'이라고 말한다. 민족이 존재하는 한 어떠한 문화도 모두 민족적 형식을 가지며 민족적 형식을 띠게 되는 것이다. 그러나 민족적 형식에서 뜻하는 민족은 민족 일반이 아니다. 다분히 계급

---

10) 사회과학원 문학연구소, 《주체사상에 기초한 문예이론》, 「북한의 문예이론」, 인동, 1989. 2, p. 136.

적 성격을 띤 인민 만이다. 따라서 민족적 형식도 인민들이 이룩한 형식에 국한되고 있다. 민족적 형식을 강조하는 이유가 인민들의 정서와 구미에 맞는 형식이라고 하는 것을 보면 짐작이 되는 일이다. 민족적 형식의 강조는 민족적 특성의 구현으로 나타나서 인민성을 높이는 것이 된다.

III. 문화정책 방향

북한에서 문화분야 정책은 1946년 3월 '20개 정강'에 "민주문화 과학 및 예술을 적극적으로 발양시키며 극장·도서관·라디오방송국 및 영화관의 수효를 확대할 것"이 언급된 것으로부터 시작된다. 이로부터 민족문화건설의 군중적 토대를 튼튼히 하기 위한 군중문화사업이 시작되었으며, 이후 (1)새 조선 건설 시기(1945. 8~1950. 6) (2)조국해방전쟁시기(1950. 6~1953. 7) (3) 전후 복구건설과 사회주의 기초건설시기(1953. 7~1961. 9) (4) 사회주의 전면적 건설시기(1961. 10~1970) (5) 사회주의를 완전 앞당기기 위한 시기(1971~1992. 4) (6)온 사회의 주체사상화를 앞당기기 위한 시기(1992. 5~현재)로 이행하면서 사회주의 민족문화정책을 전개하여 온다.11)

북한 공산주의자들은 "역사적으로 형성된 민족문화 유산을 떠나서는 문화의 민족적 특성을 살리지 못하며 이를 기초로 하지 않고 새로운 사회주의적 민족문화를 건설 할 수 없다."면서 전통문화를 사회주의 문화건설에 이용할 것을 정책화하고 있다. 그러니까 전통문화에 대한 순수한 가치부여가 아니다. 과거의 낡고 반동적인 전통문화는 버리고 진보적이고 인민적인 것을 사회주의 현실에 맞게 비판적으로 발전

---

11) 시기구분은 북한의 정치정세 및 문예정책 사항과 관련하여 북한 자체에서 설정한 것을 참고하였음. 따라서 용어도 북한 표현대로임.

시키는 것을 강조한다. 북한에서 전통문화는 사회주의 문화의 형식으로 이용될 뿐이다. 전통문화유산도 사회주의적 성격이 없으면 채택되지 않는다. 한편 인민적인 것의 강조는 북한에서 문화예술 창작에서도 '인민대중'의 지혜와 창조력을 중시한다. 인민들의 비위와 감정에 맞는 문예작품은 '인민대중'의 체험과 능력에서 나온다고 본다. 따라서 전문 문화예술인은 군중 속에 들어가기를 요구되고 '인민대중' 자신도 누구나 글을 쓰고 그림을 그리며 작곡을 할 수 있는 능력을 갖출 것을 정책화하고 있다.

사회주의적 문화는 노동계급이 자각하여 만들어내기 때문에 빠른 속도로 건설되고 있지만 이를 보다 더 빨리 건설하기 위해서는 문화혁명이 필요하다고 본다. 문화혁명은 사상혁명, 기술혁명과 더불어 이른바 3대 혁명을 이루고 있지만 다른 두 가지에 비해 포괄범위가 넓다. 사상혁명은 사람들을 낡은 사상에서 벗어나게 하여 공산주의적 인간이 가지게 될 사상정신을 갖추게 하는 혁명이다. 기술혁명은 현대적 새로운 기술을 익히게 하여 이론과 실천을 결합시킨 지식을 갖게 하는 혁명이다. 기술혁명의 결과는 근로자들의 노동생활 조건을 근본적으로 개선함으로써 정신노동과 육체노동의 능력을 겸비한 사람으로 만드는 것이다. 문화혁명은 "사람들을 낡은 문화의 구속에서 해방하고 인민대중을 위하여 복무하는 사회주의 문화를 창조하여 모든 사람들이 사회주의적인 문화생활을 누리도록 하기 위한 사업"12)이라고 하는데 문화분야에서 혁명을 계속하여야 "인민대중을 높은 창조적 능력의 소유자로, 참다운 사회주의적 문화생활의 향유자로 만들 수 있다"는 주장이다. 즉, 문화의 대중화인데 문화혁명 특히 사람들의 일반지식 수준과 기술수준을 높여 능력 있는 인텔리를 만드는 혁명이다. 그 결과는 온 사회의 인텔리화를 실현하는 것이 된다. 북한에서 문화혁명은

---

12) 김정일, 당중앙위 책임일군들과의 담화, 1992. 1. 3.

결국 사회주의적 내용을 민족적 형식에 담는 사회주의적 문화건설을 과제로 한다. 사회주의적 문화는 해방이후 이식된 공산주의 이념과 체제에 맞추어서 형성된 문화로 '과거의 문화와 근본적으로 구별'되는 새로운 문화이다.

이상에서 북한의 문화정책은 다음과 같이 요약정리 된다.

① 당성, 계급성, 인민성을 가진 문화창조

② 민족적 형식에 사회주의적 내용을 담은 문화창조

③ 민족문화 유산의 비판적 계승을 통한 사회주의적 민족문화 창조

④ 군중문화예술의 창조

Ⅳ. 문화의 대중화와 문화유산 정책

문화의 대중화 정책은 1946년 5월부터 군중노선정책의 일환으로 전개되었다.[13] 군중노선은 어떤 일을 전 군중적으로 전개하는 것으로서 문화 분야에서의 군중노선은 군중문화사업의 형태로 추진된다. 군중문화사업은 다른 군중사업과 달리 문예작품 창작에 소비자가 군중적으로 참가하면서 그 소산물을 마음껏 즐기게 된다. 그래서 생산자와 소비자가 일치된다. 다시 말해서 문화의 대중화정책은 문예작품의 창작에서도 사회의 모든 성원들을 참가시키고 소비에서도 모든 근로자들이 '사회주의적 문화정서생활'(헌법 53조)을 마음껏 누리도록 하여 '전체 인민'이 문학예술의 참다운 창조자로, 진정한 향유자로 되게 하는 것을 골자로 하고 있다. 그래서 누구나 글을 짓고 그림도 그리며 작곡도 하고 노래도 부르며 악기도 다루고 춤도 출 줄 알도록 하게 하는 것을 목표로 한다. 말하자면 '온 나라의 예술화'이다. 이는 주로 문예

13) 1946년 5월 24일 '북조선 각도 인민위원회·정당사회단체. 선전원·문화인·예술가 회의와 9월 28일에 열린' 2차 회의에서 김일성은 적극적 전개를 강조.

소조활동 형태로 실시되었다. 1961년 3월 김일성은 "전체 인민이 다
예술소조원이 되어도 나쁠 것 없다."면서 전 주민의 예술소조원화를
강조했고, 김정일은 "사회의 모든 성원들이 다 참가하고 즐기는 군중
예술을 발전시켜 온 나라의 예술화를 실현하는 것이 우리의 목표입니
다."라면서 '온 나라의 예술화'를 외쳤다. 그래서 북한에서는 주민 모
두가 누구나 노래 부르고 춤추며 그림을 그리고 작곡도 하고 글을 지
을 수 있다는 주장도 한다. 뿐만 아니라 악기 다루는 기량과 소양도
다 지니고 있다고 말했다.

수많은 예술소조원 중에는 전문예술가 못지 않은 기량과 수준을 보
인 사례도 많은데14) 이러한 예술소조 활동은 해도 그만, 안 해도 그
만인 것이 아니었다.

오늘날 비록 경제난 앞에 그 실현성은 낮아지고 있다고 보여지지만
그간의 이 정책은 (1)공산주의적 인간형성, (2)주민의 사상교양, 93)
당 정책 선전이라는 목적에 크게 이바지했다고 평가할 수 있을 것이
다.

다음으로 민족문화유산과 민족문화전통에 대한 정책을 보기로 한다.
사회주의적 민족문화라고 해서 빈터에서 생기는 것이 아니라 선행세
대들이 창조한 과거 문화 중에서 진보적이고 인민적인 것을 계승하는
데서 가능하다고 본 것은 옳은 관점이다. 본래 공산주의자들은 국제주
의를 내세워 민족문화를 부인했으나 뒤에 이에 따른 부작용을 인식하
여 문화건설의 방향을 수정한 것이다. 그리하여 민족문화유산에 대해
서도 일정한 비판적 계승을 주장한다.

민족문화의 비판적 계승발전을 위해서는 민족허무주의와 복고주의

---

14) 황해남도 배천군 유천리 한 농촌마을의 전통농악무 공연 예술소조의 경우 1959년 이래 해
마다 전국예술소조경연대회나 전국농업근로자 예술축전에 참가하여 항상 좋은 성적을 거두었고
1989년 이른바 '평축' 때도 외국인의 경탄을 자아내게 하는 기량을 보였다고 한다.(임채욱, 「북
한주민의 문화향수」, 한국문화정책개발원, 1996. 10, p. 17.)

를 반대해야 한다. 과거의 문화예술이 혁명적이지 못하고 봉건적이며 자본주의적 요소가 있다고 해서 덮어놓고 부정하는 허무태도는 나쁘다고 본다. 반면에 문화예술을 발전시키는데서 내용이나 형식을 막론하고 옛날 것을 그대로 살리자는 복고주의도 안 된다는 것이다. 김일성은 과거 예술작품들에 불교적 색채, 봉건유교사상이 있다고 없애버리기보다는 자라나는 세대들에게 계급적 입장에서 바로 알려주는 것이 좋다고 했다. 산수화, 화조화 등의 자연묘사 그림들에도 계승해야 할 것이 있으며 불상조각도 새 세대들이 모르는 것보다 그 허위성을 깨닫게 가르쳐 주는 것이 더 낫다고 한다. 또 금강산 전설도 전하고 옛날 춤동작도 무턱대고 버리지 말라고 한다. 설혹 사당춤 같은 광대들의 춤도 우리 감정에 맞으면 버리지 말고 그 형식을 계승하라고 한다.

한편 복고주의 경향에 대해서는 비판적으로 발전시킬 것을 강조한다. 김일성은 "시조와 판소리가 좋다고 하는 나쁜 놈들이 있었지만" 옛날 양반들의 구미에나 맞는 것이라면서 그대로 살리지 말고 부르기 쉽고 알아듣기 쉽게 발전시켜야 한다고 했다. 또한 외래문화 수용에서는 사대주의와 교조주의를 없애라고 강조했다. 15)

김정일은 그의 주체문학론(1992. 7)에서 민족문화유산의 올바른 계승발전을 강조하면서 문화전통론을 개진하고 있다. 민족문화유산에 대한 김정일의 정의는 이렇다. "민족문화유산이란 민족의 선행세대들이 역사적으로 내려오면서 창조하여 후세에 물려주는 정신적 및 물질적 재부이다." 그런데 여기서 선행세대는 아득한 먼 전 세대가 아니라 불과 몇 십 년 전 김일성의 이른바 항일빨치산 시절을 하한선으로 하는 것이 선행세대이다. 이에 따라 김정일은 문화유산을 두 가지로 나눈

---

15) 김일성, "민족문화유산 계승에서 나서는 몇 가지 문제에 대하여", 1970. 2. 17. 이 연설 25돌을 기념하여 1995년 2월 호 《조선문학》에 실린 "민족문화유산 계승발전의 진로를 밝힌 강령적 문헌"이란 논설도 김일성 말의 동어반복적 해설에 불과했다.

다. 하나는 혁명적 문화유산이고 다른 하나는 고전적 문화유산이다. 혁명적 문화유산은 '사회주의·공산주의를 위한 혁명투쟁 속에서 창조된 것'이고 고전적 문화유산은 '그 이전 시기 선조들이 이룩한 것'이다. 혁명적 문화유산은 '혁명전통'시기의 소산물을 말하는 것으로16) 이전에는 민족문화유산에 포함시키지 않던 것이었다. 이에 대해 김정일은 "선조들이 이룩한 재부이든, 혁명가들이 이룩한 재부이든 자기 민족에 의하여 후대에 전해지는 것이라면 다 민족문화유산으로 된다." 면서 혁명적 문화유산도 민족문화유산 속에 포함시켜 버렸다.

김정일은 앞선 세대들이 물려 준 것이라 하여 모두 계승해야 하는 것이 아니라는 관점을 세우고 고전적 문화유산에 대해서 ①후대들이 계속 이어받아야 할 것, ②보존해두기만 할 것, ③없애버려야 할 것으로 구분한다. 따라서 모든 문화유산이 전통이 되는 것이 아니라 계승할 가치가 있는 만 전통이 된다는 것이다.

민족문화유산이 혁명적 문화유산과 고전적 문화유산으로 구분되었듯이 민족문화전통도 혁명적 문화 전통과 민족문화전통으로 구분된다.17) 이를 도식화하면 다음과 같다.

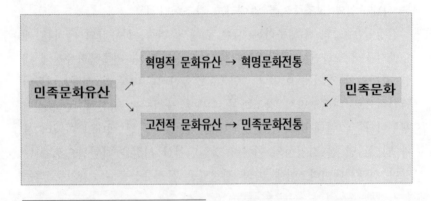

16) 혁명전통시기의 소산물은 1930년대 김일성 항일투쟁시 창시하고 적용해온 혁명전통을 계승하고 발전시키려는 목적과 관련된 내용을 말한다.(「북한사회론」, 북한연구소 1977. 10, p. 11.)
17) 신경균, "유산과 전통에 대한 주체적 리해", 《조선문학》 1993년 4월호.

김정일은 위의 전통 중에서 혁명적 문화전통에 대해서는 민족문화
유산의 핵이며 중추일 뿐 아니라 "질적 내용에서 민족문화유산의 최
고봉을 이룬다"고 언급했으나 민족문화전통에 대해서는 별반 언급을
하지 않았다.18) 그러니까 그에겐 민족문화유산 → 혁명적 문화유산
→ 혁명적 문화전통에 관심이 있는 것이지 고전적 문화유산과 민족문
화전통의 관계에 대해서는 관심 밖인 것이다.

물론 혁명적 문화예술에서도 민족적 정서를 전혀 못 느끼는 것은
아니다. 그것은 민족적 형식 때문이다. 김일성도 그랬지만 김정일도
민족적 정서를 강조하는 편이다. 실제로 김정일은 이른바 '평양축전'을
앞두고 문화정서생활기풍을 세우라는 담화를 발표19)하는 가운데 조선
치마를 짧게 해 입으면 보기에 좋지 않다고 지적20)하는 등 옷차림에
서도 고유한 민족성을 살려나가야 된다고 말한다. 통치자가 문화에 관
심 갖는 것은 공산주의 국가의 일반적 속성일 수 있다. 북한에서도 사
람들의 자주성을 실현시키기 위해 문화적 수요를 충족시키려고 했다.
이 충족을 위해 국가는 계획적으로 문화적 재부를 창조해 나간다.21)
여기에서 문화에 대한 국가의 관여를 확인하게 된다.

V. 문화적 정통성 주장 평가

북한은 1993년 '조국통일을 위한 전민족대단결 10대 강령'(4. 7), 단
군릉 발굴(10. 2), 민족문화유산 계승사업의 강화(12. 9) 등 일련의 발
표과정을 통해 대내적으로는 김일성 우상화를 지속시키고 대남 면에

18) 김일성이 1970년 2월의 연설에서 혁명전통보다 민족의 긴 역사를 강조한 것과 대비된다.
19) 김정일, "온 사회에 문화정서생활기풍을 세울데 대하여", 조선노동당 중앙위원회 책임일군
들과 한 담화, 1989. 1. 5.
20) 김일성은 활동하기에 편리하게 치마를 짧게 해 입어야 한다고 말한 바 있다.
21) 홍위선, 앞의 글 p. 42.

서는 민족정통성, 특히 문화적 정통성 계승 주장을 강화하였다. 단군
릉이라는 문화유산을 다루면서도 실무적인 문제가 아니라 정치적 문
제라면서 민족자주노선과 연관시킨 것이 이를 단적으로 말해 준다. 북
한의 민족문화유산 계승이 사회주의적 내용보다 민족적 형식의 계승
에 뜻이 있듯이 단군릉 발굴 문제도 단군에 대한 순수한 민족사적 의
미 평가보다 단군이라는 민족적 형식 안에 '민족대단결'로 잘 포장된
사회주의적 내용, 즉 연방제통일론 같은 것을 담고 있는 것으로 보인
다.

　문화적 정통성에 대한 북한의 주장은 민족문화유산 계승과 관련하
여 다음 몇 가지로 나타난다.22) 첫째, 민족문화유산 계승에서 진보적
이고 인민적인 것을 민족적 형식에 사회주의적 내용을 담은 방식으로
처리하는 것이 정당하다는 것이다. 둘째, 각 민족에게 있는 민족성과
그에 따르는 고유한 미감과 정서를 반영하는 민족문화유산을 민족자
존심과 민족제일주의 정신으로 귀중히 여기고 계승하도록 하고 있다
는 것이다. 셋째는, 국토와 민족이 둘로 갈라진 상태에서 '썩어빠진 양
키문화'를 비롯한 부르주아 문화 때문에 고유한 민족문화가 원래 모습
을 잃고 있는 '분렬주의자들의 민족문화 말살 정책'을 막고 있다는 것
이다. 넷째, 민족문화유산의 계승에서 민족자주이념의 구현은 민족대
단결을 이루는데도 중요하므로 이를 '남조선 인민들과 해외동포들'에
게 인식시키고 공감하게 한다는 것이다.

　문화적 정통성은 민족문화의 원형에 충실할 뿐 아니라 그것이 현대
사회에도 적합해야 한다. 이렇게 볼 때 북한의 민족문화유산 계승은
선택적인 면이 너무 크다. 문화유산을 계속 이어받을 것과 보존해 두
기만 할 것과 없애버릴 것으로 구분할 때 그 기준으로 민족적 형식보
다 사회주의적 내용이 우선적으로 고려되는 것이다. 앞선 세대로부터

22) 신경균, 앞의 글.

물려받았다고 해서 모두 계승해야 되는 것은 아니므로 모든 문화유산이 문화전통으로 되지 않는다는 것은 일반론으로서는 틀린 것이 아니다. 그러나 문화유산 계승에서 자주적 지향과 요구에 맞아야 한다든가, 인민대중의 자주성 실현을 내세우면서 1930년대의 '항일혁명전통'을 문화유산의 핵이고 중추라고 보는 한, 그 제한성은 피할 수가 없는 것이 된다. 민족문화의 원형에 접근했다는 것은 민족적 역사체험에 충실하고 그것을 왜곡시키지 않았다는 것이다. 민족의 역사적 체험을 왜곡하는 것은 정당성이 없다. 북한의 민족문화유산 계승이 제한적이고 선택적이라면 그것은 왜곡될 수밖에 없고 따라서 폄하될 수밖에 없게 된다.

VI. 민족문화를 위한 공조

북한은 2002년 10월 북핵 문제 대두 이후 대남 민족공조 주장을 치열하게 전개하고 있다. "오늘 북과 남은 다같이 미국으로부터 엄중한 침해와 위협을 받고 있다. 남이 불편할 때 동족인 북이 편안할 수 없고 북이 불편할 때 동족인 남이 편안할 수 없다."[23]

"핏줄도 하나, 언어도 하나, 문화도 하나, 역사도 하나인 우리민족에게 있어서 민족공조는 당연한 이치이며 생존방식이다."[24]

북한주민은 2003년 1월 한 달을 온통 핵확산금지조약(NPT) 탈퇴를 지지하는 군중집회로 지새웠는데 이러한 집회에 나타난 대남 호소문은 모두 민족공조를 강조하는 것이었다. '우리는 하나'이기 때문에 핵문제와 관련해서 남쪽은 외세와 공조하기보다는 북과 공조해야 한다는 주장이다. 제9차 남북장관급회담에서도 북측 김영성 단장은 기조발

23) 2002. 10. 28. 조국평화통일위원회 대변인 성명.
24) 2003. 1. 1. 신년 공동사설.

언에서 '우리민족끼리'를 7번이나 사용했고 서울에서 열린 '평화와 통일을 위한 3·1 민족대회' 때 북측 장재언 대표단장은 연설 시마다 민족공조를 외쳤다.25)

그밖에 인민군창설기념일(4. 25) 등 각종 기념행사 때마다 민족공조가 외쳐졌고 김용순(당중앙위 비서)을 비롯한 당정 간부의 우리민족끼리의 민족공조를 주장 기고도 줄을 이었다. 또한 정권수립 55주년 기념 당중앙위원회 구호에도 민족공조는 강조되었고 남쪽의 전교조 방문단(2003. 7. 29~8. 2)을 대할 때 북한 중학생도 민족공조를 입버릇처럼 외쳤다. 북한이 민족공조를 얼마나 강조했던지 부처님 오신 날 서울 조계사에서 열린 법요식 남북공동발원문에도 민족공조가 나온다.

대구 하계 유니버시아드 대회(2003. 8. 21~31) 때 부산 아시아 경기대회(2002. 9. 29~10. 14) 때처럼 북한 미녀응원단이 응원가로써 가장 자주 부른 노래는 <우리는 하나>였다. 이 '하나'라는 표현에 담겨 있는 통일 지향적 염원 때문에 남쪽 관중들에게도 호소력이 있었다. 가사는 민족을 특징짓는 기본징표인 핏줄·언어·땅·문화·역사를 다 언급하면서 둘이 되면 못 살 하나의 유기체로 강조하고 있다.26) 노래만이 아니라 구호로도 외쳐졌다.27)

그러나 남북은 진정 하나이고, 북한은 남한 국민을 같은 민족으로

---

25) 이 대회 둘째 날인 3월 2일 4대 종단 방문행사에서도 각 대표들은 한결같이 민족공조를 외쳤다. 소망교회에서는 일부 신도가 이에 항의하는 소동도 벌어졌다.

26) <우리는 하나> 가사는 "민족도 하나, 핏줄도 하나, 이 땅도 하나, 언어도 하나, 문화도 하나, 력사도 하나"로 되어 있으며 핏줄·언어·땅·문화·역사를 1·2·3 절에 집어넣었다. 황진영 작사·작곡으로 2002년 4월에 나왔는데, 이 노래에 대해 김정일도 칭찬했고 작년 말 《로동신문》은 2002년 북한음악계가 거둔 세 가지 큰 성과 중의 하나라고 평가했다.

  북한에는 <우리는 하나> 외에도 1974년에 만들어 진 <조선은 하나>라는 노래도 있다. "조선은 하나"라는 말도 구호로 널리 사용되는데, 이른 시기 월북 어학자 이극로(조선어학회)도 이승만의 정읍 발언(1946. 6)에 반대의 뜻으로 "조선은 하나다"라고 한 것이 밝혀진다.

27) 북한 측 응원단이 "우리는……"하면 남쪽 관중 일부는 "하나다"라고 호응했다. 따지고 보면 이것은 스포츠 시합에 정치구호가 외쳐진 것이라고도 볼 수 있다.

보고 대남 민족 공조를 외치고 있는 것인가

북한의 민족관은 1970년대 초 남북대화시기부터 스탈린의 민족개
념[28])에서 벗어나려는 기미를 보인다. 민족이라는 사상(事象)을 남북대
화에 활용할 필요성 때문이다. 스탈린의 견해대로라면 남북한 주민은
엄격히 말해서 다른 민족이 된다. 남한은 부르주아 민족이고 북한은
프롤레타리아 민족이다. 따라서 논리적으로는 통일보다 갈라진 채로
살아도 된다.[29]) 그러나 북한은 남한의 부르주아 민족을 그대로 두지
않으려 했다. 김일성은 남한의 부르주아 민족을 사회주의적 민족으로
만들려고 했다. 이것의 전략적 실천과제가 '남조선 혁명'으로 나타났
다.[30])

1980년대는 김정일이 1986년 7월 '우리민족제일주의'라는 개념[31])을
내세우더니 1989년 12월 이를 '조선민족제일주의'로 바꾸었다.[32]) 이런
과정 뒤 1991년 8월 1일 김일성은 자신을 "공산주의자인 동시에 민족
주의자이고 국제주의자"라고 서슴없이 말했다.[33]) 이 때 그는 민족주
의도 민족의 이익을 옹호하는 진보적 사상에서 나온 것이지 처음부터
자본가 계급의 사상은 아니었다고 말했다. 그러나 김일성의 이 말이
김일성저작집 43권(1996년)에 수록될 때에는 '민족주의자'가 '애국자'로
바뀐다. 이는 민족관의 한계를 보여준다. 따라서 북한의 철학자 박승

---

28) 스탈린의 민족개념은 "언어·지역·경제생활, 그리고 문화의 공통성에서 표현되는 심리상태
등의 공통성에 기초하여 발생했으며, 역사적으로 형성된 사람들의 공고한 공동체"라고 하고 이
네 가지가 모두 구비되었을 때라야만 민족이라고 보았다.(《혁명에 관한 맑스 레닌주의 리론 및
전술에 대하여》, 평양 로동당출판사, 1965.)
29) 남북한 동포를 순수한 하나의 민족(Ein Volk)으로 보는 것이 아니라 정치화 된 두 민족
(Zwei Nationen)으로 보는 것이 된다.
30) 《김일성저작선집》 제4권, 1968. p. 539
31) 자기민족을 귀중히 여기는 정신을 가지고 혁명과 건설을 해야 한다고 강조.
32) '조선민족제일주의'는 1)위대한 수령 2)위대한 당 3)위대한 주체사상 4)가장 우월한 사회주
의 제도 등 네 가지를 조선민족 제일주의의 위대성으로 꼽고 있다.
33) 1991년 8월 1일 조국평화통일위원회 책임일군들, 조국통일범민족연합 북측본부 성원들과 담
화 시.

덕이 남한 학자들 앞에서 '주체의 민족관'을 내세워 계급보다 민족이 우선한다는 주장을 하면서, 이북의 통일방안이 결코 민족의 이름으로 적화통일을 은폐하려는 선전책략이 아니라고 역설한 것도 의문을 품게 하는 것이다.[34]

조선민족제일주의는 그 지향하는 방향과 목적이 남쪽 주민에게 해당하는 것이 아니라 북한주민에게만 해당하는 것이다. 따라서 여기에서 말하는 조선민족도 남북한 전체 주민이 아니라 북한 주민만을 가리키는 것이다. 결국 북한이 강조하는 '주체의 민족관'은 공산권 붕괴에 따른 사회주의의 좌절을 극복하려는 생존차원의 몸부림 결과로 나온 전술적 표현일 수밖에 없다.

민족공조 문제는 민족심리면에서도 볼 필요가 있다. 민족심리는 사회집단으로서의 민족이 갖는 집단심리이다. 북한에서 보는 민족집단은 핏줄·언어·문화생활·지역의 공통성으로 결합된 공고한 집단이다.[35] 민족심리는 크게 세 측면으로 이루어지는데 첫째, 민족적 기질 둘째, 민족적 감정·정서 셋째, 민족의 지향이다. 이 세 측면은 각기 이를 구성하는 요소들을 가지고 있다.[36] 이들 요소들에 입각해서 우리나라 역사상에 나타난 민족심리를 볼 때 우리민족은 강인성, 의지력, 강한 단결성, 높은 도덕관념과 기풍을 가졌고 민족긍지와 자부심도 높았으며 애국심·정의감·탐구심도 강했다. 또한 고상한 예술적 취미와 우아한 미감을 가진 민족이기도 하다. 북한에서 본 역사상의 우리 민족은 이처럼 우수하고 뛰어났다.

---

34) 박승덕, "주체적 견지에서 본 민족통일의 철학", 「국제고려학회 주최 세미나 발표논문」, 1993. 8.

35) 리재순, 《심리학개론》, 과학백과사전출판사, 1988. 1, p. 313.

36) 민족적 기질 구성요소는 1)민족성격 2)민족자각 3)관습과 풍습 4)취미와 기호 등이고 민족 감정·정서를 구성하는 요소는 1)민족의 힘 2)민족긍지와 자부심이며 민족적 지향은 1)민족이상 2)민족의지 3)민족적 관심으로 된다.(리재순, 위의 책 pp. 313~320.) 이하 민족심리 관련 서술은 이 책 pp. 314~342에 의거하였다.

어느 정도 과장도 있고 미화시켜서 본 면도 있으나 긍정적으로 받아들일 수 있다. 그러나 민족심리와 관련하여 현재 북한주민의 민족심리에 대한 언급을 보면 용납하기 어렵다.

우선 해방 전에 찾아볼 수 없던 새로운 민족심리가 형성되었다고 하는데 그것은 자기 수령에 대한 끝없는 충성심, 혁명적 기질, 주체사상에 의한 민족자주의식, 탁월한 수령을 모신 자부심, 조국통일에 대한 관심과 열정 등이다. 이러한 민족심리에서 주목되는 것은 탁월한 수령을 모신 자부심이다. 북한에서는 수령과 장군에 대한 숭배심·존경심·흠모감을 건전한 집단심리라고 한다.37) 그러나 남한에서는 이를 희화적으로 볼 수밖에 없다. 북한에서는 민족의 위대성까지 수령의 위대성에 의해 결정된다고 하지만 남한에서는 반드시 그렇게 보지 않는다. 민족심리 일반에서 같다는 것을 인식하더라도 노동계급의 탁월한 수령의 역할이 민족심리 형성에서 가장 중요하다는 주장을 공감할 남한 주민은 있기 어렵다. 민족심리를 같이 할 수 없어도 한 민족인가? 물론 다른 조건들이 있으니까 한 민족임에 틀림없다. 그러나 민족심리를 같이 할 수 없는데도 무조건 공조를 할 수 있는가?

이처럼 민족관이 어떻든 간에 민족심리 면에서는 민족공조의 가능성은 찾기 어렵다. 그러나 민족 문화면에서는 혁명적 문화유산이 아닌 고전적 문화유산을 통한 민족의 하나 됨을 위해서는 민족공조가 필요하지 않을 수 없다. 북한의 민족공조 주장은 여기에 초점을 두어야 할 것이다.

---

37) 김문석, "우리사회의 건전한 집단심리", 《철학연구》 2001. 제2호, pp. 38~40.

참고문헌

1. 국내문헌

【 단행본 】

고영근. 『북한의 말과 글』. 을유문화사. 1989. 9.

권오운.『알만한 사람들이 잘못 쓰고 있는 우리말 1234가지』. 문학수
    첩. 2000. 6.

극동문제연구소. 『김일성연구자료집』. 경남대학교 극동문제연구소.
    2001. 8.

김경용. 『기호학이란 무엇인가』. 민음사. 1995. 4.

김동규 외. 『실질적 통합단계에서의 남북 문화예술분야의 통합방
    안』. 통일연구원. 2002. 12.

김영주. 이범수. 『현대 북한언론의 이해』. 한울. 1999.

김영준. 『의미론』. 민중서관. 1962. 2.

서재진. 『북한의 사회심리 연구』. 통일연구원. 1999. 12.

신일철. 『북한주체철학연구』. 나남. 1993.

오기성. 『남북한 문화통합론』. 교육과학사. 1999. 11.

우 정. 『북한사회 구성론』. 진솔북스. 2000. 8.

유영옥. 『상징과 기호의 정치행정론』. 학문사. 1997.

이민수. 『바람직한 통일문화』. 민족통일연구원. 1997. 10.

임순희. 『북한문학의 김정일 형상화연구』. 통일연구원. 2001. 12.

임채욱. 『통일문화와 북한문화의 가치성』. 문화방송 통일문화연구소.
    1998. 1.

_____. 『서울문화 평양문화 통일문화』. 조선일보사. 2001. 9.

_____. 『북한상징문화의 이해』. 화산문화. 2002. 9.

전미영. 『김일성의 말, 그 대중설득전략』. 책세상. 2001. 5.

정종남. 『남북한 한자어 어떻게 다른가』. 국립국어연구원. 1995.

_____. 『북한주민이 알아야 할 남한 어휘 3300개』. 종로서적. 2000.
      10.

중앙일보. 『민족의 증언』 제6권. 중앙일보사. 1985.1

통일원 교류협력국. 『남북학술교류발표논문집』. 통일원. 1994. 10.

인동 편집부. 『북한의 문예이론』. 인동. 1989. 2.

한국정신문화연구원 편찬부. 『한국민족문화대백과사전』 제6권. 한국
      정신문화연구원. 1989. 10.

【 논문 및 보고서 】

강진호. "조선문학개관을 통해본 북한의 문학사 서술". 『극동문제』.
      1993. 극동문제연구소.

김근식. "북한사회문화의 이해". 평통 사회문화분과위원회 발표문.
      2001. 11. 16.

김용준. "붉은기 사상". 『북한』 1997년 4월호. 북한연구소.

박효종. "새천년의 국가상징체계". 『새천년의 국가상징체계와 국민통
      합』. 한국북방학회 학술토론회. 1999. 11. 19.

심경호. "북한의 한자한문 교육".『북한의 말과 글』. 을유문화사.
      1990. 12.

오양렬. 『남북한 문예정책의 비교연구』. 성균관대학교 대학원 박사
      학위논문. 1997.

양태진. "북한의 고전국역실태". 『민족문화』 제8집. 민족문화추진회.

1982. 12.

김정일 『문예관과 문예정책의 기본원리 연구』. 한국문화정책개발원.
1998. 12.

임채욱. 『남북한 접촉과 문화변용』. 한국문화정책개발원. 1995.

_____. 『북한주민의 문화향수』. 한국문화정책개발원. 1996. 10.

_____. "북한의 군중문화정책과 주민의 문화예술활동". 『북한주민의
일상생활과 대중문화』. 도서출판 오름. 2003. 3.

_____. "북한의 대남 민족공조 논리". 『북한학보』 제28집. 북한연
    구소. 북한학회. 2003. 11.

정우곤. "주체사상의 변용담론과 그 원인". 『북한연구학회보』 제5권
    제1호. 2001.

【 신문 · 잡지 】

『조선일보』 2000년 12월 18일자 NK리포트.

『조선일보』 2001년 1월 15일자 NK리포트.

『조선일보』 2001년 4월 19일자 국방일보 관련기사.

『중앙일보』 1989년 1월 11일자. '자연글발' 기사.

『한겨레신문』 1990년 6월 19일자. 6.25관계기사.

『통일한국』 1990년 10월호. 김일성 우상화 관련기사.

『내외통신』 1122호. 1998. 8. 13.

【 기타 】

"한국가곡의 원류를 찾아서". 서울 싱어즈 소사이어티 세미나 자료.
    1998. 10. 12.

2. 북한문헌

【 선집류 】

《김일성선집》 제5권. 조선로동당출판사.

《김일성저작선집》 제3권. 제4권. 제5권. 제7권. 조선로동당출판사.

《김일성저작집》 제1권. 제7권. 제15권. 제18권. 제19권. 제24권. 제25
　　권. 제35권. 제41권. 제42권. 제43권. 조선로동당출판사.

《김일성전집》 제32권. 제37권. 조선로동당출판사.

《김정일선집》 제2권. 제7권. 제8권. 제13권. 제14권. 조선로동당출판
　　사.

【 사전·연감류 】

《백과전서》 1권~6권. 과학,백과사전출판사. 1982. 10.~1984. 4.

《백과사전》 1권~30권. 백과사전출판사. 1974. 4.~1981.

《조선대백과사전》 1권~30권. 백과사전출판사. 1995. 10.~2001. 12.
　30.

《조선말 사전》. 과학원출판사. 1982. 10.

《조선말 대사전》. 사회과학출판사. 1992. 3.

《문학예술사전》. 과학,백과사전출판사. 1972.

《력사사전》. 사회과학출판사.

《철학사전》. 사회과학출판사.

《정치사전》. 사회과학출판사. 1973.

《조선중앙연감》. 조선중앙통신사. 1978.

【 단행본 】

고철훈. 《문학예술의 주체성과 민족성》. 사회과학출판사. 2001.

김일성. 《세기와 더불어》 제1권~8권. 조선로동당출판사. 1992. 4.

김정웅. 《종자와 그 형상》. 문예출판사. 1988. 4.

김정일. 《영화예술론》. 조선로동당출판사. 1973. 4.

_____. 《건축예술론》. 〃   . 1991. 5.

_____. 《무용예술론》. 〃   . 1992. 5.

_____. 《음악예술론》. 〃   . 1992. 6.

_____. 《미술론》.   〃   . 1992. 6.

_____. 《주체문학론》. 〃   . 1992. 7.

박용순. 《조선어 문체론 연구》. 과학,백과사전출판사. 1978. 6.

박철희·정상순. 《수령님과 설맞이》. 금성청년출판사. 1998. 6.

리재순. 《심리학개론》. 과학백과사전출판사. 1998. 1.

역사연구소 민속학연구실. 《조국해방전쟁시기 발현된 후방인민들의
    혁명적 생활기풍》. 사회과학출판사. 1976.

전하철. 《수령님은 영원히 우리와 함께》. 조선로동당출판사. 1994.

정창윤. 《먼길》. 문예출판사. 1983.

조성박. 《김정일 민족관》. 평양출판사. 1999. 2.

한재만. 《김정일, 인간·사랑·령도》. 평양출판사. 1994.

    《수령님은 영원히 우리와 함께》. 조선로동당출판사.

    《언어학론문집》6. 과학,백과사전출판사. 1985. 4.

    《영생》. 문학예술종합출판사. 1997. 6.

    《위대한 수령 김일성동지의 혁명적 문풍》. 사회과학출판사.
    1976. 7.

    《조선노래대전집》. 문학예술출판사.

    《조선전사》 7권. 13권. 15권. 과학,백과사전출판사.

【 논문 · 논평 】

강영희. <붉은 색>. 《조선여성》 2000년 제1호.

공명성. <천년 강대국 의 자랑스러운 국호 '고구려'에 대하여>. 《사
회과학원 학보》 2001년 제1호. 사회과학출판사.

길경종. <한문교수를 통하여 단어의 뜻을 정확히 가르치려면>. 《문화
어학습》 1986년 제1호.

김갑준. <적을 때리는데 알 맞는 맵짜고 예리한 표현을 놓고>. 《문
화어학습》. 사회과학출판사. 1986년 제1호.

김명호. <주체성과 민족성을 구현한 우리 식 경음악>. 《조선예술》
1998년 11월호.

김문석. <우리사회의 건전한 집단심리>. 《철학연구》 2001년 제2호.
과학백과사전종합출판사.

김양환. <민족적 대단결을 이룩하는 것은 주체성과 민족성을 고수하
고 구현하기 위한 실제적 담보>. 《김일성종합대학 학보》
(역사 · 법학) 1998년 제1호.

김영수. <자본주의에 대한 환상은 사회주의를 좌절시키는 요인>. 《철
학연구》 1999년 제1호.

김인호. <우리 당이 실시한 한자폐지는 그 거대한 생활력을 힘있게
나타내였다.>. 《언어학론문집》. 사회과학출판사. 1975. 5.

김정혁. <순결하게 계승되는 혁명적 동지애>. 《천리마》 2000년 제1
호. 천리마사.

김종선. <친애하는 김정일동지의 문풍은 우리시대 혁명적 문풍의 전
형>. 《문화어학습》. 사회과학출판사. 1986년 제4호.

김창빈. <집단주의는 사회적 존재인 사람의 본성적 요구>. 《철학연
구》 1991년 제3호.

김화종. <주체철학의 기본범주로서의 주체에 대하여>. 《사회과학원

학보》. 2001년 제3호.

류 렬. <고구려 말은 조선말 발전에서 원줄기를 이루고 주도적 역할
    을 하였다>. 《문화어학습》 1991년 제2호.

리기만. <문장의 론리적 맞물림과 성분적 맞물림>. 《사회과학원 학
    보》. 사회과학출판사. 2001. 1.

리경란. <언어와 인격>. 《천리마》 1986년 5월호.

리동수. <광복 전 대중가요와 민족문화유산>. 《조선문학》 2000년 8
    월호. 문예출판사.

리동원. <문학창조와 건설에서 주체성과 민족성을 구현하기 위한 중
    요한 원칙적 문제>. 《김일성종합대학 학보》(어문학). 1998
    년 1월호.

리수립. <수령형상문학을 끊임없는 개화발전에로 이끄는 불멸의 사상
    리론>. 《조선문학》 1993년 7월호.

리순진. <대동강문화의 기본내용과 우수성에 대하여>. 《조선고고연
    구》 1999년 제1호. 사회과학출판사.

리원봉. <조선민족제일주의 정신의 본질과 내용>. 《철학연구》 2002
    년 제2호.

림영길·림녕화. <방향선과 준위법에 기초한 한자 및 한자단어 어휘
    의 새로운 배렬방법에 대하여>. 《문화어학습》 1995년 제4호.

림현기. <사상과 심리의 호상관계>. 《철학연구》 1991년 제4호.

박동진. <리조실록이 빛을 보기까지>. 《빛나는 민족문화유산》. 조국
    사. 1987. 8.

박승덕. <사회주의문화발전의 합법칙성에 관한 주체적 리론>. 《근로
    자》 519호. 근로자사. 1985. 7.

박영. <신민요>. 《천리마》 1984년 11월호.

박정화. <한문교수를 통하여 우리말 지식을>. 《문화어학습》 1995년

제4호.

박정화. <빛깔을 나타내는 말>.《문화어학습》1996년 제1호.

박진욱. <단군조선의 국가적 성격에 대한 고고학적 고찰>.《력사과
학》1999년 제1호.

박철호. <주체사실주의의 본질적 특성>.《조선어문》1994년 제4호.

방형찬. <문예창작에서 주체성과 민족성을 고수할 데 대한 사상과 그
독창성>.《조선문학》 1998년 6월호.

봉필윤. <글을 원리적으로 쓰자>.《문화어학습》1986년 제2호.

서용국. <특이하게 발음되는 한자어휘들>.《문화어학습》1995년 제
3호.

서태석. <경음악의 특성과 우리 식 경음악창작의 몇 가지 문제>.
《조선예술》1982년 3월호.

서호국. <글을 정책화하여 써야 한다.>.《문화어학습》1982년 제2호.

손용운. < "새로 건설하는 다리에 이름을 붙일 때에는 '다리'라고 하
여야 한다." >.《문화어학습》1982년 제2호.

안승주. <경애하는 김정일동지는 위대한 명언들로 인민들에게 참된
삶의 길을 밝혀주시는 사상리론의 영재이시다>.《철학연
구》2002년 제1호.

우연오. <반일, 애국, 광복의 리념을 심어준 계몽기 류행가>.《조선
예술》2002년 9월호. 문예출판사.

유병호. <위대한 령도자 김정일동지의 명언의 철학적 기초와 기본특
징>.《사회과학원 학보》2002년 제3호.

윤인환, <생활문체와 생활어의 표현적 효과>.《문화어학습》1991년
제4호. 사회과학출판사. 1991. 12.

윤희남. <원쑤를 단죄하는 글은 증오에 찬 말로 꾸며져야 한다.>
《조선어문》2000년 제 4호. 사회과학출판사.

은종섭. <주체사실주의의 발생과 특징>. 《김일성종합대학 학보》제 212호. 김일성종합대학. 1993. 2.

은종수. <광복 전 대중가요에서 '님'의 정서적 의미>. 《조선문학》 2001년 12월호.

장남식. <위대한 수령 김일성동지께서 공포하신 력사적인 주석명령의 주요특징>. 《사회과학원 학보》 2002년 제2호.

전인철. <제국주의자들의 평화적 이행전략은 파산을 면치 못한다>. 《근로자》 1990년 11월호.

전하철. <새로운 사고방식과 그 반동성>. 《철학연구》 2001년 제1호.

조금철. <집단주의는 사회주의 사상적 기초>. 《사회과학원 학보》 2001년 제1호.

조진용. <위인정서>. 《청년문학》 1999년 7월호.

최길산. <민족사적 정통성론의 허황성>. 《조선사회민주당》 1986년 제3호. 조선사회민주당 출판사. 1986.

최동언. <경애하는 수령 김일성동지께서 민족고전 발굴수집과 보존관 리사업에서 이룩하신 불멸의 업적>. 《사회과학원학보》 2001 년 제 2호. 사회과학출판사.

최완호. <한자말 사전에 대하여>. 《문화어학습》 1988년 제1호.

최원집. <기백 있는 글을 쓰기 위한 몇 가지 언어적 방도>. 《문화어 학습》 1978년 제3호.

최창현. <위대한 령도자 김정일동지께서 새롭게 창조하여 쓰신 어휘 와 표현들>. 《문화어학습》 1997년 제3호. 사회과학출판사. 1997. 9.

최희열. <민족형성에 대한 남조선 어용학자들의 견해의 반동성>. 《철학연구》 1990년 제1호. 사회과학출판사.

한형수. <영화예술발전을 힘 있게 추동하는 불후의 저서 '주체문학

론'>. 《조선문학》 1997년 1월호.

허종호. <조선의 대동강문화는 세계 5대문명의 하나>. 《력사과학》 1999년 제1호. 과학백과사전출판사.

허철호. <기호와 우리생활>. 《문화어학습》 1996년 제3호.

황민영. <민족음악의 본색을 살리는데서 나서는 몇 가지 문제>. 《조선예술》 2002년 3월호.

【 연설 · 담화 · 기사 】

김일성. <당보를 창간할 데 대하여>. 북조선공산당 중앙조직위원회 선전부 일군들과 한 담화. 1945. 10. 17.

____. <사상사업에서 주체를 확립할 데 대하여>. 당 선전선동가 앞에서 한 연설. 1955. 12. 28. 《김일성저작선집》 제1권.

____. <조선어를 발전시키기 위한 몇 가지 문제>. 언어학자들과 한 담화. 1964. 1. 3.

____. <백과사전과 지도의 편찬방향에 대하여>. 1964. 4. 22. 《김일성저작집》 제18권.

____. <조선어의 민족적 특성을 옳게 살려나갈 데 대하여>. 언어학자들과 한 담화. 1966. 5. 14.

____. <생물학을 더욱 발전시키며 기계기술자 양성사업을 개선 강화할 데 대하여>. 당중앙위원회 정치위원회 연설. 1966. 11. 30.

____. <우리당의 인텔리정책에 대하여>. 1968. 6. 14. 《김일성저작선집》 제4권.

____. <우리민족의 대단결을 이룩하자>. 조국평화통일위원회 책임일군들, 조국통일범민족련합 북측본부 성원들과의 담화. 1991년 8월 1일

김정일. <언어생활에서 주체를 세울 데 대하여>. 김일성종합대학 학
　　생들과 한 담화. 1961. 5. 25.

____. <대학생들 속에서 혁명적 생활기풍을 세울 데 대하여>. 김일
　　성종합대학 경제학부 정치경제학과 당세포 총회에서 한 결론.
　　1963. 10. 18.

____. <조선어의 주체적 길을 밝혀준 강령적 지침>. 김일성종합대학
　　학생들과 한 담화. 1964. 1. 6.

____. <력사유적과 유물보존사업에 대한 당적 지도를 강화할 데 대
　　하여>. 당중앙위원회 선전선동일군들과 한 담화. 1964. 9. 16.
　　《김정일선집》제1권.

____. 불후의 고전적 명작 '한 자위단원의 운명'을 영화로 옮기는 사
　　업에 참가하는 예술인들이 제기한 질문에 대한 대답. 1970. 2.
　　14. 《김정일선집》2권.

____. <영화예술부문 일군들 속에서 혁명적으로 일하며 생활하는 기
　　풍을 세울 데 대하여>. 영화예술부문 일군들과의 담화. 1970.
　　10. 16. 《김정일선집》2권.

____. <영화창작 사업에서 나서는 몇 가지 문제>. 영화문학작가들과
　　연출가들 앞에서 한 연설. 1971. 2. 12. 《김정일선집》제2권.

____. <영화창작에서 새로운 앙양을 일으킬 데 대하여>. 위대한 수
　　령님의 문예사상 연구모임에서한 결론. 1971. 2. 15. 《김정일
　　선집》제2권.

____. <조국과 인민을 사랑하는 참다운 애국자가 되자>. 당중앙위원
　　회 책임일군들과 한 담화. 1985. 8. 15. 《김정일선집》8권.

____. <일심단결을 더욱 강화하며 조선민족제일주의 정신을 높이 발
　　양시키자>. 당 중앙위원회 책임일군들과 한 담화. 1992. 2. 4.
　　《김정일선집》제13권.

____. <위대한 수령님의 뜻을 받들어 내나라, 내조국을 더욱 부강하
　　　게 하자>. 당 중앙위 책임일군들과 한 담화. 1994. 12. 31.
　　　《김정일선집》 제13권.

____. <당의 두리에 굳게 뭉쳐 새로운 승리를 위하여 힘차게 싸워나
　　　가자>. 당 중앙위 책임일군들과 한 담화. 1995. 1. 1. 《김정
　　　일선집》 제14권.

<조선고전해제>. 《력사과학》 1963년 제3호. 사회과학출판사.

<대동강문화에 대하여>(1)~(5). 《금수강산》 1998년 8월호~1999년 2
월　　　호. 오늘의 조국사.

<민족음악예술의 귀중한 유산, 계몽기 가요>. 《금수강산》 2001년 1
　　　월호.

《로동신문》 1994년 3월 13일자 2면. 1997년 2월 7일자 2면. 2001년 2
　　　월 9일자 4면, 2월 14일자 3면. 10월 21일자 4면. 2001년 11월
　　　28일자. 2002년 2월 28일자 1면.

3. 외국문헌

E. B. Tyler. *Primitive culture*. Vol. 1. London: John murray. 1920.

Alfred Maclung Lee & Elizabeth Bryant Lee. *The fine art of
　　　propaganda*. 1939.

E. Cassirer. *An essay on man*. Yail university press. 1944.

S, I. Hayakawa. *Language in thought & action*. Harcourt, Brace &
　　　Company, Inc. 1949.

A. L. Kroeber & C. Kluckhohn, *Culture: A critical review of
　　　concepts & definitions*, New York: Vintage books, 1972.

찾아보기